集人文社科之思　刊专业学术之声

集 刊 名：民商法论丛

主办单位：中国社会科学院法学研究所民法研究室

主　　编：梁慧星

副 主 编：朱广新

CIVIL AND COMMERCIAL LAW REVIEW

编辑部

主　任：朱广新

副主任：刘骁军

成　员（按姓氏拼音顺序）：

蔡　睿　　刘靖悦　　姚　敏　　易　卉

第74卷

集刊序列号：PIJ-2018-287

中国集刊网：www.jikan.com.cn

集刊投约稿平台：www.iedol.cn

中文社会科学引文索引（CSSCI）来源集刊

民商法论丛

第74卷

Civil and Commercial Law Review
Vol.74

梁慧星　主　编

朱广新　副主编

社会科学文献出版社

SOCIAL SCIENCES ACADEMIC PRESS (CHINA)

专题研究

宅基地制度的法理基础及现状检讨

崔文星[*]

摘　要：宅基地具有保障功能和财产功能，这是宅基地制度改革面对的主要矛盾。截至目前，宅基地的保障功能仍然是矛盾的主要方面。宅基地使用权的取得和流转一般具有身份限制，突破身份限制的规定已经背离了宅基地制度的法理基础。宅基地使用权和地上房屋所有权等合法民事权益受法律保护，在征收、土地整治等情形，应以相应民事权利为标准而非以成员权为标准进行相应补偿。在宅基地三权分置模式下，应当充实和完善宅基地所有权制度和农户资格权制度，切实发挥其保障功能。基于三权分置改革取得的宅基地和住房使用权是债权性质的土地利用权，而非用益物权性质的宅基地使用权。在条件成熟时可以完全放开宅基地使用权流转市场。

关键词：宅基地　保障功能　财产功能　宅基地使用权　宅基地利用权

就农村承包地、集体经营性建设用地和宅基地"三块地"制度改革而言，承包地和集体经营性建设用地制度改革已初见成效，立法确立了比较成熟的承包地三权分置制度和相对完善的集体经营性建设用地入市制度。在"三块地"制度改革中，宅基地制度改革进展比较缓慢，这与宅基地的保障功能密切相关。在统一的城乡社会保障体系建立前，显化宅基地的财产功能应当以实现宅基地的保障功能为前提条件，否则便混淆了宅基地制度的法理基础。宅基地使用权只能在集体成员内部流转，随意突破集体范围的限制的做法应予矫正。关于宅基地使用权和地上房屋所有权等财产权

* 崔文星，北京师范大学法学院教授，法学博士。

的补偿问题，存在模糊认识，解决问题的办法在于理顺集体成员权和财产权的关系，不能以集体成员权否定民事主体的财产权，以确保民事权利的实现。宅基地三权分置改革的方向在于因地制宜地盘活闲置资产，避免一刀切式的盲目推进。鉴于理论和实务上对宅基地制度存在认识误区，本文试图从宅基地制度的法理基础和现实面向两个维度进行探讨，以达到适度纠偏的目的。

一　宅基地制度的法理基础

宅基地制度是实现农民"住有所居"的根本制度保障，是劳动群众集体所有制的实现形式，具有鲜明的福利色彩和中国特色。宅基地具有保障功能和财产功能，到目前为止，宅基地的保障功能依然处于主要地位，财产功能处于次要地位，因此，显化宅基地的财产功能应当服从并服务于宅基地的保障功能。

（一）宅基地制度具有鲜明的福利色彩和中国特色

宅基地制度是劳动群众集体所有制的实现形式，是中国共产党奋斗目标的阶段性成果，其目的在于保障人民当家作主，保障农民"住有所居"，具有鲜明的福利色彩和中国特色，这是探讨宅基地制度改革的逻辑基础。农村集体成员无偿取得、公平分配宅基地使用权是集体土地所有制的本质要求。城乡社会保障制度的差异是宅基地制度改革缓慢的根本原因，宅基地和承包地承担着农民的社会保障功能，因此，农民在本集体经济组织内依法无偿取得宅基地使用权和土地承包经营权。农村土地制度改革的主线是处理好农民和土地的关系。农村土地制度无论怎样改，农村集体土地所有制不能改掉，18 亿亩耕地红线不能突破，农民利益不能受损。[①] 即使农民已经进城落户，也不宜强制其退出宅基地和承包地，而应根据自愿有偿原则退出宅基地和承包地，切实保障农民进得了城，回得了乡，消除其后

---

① 参见陈锡文《中国农村改革研究文集》，中国言实出版社，2019，第 563 页。

顾之忧。在 2020 年 12 月 28 日召开的中央农村工作会议上，习近平同志指出："今年受新冠肺炎疫情冲击和国际经济下行影响，一度有近 3000 万农民工留乡返乡。在这种情况下，社会大局能够保持稳定，没有出什么乱子，关键是农民在老家还有块地、有栋房，回去有地种、有饭吃、有事干，即使不回去心里也踏实。全面建设社会主义现代化国家是一个长期过程，农民在城里没有彻底扎根之前，不要急着断了他们在农村的后路，让农民在城乡间可进可退。这就是中国城镇化道路的特色，也是我们应对风险挑战的回旋余地和特殊优势。"①

（二）宅基地以保障功能为主，以财产功能为辅

1. 宅基地以保障功能为主

新中国成立后，为了实现国家工业化和现代化，逐步形成了城乡二元结构的制度框架，城乡居民采取不同的福利保障制度，农村土地承担着重要的社会保障功能，因此，集体成员无偿取得宅基地使用权。"宅基地使用具有平等、均分的倾向，其首要价值目标是保证集体内部每个合法成员平等地拥有居住保障的公共福利。这套具有身份性、平等性分配的宅基地使用权制度，有效实现了建国初期阶段的起点公平，具有政治取向与社会保障功能，对于农村社会的稳定发展发挥了积极作用。"②

自 2006 年开始，国家免征农业税，进入工业反哺农业的新的历史时期，然而工业化和城镇化的快速发展并没有相应地推动农民市民化进程，城乡二元结构依然存在，城镇人口与农民享有的社会保障存在很大差距，农村土地依然承担着农民的社会保障功能。2014 年在全国建立了统一的城乡居民基本养老保险制度，③ 但农民的保障标准明显低于城市居民。虽

---

① 习近平：《坚持把解决好"三农"问题作为全党工作重中之重 举全党全社会之力推动乡村振兴》，《求是》2022 年第 7 期。

② 胡新艳、许金海、陈卓：《中国农村宅基地制度改革的演进逻辑与未来走向》，《华中农业大学学报》（社会科学版）2021 年第 1 期。

③ 人力资源和社会保障部（2018）21 号文件指出："2014 年在全国建立了统一的城乡居民基本养老保险制度，在保障城乡老年居民基本生活、调节收入分配、促进社会和谐稳定等方面发挥了积极作用。同时还存在着保障水平较低、待遇确定和正常调整机制尚未健全、缴费激励约束机制不强等问题。"

然各地保障情况存在差异，但城乡社会保障的差异巨大。由于存在城乡二元结构的制度壁垒，农民没有被纳入国家住房保障体系，农民通过无偿取得宅基地使用权的方式依法建房，实现"居者有其屋"。因此，农村宅基地具有与城市公租房、廉租房相似的社会保障功能。目前仅城镇居民可以享受廉租房、公租房等保障性住房，农村居民不能享受城镇保障性住房。对于我国进城务工的农民而言，他们虽在城镇工作，但绝大部分在就业、子女教育、住房保障、医疗保障等多方面没有享受城镇居民的待遇和福利，在某种程度上，他们只是在具有劳动能力的阶段待在城市，最终他们会逐渐返乡。因此，农村居民社会保障体系的健全程度整体上还低于城镇居民社会保障体系。① 根据贺雪峰等对绍兴市柯桥区安昌镇的调查，土地被征收的农民养老保险的额度参照职工养老保险标准，每月有 1400 元左右的养老金，而未被征地前的养老保险每月不到 100 元，所以当地农民盼望征收他们承包的耕地。② 由于农村养老保险制度建立的时间较晚、保障程度较低，因此宅基地承担的社会保障功能并没有削弱。"城市居民的社会保障制度正在逐步完善，而农民的社会保障在很大程度上仍依赖于土地。"③ 农村土地的社会保障功能是法律制度演进过程中不容忽视的重要因素。④ "宅基地制度至少能够保证农民不流离失所，从而造成社会动荡，这是宅基地功能最大的特殊性。"⑤

宅基地使用权具有严格的身份属性，其权利性质属于成员权范畴，只有集体成员才有资格享有此项权利，其功能是集体成员重要的社会保障。"宅基地制度设计的基础是农村集体经济组织的成员权，它是农村集体组织对自己成员提供的保障性住房制度。"⑥ 宅基地使用权和土地承包经营权一样，由集体成员无偿取得、无偿使用。"在我国社会保障体系尚无法

---

① 参见瞿理铜《我国农村宅基地市场化配置的制约因素及破解对策》，《湖南师范大学社会科学学报》2020 年第 6 期。
② 参见贺雪峰、桂华、夏柱智《地权的逻辑Ⅲ：为什么说中国土地制度是全世界最先进的》，中国政法大学出版社，2018，第 87 页。
③ 陈锡文：《中国农村改革研究文集》，中国言实出版社，2019，第 361 页。
④ 参见蔡立东、姜楠《承包权与经营权分置的法构造》，《法学研究》2015 年第 3 期。
⑤ 刘守英：《土地制度与中国发展》，中国人民大学出版社，2018，第 38 页。
⑥ 陈锡文：《中国农村改革研究文集》，中国言实出版社，2019，第 587 页。

覆盖广大农村的现实下，土地承包经营权解决了农民的基本衣食来源，宅基地使用权解决了农民的基本居住问题。这两项制度以其鲜明的福利色彩成为维护农业、农村稳定的重要制度。正是因为保障功能依然是宅基地使用权制度的首要功能，因此，对于宅基地使用权取得、行使和转让的规定，必须尊重我国现实，以利于保护农民利益，构建和谐社会。"① 农村集体经济组织成员以"户"为单位无偿取得宅基地使用权，不能随意流转，否则，相当于抽去了宅基地使用权的社会保障功能。即使城市住房的流转也只是限于商品房的流转，保障房也不能随意流转。"城市居民卖了房还享有城市的失业、养老、医疗等各种保障保险。这些福利和保障都是不能变卖的。农民的全部保险和福利都在他平均分得的土地上，在他移居城市落户之前，当然不能随便出售。"②

2. 宅基地以财产功能为辅

在宅基地两权分离模式下，集体享有宅基地所有权，农户享有宅基地使用权。《村镇建房用地管理条例》率先使用了"宅基地使用权"一语，形成了宅基地两权分离的格局。原《物权法》将宅基地使用权定性为用益物权，《民法典》沿袭了原《物权法》的规定。《民法典》第 362 条规定："宅基地使用权人依法对集体所有的土地享有占有和使用的权利，有权依法利用该土地建造住宅及其附属设施。"据此，宅基地使用权包括占有和使用权能，而不包括固有意义的用益物权的收益权能。有观点认为，根据法律规定，宅基地使用权是用益物权，而现在的宅基地使用权只有占有和使用权能，因此应予改进，"一般用益物权有占有权、使用权和收益权，可宅基地只有占有权、使用权，没有收益权"。③ 但根据物权法定原则，物权的种类和内容应由法律规定，因此，《民法典》中的宅基地使用权不包括收益权能。宅基地的根本功能是保障功能，其目的在于保障农民"住有所居"，因此其财产功能居于从属地位，法律并没有规定宅基地使用权具有收益权能，物权法定原则已经限定了宅基地使用权的行使方式。所谓

---

① 黄薇主编《中华人民共和国民法典物权编释义》，法律出版社，2020，第 394 页。
② 华生：《新土改：土地制度改革焦点难点辨析》，东方出版社，2015，第 29 页。
③ 刘守英：《土地制度与中国发展》，中国人民大学出版社，2018，第 78 页。

追求土地使用权市场价值的观点应当在条件成熟时方可谨慎推进，至于说应当体现用益物权的完整性的观点似有削足适履之嫌，不足为训。

（三）关于宅基地的保障功能与财产功能的认识误区及其矫正

从根本上说，宅基地的保障功能是矛盾的主要方面，宅基地的财产功能是矛盾的次要方面。农民对房屋享有所有权，使其住有所居，但在房地分离模式下，宅基地所有权属于集体，房屋所有权属于农户，因此，住房流转受到限制。

1. 主张显化宅基地的财产功能的观点忽视了产权的本质规定性

主张显化宅基地财产功能的观点认为，由于土地用途管制和规划管理的不断强化，宅基地使用权是残缺的权利，宅基地的财产功能不能彰显，明晰的财产权与有效实施是乡村社会家户积累财富最重要的制度安排。"强管制、弱产权"的宅基地制度运行与制度安排初衷相背离，出现管制失效和财产权的自我强化，一些试点地区的经验也是朝着这个方向发展，因此，应当弱化宅基地的保障功能，强化财产功能。[①]

上述观点并不妥当。"强管制、弱产权"的宅基地制度并没有背离制度安排初衷，因为这种制度安排的初衷就是实现宅基地的保障功能，确保农民"住有所居"。宅基地使用权原本就没有收益权能，只是在三权分置改革过程中需要逐渐显化宅基地的财产功能，但仍然受到法律和政策的限制。"我国的宅基地使用权只是一种福利性权利，还不完全具备财产权的属性。"[②]"产权束"一般都是残缺的，历史上从来不存在完整的"产权束"。"按照土地'产权束'理论，国家从土地所有权'产权束'中抽走一小部分'权杖'并不会导致整个'产权束'的失散……古今中外，一切非国有土地的所有权都因不可避免地受到国家的种种限制而变得不那么完整、不那么纯粹是必然的。"[③] 产权不可能是一种不受限制的权利，至

① 参见刘守英、熊雪锋《产权与管制——中国宅基地制度演进与改革》，《中国经济问题》2019 年第 6 期。
② 甘藏春：《土地正义：从传统土地法到现代土地法》，商务印书馆，2021，第 271 页。
③ 周诚：《土地经济学原理》，商务印书馆，2003，第 208 页。

少它受到界定它的法律的限制。"根据土地管理法和国家的有关规定，土地的利用必须符合国家对土地的用途管制。"① 有效的管制必然导致"产权束"的残缺，但这是必要的，也是很多国家普遍采纳的措施，例如美国对自有土地上建栅栏必须在财产线两英尺内的限制。② 对土地利用进行管制是实现宅基地保障功能的客观需要，土地利用的用途管制和规划管理制度有助于减轻土地利用的负外部性。"社会保障功能的坚守，在耕地保护、节约集约用地和'增减挂钩'的农村用地政策背景下，必须强调对宅基地流转过程中的用途管制。"③

2. 主张显化宅基地的财产功能的观点忽视了地区差异

主张显化宅基地的财产功能的观点认为，宅基地是"沉睡"的资本，需要激活。农村大概有 2 亿亩农村宅基地，因为越来越多农民进城，这 2 亿亩宅基地的一半甚至更多可以腾退出来，仅仅按每亩 40 万元计算，就可以形成 40 万亿资本量，这么巨大的资本用于乡村振兴，将对乡村振兴起到相当关键的作用。主张上述观点的代表性学者有周其仁、郑新立、刘守英、姚树荣等，实际上政策部门受到这种思路的影响很大，之所以农村宅基地制度改革会不断引发整个社会关注也与此有关。④

上述观点并不妥当。东中西部地区发展不平衡的地区差异客观存在，因此，在推进宅基地三权分置改革过程中，应积极稳妥。由于客观上存在地区差异，资源禀赋和社会发展程度不同，东部发达地区的尝试在中西部地区可能无法复制，在目前形势下不适合全面推广。在全国绝大多数农村，并没有出现类似东部发达地区一些农村进行土地使用权制度改革的要求，因此，不能简单地把局部地区出现的制度变迁需求放大为整个宅基地制度的需求。⑤ 发达地区的宅基地早已经财产化了，中西部欠发达地区并没有这样的改革诉求，如果全面推广发达地区的经验，可能

① 黄薇主编《中华人民共和国民法典物权编释义》，法律出版社，2020，第 394 页。
② 参见王旭东《中国农村宅基地制度研究》，中国建筑工业出版社，2011，第 107 页。
③ 陈小君：《宅基地使用权的制度困局与破解之维》，《法学研究》2019 年第 3 期。
④ 参见贺雪峰《宅基地、乡村振兴与城市化》，《南京农业大学学报》（社会科学版）2021年第 4 期。
⑤ 参见王旭东《中国农村宅基地制度研究》，中国建筑工业出版社，2011，第 145 页。

陷于被动。① 位于沿海城市经济带内、城中村、城市郊区以及风景名胜地区的农村，其宅基地区位便利，靠近城区或就在城区，宅基地上的房产就有相当于城市房产的价值。大量外来人口流入，城市土地住房稀缺，高昂的城市房价、活跃的租房市场和较高的房租，使得这些地区宅基地及宅基地上的住房具有了相当强的财产性质，一块宅基地就可能价值上百万元。然而，中国绝大多数宅基地资源都在中西部农村，乡村振兴的重点也在中西部农村。因此，目前仍然要让农村充当中国现代化的稳定器与蓄水池，让农村仍然能够成为进城可能失败农民的退路。② 即使赞同宅基地使用权流转的学者，也认为应当具备一定的前提条件，即人口城市化和保障农户宅基地占有权和居住权。③

人们注意到，由于社会发展程度不同，宅基地的财产功能在不同地区的显化程度并不相同。在东部发达地区，由于工业化和城镇化程度比较高，宅基地的社会保障功能已经弱化，财产功能已经显化，比如部分发达地区实行宅基地有偿取得和有偿使用、宅基地使用权突破法律限制而向非集体成员流转等情形。在中西部欠发达地区，由于工业化和城镇化程度比较低，宅基地的社会保障功能仍然占据主导地位，宅基地的财产功能并没有显化。"一是工业社会的宅基地，二是前工业社会的宅基地。前者关注的是交换价值，后者关注的是使用价值。"④ 东部发达地区与中西部欠发达地区的宅基地功能出现了差异，这种因发展不均衡导致的差异应当成为讨论宅基地制度改革面对的前提条件。

3. 主张城里人拥有农村宅基地的观点忽视了城乡社会保障制度的差异

有观点认为，既然农民有权到城里买房子，那么城里人也应当有权到乡下买房置地，从而享有宅基地使用权。"双向流动需要土地制度的改革。

---

① 参见贺雪峰、桂华、夏柱智《地权的逻辑Ⅲ：为什么说中国土地制度是全世界最先进的》，中国政法大学出版社，2018，第 326~329 页。

② 参见贺雪峰《宅基地、乡村振兴与城市化》，《南京农业大学学报》（社会科学版）2021年第 4 期。

③ 参见刘守英《土地制度与中国发展》，中国人民大学出版社，2018，第 43 页。

④ 贺雪峰、桂华、夏柱智：《地权的逻辑Ⅲ：为什么说中国土地制度是全世界最先进的》，中国政法大学出版社，2018，第 25 页。

农民、城市居民可以拥有农村的土地，至少是宅基地。这样，在农村就会出现一种由不同社会群体拥有土地的混合土地所有制。这不仅是发展所需，更是农村社会阶层互相制衡所需。""我认为，农村资源和生产要素的重新配置和重新组合必然导致农村产权格局的变动，农村集体产权制度的改革也必须适应这种新的资源配置格局。"①

上述观点看起来很有道理，其实误解了城乡要素双向流动的内涵，尤其忽视了城乡差别中的最关键因素：社会保障制度。城市的先进要素和优质资源流向农村，主要是指资本、技术、管理等资源流向农村，因此，国家政策鼓励返乡下乡创业，可以"合作改建自住房"，但不能取得宅基地使用权。国务院办公厅印发的《关于支持返乡下乡人员创业促进农村一二三产业融合发展的意见》提出，"在符合农村宅基地管理规定和相关规划的前提下，允许返乡下乡人员和当地农民合作改建自住房。"在城乡统一的社会保障制度建立以前，宅基地和承包地等农村土地承担着重要的社会保障功能，它能够最大限度地维持农民体面的、有尊严的生活，因此，所谓城里人拥有农村宅基地的观点根本背离了城乡社会保障制度差异的社会现实。基于此，习近平同志指出："城里人到农村买宅基地这个口子不能开，按规划严格实行土地用途管制这个原则不能突破，要严格禁止下乡利用农村宅基地建设别墅大院和私人会馆等。"②

4. 宅基地的保障功能仍然是矛盾的主要方面

宅基地的保障功能和财产功能是宅基地制度的主要矛盾，宅基地的保障功能着眼于公平，是矛盾的主要方面；财产功能着眼于效率，是矛盾的次要方面。坚持公平优先还是效率优先是宅基地制度改革面临的首要问题。现行宅基地制度以强化宅基地的保障功能为主，以显化宅基地的财产功能为辅。截至目前，宅基地的保障功能仍然是矛盾的主要方面，宅基地的财产功能是矛盾的次要方面。虽然在某些发达地区要求改变两种功能的位置，但局部地区的经验并不具有普遍意义。以为局部地区的改革经验能

---

① 张晓山：《乡村振兴战略》，南方出版传媒、广东经济出版社，2020，第 114 页。
② 习近平：《走中国特色社会主义乡村振兴道路》，载《十九大以来重要文献选编》（上），中央文献出版社，2019，第 146 页。

够在全国推广是对改革红利的"幻觉","这个幻觉完全不符合占有绝大多数宅基地资源的全国一般农村的实际"。[①] 土地利用的黄金定律是位置，城乡接合部和城市郊区以及东部发达地区的部分农村的宅基地利用价值比较高，而绝大多数农村的宅基地并没有很高的利用价值，显化其财产功能的作用有限。因此，在推进宅基地三权分置改革进程中，应当因地制宜、积极稳妥地推进，切忌一刀切式的盲目冒进。

就宅基地制度的整体而言，矛盾的主要方面和矛盾的次要方面相互转换的条件并不成就，盲目追求效率而忽视公平的观点可能并不适合当前的总体形势。"无论宅基地制度如何改革，都不能忽视宅基地使用权住房保障功能的重要性。因为住房保障是农民的基本权利和基本公共服务均等化的重要内容。"[②] 在一定程度上说，自然科学研究的目的在于使社会进步，社会科学研究的目的在于使社会有秩序。如何在公平与效率之间寻求平衡，是制度变革寻求的主要目标。"在村民的居住权得到充分保障的前提下，再来讨论如何通过宅基地制度改革增加农民的财产性收入，才符合立法的内在逻辑。"[③] 任何改革都是有条件的，不能为了改革而改革，不能为了显化宅基地的财产功能而削弱其保障功能。在相关条件尚不具备时盲目追求制度创新，恐怕会南辕北辙。

（四）宅基地三权分置改革的目标模式

2017 年 12 月 28 日，习近平同志在中央农村工作会议上讲话时指出："农村闲置农房放在那里任其破败是一个大问题，利用起来却是一笔大资源。要完善农民闲置宅基地和闲置农房的政策，探索宅基地所有权、资格权、使用权'三权分置'，落实宅基地集体所有权、保障宅基地农户资格权和农民房屋财产权，适度放活宅基地和农民房屋使用权。这方面的政策

---

① 贺雪峰、桂华、夏柱智：《地权的逻辑 Ⅲ：为什么说中国土地制度是全世界最先进的》，中国政法大学出版社，2018，第 26 页。

② 胡新艳、许金海、陈卓：《中国农村宅基地制度改革的演进逻辑与未来走向》，《华中农业大学学报》（社会科学版）2021 年第 1 期。

③ 杨一介：《论农村宅基地制度改革的基本思路》，《首都师范大学学报》（社会科学版）2019 年第 4 期。

可以重点结合发展乡村旅游业适当放活一些，但城里人到农村买宅基地这个口子不能开，按规划严格实行土地用途管制这个原则不能突破，要严格禁止下乡利用农村宅基地建设别墅大院和私人会馆等。"[①] 2018 年中央 1 号文件《中共中央、国务院关于实施乡村振兴战略的意见》提出："完善农民闲置宅基地和闲置农房政策，探索宅基地所有权、资格权、使用权'三权分置'，落实宅基地集体所有权，保障宅基地农户资格权和农民住房财产权，适度放活宅基地和农民房屋使用权。"据此，探索宅基地所有权、资格权、使用权的三权分置改革拉开序幕。

二 宅基地使用权取得和流转具有严格的身份属性

宅基地使用权的取得和流转具有严格的身份属性，只有集体成员才能依法取得宅基地使用权，宅基地使用权只能在集体成员内部流转，向集体成员以外的人转让宅基地使用权的民事法律行为无效。根据国家相关政策的规定，非集体成员继承宅基地使用权和地上房屋财产权的，应当予以确权、登记、颁证。

（一）集体成员依法取得宅基地使用权

1. 集体成员无偿取得宅基地使用权

1962 年 9 月 27 日，中共八届十中全会通过的《农村人民公社工作条例修正草案》确立了房地分离原则，宅基地属于集体所有，房屋属于个人所有，社员有买卖和租赁的权利。《农村人民公社工作条例修正草案》第 21 条规定："生产队范围内的土地，都归生产队所有。生产队所有的土地，包括社员的自留地、自留山、宅基地等等，一律不准出租和买卖。"至此，农村宅基地的集体所有制性质正式确立。1963 年 3 月 20 日，中共中央下发《关于各地对社员宅基地问题作一些补充规定的通知》，该通知

[①] 习近平：《走中国特色社会主义乡村振兴道路》，载《十九大以来重要文献选编》（上），中央文献出版社，2019，第 145～146 页。

转发了国务院农林办公室发布的《关于社员宅基地问题》，确立了社员无偿取得宅基地制度。《关于社员宅基地问题》第 2 条第 3 项规定："社员需新建房又没有宅基地时，由本户申请，经社员大会讨论同意，由生产队统一规划，帮助解决，但尽可能利用一些闲散地，不占用耕地，必须占用耕地时，应根据《六十条》规定，报县人民委员会批准，社员新建住宅占地无论是否耕地，一律不收地价。"从此无偿取得宅基地制度一直延续至今。1982 年颁布的《村镇建房用地管理条例》和 1986 年颁布的《土地管理法》沿袭了村民无偿取得宅基地制度，称为无偿取得宅基地使用权。2019 年修订的《土地管理法》第 62 条第 1 款规定，"农村村民一户只能拥有一处宅基地"，最终形成"无偿取得，一户一宅"的宅基地使用权的取得模式。

集体成员取得宅基地使用权应依法定程序讨论决定，这里的集体成员可以是集体经济组织成员，也可以是村民委员会组织的村民会议，一般由村民会议讨论决定。根据《村民委员会组织法》第 24 条第 1 款第 6 项规定，涉及宅基地使用权的分配方案，经村民会议讨论决定方可办理。就农民集体民主决策而言，应强化集体成员的成员权，确保实现集体事务的表决权。"改革宅基地审批制度，发挥村民自治组织的民主管理作用。"[1] 所谓发挥自治组织的民主管理作用，实质是行使集体土地所有权的表现形式。宅基地使用权是集体土地所有权之上所设定的一种权利负担，集体作为土地所有权人是否同意在其所有的土地上设定权利负担，应依循集体所有权的行使规则由成员集体决定。[2]

《土地管理法》第 62 条第 4 款规定："农村村民住宅用地，由乡（镇）人民政府审核批准；其中，涉及占用农用地的，依照本法第四十四条的规定办理审批手续。"2019 年，农业农村部、自然资源部印发《关于规范农村宅基地审批管理的通知》规定，农户申请住宅的，应当向村民小组或村级组织申请，经村民小组会议或村民代表会议讨论通过并在本集体经济组织

---

[1]　中共中央办公厅、国务院办公厅《关于农村土地征收、集体经营性建设用地入市、宅基地制度改革试点工作的意见》（2014）。

[2]　参见高圣平《宅基地制度改革政策的演进与走向》，《中国人民大学学报》2019 年第 1 期。

范围内公示后，将会议记录等材料交村级组织审查。"村级组织重点审查提交的材料是否真实有效、拟用地建房是否符合村庄规划、是否征求了用地建房相邻权利人意见等。审查通过的，由村级组织签署意见，报送乡镇政府。"

2. 宅基地使用权进行一次性分配

因为集体成员无偿取得宅基地使用权，为了保证宅基地使用权取得制度的公平，宅基地使用权只能进行一次性分配，实行一户一宅制度。《土地管理法》第 62 条第 1 款规定："农村村民一户只能拥有一处宅基地，其宅基地的面积不得超过省、自治区、直辖市规定的标准。"因出售、赠与住房而转移宅基地使用权的农民，或者因出租住房而准备另行建造住宅的农民，不再享有无偿取得宅基地使用权的权利。《土地管理法》第 62 条第 5 款规定："农村村民出卖、出租、赠与住宅后，再申请宅基地的，不予批准。"

（二）宅基地使用权只能在集体成员内部流转

1. 宅基地使用权流转"适用土地管理的法律和国家有关规定"

宅基地使用权流转只能在集体成员内部进行，向外流转的不发生物权变动效力。《土地管理法》第 9 条第 2 款后半句规定："宅基地和自留地、自留山，属于农民集体所有。"据此，宅基地属于农民集体所有，具有地域限制和身份限制。"宅基地使用权不能自由流转，特别是不得自由流转给集体以外的人、城市市民，这是由其设定目的的特定性决定的。其享有主体一般只能是本集体成员，而不是任何人都可以享有；享有的目的是拥有生活居住房屋和设施，而不是其他目的。"① 宅基地使用权与特定身份相联系，只有本集体经济组织成员才能依法取得宅基地使用权，宅基地使用权只能在本集体经济组织成员之间流转，不得向集体经济组织成员以外的人流转，否则无效。"宅基地使用权是基于集体成员身份享有的一种保障性权利。作为基本保障，宅基地使用权不应当流转到集体之外。"② 《民

---

① 韩松：《新农村建设中土地流转的现实问题及其对策》，《中国法学》2012 年第 1 期。
② 黄薇主编《中华人民共和国民法典物权编释义》，法律出版社，2020，第 398 页。

法典》第 363 条规定："宅基地使用权的取得、行使和转让，适用土地管理的法律和国家有关规定。"据此，"土地管理的法律和国家有关规定"是调整宅基地使用权得丧变更的规则。"国家有关规定"包括国家政策，例如 2018 年中央一号文件。国家政策属于公序良俗范畴，① 因此，违反国家政策的宅基地使用权流转行为因违背公序良俗而无效。国务院办公厅《关于严格执行有关农村集体建设用地法律和政策的通知》〔国办发（2007）71号〕规定："农村住宅用地只能分配给本村村民，城镇居民不得到农村购买宅基地、农民住宅或'小产权房'。"违反上述规定的民事法律行为，应当依照《民法典》第 153 条第 2 款规定认定无效。也就是说，该等行为违背公序良俗。"在非试点地区，对于农民将其宅基地上的房屋出售给非本集体经济组织成员的，应依法认定合同无效。"② 据此，宅基地使用权与本集体经济组织的成员权密不可分，具有福利性质和保障功能，能够使农村居民享有基本的居住条件，从而维护农村稳定。

人民法院的相关裁判贯彻了上述法律和政策的规定，值得肯定。最高人民法院（2020）最高法行赔申 872 号行政赔偿裁定书认为，《土地管理法》第 62 条第 1 款规定，农村村民一户只能拥有一处宅基地，其宅基地的面积不得超过省、自治区、直辖市规定的标准。国务院办公厅《关于严格执行有关农村集体建设用地法律和政策的通知》〔国办发（2007）71号〕规定，农村住宅用地只能分配给本村村民，城镇居民不得到农村购买宅基地、农民住宅或"小产权房"。当事人并非案涉房屋所在地的村集体经济组织成员，因此其与村集体经济组织成员合作建造案涉房屋，并未取得案涉房屋所有权，无权获得相应赔偿。最高人民法院（2019）最高法行赔申 123 号行政裁定书认为，非本村村民，无权在农村宅基地上建设房屋，其未经审批在他人宅基地上建设房屋并依据合作开发合同分得的房屋，应当属于违法建筑。对于违法建筑，征收时应当不予补偿。但是，为

---

① 参见最高人民法院民二庭编著《〈全国法院民商事审判工作会议纪要〉理解与适用》，人民法院出版社，2019，第 258 页。

② 最高人民法院民法典贯彻实施工作领导小组主编《中华人民共和国民法典物权编理解与适用》（下），人民法院出版社，2020，第 841 页。

了平衡村民与外来人员的利益关系，加快征收进度，提高征收的总体经济效益，可以根据征收补偿方案的规定对此类人员给予补偿补助。

2. 向集体成员出卖房屋的，宅基地使用权一并转移

根据"土地管理的法律和国家有关规定"，宅基地使用权和房屋所有权是分离的。"农村村民将私有房屋出让给本集体成员，宅基地使用权将因此一并移转。"① 一般而言，农民出卖房屋的，受让人仅限于本集体经济组织成员。② "农民宅基地和住房只能在本集体经济组织的成员之间买卖，不是不承认它的用益物权，而在于它是农村集体经济组织的成员权。"③ 关于宅基地使用权受让人范围的限制，应当对法律、法规和相关政策进行体系化解读，不能割裂其内在联系，所谓"法律似乎对出卖出租住房导致宅基地使用权被动转移的情形并不予以禁止"的观点值得商榷。④ 如果房屋出卖给集体成员以外的人，不能导致宅基地使用权移转，司法实践一般认定房屋买卖合同无效。例如，最高人民法院（2020）最高法行申 4775 号行政裁定书认为，《土地管理法》第 9 条第 2 款规定，农村和城市郊区的土地，除由法律规定属于国家所有的以外，属于农民集体所有；宅基地和自留地、自留山，属于农民集体所有。因此，建在农村宅基地上的农村自建房，土地所有权归集体所有，宅基地使用权只能由集体组织的成员享有。建设在宅基地上的房产不能向非本集体成员的第三方转让，只能在集体成员内部转让、置换。湖南省衡阳市蒸湘区人民法院（2014）衡蒸民一初字第 51 号民事判决书认为，原告身为城镇居民，不得在农村购置住宅。因此，原、被告双方签订的《房屋购买合同》因违反法律的强制性规定而无效。至于出租住房，更不能导致宅基地使用权移转。

---

① 王利明：《物权法论》，中国政法大学出版社，2008，第 280 页。

② 2014 年，中共中央办公厅、国务院办公厅发布的《关于农村土地征收、集体经营性建设用地入市、宅基地制度改革试点工作的意见》提出，"探索进城落户农民在本集体经济组织内部自愿有偿退出或转让宅基地"。2015 年，国务院发布《关于开展农村承包土地的经营权和农民住房财产权抵押贷款试点的指导意见》提出，"对农民住房财产权抵押贷款的抵押物处置，受让人原则上应限制在相关法律法规和国务院规定的范围内"。《农民住房财产权抵押贷款试点暂行办法》（银发【2016】78 号）第 12 条。

③ 陈锡文：《中国农村改革研究文集》，中国言实出版社，2019，第 477 页。

④ 参见宋志红《宅基地使用权流转的困境与出路》，《中国土地科学》2016 年第 5 期。

（三）　不应随意突破成员身份限制

1. 随意突破成员身份限制的做法并不妥当

有些试点地方扩展了宅基地使用权受让人范围，部分试点地方将受让人范围扩展至同一乡镇、办事处辖区内符合宅基地申请条件的村民；有的试点地方将其扩展到县（市）域范围内的村集体经济组织成员，如浏阳、湟源、伊宁等地。① 浙江义乌允许宅基地使用权在县域范围内跨集体经济组织转让，四川泸县允许住房在县域范围内出售。② 这种做法并不符合法律本意，是对集体范围的任意突破，是法外用权，本身就是对法律的误解，也不符合宅基地三权分置改革的目标模式，实质上是对"农户资格权"的抽象肯定、具体否定。如果这种随意突破集体范围限定的做法获得法律和国家政策认可，那么就表明非集体成员也可以成为宅基地使用权的受让方，可以进一步解读为集体成员以外的人都可以成为受让方。这是对试点本意的误解，试点办法只是说探索实现财产权的渠道，并没有说可以突破受让人主体资格的限制。

2. 集体和集体成员有其特定内涵

集体有其特定的内涵，集体在法律表述中包括三种情形：村民小组、村集体经济组织和乡镇集体经济组织。2011 年颁布的《国土资源部、中央农村工作领导小组办公室、财政部、农业部关于农村集体土地确权登记发证的若干意见》提出，"确定农村集体土地所有权主体遵循'主体平等'和'村民自治'的原则，按照乡（镇）、村和村民小组农民集体三类所有权主体，将农村集体土地所有权确认到每个具有所有权的农民集体"。就土地所有权而言，土地一般属于村民小组集体所有或者属于村集体所有，属于乡镇集体所有的不足 1%。③ 可见，能够在乡镇范围内流转宅基地使用权的集体所占比重也不足 1%，至于县域范围内流转宅基地使用权，

---

① 参见宋志红《宅基地"三权分置"的法律内涵和制度设计》，《法学评论》2018 年第 4 期。
② 参见陈锡文、韩俊主编《农村全面小康与实施乡村振兴战略研究》，中国发展出版社，2021，第 417 页。
③ 参见陈锡文《中国农村改革研究文集》，中国言实出版社，2019，第 342 页。

更是没有任何法律支撑。集体有其特定内涵，集体成员也有其特定内涵，因为集体就是由特定的成员构成的，因此不能随意突破集体和集体成员范围的限制。"农村村民只能在户口所在村（村民组）内申请宅基地，而不能到其他乡村（或村民组）内申请宅基地。"① 宅基地使用权的流转一般只能在本集体经济组织成员内部进行，否则便突破了法律法规的限制。"本集体经济组织成员可以申请本集体经济组织土地用于住房建设。依法批准的宅基地使用权可在本集体经济组织成员之间买卖（本集体经济组织是指同一土地所有权单位）。"② 农民将房屋出卖给集体经济组织成员以外的其他农民的，司法实践一般认定房屋买卖合同无效，因其违反法律的强制性规定。③

2014 年，为解决无偿获取宅基地使用权引发的一户多宅、超标占用等问题，《关于农村土地征收、集体经营性建设用地入市、宅基地制度改革试点工作的意见》提出"宅基地有偿使用制度"。该制度仅针对试点地区，但是，这一制度对于调整现行宅基地取得方式具有一定的参考性。需要强调的是，不宜对这一制度进行扩张解读，不应将宅基地使用权的主体扩张为集体成员以外的人，而只能将集体成员以外的人理解为通过租赁方式取得对宅基地的利用权。④

（四）非集体成员取得和保有宅基地使用权的特殊情形

1. 进城落户农民可以保有宅基地使用权

在中国快速城市化的背景下，农民进城了，他们在农村的宅基地却没有退出来，看起来好像是造成了土地资源的浪费。但是，如果换一个角度来看，农民进城了，他们却只是进城务工经商，并没有真正在城市安居，更难以在城市体面地完成家庭的再生产。为了应对进城失败的可能性，农

---

① 卞耀武主编《中华人民共和国土地管理法释义》，法律出版社，1998，第 175 页。
② 陈锡文：《中国农村改革研究文集》，中国言实出版社，2019，第 507 页。
③ 参见新疆维吾尔自治区塔城市人民法院（2014）塔民一初字第 449 号民事判决书、湖北省丹江口市人民法院（2018）鄂 0381 民初 2839 号民事判决书。
④ 参见胡新艳、许金海、陈卓《中国农村宅基地制度改革的演进逻辑与未来走向》，《华中农业大学学报》（社会科学版）2021 年第 1 期。

民在进城后一段时间内仍然保留在农村的宅基地和住房，以作为进城失败的退路。因此，农民进城后仍然保留农村宅基地就不是浪费，而是农民的基本保障，是合理的资源冗余。这样的资源冗余不仅有必要，而且对于保障农民利益、避免中国城市贫民窟的出现、应对中国经济周期，以及保障中国现代化进程中的稳定，都极为重要。一旦农民进城失败，他们就可以返回农村。而包括印度在内的大部分发展中国家，农民进城都是不可逆的；进城失败了，在城市待不下去，农民无法返回农村，这些无法返回农村又难以体面融入城市的进城农民聚集起来，就形成了发展中国家普遍存在的贫民窟。① 为了给进城落户农民保留必要的退路，有必要采取自愿有偿退出宅基地和承包地的政策。

有观点认为，宅基地使用权主体不应限制在集体成员范围内，否则无法解释进城落户农民保留宅基地使用权的正当性及合法性。② 这种解读存在误解。根据《土地管理法》第62条第6款规定，国家允许进城落户的农村村民依法自愿有偿退出宅基地，也就是说，进城落户农民没有自愿有偿退出宅基地的，仍然可以保有宅基地使用权，这属于特殊的制度安排，目的是为进城落户农民保留必要的退路，这与一般的突破宅基地使用权的身份限制的观点具有本质不同。

2. 非集体成员可以通过继承取得宅基地使用权

民事主体通过继承方式取得的宅基地使用权和地上房屋所有权等财产权受法律保护。不仅集体成员的财产继承权受法律保护，非集体成员的财产继承权也受法律保护。非集体成员因继承地上房屋所有权等财产权的，依法取得相应的宅基地使用权，有关部门应当根据法律和政策规定予以确权登记颁证。《民法典》第1122条规定："遗产是自然人死亡时遗留的个人合法财产。依照法律规定或者根据其性质不得继承的遗产，不得继承。"据此，宅基地上的房屋是自然人死亡时遗留的个人合法财产，非集体成员有权继承。为落实"房地一体"原则，相应的宅基地使用权也应被遗产所

---

① 参见贺雪峰《论农村宅基地中的资源冗余》，《华中农业大学学报》（社会科学版）2018年第4期。

② 参见程秀建《宅基地资格权的权属定位与法律制度供给》，《政治与法律》2018年第8期。

包含。2011 年颁布的《国土资源部、中央农村工作领导小组办公室、财政部、农业部关于农村集体土地确权登记发证的若干意见》提出，"非本农民集体成员的农村或城镇居民，因继承房屋占用农村宅基地的，可按规定登记发证，在《集体土地使用证》记事栏应注记'该权利人为本农民集体原成员住宅的合法继承人'"。

宅基地使用权能否继承不能一概而论，要区分宅基地上是否建有房屋，如有房屋则可以继承，没有房屋则不能继承。理由如下。第一，宅基地使用权的初始取得具有严格的身份属性。有资格申请宅基地使用权的人只能是本集体经济组织的成员。第二，宅基地使用权的初始取得具有福利性质。宅基地使用权的初始取得是无偿的，村民可以宅基地自然灭失、户内成员增加等理由向村集体提出审批宅基地，村集体经济组织依据村民的具体情况重新调整、分配宅基地，这与我国的农村土地集体所有的制度相对应。第三，宅基地使用权不能单独继承，但宅基地上有房屋的，因继承房屋所有权而取得宅基地使用权。公民的房屋属于遗产范围，故建在宅基地上的房屋属于遗产，而房屋的使用、收益、处分必须依赖于宅基地使用权，因此在这种情况下，只有允许宅基地使用权作为遗产继承，才能保障财产权的实现。但这种继承存在限制条件，即不得对原有房屋进行翻建、重建；如房屋灭失，则宅基地使用权应收归集体。

虽然宅基地使用权的取得与集体成员身份密切相关，但是当宅基地使用权与被继承人遗留的房产不可分时，非集体成员可以取得宅基地使用权。2020 年 9 月 9 日，自然资源部等多部门联合对"十三届全国人大三次会议第 3226 号建议"做出明确答复〔自然资人议复字（2020）089 号〕，其中明确规定："关于农村宅基地使用权登记问题。农民的宅基地使用权可以依法由城镇户籍的子女继承并办理不动产登记。根据《继承法》规定，被继承人的房屋作为其遗产由继承人继承，按照房地一体原则，继承人继承取得房屋所有权和宅基地使用权，农村宅基地不能被单独继承。《不动产登记操作规范（试行）》明确规定，非本农村集体经济组织成员（含城镇居民），因继承房屋占用宅基地的，可按相关规定办理确权登记，在不动产登记簿及证书附记栏注记'该权利人为本农民集体经济组织原成员住宅的合法继承人'。"

三　关于宅基地使用权和地上房屋所有权等财产权的认识误区及其矫正

宅基地使用权和地上房屋所有权等财产权是民事主体享有的民事权利，取得该等民事权利受集体成员身份限制，而实现该等民事权利不应受集体成员身份限制，合法民事权益受法律保护。《乡村振兴促进法》第 4 条第 2 项规定："坚持农民主体地位，充分尊重农民意愿，保障农民民主权利和其他合法权益，调动农民的积极性、主动性、创造性，维护农民根本利益。"在土地征收、土地整治、房屋拆迁等情形，是否应当对宅基地使用权和地上房屋所有权等财产权予以补偿，实践中存在认识误区，主要表现在以下两个方面。第一，以集体成员资格为标准确定是否应当对宅基地使用权和地上房屋所有权等财产权予以补偿，这种确定标准剥夺了相关民事主体的财产权利，没有法律支撑。第二，以"户"为标准而非以"宅"为标准确定是否应当对宅基地使用权和地上房屋所有权等财产权予以补偿，这种确定标准是以成员资格为标准的转化形式，变相剥夺了相关民事主体的财产权利，违反了"土地管理的法律和国家有关规定"。

（一）　不应以集体成员资格为标准进行补偿

集体成员资格是取得宅基地使用权的认定标准，根据《民法典》第 362 条规定，宅基地使用权人"有权依法利用该土地建造住宅及其附属设施"。据此，宅基地使用权人依法享有宅基地使用权和地上房屋所有权等财产权，即使宅基地使用权人此后失去集体成员资格，其相应的民事权利仍然是既得权，是现实的民事权利，应当受到法律保护。例如，根据《土地管理法》第 62 条第 6 款规定，进城落户农民依法自愿有偿退出宅基地，当其没有退出宅基地时，则仍然享有宅基地使用权和地上房屋财产权。虽然其不再具有集体成员身份，但其相应的民事权利应受法律保护。在土地征收、土地整治、房屋拆迁等情形，应当对相应的财产权进行补偿，这是实现财产权的正当途径，否则便侵害了民事主体的合法民事权益。也就是说，集体成员资格是取得宅基地使用权的认定标准，而不是保有或者享有宅基地使用权的标准，不应混淆二者之间的逻辑关系。

（二）不应以"户"为标准进行补偿

实践中，可能因继承等出现"一户多宅"或者无"户"而有"宅"现象，只要取得方式符合"土地管理的法律和国家有关规定"，就应当对宅基地使用权和地上房屋所有权等财产权予以补偿。《土地管理法》第48条第2款规定："征收土地应当依法及时足额支付土地补偿费、安置补助费以及农村村民住宅、其他地上附着物和青苗等的补偿费用，并安排被征地农民的社会保障费用。"据此，农村村民住宅和其他地上附着物等财产权利应予补偿，并非以"户"为标准予以确定。有些裁判以"户"为标准而非以"宅"为标准确定是否应予补偿，存在认识误区，并不符合法律和国家相关政策的规定，应予矫正。最高人民法院（2020）最高法行申10228号行政裁定书认为，根据《土地管理法》第62条第1款"农村村民一户只能拥有一处宅基地，其宅基地的面积不得超过省、自治区、直辖市规定的标准"的规定，一般来说，安置补偿是以"户"为单位，不是以"宅"为单位。当事人张某某已经参与过以"户"为单位的安置补偿，其再以自己婚前拥有单独宅院未获得正常安置补偿为由请求单独安置补偿，不符合《土地管理法》第62条第1款规定的"一户一宅"原则。上述裁判并不妥当，根据《土地管理法》第48条规定，土地征收补偿不仅包括安置补偿，还包括财产或财产权利补偿，而财产或财产权利补偿不应以"户"为标准而应以"宅"为标准。

（三）确立以"宅"为标准而非以"户"为标准的补偿制度

宅基地使用权和地上房屋所有权等财产权是民事主体依法享有的民事权益，应依法保障合法民事权益的实现。在对相关财产或财产权利进行补偿时，应当以"宅"为标准进行补偿，而不应以"户"为标准进行补偿。问题的要害在于，取得宅基地使用权是以"户"为标准，但是保有或者享有宅基地使用权却不是以"户"为标准，而宅基地使用权和地上房屋财产权可以因继承等方式取得。也就是说，实践中出现的"一户多宅"或者无"户"而有"宅"现象符合法律和国家政策规定，相应的民事权利受法律保护，因此以"户"为标准进行补偿并不妥当。例如，可能由于集体成员继承等出现一户多宅现象，也可能由于非集体成员继承或者进城落户等而出现无"户"而有"宅"现象。上述情形并没有被法律禁止，相反，根据"土地管理的法律和国家有关规定"，上述情形应予以确权、登记、颁证。既然相关法律和政策对上述情形的宅基地使用权和地上房屋所有权等财产权予以确认，按照制度本身的逻辑，则应当以"宅"为标准而非以"户"为标准进行补偿。

即使"一户多宅"的，只要依法取得宅基地使用权，并依法保有或者享有宅基地使用权，其民事权利就应当受到法律保护，因此应当对多余的住宅进行补偿。北京市高级人民法院（2020）京行申 1586 号行政裁定书认为，根据《确定土地所有权和使用权的若干规定》第 49 条关于继承房屋取得的宅基地的集体土地建设用地使用权的规定及《国土资源部、中央农村工作领导小组办公室、财政部、农业部关于农村集体土地确权登记发证的若干意见》中关于"已拥有一处宅基地的本农民集体成员、非本农民集体成员的农村或城镇居民，因继承房屋占用农村宅基地的，可按规定登记发证"的相关规定，公民继承农村宅基地上房屋，可以取得房屋所占宅基地的使用权。故当事人就涉案房屋享有获得行政赔偿的权利，同时，根据以上规定，当事人对该房屋所占宅基地亦享有获得相应赔偿的权利。上述判决值得赞同。有"宅"无"户"的非集体成员的相关财产权利补偿问题也应照此办理方为妥当。

四　实现集体土地所有权的收益权能

宅基地的财产功能不仅包括宅基地使用权人的财产权利，也包括宅基地所有权人的财产权利，体现为收益权能。由于房屋继承、买卖、赠与等，可能出现"一户多宅"或无"户"而有"宅"现象，因此出现闲置宅基地和多余宅基地情形。从宅基地所有权人的角度来看，可以探索通过土地整治和宅基地使用权流转实现集体土地所有权的收益权能，以利于显化宅基地的财产功能，增加农民财产性收入。集体可以通过占补平衡、增减挂钩、土地整治、宅基地使用权有偿使用和房屋租赁等方式盘活利用闲置宅基地和闲置住宅，实现集体土地所有权的收益权能。对于通过上述方式取得的财产收益，农村集体经济组织应建立健全民主理财机制，将收入和分配情况纳入村务公开，实行专户管理，由集体成员共同分享，主要用于集体成员内部分配、建立农村集体经济组织成员社会保障机制和改善生产生活条件的美丽乡村建设等。①

（一）通过土地整治实现集体所有权的收益权能

1. 集体依法收回宅基地使用权

农村集体经济组织经原批准用地的人民政府批准，可以收回宅基地使用权，主要包括以下几种情形。

（1）法律明确规定的情形。《土地管理法》第 66 条第 1 款规定的三种情形：为乡（镇）村公共设施和公益事业建设，需要使用土地的；不按照批准的用途使用土地的；因撤销、迁移等而停止使用土地的。最高人民法院（2020）最高法行申 14361 号行政裁定书认为，"本案中，西大夫庄村委会决定收回本村宅基地使用权，该事项涉及全体村民的利益，应当经过村民会议或村民会议授权村民代表会议决定。莲池区政府虽提供有村民代表会议记录，但并未提供该次村民代表会议经过村民会议授权的材料，确有不当。但从西大夫庄村委会出具的《证明》等材料来看，大部分村民已自愿签订安置补偿协议并交回宅基地使用权，村民签约率达到了 90%。由此可见，案涉改造项目体现了大多数村民的意愿，符合大多数村民的利益"。

（2）收回闲置宅基地情形。据相关统计，农村闲置宅基地的数量庞大。"据国家电网公司对其经营区域内居民房屋空置率的统计，城镇居民

---

① 参见陈锡文、韩俊主编《农村全面小康与实施乡村振兴战略研究》，中国发展出版社，2021，第 419 页。

房屋空置率为 12.2% ，而乡村居民住房空置率为 14% 。"① 农业农村部抽样调查数据显示，2019 年全国农村宅基地闲置率为 18.1% 。② 如果宅基地使用权人死亡，没有继承人的，集体经济组织可以无偿收回宅基地；如果因其他原因出现闲置宅基地的，集体经济组织可以根据自愿有偿原则收回闲置宅基地，包括进城落户农民自愿有偿退出的宅基地。例如，浙江义乌采用"集地券"的形式探索宅基地使用权有偿退出模式，将宅基地使用权人有偿退出的宅基地和废弃的闲置集体建设用地复垦为耕地并经验收合格后折算成建设用地指标凭证，即"集地券"。持有"集地券"的农民或集体组织可以凭此券在公开市场上进行交易并获得收益，而取得此"集地券"的用地者可据此在向政府申请用地的过程中折抵相应建设用地指标或出让金。③

2. 通过占补平衡和增减挂钩制度实现集体土地所有权的收益权能

推进农村宅基地制度改革，可以盘活农村"沉睡"资源，解决乡村振兴"地从哪里来"的问题；可以释放农村土地价值，解决乡村振兴"钱从哪里找"的问题；还可以吸引人才下乡、能人返乡，解决乡村振兴"人往哪里聚"的问题。④《土地管理法》第 62 条第 6 项规定："国家允许进城落户的农村村民依法自愿有偿退出宅基地，鼓励农村集体经济组织及其成员盘活利用闲置宅基地和闲置住宅。"集体可以通过土地整治，盘活闲置农房和宅基地，实现集体所有权的收益权能。对于集体收回的闲置宅基地，一般应当进行土地整理利用，可以复垦，也可以用于宅基地分配。"对规划范围以外的农村建设用地，应当继续坚持其自用的原则，如出现闲置和废弃，则应当复垦或批准给本集体经济组织符合条件的成员使用。"⑤ 占补平衡和增减挂钩制度是实现集体土地所有权收益权能的重要

---

① 陈锡文：《中国农村改革研究文集》，中国言实出版社，2019，第 636 页。
② 参见张天佐《深化农村宅基地制度改革 激发乡村振兴活力》，《中国农村经济》2021 年第 1 期。
③ 参见陈锡文、韩俊主编《农村全面小康与实施乡村振兴战略研究》，中国发展出版社，2021，第 414 ~ 415 页。
④ 参见张天佐《深化农村宅基地制度改革 激发乡村振兴活力》，《中国农村经济》2021 年第 1 期。
⑤ 陈锡文：《中国农村改革研究文集》，中国言实出版社，2019，第 479 页。

桥梁和纽带。

占补平衡，是指非农建设经批准占用耕地的单位应当依法履行补偿义务，开垦与所占用耕地的数量和质量相当的耕地。《土地管理法》第30条第2款规定："国家实行占用耕地补偿制度。非农业建设经批准占用耕地的，按照'占多少，垦多少'的原则，由占用耕地的单位负责开垦与所占用耕地的数量和质量相当的耕地；没有条件开垦或者开垦的耕地不符合要求的，应当按照省、自治区、直辖市的规定缴纳耕地开垦费，专款用于开垦新的耕地。"

增减挂钩，是指建设用地增减挂钩节余指标流转制度，城市增加建设用地指标与农村减少建设用地指标相挂钩。《城乡建设用地增减挂钩试点管理办法》第2条规定："本办法所称城乡建设用地增减挂钩（以下简称挂钩）是指依据土地利用总体规划，将若干拟整理复垦为耕地的农村建设用地地块（即拆旧地块）和拟用于城镇建设的地块（即建新地块）等面积共同组成建新拆旧项目区（以下简称项目区），通过建新拆旧和土地整理复垦等措施，在保证项目区内各类土地面积平衡的基础上，最终实现增加耕地有效面积，提高耕地质量，节约集约利用建设用地，城乡用地布局更合理的目标。"

2008年起，《城乡建设用地增减挂钩试点管理办法》将占补平衡与增减挂钩紧密联系起来。占补平衡、增减挂钩是指在农村通过土地整治，增加耕地，在城市郊区地方政府通过购买耕地指标，相应减少耕地。通过这种措施，在城市郊区增加非农建设用地，在"五通一平"（通水、通电、通路、通信、通气和平整土地）后通过招拍挂等方式获取土地增值收益，成为地方政府基金性收入的主要来源。① 增减挂钩政策从最初的禁止跨省域调剂发展到后来的允许跨省域调剂。《国土资源部关于进一步加强土地整理复垦开发工作的通知》〔国土资发（2008）176号〕（已废止）规定："要严格落实耕地'占补平衡'制度，各类非农建设占用耕地，应立足于本市、县行政区域内补充完成。""严禁跨省（区、市）补充耕地。"到

---

① 参见张晓山《乡村振兴战略》，南方出版传媒、广东经济出版社，2020，第39页。

2018 年，增减挂钩政策进行了重大调整，即允许增减挂钩节余指标跨省域调整。2018 年中央一号文件《中共中央、国务院关于实施乡村振兴战略的意见》提出："改进耕地占补平衡管理办法，建立高标准农田建设等新增耕地指标和城乡建设用地增减挂钩节余指标跨省域调剂机制，将所得收益通过支出预算全部用于巩固脱贫攻坚成果和支持实施乡村振兴战略。"之所以做出上述调整，是因为 2018 年以前的政策是为了遏制地方政府通过卖地推行土地财政的冲动，而且当时地方政府得到的土地使用权出让收入主要用于城市和园区建设。2018 年以后，中央政策有所调整，土地使用权出让收入从过去的"取之于乡，用之于城"调整为"取之于农，主要用之于农"，主要用于巩固脱贫攻坚成果和支持实施乡村振兴战略。①2022 年 4 月 10 日发布的《中共中央、国务院关于加快建设全国统一大市场的意见》提出，"完善城乡建设用地增减挂钩节余指标、补充耕地指标跨区域交易机制"。集体通过占补平衡和增减挂钩政策，实现集体土地所有权的收益权能，增加农民财产性收入。

3. 违背农民意愿的增减挂钩应予矫正

有的地方政府为了获得置换建设用地的交易指标，强制性地推行宅基地退出与集中安置，出现了农民"被上楼"现象，违背了农民意志，造成部分农民不满。② 庭院经济、生活习惯和农业依赖等因素都能从相反的方向证明农民"被上楼"是不妥当的。个别地方擅自扩大城乡建设用地增减挂钩试点范围，违背农民意愿大拆大建，让村民上楼住新房，换取城镇建设用地的指标，获取土地收益。但农民没有得到实惠，却增加了额外负担，损害了农民利益。③ 让农民上楼居住不适合专业农户和小规模兼业农户。"农民的居住方式是由其生产方式决定的，在一定的历史阶段分散居住在地域内符合务农劳动者的生产方式和生活需求。"④

编制村庄规划要立足现有基础，保留乡村特色风貌，不搞大拆大建。

---

① 参见张晓山《乡村振兴战略》，南方出版传媒、广东经济出版社，2020，第 21 页。
② 参见陈锡文、韩俊主编《农村全面小康与实施乡村振兴战略研究》，中国发展出版社，2021，第 406 页。
③ 参见周楠《乡村振兴立法，撤并村庄有规矩》，《半月谈》2021 年第 11 期。
④ 张晓山：《乡村振兴战略》，南方出版传媒、广东经济出版社，2020，第 44 页。

按照规划有序开展各项建设，严肃查处违规乱建行为。严格规范村庄撤并，不得违背农民意愿、强迫农民上楼。"乡村建设要注重保护传统村落和乡村特色风貌，不要一个样式盖到头，一种颜色刷到底。有些地方就没把握好，有的盲目大拆大建，贪大求洋，搞大广场、造大景点；有的机械照搬城镇建设那一套，搞得城不像城、村不像村；有的超越发展阶段、违背农民意愿，搞大规模村庄撤并。乡村建设是为农民而建，必须真正把好事办好、把实事办实。"①《乡村振兴促进法》第51条规定："县级人民政府和乡镇人民政府应当优化本行政区域内乡村发展布局，按照尊重农民意愿、方便群众生产生活、保持乡村功能和特色的原则，因地制宜安排村庄布局，依法编制村庄规划，分类有序推进村庄建设，严格规范村庄撤并，严禁违背农民意愿、违反法定程序撤并村庄。"

（二）探索宅基地有偿使用制度

2017年中央一号文件《中共中央、国务院关于深入推进农业供给侧结构性改革　加快培育农业农村发展新动能的若干意见》提出："探索农村集体组织以出租、合作等方式盘活利用空闲农房及宅基地，增加农民财产性收入。"农业农村部对十三届全国人大三次会议第6469号建议的答复〔农办议（2020）159号〕提出："我部出台了《关于积极稳妥开展农村闲置宅基地和闲置住宅盘活利用工作的通知》，支持返乡人员依托自有和闲置住宅发展适合的乡村产业。注重保护非本集体经济组织成员通过继承农房或其他合法方式占用宅基地的权益，探索由农村集体经济组织主导实施有偿使用制度。"2019年中央1号文件提出："开展闲置宅基地复垦试点。允许在县域内开展全域乡村闲置校舍、厂房、废弃地等整治，盘活建设用地重点用于支持乡村新产业新业态和返乡下乡创业。"根据上述政策规定，集体可以探索宅基地有偿使用制度，实现集体土地所有权的收益权能，增加农民财产性收入。

---

① 习近平：《坚持把解决好"三农"问题作为全党工作重中之重　举全党全社会之力推动乡村振兴》，《求是》2022年第7期。

1. 集体可以向宅基地的承租人收取相关费用

集体通过出租宅基地的方式实现集体土地所有权的收益权能，主要包括以下两种方式。第一，集体可以直接出租宅基地并取得收益，即将宅基地出租给集体成员以外的单位或者个人，并收取相关费用。返乡下乡创业人员和当地农民合作改建自住房的，依法取得房屋共有权，但不能取得用益物权性质的宅基地使用权，集体可以针对宅基地利用权收取相应的租金。第二，集体可以分享农民出租宅基地而取得的收益。农户将住房转让给非集体成员的，受让方不能依法取得宅基地使用权，而取得宅基地利用权（租赁权），集体作为宅基地所有权人有权取得宅基地利用权的租金。"农民集体可以选择主动作为宅基地流转的出让人参与宅基地流转并获得经济利益，也可以在农民利用和流转宅基地过程中收取宅基地使用费或提取其他收益。"①

2. 集体可以向"一户多宅"和超标准占用宅基地的集体成员收取相关费用

《土地管理法》第 62 条第 1 款规定："农村村民一户只能拥有一处宅基地，其宅基地面积不得超过省、自治区、直辖市规定的标准。"对于不符合上述规定的情形，集体可以向有关集体成员收取相关费用。第一，本集体经济组织成员"一户多宅"的，集体可以对多余的住宅依附的宅基地使用权收取相关费用。第二，虽然本集体经济组织成员符合"一户一宅"的要求，但是其占用的宅基地面积超过省、自治区、直辖市规定的标准的，集体可以对超出部分收取相应的费用。对于宅基地面积，并没有全国统一标准，而是由各省、自治区、直辖市根据本省的人口密度和土地资源情况具体确定。② 对于超出宅基地面积的部分，集体可以收取相关费用。例如，宁夏平罗以法定 270 平方米加 200 平方米庭院经济用地为基数，对超出部分的宅基地收取有偿使用费。③

---

① 陈小君：《宅基地使用权的制度困局与破解之维》，《法学研究》2019 年第 3 期。
② 参见孙宪忠、朱广新主编《民法典评注·物权编》（3），中国法制出版社，2020，第 217 页。
③ 参见陈锡文、韩俊主编《农村全面小康与实施乡村振兴战略研究》，中国发展出版社，2021，第 413 页。

3. 集体可以向非集体经济组织成员收取相关费用

非集体经济组织成员取得或保有宅基地使用权的情形主要包括两种形式，即非集体成员通过继承方式取得宅基地使用权和进城落户农民没有自愿退出宅基地使用权，针对上述情形，集体可以收取因取得或享有宅基地使用权而产生的相关费用。

五 农户资格权与住房使用权界限分明

在宅基地三权分置模式下，力图显化宅基地和地上房屋所有权等财产功能，但是农户资格权与住房使用权界限分明。农户资格权仍然具有严格的身份属性，只有依据农户资格权才能取得宅基地使用权，非集体成员不具有农户资格权，不能取得用益物权性质的宅基地使用权，只能取得债权性质的宅基地利用权。在法律和政策允许的条件下，非集体成员可以与集体成员合作建房，从而取得房屋共有权，也相应地取得宅基地利用权；或者通过房屋租赁方式取得住房使用权，从而相应地取得宅基地利用权。在上述情形取得的宅基地利用权的性质并非用益物权性质的宅基地使用权，而是债权性质的宅基地利用权，二者界限分明，不可混淆。

（一）保障农户资格权

宅基地使用权的基础是集体土地所有权，而集体土地所有权有其深刻的社会伦理基础，它与集体成员的利益息息相关。成员权是集体经济组织成员依法享有的民事权利，具有严格的身份属性，蕴含着宅基地的保障功能。宅基地三权分置改革不应动摇成员权的基础地位，在保护成员权的基础上推进宅基地制度的渐进式改革。只有集体经济组织成员才能依法取得土地承包权和宅基地使用权，上述两项权利的取得基础是成员权，因此，应将土地承包权和宅基地资格权界定为农民集体成员权。[①] 宅基地资格权

---

① 参见陈小君《宅基地使用权的制度困局与破解之维》，《法学研究》2019 年第 3 期。

是集体成员权的重要表现形式，是实现农民"住有所居"的制度保障。"宅基地资格权应属成员权的实体内容，是集体成员实现在集体所有土地上享有的居住权益的方式。"①

在宅基地"三权分置"模式下，只有集体经济组织成员享有资格权，可以无偿取得并依法保有宅基地使用权，集体成员以外的人不能取得和享有宅基地使用权，除非法律或政策规定的特殊情形，比如进城落户农民或者依法继承宅基地使用权的非集体成员。"宅基地制度设计的基础是农村集体经济组织的成员权，它是农村集体经济组织对自己成员提供的保障性住房制度。"② 不能为了改革而改革，应渐进式推进。"破坏掉一个已有住房保障制度很容易，重新建立一个住房保障制度却相当困难，除非有覆盖农村的、可以替代的住房保障制度存在。"③

（二）放活宅基地和农民房屋使用权

1. 基于宅基地和住房使用权取得债权性质的宅基地利用权

在坚持宅基地集体所有权和农户资格权的前提下，适度放活宅基地和农民房屋使用权，拓展宅基地和农民房屋的财产功能，通过出租、入股、合作、担保等方式，积极探索农民增加财产性收入的途径。宅基地和农房不仅是农民最基本的生活资料，也是农民最重要的财产。推进农村宅基地制度改革，有利于建立农民住房用地保障新机制，实现"户有所居"；有利于规范农村宅基地管理秩序，实现宅基地分配和使用的"公平、公正"；还可以赋予农民更多财产权利，更好分享改革发展的成果和红利。④

激活宅基地的财产功能是宅基地制度改革的重要目标，东部沿海发达地区早在 20 世纪 90 年代中后期就尝试宅基地的有偿使用，集体成员通过出租或转让宅基地实现财产价值，非集体成员也迫于城市高房价压力等原

---

① 程秀建：《宅基地资格权的权属定位与法律制度供给》，《政治与法律》2018 年第 8 期。

② 陈锡文：《中国农村改革研究文集》，中国言实出版社，2019，第 587 页。

③ 王旭东：《中国农村宅基地制度研究》，中国建筑工业出版社，2011，第 145 页。

④ 参见张天佐《深化农村宅基地制度改革 激发乡村振兴活力》，《中国农村经济》2021 年第 1 期。

因，纷纷租入或变相购买农民宅基地和住房。^① 通过上述流转方式取得宅基地和住房使用权，其本质不是用益物权性质的宅基地使用权，而是债权性质的土地利用权，二者有本质区别，不应混淆。即使在宅基地三权分置改革的背景下，其本质区别仍然没有改变。

2. 房屋所有权转让情形下的宅基地使用权配置规则

根据法律规定，宅基地使用权不能向集体以外的成员流转，因此，当房屋所有权转移时，宅基地使用权是否一并转移，需要区分两种不同情形。第一，如果房屋转让给本集体成员，则受让人不仅取得房屋所有权，而且取得宅基地使用权，取得基础是集体成员权，是集体成员取得宅基地使用权的特殊方式。第二，如果房屋转让给集体成员以外的人，则受让人取得房屋所有权，但不能取得宅基地使用权，而是取得宅基地利用权，出让人保有资格权。"宅基地使用权的身份属性被限定在宅基地分配层面，而宅基地的实际利用即可植入市场要素，非本集体农户或城镇居民所取得的使用宅基地的权利不再是《物权法》上所明定的宅基地使用权，而是农户宅基地使用权的利用权（租赁权），借助于宅基地使用权上的利用权得以实现适度放活宅基地的市场化目标。"^②

非集体成员通过买卖、继承、抵押权实现等方式取得房屋所有权后，取得宅基地使用权的利用权，原集体经济组织成员保留宅基地使用权。可以通过在宅基地上设置租赁权或交纳使用费的方式，解决宅基地流转或身份问题。^③ 租赁权的性质是物权化的债权，符合租赁权物权化的趋势。租赁权可以促进宅基地的有效利用，保障集体成员使用宅基地的公平性。^④ 对租赁权可以设置相对比较长的年限。有观点主张，租赁权的期限应当比一般财产租赁期限长一些，不应受 20 年期限的限制。^⑤ 但相关政策对租赁

---

① 参见刘守英、熊雪锋《产权与管制——中国宅基地制度演进与改革》，《中国经济问题》2019 年第 6 期。

② 高圣平：《农村宅基地制度：从管制、赋权到盘活》，《农业经济问题》2019 年第 1 期。

③ 参见刘凯湘《法定租赁权：对农村宅基地制度改革的意义与构想》，《法学论坛》2010 年第 1 期。

④ 参见陈小君《宅基地使用权的制度困局与破解之维》，《法学研究》2019 年第 3 期。

⑤ 参见刘凯湘《法定租赁权：对农村宅基地制度改革的意义与构想》，《法学论坛》2010 年第 1 期。

权期限进行了限制。农业农村部对十三届全国人大三次会议第 6469 号建议的答复〔农办议（2020）159 号〕提出，"2019 年，中央农村工作领导小组办公室、农业农村部印发《关于进一步加强农村宅基地管理的通知》，强调要依法保护农民合法权益，不得以退出宅基地作为农民进城落户的条件。鼓励盘活利用闲置宅基地和闲置住宅，依据合同法保护城镇居民、工商资本等租赁农房居住或开展经营的合法权益，明确租赁合同的期限不超过二十年，合同到期后，双方可以另行约定"。

在上述宅基地租赁权之外，还存在一般的房屋租赁权，二者的性质并不相同。宅基地和农房出租的情形在实践中大量存在，在大城市周边的乡村和一些具有优势资源地区尤其普遍。① 在广大沿海地区，农户在宅基地上盖成多层住宅，用于出租。② 上述房屋出租现象是一般性质的房屋租赁，不属于宅基地使用权流转范畴，其性质不是宅基地出租，而是农房出租，因此并没有突破宅基地使用权流转的法律限制。改革开放后，城郊农村住房出租现象已经非常普遍，其实质是行使房屋所有权的一种方式，属于私法上的"法不禁止即自由"，这种租赁形式不属于宅基地三权分置范畴。

（三）条件成熟时可以开放宅基地使用权流转市场

没有城市化，就没有农民的自由流动，没有自由流动，就不能完全开放宅基地使用权流转市场，这是一个逻辑整体，不能人为割裂，否则就有后顾之忧。"宅基地制度改革的重点和核心只应当是保证农民'户有所居'的权利，其他则都是次要的。"③ 宅基地财产属性的显化，需要依赖城乡社会保障体系的一体化，在城乡社会保障体系二元化的条件下，轻易开放宅基地使用权流转市场会造成顾此失彼的局面，其结果可能是得不偿失。

支持彻底放开宅基地使用权流转的观点认为，农民是"理性人"，最知道如何保护自己的权利，不需要法律"父爱主义"，如此等等，听起来

---

① 参见宋志红《宅基地"三权分置"的法律内涵和制度设计》，《法学评论》2018 年第 4 期。

② 参见刘守英《土地制度与中国发展》，中国人民大学出版社，2018，第 109 页。

③ 贺雪峰、桂华、夏柱智：《地权的逻辑Ⅲ：为什么说中国土地制度是全世界最先进的》，中国政法大学出版社，2018，第 114 页。

掷地有声，其实有些观点已经被历史反复证伪，"富不过三代"、"君子之泽，五世而斩"和"囚徒困境"都证明了认识的局限性和行动的非理性。例如，有的农民收到征地拆迁补偿款后就开始赌博。有的农民购买豪车，甚至吸毒，时间稍长就会坐吃山空。[①] 有的失地农民没钱后，又要求政府退还被征收的土地，引发了许多诉讼，引起司法机关的高度重视，要求谨慎处理此类纠纷，避免事态恶化。社会实践已经反复证明了所谓"理性人"是个伪命题。台湾当局在 2000 年前后，为争取农民的政治支持，通过了"农业发展条例"的修正草案，改变了"农地农有农用"的指导原则，允许工商资本下乡购地，结果造成资本下乡后侵占和破坏农地建豪宅现象。[②] 宅基地制度改革还是稳妥一些为好，否则不会有人对此承担责任的，或者根本就没有承担责任的能力。

可以认为，开放宅基使用权流转市场的条件目前尚不成熟，待条件成熟以后可以考虑采纳彻底的宅基地使用权流转制度，这个条件就是"人的城市化"和城乡居民享有平等的社会保障。既然城市住宅建设用地使用权可以有偿使用 70 年，而且期满后可以再延长 70 年，那么农村宅基地使用权也可以相应地采取相同或类似的制度安排。农民可以进城买房，市民也可以下乡买房置地，逻辑推理没有问题，但问题在于社会实践。宅基地使用权彻底流转的前提条件是：真正实现城乡一体化的社会保障，彻底消除城乡二元结构的制度壁垒，农民与城里人按照相同的标准享有社会保障，避免出现农民"进不了城，回不了乡"的悲剧。在此基础上，宅基地使用权流转还应当与农民变市民进程相一致、与农民依靠非农产业取得收入的群体不断扩大相一致、与合理的土地增值收益分配关系的形成进程相一致。[③] 若能够满足这些前提条件，一切都会水到渠成、瓜熟蒂落。农民数量庞大，城镇化并没有改变绝大多数农民的身份，这是宅基地制度改革必须面对的社会现实。"当前，我国常住人口城镇化率已经突破了 60%。今后 15 年是

---

① 参见贺雪峰、桂华、夏柱智《地权的逻辑Ⅲ：为什么说中国土地制度是全世界最先进的》，中国政法大学出版社，2018，第 98~99 页。

② 参见华生《城市化转型与土地陷阱》，东方出版社，2013，第 214 页。

③ 参见甘藏春《土地正义：从传统土地法到现代土地法》，商务印书馆，2021，第 257 页。

破除城乡二元结构、健全城乡融合发展体制机制的窗口期。要从规划编制、要素配置等方面提出更加明确的要求，强化统筹谋划和顶层设计。"[1]"即使将来我国的人口城镇化率达到了 70%，也还有四五亿人将生活在农村。"[2] 他们生活在社会底层，需要土地作为其基本生活保障，这些都不是靠逻辑推理能够解决的，纸上谈兵会造成严重的后果。

结　语

宅基地制度改革需要面对宅基地的保障功能和财产功能这一主要矛盾，截至目前，宅基地的保障功能仍然是矛盾的主要方面，东部发达地区显化宅基地财产功能的现象并不具有普遍意义，因此，宅基地"三权分置"的重点仍然是强化宅基地的保障功能，在条件具备时方可进一步显化宅基地的财产功能。宅基地制度原本是探索社会主义道路过程中特有的制度安排，具有鲜明的福利色彩和中国特色。随着工业化和现代化的推进，在东部发达地区宅基地的财产功能逐渐显化，但在广大的中西部地区，宅基地的保障功能仍然占据主导地位。基于上述认识，在宅基地制度改革过程中，落实集体所有权和保障农户资格权仍然是矛盾的主要方面，放活宅基地和住房财产权是矛盾的次要方面，二者不可等量齐观。在条件成熟时，开放宅基地使用权流转市场自然会水到渠成。宅基地三权分置改革不能损害农民利益，不能成为资本狂欢的盛宴。即使工业化了，还会有四五亿人生活在农村，他们才是乡村振兴的主体。

---

[1]　习近平：《坚持把解决好"三农"问题作为全党工作重中之重 举全党全社会之力推动乡村振兴》，《求是》2022 年第 7 期。

[2]　陈锡文：《中国农村改革研究文集》，中国言实出版社，2019，第 597 页。

"履行费用过高"规则的正当性基础
及对规则适用的影响

韩富鹏[*]

内容提要："履行费用过高"规则的正当性基础，应当建立在效率最大化、诚实信用、合意欠缺等多元价值基础之上。效率最大化思想明确了履行费用的比较对象为债权人的履行利益，履行费用和债权人履行利益之间的不均衡程度，应当作为判断是否构成履行费用过高的主要标准。机会成本、未来成本、沉没成本、主观价值等经济分析工具，有助于厘清履行费用过高判断时存在的争议问题。《民法典》规定履行费用过高规则并不意味着我国实证法承认了效率违约理论。诚实信用、合意欠缺等道义论思想，对该规则适用也起到必要的修正作用。债务人可归责性、合同内容应当成为判断是否构成履行费用过高的斟酌因素。债务人应当在知悉履行障碍发生后不迟延地提出抗辩，以避免对债权人造成不确定性。

关键词：履行费用过高　给付不能　契约效率　道义论契约论

一　问题的提出

《民法典》第580条第1款第（二）项后半句承袭了原《合同法》第110条第（二）项后半句，将"履行费用过高"作为非金钱债务实际履行请求权的排除事由。"履行费用过高"涉及契约严守和效率最大化

---

* 韩富鹏，清华大学法学院博士研究生。

之间的调和，存在较大的争议和不确定性。相较于《德国民法典》第
275 条第 2 款、《欧洲示范民法典草案》（DCFR）第 3－3：302 条第 3
款（b）项、《国际商事合同通则》（PICC）第 7.2.2 条等比较法规范，
《民法典》"履行费用过高"规则文义过于简单，对于履行费用过高的
判断标准、比较对象、考量因素、法律后果等关键问题均欠缺明确规
定。这在一定程度上也导致了民法学界和实务界对该规则的诸多关键问
题的理解出现了混乱和偏差。

"任何法律均有其意欲实现之目的，解释法律应以贯彻目的为主要任
务。"① 法教义学不应该切割伦理、政治、历史、社会等因素，为法律规
范寻找道德与伦理基础是法教义学必不可少的工作。② 准确理解和适用履
行费用过高规则，首先应当厘清其正当性基础。学界就"履行费用过高"
规则的正当性基础欠缺统一认识，也是导致该规则的理解适用出现混乱和
偏差的重要原因。有鉴于此，本文拟对"履行费用过高"规则的正当性基
础进行全面探讨，以期为民法典时代准确适用该规则提供指引。

二　"履行费用过高"规则的正当性基础探析

（一）现有观点梳理

依法成立的合同，对当事人具有约束力。合同生效后，债务人有义务
按照合同约定履行义务，债权人也有权要求债务人依约履行，此乃契约严
守原则的应有之义。"履行费用过高"规则排除了债权人的实际履行请求
权，突破了契约严守原则，其正当性有待检验和论证。目前，就该规则的
正当性，学界主要存在以下观点。

1. 效率最大化

该观点认为，法律之所以允许债务人以履行费用过高为由拒绝实际履
行，主要原因在于此时实际履行合同将造成资源浪费，有碍于实现社会财

---

① 杨仁寿：《法学方法论》（第 2 版），中国政法大学出版社，2013，第 172 页。
② 许德风：《法教义学的应用》，《中外法学》2013 年第 5 期。

富最大化。① 债务人履行费用明显高于债权人的履行利益，债务人克服给付障碍需要花费过高成本，而超出债权人履行利益的部分又无法转化为债权人的获益，最终造成了社会福利损失和资源浪费。根据"善"和"正当"的关系，伦理学可以划分为道义论和目的论两大范畴。前者认为正当优先于善，后者认为善优先于正当。② 效率最大化思想属于目的论范畴，目的论契约论认为契约的正当性来源于契约可以促进某种善的实现；而根据效率最大化思想，善的实现即表现为社会财富的最大化，契约的正当性即在于其有助于推动资源的优化配置、增益社会福利。一旦实际履行不符合财富最大化的要求，允许债权人强制履行也就丧失其正当性。

2. 诚实信用

该观点认为，"履行费用过高"规则属于诚实信用原则的具体体现。③ 诚实信用原则要求行为人在民事活动中本着值得信赖、真诚和为他人着想的观念行事，在顾及他人利益的前提下追求自己的利益。④ 如果债务人的履行费用明显高于债权人的履行利益，债权人继续要求实际履行，违背了正常人处于相同地位的一般理性。债权人权利之行使将造成其所获利益与债务人所受损失之间的严重失衡，构成权利滥用，有违诚信原则。"履行费用过高"规则旨在消除此类履行障碍——尽管实际履行在理论上仍为可能，但任何理性的债权人都不可能认真地期待实际履行。⑤

3. 合意空白

德国学界有观点认为，《德国民法典》第 275 条第 2 款只适用于合同当事人就债务人履行义务所需要付出的努力程度没有特别约定，从而需要进行补充解释的情形。⑥ 允许债务人拒绝实际履行，是对当事人意思进行

---

① 谢鸿飞：《合同法学的新发展》，中国社会科学出版社，2014，第 477 页；最高人民法院民法典贯彻实施工作领导小组主编《中华人民共和国民法典合同编理解与适用》（二），人民法院出版社，2020，第 738 页。

② 〔英〕亨利·西季威克：《伦理学方法》，廖申白译，中国社会科学出版社，1993，第 27 页。

③ 王洪亮：《强制履行请求权的性质及其行使》，《法学》2012 年第 1 期；陈自强：《契约违反与履行请求》，元照出版公司，2015，第 217 页。

④ 李永军主编《民法学教程》，中国政法大学出版社，2021，第 19 页。

⑤ Brox/Walker, Allgemeines Schuldrecht, 44. Aufl., 2020, C. H. Beck, §22Rn. 20., S. 243.

⑥ Caspers, Kommentar zum BGB §275, in: Staudinger Kommentar zum BGB, Sellier De Gruyter, 2019, Rn. 87.

补充解释得出的结论。"履行费用过高"规则适用前提是履行费用的大幅提升超出了当事人订立合同时的预期,而当事人对履行费用大幅提升的风险如何分配欠缺合意。债权人的履行请求权来自双方当事人的合意,而"履行费用过高"规则适用领域即处于当事人合意的空白地带,强迫债务人实际履行与契约原则相悖。[①]

将"履行费用过高"规则的正当性诉诸诚实信用或者欠缺合意,属于道义论范畴。道义论认为正当优先于善,人们行为或活动的道德性质和意义,最基本的不在于其所达成的目的,而首先在于它所具有的伦理正当性。[②] 诚实信用抑或合意欠缺,均认为履行费用过高时债权人坚持实际履行不符合道义要求,而非实际履行将造成某种不利后果。效率最大化、诚实信用和合意欠缺,从不同角度论证了履行费用过高的正当性,但也均存在不足之处。

(二) 道义论思想作为"履行费用过高"正当性基础的不足

首先,道义论无法解释履行费用过高与情势变更的区别。履行费用过高与情势变更均可追溯于诚实信用原则。德国债法现代化改革之前,德国学界一般并不在履行不能中讨论履行费用过高问题,而是通过《德国民法典》第 242 条规定的诚实信用原则处理该问题;[③] 而情势变更同样从诚实信用原则中发展而来,[④] 并通过《德国民法典》第 313 条实现了具体化。履行费用过高和情势变更的适用场域,均处于当事人的合意空白点。针对造成履行费用过高和情势变更的事实,当事人在订立合同时均欠缺认识而难以在合同中做出安排。但情势变更和履行费用过高的法律后果存在明显差异。履行费用过高只作用于原给付义务领域,债务人享有拒绝履行原给

---

① 刘洋:《"履行费用过高"作为排除履行请求权的界限——"新宇公司诉冯玉梅商铺买卖合同案"评析》,《政治与法律》2018 年第 2 期。

② 万俊人:《论道德目的论与伦理道义论》,《学术月刊》2003 年第 1 期。

③ Schermaier, Kommentar zum BGB § 275, in: Schmoeckel, Rückert und Zimmermann (Hrsg.), Historisch-kritischer Kommentar zum BGB, Band II Schuldrecht: Allgemeiner Teil 1. Teilband241 – 304, Mohr Siebeck, 2007, Rn. 41.

④ 〔德〕迪尔克·罗歇尔德斯:《德国债法总论》,沈小军、张金海译,中国人民大学出版社,2014,第 277 页。

付义务的抗辩权，但是并不影响债务人承担次给付义务，债权人有权主张替代给付损害赔偿等救济。而情势变更同时作用于原给付义务和次给付义务，因情势变更法院判决变更合同后，债务人依据原合同所负的原给付义务和次给付义务均告消灭，自不待言；而通说认为，因情势变更解除合同后，债务人无须按照《民法典》第 584 条承担替代给付损害赔偿责任。将履行费用过高的正当性诉诸诚实信用抑或合意欠缺，无法解释该规则与情势变更在法律后果上的重大差异。

其次，将"履行费用过高"规则的正当性建立在诚实信用或者欠缺合意的基础上，往往意味着如果债务人故意造成了履行费用过高的事实，便丧失了拒绝实际履行的权利。此时，债权人主张实际履行难言违反诚实信用原则，也不宜允许债务人以欠缺合意为由拒绝实际履行。但是，通说认为，即使债务人对履行障碍事实具有故意，也不能当然排除"履行费用过高"规则的适用。① 因此，即使债务人在道义上具有极强的可归责性，也不能忽视履行费用过高时强制债务人实际履行可能造成的资源浪费。

最后，将"履行费用过高"规则的正当性建立在诚实信用或者欠缺合意的基础上，对一些争议问题欠缺解释力。如德国有学者认为，《德国民法典》第 275 条第 2 款明确将诚实信用作为考量因素，在很大程度上是多余的，并没有进一步提供具有指导意义的具体规范内容。② 如债务人的履行费用指的是债务人为履行给付义务所支出的全部费用还是仅包括债务人为克服履行障碍而需额外支出的费用，学界存在不同观点，③ 究竟应采何

---

① Ernst, Kommentar zum BGB § 275, in: Münchener Kommentar zum BGB, 8. Aufl., C. H. Beck, 2019, Rn. 77.

② Ernst, Kommentar zum BGB § 275, in: Münchener Kommentar zum BGB, 8. Aufl., C. H. Beck, 2019, Rn. 93.

③ 认为债务人履行费用包括债务人为完成履行所需要的全部费用，Vgl. Ernst, Kommentar zum BGB § 275, in: Münchener Kommentar zum BGB, 8. Aufl., C. H. Beck, 2019, Rn. 88; Thomas Riehm, Der Grundsatz der Naturalerfüllung, Mohr Siebeck, 2015, S. 334。认为债务人履行费用仅指债务人克服履行障碍所需费用，参见刘洋《"履行费用过高"作为排除履行请求权的界限——"新宇公司诉冯玉梅商铺买卖合同案"评析》，《政治与法律》2018 年第 2 期；Michael Stürner, Der Grundsatz der Verhältnismäßigkeit im Schuldvertragsrecht, Mohr Siebeck Tübingen, 2010, S. 174.; Roland Schwarze, Das Recht der Leistungsstörungen, 2. Aufl., 2017, De Gruyter, § 5 Rn. 7.

种观点，诚实信用等思想无法提供明确答案。再如，履行费用首先指的是履行所花费的费用，自不待言，但其是否包括债务人实际履行可能造成的损失，学界也存在不同看法。[①] 这些争议问题的解决，恐怕需要借助经济分析工具予以阐释。

（三） 效率最大化作为 "履行费用过高" 正当性基础的不足

将 "履行费用过高" 规则的正当性建立在效率最大化的基础之上，在诸多问题上也缺乏足够的解释力。首先，效率最大化的观点无法解释可归责性要素对判断是否构成履行费用过高的影响。《德国民法典》第 275 条第 2 款第 2 句明确规定："可期待于债务人努力之判断，应当考虑给付障碍是否可归责于债务人。" 对此，我国学界也基本形成了共识。[②] 但是，将债务人是否具有可归责性作为是否构成履行费用过高的考量因素，本身与成本效益分析的思想格格不入。[③] 从效率最大化的思想出发，只要债务人的履行成本超过了债权人的履行利益，债务人拒绝实际履行便具有正当性，而无须考虑债务人的归责性。相反，将债务人是否具有可归责性纳入考量，只能在道义论层面获得其正当性。

其次，效率最大化的正当性基础，无法解释 "履行费用过高" 规则中 "过高" 的要求，存在滑向效率违约的风险。效率违约理论认为，当债务人的履行成本高于债权人的履行利益时，债务人有权选择违约而赔偿债权人的履行利益。[④] 履行利益赔偿使得债权人处于假设合同义务顺利履行时其所应处于的财产状态。相较于实际履行，履行利益损害赔偿不会使债权人财产状态更糟。但如果债务人履行成本超过了债权人的履行利益，选择

---

① 反对观点 Vgl. Ernst, Kommentar zum BGB § 275, in：Münchener Kommentar zum BGB, 8. Aufl. , C. H. Beck, 2019, Rn. 90. ；支持观点参见陈凯歌《履行费用过高的制度构造与适用前提》，华东政法大学 2020 年硕士论文，第 26 ~ 27 页。

② 参见冀放《给付不能之履行费用过高问题探析》，《政法论坛》2016 年第 6 期；张兰兰：《履行费用过高规则的动态适用：对〈合同法〉第 110 条第 2 项第 2 种情形的具体化》，《华东政法大学学报》2020 年第 1 期。

③ Ernst, Kommentar zum BGB § 275, in：Münchener Kommentar zum BGB, 8. Aufl. , C. H. Beck, 2019, Rn. 74.

④ 〔美〕理查德·波斯纳：《法律的经济分析》，蒋兆康译，法律出版社，2012，第 169 页。

违约对债务人更为有利。此时，在没有使任何人境况变坏的前提下，债务人违约使得至少一个人变得更好，符合帕累托改进的效率标准。根据效率违约理论，只要债务人履行费用高于债权人的履行利益，债务人便可以拒绝实际履行。

笔者并不赞同这一看法，效率违约的本质是赔偿优先模式，[①] 与大陆法系履行优先的传统存在抵牾。并且，效率违约假设损害赔偿和实际履行对于债权人具有同等意义，且债务人能够准确判断合同标的对于债权人的主观价值，而这些假设本身难以成立。效率违约忽视了纠纷解决可能需要的大量成本，而且存在破坏合同制度和当事人间信任的危险。即使在法经济学思想极为发达的美国学界，效率违约也面临着诸多诘难，以至于有学者认为，效率违约理论只是学术文献和法学课堂的产物，很难发现其在实际生活中的应用。[②]《德国民法典》第 275 条第 2 款、DCFR 第 3—3：302条第 3 款（b）项、PICC 第 7.2.2 条等比较法规范均要求债务人履行费用"明显不合理"、与债权人履行利益"显失均衡"。《民法典》第 580 条第 1款第（二）项后半句也明确强调了履行费用"过高"而非"高于"，故而"履行费用过高"规则并不意味着我国实证法承认了效率违约。在解释和适用该规则时，并不能忽视规范文义"过高"的要求，而将其降格为"高于"。只有债务人履行费用与债权人履行利益明显不成比例，债务人才能拒绝实际履行。

最后，通过经济分析得出的结论，应当结合诚实信用等思想予以适当调整。在我国契约效率并不具备独立的价值，[③] 不宜将效率最大化作为合同法的唯一价值追求。债务人拒绝实际履行符合效率最大化要求，并不必然意味着其具有充分的正当性。如单纯从效率最大化的视角出发，当存在对合同标的出价更高的第三人时，第三人出价即构成合同履行的机会成本。如果第三人出价明显高于债权人的履行利益，通过成本效益分析可

---

① 李承亮：《以赔偿损失代替履行的条件和后果》，《法学》2021 年第 10 期。

② Andrew Kull, "Disgorgement for Breach, the 'Restitution Interest' and the Restatement of Contracts", 79 *Tex. L. Rev.*, 2001, p. 2053.

③ 资琳：《论我国契约法理体系的构成：来源、原则与教义》，《法制与社会发展》2019 年第 2 期。

以得出债务人继续履行构成履行费用过高的结论。但是，这一结论难以通过诚实信用原则的检验，也与我国实证法存在抵牾，容后详述。再如，执行成本属于交易成本的一部分，但判断是否构成履行费用过高时，是否应当考虑执行成本？学界也存在不同看法。① 总之，效率最大化并非合同法的唯一价值目标，诚实信用等道义论思想对合同法教义塑造也发挥着重要作用。

（四）效率最大化和道义论正当性基础的融合

"一次次在先验的自由、公平与经验的功利、福利之间取舍不定后，我们发现法律规则背后的价值是多元的，任何统一化的理论都存在缺陷，难以单独胜任。"② 通过对履行费用过高的正当性基础进行分析，进一步印证了这一观点。仅以诚实信用或者合意欠缺等道义论理由作为"履行费用过高"规则的正当性基础，无法解释该规则与情势变更规则的区别，且在诸多问题上缺乏足够的解释力；仅以是否符合效率最大化要求作为是否构成履行费用过高的判断标准，会产生"经济帝国主义的印象"，与我国合同法体系也存在诸多抵牾。夸张地说，只有多元主义才是唯一的普遍价值。"履行费用过高"规则的正当性必须同时诉诸效率最大化、诚实信用和合意欠缺。

由于任何一种统一化的理论都难以单独解释复杂的法律规范设计，许德风教授认为："同时运用多种价值判断来解释某一制度更为合适，每一个法律上的论断，都应当有两种以上的理由支持为好——公平以及其对社会福利的影响或作用。"③ 但是，现实往往更为复杂。如果目的论和道义论的思想能够同时支撑某一制度或规范选择，固然可以得出该选择更为可取的结论。但有时往往基于目的论思想和道义论思想得出的结论并不一

---

① 认为执行成本也属于履行费用，实际履行的监督会产生不合理负担也属于履行费用过高，参见朱广新《合同法总则研究》（下册），中国人民大学出版社，2018，第 684 页；认为执行成本不应纳入履行费用中考量，参见 Nils Jansen/Reinhand Zimmermann, *Commentaries on European Contract Laws*, Oxford University Press, 2018, pp. 2188 – 2189.

② 许德风：《论法教义学与价值判断：以民法方法为重点》，《中外法学》2008 年第 2 期。

③ 许德风：《论法教义学与价值判断：以民法方法为重点》，《中外法学》2008 年第 2 期。

致，此时就需要更加细致的考量和调和。就价值判断问题，抽象地研究论证规则抑或价值位阶也许意义有限，只能结合具体的法律适用问题进行具体分析，寻求最大限度的共识以形成可靠的教义。就"履行费用过高"规则，效率最大化、诚实信用和合意欠缺，均能够对该规则的理解和适用产生重要影响。其各自对该规则的适用能够产生哪些影响？如何协调多个正当性基础之间的关系？笔者下文就结合"履行费用过高"规则适用过程中产生的具体问题进行分析。

三 "效率最大化"与"履行费用过高"规则的适用

（一）明确了履行费用的比较对象以区别于情势变更

不同于《德国民法典》第 275 条第 2 款等比较法规范明确规定履行费用过高指的是债务人履行费用明显高于债权人的履行利益，原《合同法》第 110 条和《民法典》第 580 条中的"履行费用过高"规则均未明确履行费用过高的比较对象，导致学界和实务界对此产生了较大争议。第一种观点认为，履行费用过高指的是债务人的履约成本远远大于其从债权人对待给付中可以获得的履行利益；[1] 第二种观点认为，履行费用过高指的是债务人履行成本明显高于债权人可以从中获得的利益；[2] 第三种观点认为，履行费用过高指的是债务人履行成本明显高于合同双方的履行利益。[3]

效率最大化思想明确了履行费用的比较对象应当为债权人的履行利益。履行费用过高并不能涵盖履行义务对债务人是不合理的所有情形，而

---

[1] 最高人民法院民法典贯彻实施工作领导小组主编《中华人民共和国民法典合同编理解与适用》（二），人民法院出版社，2020，第 738 页；海南天富鹅业有限公司与琼中黎族苗族自治县农业科学研究所、琼中黎族苗族自治县农业技术推广服务中心租赁合同纠纷案，最高人民法院（2015）民申字第 1931 号民事裁定书。

[2] 冀放：《给付不能之履行费用过高问题探析》，《政法论坛》2016 年第 6 期；张兰兰：《履行费用过高规则的动态适用：对〈合同法〉第 110 条第 2 项第 2 种情形的具体化》，《华东政法大学学报》2020 年第 1 期。

[3] "新宇公司诉冯玉梅商铺买卖合同案"，《最高人民法院公报》2006 年第 6 期。

只适用于履行义务"公然无效率"造成的不合理。① 基于效率最大化之考量，是否构成履行费用过高仅需要考察债务人履行费用与债权人的履约利益之间的比例关系，并不取决于履约所需的努力与债务人自身利益之间的关系。② 比如，供货价格上涨等原因造成债务人履行费用明显超过其从合同中获得的对价，但此时债权人从合同履行中可以获得的履行利益通常也随之上涨。债务人继续履行并不会造成社会资源的浪费，该情形并不构成履行费用过高，而应当通过情势变更规则处理。

效率最大化思想可以解释履行费用过高与情势变更在法律后果层面的差异。履行费用过高中债务人履行费用明显高于债权人的履行利益，如果要求债务人实际履行，会造成资源浪费，故而法律允许债务人拒绝实际履行。但是，债权人主张替代给付损害赔偿，并不存在资源浪费的问题。因此，履行费用过高并不涉及对债务人次给付义务的调整。情势变更中债务人履行成本明显高于其可以获得的对待给付，债务人继续履行"明显不公平"，而债务人继续履行原给付义务或者次给付义务，原则上均会产生《民法典》第533条中的"明显不公平"。只有同时调整债务人的原给付义务和次给付义务，才能消弭情势变更造成的"明显不公平"，实现情势变更的制度功能。

比较对象的不同，明确了"履行费用过高"规则和情势变更规则的区别，也解释了两者法律效果差异的合理性。当然，两者的适用范围可能发生交叉，当债务人履行费用既明显超过了其从合同中可以获得的对待给付，也明显超过了债权人的履行利益时，便可能同时满足两者的要件。如合同成立后债务人所在地爆发战争，导致合同标的价格猛涨，采购运输等履行成本远超出了合同约定的对价，也明显高于债权人的履行利益。第一

---

① Ernst, Kommentar zum BGB § 275, in: Münchener Kommentar zum BGB, 8. Aufl., C. H. Beck, 2019, Rn. 79; Florian Faust, Der Ausschluss der Leistungspflicht nach § 275, in: Peter Huber/Florian Faust, Schuldrechtsmodernisierung, Verlag C. H. Beck, 2002, 2. Kap., Rn. 53.

② Entwurf eines Gesetzes zur Modernisierung des Schuldrechts, BT-Drs 14/6040, S. 130; Dieter Medicus/Stephan Lorenz, Schuldrecht I Allgemeiner Teil, Aufl. 21, 2015, Verlag C. H. Beck, § 34 Rn. 415.

种观点认为，应当优先适用情势变更；① 第二种观点认为，当事人享有一定的程序选择权，适用履行费用过高或者情势变更，主要取决于当事人的诉讼策略；② 第三种观点认为，"履行费用过高"规则排除情势变更的适用。履行费用过高排除了给付请求权，也就没有合同调整的问题。③

笔者认为，当同时满足情势变更和履行费用过高要件时，应当按次序适用履行费用过高和情势变更规则。法律适用是裁判者的义务和职责，原告只需提出诉请与事实陈述，而没有义务选择裁判依据。④ 适用情势变更抑或履行费用过高，属于法律适用问题，应由法院决定，而非取决于当事人的诉讼策略。发生争议时，法院应当首先审查是否构成履行费用过高，如果构成即排除债权人的给付请求权，在原给付关系层面无须再适用情势变更。但"履行费用过高"规则仅作用于原给付义务，次给付义务是否调整需要依据情势变更规则。在上述案例中，如果债权人所在地价格未出现明显波动，债权人可通过与合同相当的价格寻求替代交易。此时只需排除债权人原给付请求权而让债务人承担次给付义务，给付与对待给付的失衡便被消除，无须适用情势变更规则调整次给付关系；如果允许债务人不履行原给付义务而继续履行次给付义务，给付与对待给付失衡问题仍然存在，应当再次适用情势变更规则调整次给付关系。

效率最大化思想明确了履行费用过高指的是债务人履行费用明显高于债权人的履行利益而非债务人自身利益。如前所述，还有一种观点认为，履行费用过高指的是履行费用明显高于双方当事人的履行利益。双方当事人的履行利益必须由双方当事人的履行才能实现，债务人单方履行本身无法实现双方当事人的利益，将债务人履行费用与双方当事人利益进行比较的观点，不足为采。但在部分合同类型，尤其是租赁合同等移转使用权合

---

① 周江洪：《民法典合同编的制度变迁》，《地方立法研究》2020年第5期。周文主要认为情势变更应当优先于《民法典》第580条第2款。
② 刘洋：《"履行费用过高"作为排除履行请求权的界限——"新宇公司诉冯玉梅商铺买卖合同案"评析》，《政治与法律》2018年第2期。
③ 〔德〕迪尔克·罗歇尔德斯：《德国债法总论》，沈小军、张金海译，中国人民大学出版社，2014，第278页。
④ 吴香香：《请求权基础思维及其对手》，《南京大学学报》（哲学·人文科学·社会科学）2020年第2期。

同中，该观点具有一定的启发意义。在德国联邦最高法院审理的一个案例中，承租人要求房东消除地下车库通道进水的问题，然而，这只能通过完全更换房屋下的混凝土盆来实现。德国联邦最高法院认为，即使是在下雨的时候，出租人修复费用也明显高于承租人在进入地下停车场时不被淋湿的微小利益，因此拒绝了承租人的修复请求。[①] 该案中，出租人改善租赁物的费用，并非全部转化为承租人的履行利益。出租人能够获得利益剩余，如租期结束后租赁物使用的便利等。将债务人改善租赁物所需的全部费用，与承租人剩余租期内因租赁物改善所带来的使用便利进行比较，并不妥当。正确的做法应当是比较租赁物改善费用与租赁物改善在正常使用寿命内所带来的便利。此时，债务人的剩余利益也应当作为判断是否构成履行费用过高的标准。

（二） 效率最大化与履行费用过高的判断

1. 债务人履行费用与债权人履行利益的均衡程度应作为主要标准

德国学界通说认为，判断是否构成履行费用过高，需要在个案中衡量，几乎不可能有任何有意义的抽象标准。[②] 我国部分学者主张引入动态体系论的方法用来判断是否构成履行费用过高。[③] 笔者认为，引入动态体系论的方法实践意义较为有限。首先，动态体系建立在法的内在体系之上，而内在体系本身没有固定的形态，难以捉摸。[④] 建构判断履行费用过高的动态体系，对克服判断的主观性和恣意性作用实为有限。其次，要素和基础评价、原则性示例是动态体系论的两大支柱，[⑤] 现有关于判断是否构成履行费用过高的动态体系，大多列举了法院应当考量的一些要素，而欠缺对基础评价和原则性示例的考察。囿于问题属性，为是否构成履行费

---

① BGH NJW 2005, 3284.

② Michael Stürner, Der Grundsatz der Verhältnismäßigkeit im Schuldvertragsrecht, Mohr Siebeck Tübingen, 2010, S. 378.

③ 参见张兰兰《履行费用过高规则的动态适用：对〈合同法〉第 110 条第 2 项第 2 种情形的具体化》，《华东政法大学学报》2020 年第 1 期；时明涛《动态体系论在履行费用过高判断中的运用》，《财经法学》2020 年第 6 期。

④ 解亘、班天可：《被误解和被高估的动态体系论》，《法学研究》2017 年第 2 期。

⑤ 解亘、班天可：《被误解和被高估的动态体系论》，《法学研究》2017 年第 2 期。

用过高建构精确的基础评价乃至原则性示例，也不太可能。[①] 欠缺基础评价和原则性示例的动态体系构建，其实践意义大打折扣。再次，现有研究对要素的选择也存在可斟酌之处，如张兰兰博士将合同内容、债务人履行费用、债权人履行利益、可归责性作为判断履行费用过高的四个要素，[②]但债务人履行费用与债权人履行利益均不宜作为独立要素，只有两者之间的不均衡程度对于判断是否构成履行费用过高才具有意义。最后，动态体系论揭示了多个要素之间充足度的互补关系，但笔者认为，判断履行费用过高的诸要素之间不仅具有互补关系，还存在明显的主从关系和考量次序的前后关系。

笔者认为，从效率最大化的思想出发，应当将债务人履行费用与债权人的履行利益之间的均衡程度作为判断是否构成履行费用过高的首要标准。首先，如果债务人履行费用低于债权人履行利益，实际履行是符合经济理性的选择。无论其他要素的充足度多强，均不构成履行费用过高。其次，如果履行费用高于债权人履行利益，排除债权人履行请求权符合效率最大化要求，但未必能通过诚实信用等道义论思想的检验。确定履行费用高于债权人履行利益后，需要再结合两者不均衡程度、债务人可归责性、合同内容等要素，判断是否构成履行费用过高。其中，履行费用和债权人履行利益不均衡程度应属于占主要分量的要素。

履行费用与履行利益的均衡程度作为判断是否构成履行费用过高的首要标准，意味着只要履行费用明显超过履行利益，就存在构成履行费用过高的可能性。首先，债务人故意造成履行费用过高的事实并不排除该规则适用的可能性。德国学界有观点认为，如果债务人故意造成给付障碍，便不可以主张构成履行费用过高。[③] 我国也有学者认为，当债务人存在故意

---

①　如德国学界通说认为，就履行费用与债权人履行利益不均衡程度，无法设定固定比例。Vgl. Ernst, Kommentar zum BGB § 275, in: Münchener Kommentar zum BGB, 8. Aufl., C. H. Beck, 2019, Rn. 94; Caspers, Kommentar zum BGB § 275, in: Staudinger Kommentar zum BGB, Sellier De Gruyter, 2019, Rn. 102.

②　张兰兰：《履行费用过高规则的动态适用：对〈合同法〉第 110 条第 2 项第 2 种情形的具体化》，《华东政法大学学报》2020 年第 1 期。

③　Marc-Philippe Weller, Die Vertragstreue, Mohr Siebeck, 2009, S. 434.

乃至重大过失时，不能受到"履行费用过高"规则的保护。[1] 笔者认为，债务人具有可归责性时履行费用过高的标准应适当提高，但即使债务人具有故意也不排除该规则适用的可能性，否则可能造成社会福利的巨大损失，甚至诱发债权人与第三人恶意串通的风险。例如，债务人故意将合同标的物出卖给第三人并完成权利移转，如果只要第三人愿意再次出卖该标的物，债务人即负有以任何价格回购并向债权人实际履行的义务，将很容易诱发债权人与第三人恶意串通提高报价的风险。同时，基于当然推理举轻以明重的要求，当给付障碍发生在迟延期间，债务人也可以主张适用"履行费用过高"规则，只不过仍需承担迟延责任。[2]

其次，种类之债和特定之债均存在适用"履行费用过高"规则的可能性。种类之债在标的物特定化之前，债务人应承担给付风险，即使标的物损毁灭失，也不会发生事实上的给付不能。此时，债务人应当承担采购风险，有义务在市场上购买同种类合同标的物以履行债务。[3] 但是，由于当事人双方可能处于不同的相关市场，债务人履行费用可能明显超过债权人从事替代交易所需费用，此时，债务人可以履行费用过高为由拒绝履行合同。[4] 有观点认为，相较于特定之债，种类之债中债务人需要付出更大的努力，适用"履行费用过高"规则的门槛更高。[5] 笔者对此并不认同，种类之债中往往债权人的履行利益可以通过替代交易实现，债权人通常对合同标的并不享有特殊的情感利益，没有必要要求债务人付出更大的努力以克服给付障碍。

履行费用和债权人履行利益间的不均衡程度，不能仅关注两者之间的相对比例关系，还应关注履行费用超过债权人履行利益的绝对数额。首

---

[1] 张兰兰：《履行费用过高规则的动态适用：对〈合同法〉第 110 条第 2 项第 2 种情形的具体化》，《华东政法大学学报》2020 年第 1 期。

[2] Wolfgang Fikentscher/Andreas Heinemann, Schuldrecht Allgemeiner und Besonderer Teil, 11. Aufl., 2017, De Gruyter, §43 Rn. 462, S. 279.

[3] 〔德〕迪尔克·罗歇尔德斯：《德国债法总论》，沈小军、张金海译，中国人民大学出版社，2014，第 106 页。

[4] Jacob Joussen, Schuldrecht I-Allgemeiner Teil, Aufl. 5, 2018, Verlag W. Kohlhammer, Rn. 395.

[5] Wolfgang Fikentscher/Andreas Heinemann, Schuldrecht Allgemeiner und Besonderer Teil, 11. Aufl., 2017, De Gruyter, §43 Rn. 397, S. 238.

先，绝对数额代表着社会福利损失的大小，应当予以关注。其次，履行费用超过债权人履行利益的绝对数额，往往与履行费用超过债务人对价的数额（即债务人亏损）正相关。即使债务人履行费用与债权人履行利益之间的比例相同，100 欧元的亏损给债务人带来的负担显然比 100000 欧元的亏损要小。[1] 履行费用超过债权人履行利益的绝对数额越大，往往意味着债务人克服障碍所需要付出的努力越多。此时，应适当降低履行费用过高的比例要求。

2. 债权人履行利益的范围

债权人的履行利益，指的是债权人对合同实际履行所享有的全部利益。债权人的履行利益，一定程度上取决于债权人对合同标的的使用计划。如果债权人计划自己使用该标的，应当以债权人的使用利益为准，包括合同标的的增值利益；如果债权人计划转售合同标的，则应以转售中获得的对价作为债权人的履行利益，也可以包括债权人因债务人不履行而应当向第三人支付的损害赔偿。诉讼中，债权人应当对其履行利益承担举证责任。

如果债权人履行利益无须耗费巨大精力即可通过替代交易而实现，债权人的履行利益只能表现为替代交易所需费用。PICC 第 7.2.2 条 c 项、《欧洲合同法原则》（PECL）第 9.102 条第 2 款 d 项等国际示范法均规定，如果债权人可以从其他渠道获得替代履行，债权人给付请求权排除。我国也有学者在立法论层面建议将无须耗费巨大精力即可做出合理的替代交易作为履行请求权的排除事由，[2] 或从解释论视角主张将减损规则扩张适用于实际履行，认为如果债权人无须耗费巨大精力即可做出合理的替代交易，其负有通过替代交易减轻损失的义务，并且不能主张继续履行。[3] 但也有观点认为减损义务通常并不包含从事替代交易的义务，[4] 或者反对英美法上的违约后应立即实施替代交易的规则，认为并非一经违约即产生减损义务。[5] 笔者认为，如果一经违约即要求债权人从事替代交易以减轻损

---

[1] Roland Schwarze, Das Recht der Leistungsstörungen, 2. Aufl., 2017, De Gruyter, §5Rn. 19.

[2] 梁慧星：《读条文 学民法》，人民法院出版社，2014，第 142 页。

[3] 张梓萱：《替代交易与继续履行请求权》，《南大法学》2022 年第 1 期。

[4] 张金海：《论作为违约损害赔偿计算方法的替代交易规则》，《法学》2017 年第 9 期。

[5] 孙良国：《违约方合同解除的理论争议、司法实践与路径设计》，《法学》2019 年第 7 期。

失，与《民法典》第 580 条确立的实际履行的优先地位相矛盾。债权人可以从其他渠道获得替代履行即不得主张实际履行，使得替代交易产生的负担和不便完全由债权人承担，但这种负担和不便通常更应由债务人承担。① 即便规定债权人可以请求债务人承担替代交易所需的费用，也存在费用低估的风险。② 因此，只要债权人可以合理地从事替代交易，债务人一经违约后即排除其履行请求权的观点，笔者并不赞同。但是，如果双方处于不同的相关市场等原因导致债务人履行费用明显高于债权人从事替代交易所需费用，从效率最大化的思想出发，应当允许债务人以履行费用过高为由拒绝实际履行。此时，与履行费用进行比较的债权人的履行利益只能表现为从事替代交易所需费用，债权人不能主张以其使用利益、转售对价等作为履行利益。

作为履行费用比较对象的债权人履行利益，并不完全等同于《民法典》第 584 条所确立的违约损害赔偿范围。首先，债权人有权主张的与给付并存的损害赔偿，如迟延损害赔偿、简单损害赔偿，不能纳入此处的债权人履行利益之中。无论债务人是否实际履行，其都有义务支付该部分损害赔偿。债权人该部分利益并非由债务人履行而获得，不能纳入履行费用的比较对象。

其次，当涉及债权人的精神利益时，作为履行费用比较对象的债权人的履行利益并不等同于作为损害赔偿范围的履行利益。《民法典》第 996 条明确了违约救济中也可以主张精神损害赔偿，但是通说认为该规定的适用以侵犯债权人固有利益从而构成违约和侵权的竞合为前提。③ 在不涉及固有利益侵害的单纯违约中，一般认为，只有在婚礼、丧葬等履行利益主要表现为精神利益的合同中，违约方才负有赔偿精神损失的义务。④ 但其

---

① Stefan Vogenauer（Ed.），*Commentary on PICC*，2nd ed.，Oxford University Press，2015，p. 897.

② 〔德〕汉斯 - 贝恩德·费舍尔、克劳斯·奥特：《民法的经济分析》，江清云、杜涛译，法律出版社，2009，第 136 页。

③ 黄薇主编《中华人民共和国民法典人格权编解读》，中国法制出版社，2020，第 37~40 页；最高人民法院民法典贯彻实施工作领导小组主编《中华人民共和国民法典人格权编理解与适用》，人民法院出版社，2020，第 82~83 页。

④ 吴奕峰：《论精神性履行利益的违约损害赔偿——从 62 份婚礼摄影合同判决展开的理论建构》，《华东政法大学学报》2019 年第 4 期。

他类型合同中否认债权人精神损害赔偿请求，并不意味着判断是否构成履行费用过高时也应当忽视债权人的精神利益。通说认为，债权人履行利益不仅包括合同标的的经济价值，也包括债权人对合同标的的情感利益等非物质性利益。① 《德国民法典》第 253 条的限制仅适用于损害赔偿，而第 275 条第 2 款是关于实际履行请求权的规定，不受上述限制的约束。②

基于效率最大化的思想，可以得出履行利益包括情感利益等非物质性利益的结论。按照新古典经济学的基本思想，债权人的履行利益，指的是债权人的主观利益，即债权人对合同履行价值的主观评价。新古典经济学通过效用论否定了亚当·斯密、大卫·李嘉图等古典经济学家的价值理论。价值理论旨在寻求交换背后内在的不变的尺度，马克思的劳动价值论认为，商品的价值指的是凝结在商品中无差别的社会必要劳动，系统地阐释了价值理论的基本思想。③ 效用理论认为，效用指的是商品对主体主观需求的满足，边际效用指的是每增加一单位商品所带来需求满足的增加。新古典经济学派认为，商品的价值由边际效用决定，是由当事人主观判断决定，而难以通过诸如社会必要劳动时间等客观手段衡量。主观价值论与民法契约制度更为契合，更能体现意思自治的精神。④ 主观价值必然包括债权人对合同履行的特殊情感利益，尤其当合同标的物为特定物时，债权人对该标的物价值的主观评价，难以通过客观手段衡量。此外，损害赔偿法中之所以严格限制精神损害赔偿的可赔偿性，是为了降低第三级成本（损害的评估计算成本）。⑤ 而在实际履行中，无须考虑损害赔偿的第三级成本问题。因此，判断债权人履行利益时，应当将债权人的主观利益考虑在内，如对特定标的物的感情利益、标的物转卖后债权人对第三人的信用利益等。

---

① Michael Stürner, Der Grundsatz der Verhältnismäßigkeit im Schuldvertragsrecht, Mohr Siebeck Tübingen, 2010, S. 176 – 177.
② Florian Faust, Der Ausschluss der Leistungspflicht nach § 275, in: Peter Huber/Florian Faust, Schuldrechtsmodernisierung, Verlag C. H. Beck, 2002, 2. Kap., 2. Kap., Rn. 28.
③ 杨雷培：《当代西方经济学流派》，上海财经大学出版社，2003，第 7~8 页。
④ 易军：《法律行为制度的伦理基础》，《中国社会科学》2004 年第 6 期。
⑤ 〔德〕汉斯－贝恩德·费舍尔、克劳斯·奥特：《民法的经济分析》，江清云、杜涛译，法律出版社，2009，第 136 页。

3. 债务人履行费用的范围

（1）全部费用与额外费用

如前所述，就债务人履行费用的范围指的是全部费用抑或额外费用，学界存在争议。第一种观点认为，债务人履行费用，应当是债务人履行合同所需的全部费用；第二种观点认为，债务人履行费用仅指债务人为克服给付障碍所需的额外费用，而不包括债务人计划内支出的费用。笔者认为，从效率最大化的视角出发，债务人费用应指的是债务人为履行合同所需要支付的全部费用。债务人计划内费用和额外费用的区分，本身便具有极强的模糊性。[①] 只要债务人履行合同所需要的全部费用明显超过了债权人履行利益，实际履行便不符合效率最大化的要求。将债务人计划内的履行费用扣除后再与债权人履行利益进行比较，无法反映出履行是否会造成社会资源浪费。

履行费用不仅包括采购费、运输费等物质性支出，也包括债务人付出的时间、劳力等类似的努力。但在计算债务人的履行费用时，应当扣除沉没成本。沉没成本指的是已经付出且不可收回的、不管做什么决定都无法避免的成本。其对现有决策来讲是非相关成本。[②] 如在经典的戒指掉入湖中的案例中，债务人从湖中打捞戒指的成本明显高于债权人的履行利益，债务人可以拒绝实际履行。但债务人的履行费用并不包括购买戒指所需的成本，该成本因戒指掉入湖中而沦为沉没成本，在成本效益分析时不应纳入考量。

未来成本同样应当纳入履行费用考量，未来成本指的是在特定条件下可以合理地预测在未来某个时期将会发生的成本。在德国联邦法院一案例中，双方签订宠物狗买卖合同，宠物狗交付后买方在兽医检查中发现，该宠物狗的后跗关节存在遗传性的错位，这导致了动物的过度弓形腿。因此，买方要求被告卖方对畸形进行手术矫正，手术所需费用约为 1000 欧元，但手术后这只狗不得不每年接受两次检查。法院考虑到通过手术不可能完全消除缺陷，而手术后该宠物狗终身需要接受检查，因此拒绝了买受

[①] Westermann/Bydlinski/Weber, BGB-Schuldrecht Allgemeiner Teil, Aufl. 8. , 2013, C. F. Müller, §7 Rn. 15.

[②] 〔美〕戴维·A. 贝赞可、罗纳德·R. 布罗伊蒂加姆、迈克尔·J. 吉布斯：《微观经济学》，张利风译，中国人民大学出版社，2020，第 256 页。

人补救履行的请求。① 在该案中，法院将补救履行所需的未来成本也纳入履行费用考量，值得赞同。

（2）机会成本

履行费用指的是经济成本而非会计意义上的费用。会计意义上的成本指的是呈现在会计报表上的过去已经发生的显性成本。而经济成本包括所有与决策相关的显性成本和隐性成本。② 经济成本与机会成本同义，机会成本是主体未将资源用于其他可供选择的最佳用途而放弃的机会所联系的成本。机会成本的概念在被放弃的用途并没有反映在货币花费的条件下尤其有用。③ 经济成本是影响主体决策的所有成本，会计意义上的费用只是其中一部分。因此，判断是否构成履行费用过高时，应将债务人费用理解为债务人履行合同所需的经济成本即机会成本。如在"新宇公司诉冯某某商铺买卖合同案"（以下简称"新宇公司案"）中，④ 有观点认为，新宇公司案中的履行费用仅指新宇公司协助变更登记的费用，实际履行后造成的损失与买卖合同无关。⑤ 当然，通说认为，新宇公司案中新宇公司继续履行将造成的巨大损失，也应当纳入履行费用考量，⑥ 但并未提供有说服力的结论。笔者认为，新宇公司案中债务人实际履行将造成的巨大损失，构成实际履行的机会成本，属于债务人履行费用范畴。在该案中，新宇公司如果选择向冯某某继续履行合同，会导致无法按照规划对涉案的时代广场进行规划布局调整，将造成巨大的经济损失，该部分损失便属于实际履行的机会成本。

---

① BGHZ 163，234.
② 〔美〕戴维·A. 贝赞可、罗纳德·R. 布罗伊蒂加姆、迈克尔·J. 吉布斯：《微观经济学》，张利风译，中国人民大学出版社，2020，第256页。
③ 〔美〕罗伯特·S. 平狄克、丹尼尔·L. 鲁宾费尔德：《微观经济学》，李彬、高远等译，中国人民大学出版社，2013，第211~212页。
④ 具体案情参见"新宇公司诉冯某某商铺买卖合同案"，《最高人民法院公报》2006年第6期。
⑤ 刘凝：《强制售卖与合同僵局化解评："新宇公司诉冯玉梅商铺买卖合同纠纷案"》，《财经法学》2022年第2期。
⑥ 刘洋：《"履行费用过高"作为排除履行请求权的界限——"新宇公司诉冯玉梅商铺买卖合同案"评析》，《政治与法律》2018年第2期；蔡睿：《吸收还是摒弃：违约方合同解除权之反思：基于相关裁判案例的实证研究》，《现代法学》2019年第3期。

合同成立后存在对标的物出价更高的第三人,不宜将第三人对标的物的出价作为债务人履行费用。有观点认为,第三人出价构成债务人履行合同的机会成本,而债务人履行费用不应包括所谓的机会成本。① 笔者认为,这一理解并不准确。一项选择的机会成本,指的是所放弃的其他选择中的最优选择所带来的收益或者可避免的损失。而即使债务人选择同更高出价的第三人订立合同并向第三人履行,放弃向债权人履行合同,债务人也不可以终局地获得第三人的出价。根据《德国民法典》第 285 条的规定,债务人给付义务因第 275 条被排除但因此获得替代利益(替代物或者替代请求权),债权人享有代偿请求权。通说认为,债务人通过与第三人订立法律行为而获得的利益(rechtsgeschäftlichen Ersatzvorteil)也属于替代利益,② 债权人可以主张代偿请求权。我国虽然欠缺代偿请求权的明文规定,但学界普遍认为一物二卖时债权人有权主张获益交出。③ 在解释论上,可以考虑类推同属代偿法理的物上代位权制度。④ 债务人即使选择向第三人履行合同,也无法终局获得第三人支付的对价,因此,该对价不属于债务人履行合同的机会成本。

(3)非物质性利益

通说认为,债务人对标的物的非物质性利益,并不属于债务人费用。主要理由可以总结为:非物质性利益超出了"履行费用"文义涵射范围,与契约严守原则相悖,并且将非物质性利益纳入《民法典》第 580 条第 1 款第(二)项前半句规定的"标的不适宜强制履行"的规范范围更为妥当。⑤ 比

---

① Ernst, Kommentar zum BGB § 275, in: Münchener Kommentar zum BGB, 8. Aufl., C. H. Beck, 2019, Rn. 90.

② Emmerich, Kommentar zum BGB § 285, in: Münchener Kommentar zum BGB, 8. Aufl., C. H. Beck, 2019, Rn. 22.; Dirk Looschelders, Schuldrecht Allgemeiner Teil, 17. Aufl., VerlagFranzVahlen, 2019, § 31 Rn. 7.

③ 许德风:《不动产一物二卖问题研究》,《法学研究》2012 年第 3 期;缪宇:《获利返还论——以〈侵权责任法〉第 20 条为中心》,《法商研究》2017 年第 4 期。

④ 韩富鹏:《违约方申请司法终止权:质疑回应、规范解释与漏洞填补》,《政治与法律》2020 年第 12 期。

⑤ 张兰兰:《履行费用过高规则的动态适用:对〈合同法〉第 110 条第 2 项第 2 种情形的具体化》,《华东政法大学学报》2020 年第 1 期;刘洋:《"履行费用过高"作为排除履行请求权的界限——"新宇公司诉冯玉梅商铺买卖合同案"评析》,《政治与法律》2018 年第 2 期; Dirk Looschelders, Schuldrecht Allgemeiner Teil, 17. Aufl., Verlag Franz Vahlen, 2019, § 21 Rn. 21., S. 167.

较法上，存在相左意见。DCFR 第 3 - 3：302 条第（3）款（b）项，规定"履行将产生不合理的繁重负担或高额费用"时不得强制实际履行。此处的"负担"，不限于经济负担，其含义更为广泛，包括可能产生不当的精力付出或会导致巨大的痛苦、烦扰或不便的情况。[①]

如前所述，新古典经济学认为价值指的是不同主体的主观价值，而非客观价值。主观价值必然包含了不同主体特殊的情感利益等非物质性利益。因此，债务人的精神利益，也应当纳入履行费用考量。但合同标的对债务人的主观价值不会超过合同价款，否则债务人便不会达成合同移转标的。合同成立后债务人再以对标的享有特殊的精神利益为由拒绝履行，通常并不会得到支持。在特别情况下，可能涉及债务人的精神利益较高的问题。例如，集邮爱好者甲有两张种类相同的邮票，甲出卖其中一张给乙，约定甲到乙处交付，但一张邮票在交付之前灭失。如果强制甲交付其唯一的另外一张邮票，可能涉及甲的精神利益。[②] 笔者认为，如果通过对当事人合同解释，可以确定剩余的唯一邮票对出卖人的主观价值超过了其对买受人的主观价值，存在认定履行费用过高的可能性，但得出这一结论需要特别慎重，应符合当事人可推知的意思。

（三）效率最大化与履行费用过高的法效果

1. 债务人享有拒绝履行的抗辩权

不同于《德国民法典》第 275 条就狭义的给付不能和给付费用显著失衡分别规定了"给付请求权排除"和"债务人得拒绝给付"不同的法律后果，《民法典》第 580 条第 1 款就三种除外情形规定了相同的法律后果：债权人不可以请求履行。当构成履行费用过高时，债权人请求权直接消灭抑或只是使债务人享有拒绝实际履行的抗辩权，规范文义并未明确。笔者认为，基于效率最大化思想，履行费用过高并不直接消灭债权人的履行请求权，而是仅赋予债务人拒绝履行的抗辩权。如前所述，标的价值仅指主

[①] 欧洲民法典研究组、欧盟现行私法研究组编著《欧洲私法的原则、定义与示范规则：欧洲示范民法典草案》，高圣平译，法律出版社，2014，第 720 页。

[②] Bernhard，Das grobe Missverhältnis in § 275 Abs. 2 BGB，JURA 2006，S. 802.

体的主观价值，每个主体是其自身利益的最佳判断者。如果债务人出于信用考量或者希望维持与债权人的长期合作关系，自愿克服履行费用过高障碍而选择实际履行，法律自没有干涉的必要。

抗辩权行使是否具有形成效力，即消灭债权人给付请求权的效力，学界存在不同观点。第一种观点认为，履行费用过高时抗辩权行使具有形成效力，债务人行使抗辩权可以直接消灭债权人的给付请求权。[1] 第二种观点认为，履行费用过高时抗辩权行使并没有形成效力，债权人依然享有履行请求权，但该权利被债务人抗辩权所阻却，债务人行使抗辩权后原则上可以撤回并实际履行。[2] 笔者认为，基于效率最大化之思想，相较损害赔偿，债务人自愿地实际履行更能充分实现债权人履行利益，也更具效率。债务人虽然行使了抗辩权但又愿意继续履行，并无干涉之必要。唯债权人对债务人拒绝履行的表示产生了合理信赖，如通过替代交易实现了自己的履行利益，不应允许债务人撤回其抗辩权。

2. 债权人可以主张调整合同以消灭抗辩权

债权人可以主张对合同进行合理的调整，以消灭履行费用过高的履行障碍。此时，债务人便无权再拒绝实际履行。[3] 比如，战争爆发后债务人可以基于履行费用过高拒绝在合同约定的位于战区的履约地点交货，但如果债权人主张将交货地点改为战区外合理的地点，则债务人必须实际履行。[4] 债权人对标的物的主观价值，难以通过客观手段予以衡量。法院等第三方认定的债权人的履行利益，都存在低估"购买者剩余"的风险。如果合同标的对债权人的主观价值很高以至于债权人主张增加对价调整合同，以消灭履行费用过高的给付障碍，法律便不应当再允许债务人拒绝实际履行。

---

[1] Jacob Joussen, Schuldrecht I-AllgemeinerTeil, Aufl. 5, 2018, Verlag W. Kohlhammer, Rn. 391.；Roland Schwarze, Das Recht der Leistungsstörungen, 2. Aufl. , 2017, De Gruyter, §5Rn. 36.

[2] Caspers, Kommentar zum BGB §275, in：Staudinger Kommentar zum BGB, Sellier De Gruyter, 2019, Rn. 115.；Herbert Roth, Die Einrede des buergerlichen Rechts, Mohr Beck, 1988, S. 132.

[3] Roland Schwarze, Das Recht der Leistungsstörungen, 2. Aufl. , 2017, De Gruyter, §6Rn. 44.

[4] Caspers, Kommentar zum BGB §275, in：Staudinger Kommentar zum BGB, Sellier De Gruyter, 2019, Rn. 91.

四 道义论的正当性基础与"履行费用过高"规则的适用

(一) 道义论的正当性基础与履行费用过高的判断

1. 债务人可归责性作为履行费用过高判断的衡量因素

从道义论的思想出发，应当将债务人是否具有可归责性作为判断是否构成履行费用过高的衡量因素。当债务人对给付障碍事实具有可归责性尤其是具有故意或重大过失时，基于诚实信用原则，应当期待债务人为克服给付障碍付出更大的努力。《德国民法典》第275条第2款明确将债务人可归责性作为判断是否构成履行费用过高应当斟酌之要素。尽管DCFR、PICC、PECL等国际示范法没有明确将债务人的可归责性作为判断是否构成履行费用过高的考量因素，但其措辞均具有足够的灵活性，可以将债务人的可归责性纳入考量范围。[1] 我国学界通说对此也持肯定观点，[2] 值得赞同。应当注意的是，债务人的可归责性，不仅表现为对履行障碍产生具有可归责性，还可以表现为债务人对合同缔结时已经存在的履行障碍没有充分审查。[3]

2. 合同内容作为履行费用过高判断的衡量因素

履行费用过高和情势变更规范，均为当事人欠缺合意时的补充规范，是对当事人意思表示补充解释的延伸。适用"履行费用过高"规则，需要充分考察合同约定内容，确保不存在法定或约定的风险分配规则。[4] 如果当事人对履行费用过高的风险做了特别约定，应当尊重当事人的约定。如

---

[1] Nils Jansen/Reinhand Zimmermann, Commentaries on European Contract Laws, Oxford University Press, 2018, p. 2185.

[2] 参见张兰兰《履行费用过高规则的动态适用：对〈合同法〉第110条第2项第2种情形的具体化》，《华东政法大学学报》2020年第1期；冀放《给付不能之履行费用过高问题探析》，《政法论坛》2016年第6期。

[3] Roland Schwarze, Das Recht der Leistungsstörungen, 2. Aufl., 2017, De Gruyter, §5Rn. 15.

[4] 刘洋：《"履行费用过高"作为排除履行请求权的界限——"新宇公司诉冯玉梅商铺买卖合同案"评析》，《政治与法律》2018年第2期。

果考察合同内容，从当事人意思表示解释中可以得出债务人应尽更大努力
履行债务的意思，应当尊重当事人的此种安排。尤其当债权人为合同标的
支付了较高价款时，应当谨慎适用"履行费用过高"规则。有观点认为，
合同价款取决于双方当事人的谈判技巧，不应当纳入履行费用过高的考量
因素。① 谈判技巧对合同价款可能会产生一定的影响，但绝非决定性因素。
当合同约定的价款明显高出正常标准时，往往是由于合同标的对债权人的
主观价值较高，债权人于特定物品上存在特殊的利益，② 债务人出色的谈
判技巧并非主要原因。合同价款明显高于正常标准，意味着债务人应当承
担更多的给付费用上升的风险，认定构成履行费用过高时便应当更加
慎重。

3. 履行费用范围的限制

《民法典》第 580 条中的债务人履行费用，也不宜等同于成本效益分
析中债务人履行所需的一切成本。就执行成本是否应纳入履行费用考量，
比较法上存在不同意见。PICC 第 7.2.2 条第（2）项规定，履行或相关的
执行带来不合理的负担或费用时，履行请求权排除。但《德国民法典》第
275 条第 2 款、DCFR 第 3—3：302 条第 3 款（b）项等比较法并未规定执
行成本也能纳入履行费用之中。

笔者认为，执行成本不应当纳入履行费用之中。首先，执行费用最终
由被执行人承担，不会对社会公众产生不利影响。被执行人承担执行费
用，可以激励债务人自愿履行合同义务，从而避免强制执行。③ 其次，执
行成本本身具有不确定性，执行费用的有无及大小，需要视被执行人是否
自愿履行而定；甚至在国际贸易中，债权人将在哪个国家或地区申请执行
也无法确定，执行成本难以确定。④ 再次，PICC 第 7.2.2 条第（2）项将

---

① 张兰兰：《履行费用过高规则的动态适用：对〈合同法〉第 110 条第 2 项第 2 种情形的具
体化》，《华东政法大学学报》2020 年第 1 期。

② Roland Schwarze, Das Recht der Leistungsstörungen, 2. Aufl., 2017, De Gruyter, § 5Rn. 12.

③ Felix Maultzsch, Die Grenzen des Erfüllungsanspruchs aus dogmatischer und ökonomischer
Sicht, Archiv für die civilistische Praxis, 2007, S. 542.

④ Nils Jansen/Reinhand Zimmermann, *Commentaries on European Contract Laws*, Oxford University Press, 2018, pp. 2188 – 2189.

执行成本纳入费用过高判断之中，是为了迎合普通法系地区将强制履行作为例外性救济方式的做法。[①] 但在违约责任方式的配置上，我国《民法典》采用的是履行优先模式。[②] 赔偿优先模式有助于节省执行成本，但相较于实际履行，损害赔偿存在低估债权人履行利益的风险，且本身会产生较高的损失评估成本。赔偿优先抑或履行优先，并没有绝对的优劣之分。但在我国《民法典》采履行优先模式的前提下，应当认为立法者已经做出了偏向于债权人履行利益保障和有约必守的价值选择。在解释法律时，不宜再以执行成本过高为由排除债权人的实际履行请求权。

此外，应当对债务人的机会成本范围进行适当限制。如前所述，如果存在第三人更高出价，第三人出价并不能构成合同履行的机会成本。但如果债务人与第三人签订了合同，向债权人履行导致无法向第三人履行，债务人应当承担的违约责任应属于债务人履行的机会成本。尤其当债务人与第三人约定了高额的违约金时，可能会出现履行费用明显高于债权人履行利益的情形。此时，不应将债务人应当向第三人支付的违约金作为债务人的履行费用。首先，此时造成债务人履行机会成本较高的原因完全是由债务人故意造成的。其次，即使债务人向第三人赔偿了明显高于债权人履行利益的违约金，也并不会造成社会资源的巨大浪费。最后，根据《最高人民法院关于审理买卖合同纠纷案件适用法律问题的解释》第 6 条、第 7 条，多重买卖合同的履行顺序主要由受领交付时间、登记手续办理时间（特殊动产）、价款支付时间乃至合同成立时间确定，并没有将对价或者违约金数额作为考量因素。允许债务人以向第三人支付的赔偿金数额高于债权人履行利益为由拒绝履行，与该规定存在抵牾。

4. 特别情形下债务人履行费用过高判断标准的调整

基于诚实信用等道义论思想，在特别情形中应当对债务人履行费用过高的判断标准进行适当调整。首先，给付瑕疵时补救履行所需费用过高的

---

① Vogenauer（ed.），*Commentary on the UNIDROIT Principles of International Commercial Contracts*（*PICC*），2nd edn. Oxford University Press，2015，Art 7. 2. 2，Rn. 32.

② 李承亮：《以赔偿损失代替履行的条件和后果》，《法学》2021 年第 10 期。

判断标准，应当低于狭义不履行时继续履行所需费用过高的标准。《民法典》第 580 条第 1 款采用了"履行"的表述，"履行费用过高"规则可以同时适用于狭义不履行的继续履行和瑕疵履行的补救履行。① 但是，两者之间存在程度的差别。《德国民法典》第 275 条第 2 款要求债务人履行费用与债权人履行利益之间严重不成比例（grobes Missverhältnis），但第 439 条第 3 款、第 635 条第 3 款等排除补救履行请求权的费用过高规范，仅要求费用与履行利益不相称（unverhältnismäßig）。我国《民法典》并没有效仿《德国民法典》在典型合同中设置补救履行费用过巨的抗辩权规范，有学者认为，当修理、更换的成本远远高于买受人通过修理、更换取得的利益时，出卖人可以基于《民法典》第 580 条第 1 款第（二）项拒绝修理、更换。② 笔者对此表示赞同，但两者之间存在程度上的差异。相较于补救履行和减价、损害赔偿等金钱型救济措施，继续履行和替代损害赔偿之间的差异更大。相较于瑕疵履行中债务人以减价、赔偿等金钱救济方式代替补救履行，狭义不履行中债务人以赔偿代替继续履行对债权人利益影响更大。因此，瑕疵履行中排除债权人补救履行请求权对费用过高的要求相对较低。

其次，如果债权人受领迟延期间发生了履行费用提高的给付障碍，或者债权人对该障碍具有可归责性，基于诚实信用的要求，不能期待债务人耗费巨大精力克服该障碍。③ 此外，单务合同中，适用"履行费用过高"规则的门槛较低。④ 单务合同中债务人无法从合同中获得对待给付，依据诚实信用原则，难以期待债务人耗费较大成本克服给付障碍。在上述两种情形中，应当降低履行费用过高的判断标准。笔者认为，在上述情形中，只要债务人履行费用高于债权人履行利益，即应当允许债务人拒绝实际履行。

---

① 李承亮：《以赔偿损失代替履行的条件和后果》，《法学》2021 年第 10 期。

② 缪宇：《论买卖合同中的修理、更换》，《清华法学》2016 年第 4 期。

③ Florian Faust, Der Ausschluss der Leistungspflicht nach § 275, in: Peter Huber/Florian Faust, Schuldrechtsmodernisierung, Verlag C. H. Beck, 2002, 2. Kap., Rn. 28.

④ Michael Stürner, Die Grenzen der Primärleistungspflicht im Europäischen Vertragsrecht, European Review of Private Law 2 - 2011, S. 179.

（二）道义论的正当性基础与履行费用过高的法效果

1. 抗辩权及时行使的义务

当构成履行费用过高时，债务人享有拒绝履行的抗辩权。是否实际履行，取决于债务人意愿。但是，如果债务人迟迟不做表示，将给债权人带来极强的不确定性。[①] 因此，基于诚实信用等思想，有必要要求债务人尽快做出是否行使抗辩权的意思表示。对此，主要存在两种观点：要求债务人不迟延地行使抗辩权或者排除抗辩权行使的溯及力。

德国学界一般认为，债务人行使抗辩权具有溯及力，可以溯及给付障碍发生时，此后债务人履行义务便免于迟延。[②] 但是，债务人应当在知悉履行障碍发生后不迟延地（unverzüglich）[③] 提出抗辩，否则，在不迟延地提出抗辩和实际提出抗辩之间的期间内，债务人仍应承担迟延责任。[④] 按照这一观点，债务人负有不迟延地行使抗辩权的不真正义务。

我国有观点认为，主张履行费用过高时债务人行使抗辩权具有溯及力，但并非溯及到给付障碍发生时，而是应当溯及债务人明确表示拒绝履行的通知到达债权人时。[⑤] 这一观点存在矛盾，抗辩权是永久地或暂时地阻止请求权实施或使请求权减弱的权利，以请求权存在为前提。但这并不意味着，抗辩权行使需要以对方主张请求权为前提。抗辩权人也可以主动行使抗辩权，以阻却对方的请求权。履行费用过高时债务人明确表示拒绝履行的通知到达债权人，即意味着债务人有效行使了抗辩权。上述观点的本质是认为债务人行使抗辩权不具溯及力，只有债务人明确表示拒绝履行

[①] Roland Schwarze, Das Recht der Leistungsstörungen, 2. Aufl., 2017, De Gruyter, §5Rn. 37.

[②] Ernst, Kommentar zum BGB §275, in: Münchener Kommentar zum BGB, 8. Aufl., C. H. Beck, 2019, Rn. 103.; Roland Schwarze, Das Recht der Leistungsstörungen, 2. Aufl., 2017, De Gruyter, §5Rn. 37.

[③] "unverzüglich" 指的是不存在过错地拖延的，就不迟延而言，有决定性的并非客观意义上的"立即"或者"即时"，是主观上的合理期待性。参见陈卫佐译注《德国民法典》，法律出版社，2020，第 43 页。

[④] Roland Schwarze, Das Recht der Leistungsstörungen, 2. Aufl., 2017, De Gruyter, §5Rn. 37.

[⑤] 刘凝：《合同僵局下的违约方解除权：创新还是错误？》，《第一届"坤源衡泰杯"民法典主题征文大赛获奖论文集》，第 102 页。

的通知到达债权人后，债务人迟延责任才被豁免。在给付障碍发生后到债务人明确表示拒绝履行的通知到达债权人前这段时间内，债务人如果已经陷入迟延，应当承担迟延责任。

笔者认为，第一种观点更具有合理性。按照第二种观点，债务人得知履行费用过高的事实后应当毫不迟疑地通知债权人拒绝履行。债务人如果尝试克服该障碍或者斟酌是否履行，则必须承受该期间内债权人损失扩大的风险。履行费用过高的判断存在一定的模糊性，债务人的履行费用往往处于动态变化之中。而且债务人对债权人履行利益缺乏充分的信息，债务人往往不能完全确定是否构成履行费用过高。贸然行使拒绝履行抗辩权，债务人必须承受法院可能认定不构成履行费用过高的风险，这使得债权人陷入两难境地。因此，要求债务人得知给付障碍事实后不迟延地行使抗辩权，更为合理。不迟延并非要求债务人得知给付障碍事实后立即行使抗辩权，债务人可以进行克服给付障碍的合理尝试或者在合理期间内斟酌是否实际履行。如果债务人决定行使拒绝履行的抗辩权，债务人应当在合理期限内明确表示拒绝履行，仅通知给付障碍事实发生非为已足，因为仅通知给付障碍事实发生，并不能消灭债权人的不确定性。

2. 履行费用过高对次给付义务的影响

如前所述，债务人给付构成履行费用过高，仅享有拒绝履行原给付义务的抗辩权，原则上不影响其承担次给付义务，债权人有权请求债务人承担替代给付损害赔偿。金钱作为一般等价物，除去手续费等可忽略的费用，债务人的履行成本与债权人的获益相当。[①] 债权人主张损害赔偿，并不存在造成资源浪费的问题。债务人给付构成履行费用过高，债权人可以主张以替代交易所需费用作为自己履行利益的衡量标准。但是，基于诚实信用和合意欠缺等道义论理由，如果替代交易所需费用同样明显高于债权人的履行利益，债务人可以拒绝承担替代交易费用，[②] 这在债务人履行存在瑕疵而修理、重作等补救履行措施所需费用过高时

---

① 韩富鹏：《违约方申请司法终止权：质疑回应、规范解释与漏洞填补》，《政治与法律》2020 年第 12 期。

② Thomas Riehm, Der Grundsatz der Naturalerfüllung, Mohr Siebeck, 2015, S. 346.

具有重要意义。如在"Jacob & Youngs, Inc. v. Kent"案中，双方当事人签订房屋施工合同，合同要求使用 Reading 牌铸铁管道。房屋竣工后，原告得知被告安装了 Cohoes 牌铸铁管而不是 Reading 牌铸铁管。[1] 因为管道大部分被包裹在完工房屋的墙壁内，用 Reading 牌铸铁管替换 Cohoes 牌铸铁管显然需要过巨费用。埃森伯格教授认为，此时允许发包人主张完成费用（cost-of-completion，即恢复到没有瑕疵状态的补正措施所需的费用）损害赔偿并不妥当，因为很明显，如果原告获得了该数额的金钱损害赔偿，他将不会用这笔钱来拆除房子并重建一栋相同的房子，反而会把钱存入银行。[2]

债权人虽然不能主张债务人赔偿完成费用，但可以主张债务人交出因瑕疵履行而实际节省的费用。比较法上，往往认为债权人有权主张债务人交出因瑕疵履行而节省的费用。英美法通常在获益交出（disgorgement）制度中讨论该案型，认为费用节省也属于违约方获益，守约方可以主张获益交出。[3] 德国学界也有观点认为，债务人节省的费用属于《德国民法典》第 285 条代偿请求权规范中的替代利益，债权人有权主张债务人交出因瑕疵履行而实际节省的费用。[4] 我国欠缺获益交出、代偿请求权等规范，有学者认为，违约方获益既可以表现为积极形态的财产增加，也可以表现为消极形态的成本节省。当减价、履行利益损害赔偿等救济方式不能实现正义或者造成过于严苛后果时，法院可以考虑获益交出这一救济方式。[5] 笔者对此表示认同，囿于论述主题，不再深入展开。

---

[1] Jacob & Youngs, Inc. v. Kent, 129 N. E. 889（N. Y. 1921）.

[2] Melvin A. Eisenberg, "The Disgorgement Interest in Contract Law," 105 *Mich. L. Rev.* 559, 2006, p. 594.

[3] Graham Virgo, The Principles of the Law of Restitution, 3rd Edition, Oxford University Press, 2015, p. 417; Melvin A. Eisenberg, "The Disgorgement Interest in Contract Law," 105 *Mich. L. Rev.* 559, 2006, p. 594.

[4] Thomas Riehm, Der Grundsatz der Naturalerfüllung, Mohr Siebeck, 2015, S. 349. 反对观点参见 Roland Schwarze, Das Recht der Leistungsstörungen, 2. Aufl., 2017, De Gruyter, §26Rn. 11。

[5] 孙良国：《补救成本、价值损失抑或获益赔偿？——瑕疵履行救济的研究》，《法制与社会发展》2011 年第 3 期。

五　结论

根据《民法典》第 580 条第 1 款第（二）项后半句，当债务人履行费用过高时，债务人有权拒绝实际履行。单纯的效率最大化或者诚实信用、合意欠缺等思想均不能充分解释该规则的正当性，该规则的正当性基础应当同时建立在上述思想之上。在这其中，效率最大化思想起着主要作用。效率最大化思想明确了债务人费用的比较对象应为债权人的履行利益，而非债务人的对价利益或者双方的共同利益。只有债务人履行费用高于债权人履行利益，才有适用"履行费用过高"规则的可能性。债权人的履行利益指的是债权人通过合同履行可以获得的全部利益，包括情感利益等非物质性利益。债务人的履行费用指的是债务人为合同履行所需的全部费用，而非克服给付障碍所需的额外费用，但应扣除沉没成本。债务人的履行费用应当理解为经济成本，而非会计意义上的费用。当债务人履行费用过高时，债务人享有拒绝履行的抗辩权，而非直接消灭债权人的实际履行请求权。债权人可以主张调整合同消除履行费用过高障碍，此时债权人不再享有抗辩权。诚实信用、合意欠缺等道义论正当性基础也可以对"履行费用过高"规则适用起到必要的修正作用。债务人可归责性、合同内容都应当成为判断是否构成履行费用过高的斟酌因素。债务人应当在知悉履行障碍发生后不迟延地提出抗辩，以避免对债权人造成不确定性。

论原因关系双重瑕疵时善意第一得利人的不当得利返还[*]

邬演嘉[**]

内容提要： 在三人关系不当得利中，当给付人向第一得利人，第一得利人向第二得利人分别为给付后，若给付人和第一得利人、第一得利人和第二得利人之间的原因关系均存在瑕疵，则此时善意第一得利人应向给付人承担何种不当得利返还责任，历来存在争议。学说上存在"不当得利请求权返还说"及"价额说"两个极端，两种观点所做之回答截然相反。结合我国法实际，应将不当得利请求权作为代位利益纳入得利返还范围。在此基础上，返还责任应区分两种情形做不同处理。其一，得直索时，第一得利人仅在取回原给付已不可能的情况下才需要在得利范围内承担价额偿还责任。其二，无得直索时，则视第一得利人可否主张得利丧失抗辩而有所不同：在得主张抗辩的范围内，其原则上仅负有返还不当得利请求权的义务；在无得主张抗辩的范围内，其须在得利范围内作价额偿还。若涉及代位物之返还，则有所不同，此时无论得否主张得利丧失抗辩，其均须先返还代位物所有权，若给付人的利益未因此得到实现，则第一得利人须再行于其得利范围内作价额偿还。

关键词： 原因关系双重瑕疵　返还客体　不当得利请求权　价额偿还责任　返还序位

一　问题的提出

就不当得利返还而言，若得利人为善意，则现行学说通常认为得利人

---

[*] 本文受华东政法大学博士研究生海外访学项目及优秀博士学位论文培育项目"民法典编纂背景下的不当得利制度"（项目编号 2019 - 1 - 005）资助，本文为上述项目的阶段性研究成果。

[**] 邬演嘉，华东政法大学民商法博士研究生，德国萨尔大学访问学者。

应先向受损人返还尚存于自身财产的原得利客体、用益或这两者的代位利益，只有当这些具体得利客体陷于返还不能时，得利人才须在不能主张得利丧失抗辩的范围内承担价额偿还责任。[①]

　　在两人关系不当得利返还中，学界在坚持此种返还模式的前提下就善意得利人应如何承担返还责任，少有意见分歧。与此相对，当得利返还涉及三人关系时，应如何根据此种返还模式确定善意第一得利人的返还责任，则学说上存在诸多分歧。其中一个素有争议的经典问题在于，当受损人和第一得利人（此二者之间的原因关系称为补偿关系），以及第一得利人和第二得利人（此二者之间的原因关系称为对价关系）之间均有给付行为时，[②] 若作为给付行为基础的补偿关系和对价关系都存在瑕疵（例如合同不成立、无效、被撤销或者确定不发生效力等），则善意第一得利人应向受损人承担何种返还责任。为行文之便利，本文将这一讨论案型称为"双重瑕疵案型"，[③] 在此试举一例加以说明。

---

① 参见谢鸿飞、朱广新主编《民法典评注：合同编典型合同与准合同》（4）（套装共 4 册），中国法制出版社，2020，第 629 ~ 632 页；王泽鉴《不当得利》（第 2 版），北京大学出版社，2015，第 244 ~ 249 页。

② 即梅迪库斯（Medicus）所称涉及多重给付关系（Mehrheit von Leistungsbeziehungen）的三人关系。梅迪库斯认为三人关系分为两种类型，一种是涉及多重给付的三人关系，以甲 – 乙 – 丙为例，即甲乙、乙丙之间都涉及给付关系。另一种是给付和非给付并存的三人关系，如乙无权处分甲之物以履行乙丙之间的买卖合同，致使丙善意取得物的所有权。此时甲乙之间不存在给付关系（故甲只能向乙主张非给付不当得利），而乙丙之间存在给付关系。Vgl. Dieter Medicus, Schuldrecht II Besonderer Teil, 14. Aufl., C. H. Beck, 2007, Rn. 723. 给付和非给付并存的三人关系不在本文讨论范围之列。关于"Mehrheit von Leistungsbeziehungen"，国内也有学者将其译为"多种给付关系"。参见〔德〕迪特尔·梅迪库斯《德国债法分论》，杜景林、卢谌译，法律出版社，2007，第 593 页。

③ 涉及多重给付的三人关系一般包含给付连锁（Leistungskette）、缩短给付（Abgekürzte Lieferung）、指示给付（Anweisungsfälle）、真正利益第三人合同（Vertrag zugunsten Dritter）以及债权让与（Abtretungsfälle）等情形。Vgl. Dirk Looschelders, Schuldrecht Besonderer Teil, 15. Aufl., München, Verlag Franz Vahlen GmbH, 2020, § 57 Rn. 1 ff. 由于现有学说在真正利益第三人合同和债权让与这两种情形下就不当得利的返还方向存在不小的争议，为了更加集中地讨论多重给付三人关系下乙可能承担何种不当得利返还责任这一核心问题本身，本文所讨论的"双重瑕疵案型"仅涵盖对不当得利返还方向争议较小的"给付连锁""缩短给付""指示给付"这三种情形，当其中涉及指示关系时，以指示有效为前提。若认为"表见指示"得与有效指示做相同处理，则"表见指示"情形也可纳入本文之讨论。受篇幅所限，本文仅讨论第一得利人主观状态为善意时的返还责任。故如无特别说明，下文所称"双重瑕疵"案型，均以第一得利人主观上具有善意为前提。

　　丙和乙签订装修协议，约定由乙负责装修丙的房子。为完成装修合同，乙向甲订购中央空调一台，并与甲在合同中约定，由甲运至丙的房屋并完成安装（发生附合）。安装完毕后发现甲乙、乙丙之间合同均为无效，乙对此善意无过失不知。此时甲得向乙、乙得向丙分别主张不当得利返还。就中央空调之返还而言，由于已发生附合，丙需向乙作价额偿还。然有疑问的是，在丙向乙作价额偿还之前，乙须向甲返还什么？①

　　首先可以确定的是，乙是《民法典》第986条意义上的善意得利人，故仅在现存得利范围内承担返还责任。② 就中央空调之返还而言，可能认定为乙之现存得利的或有以下两项。其一是乙可能已经从丙处获得的合同对价（购买中央空调的价款）。其二是乙对丙的不当得利请求权。依据主流学说，依法律行为而取得之对价（commodum ex negotiatione）非不当得利返还客体。③ 据此，乙之现存得利仅为对丙的不当得利请求权，其向甲返还该请求权即可履行返还义务。此即为不当得利请求权返还说（Kondiktion der Kondiktion）。④

　　然这一处理结果在比较法上不乏质疑之声。反对的理由在于，如此一来甲不仅需要承受来自乙的抗辩和破产风险，还须额外承受丙对乙的抗辩以及丙的破产风险。⑤ 此种抗辩、破产风险的累积，违反卡纳里斯（Canaris）基于抗辩和破产风险提出的价值准则。⑥ 为了解决这一问题，比较法上提出了价额说。持价额说的学者否认不当得利请求权为返还客体。⑦

---

① 为行文便利，在下文所有论述中，均使用甲、乙、丙分别指代双重瑕疵案型下的给付人、第一得利人以及第二得利人。

② 《民法典》第986条：得利人不知道且不应当知道取得的利益没有法律根据，取得的利益已经不存在的，不承担返还该利益的义务。

③ 参见王泽鉴《不当得利》（第2版），北京大学出版社，2015，第247页。

④ 参见王泽鉴《不当得利》（第2版），北京大学出版社，2015，第208页。

⑤ Vgl. Karl Larenz/Claus-Wilhelm Canaris, Lehrbuch des Schuldrechts, 13. Aufl., München, C. H. Beck'sche Verlagsbuchhandlung, 1994, S. 205.

⑥ Vgl. Medicus/Petersen, Bürgerliches Recht, 27. Aufl., München, Verlag Franz Vahlen GmbH, 2019, Rn. 667 und 670.

⑦ 参见王泽鉴《不当得利》（第2版），北京大学出版社，2015，第209页。

并主张，若乙不能从丙处取回标的并返还于甲，即应向甲作价额偿还。①
这是因为（无法从丙处取回得利的）风险应由乙承担。②

不当得利请求权返还说及价额说的上述交锋，已经初步显示在双重瑕疵案型下认定乙之返还责任时可能遭遇的困难。需要注意的是，上述学说均在承认物权行为无因性的基础上展开讨论，在物权行为无因性，甚至物权行为独立性尚存争议③的我国大陆地区，则有相当不同。

其一，若不采物权行为无因性，则在双重瑕疵案型下，物权通常不发生变动，甲可直接依据原物返还请求权向丙主张返还。在此基础上，讨论乙之返还责任还有多大意义，有待澄清。

其二，在我国法下，一旦甲乙之间合同无效，则乙将标的物处分给丙的行为，也会沦为无权处分甲之物。比较法上的对照案型，应为"无法律上原因的无权处分"。吊诡的是，在比较法上，与双重瑕疵案型（以物权行为有效为前提）下主流学说采"价额说"不同，在"无法律上原因的无权处分"中，主流学说认为乙仅负有向甲返还不当得利请求权的义务。④ 在无偿无权处分中，更有学说认为，甲可依据《德国民法典》第 816 条第 1 款第 2 句（对应我国《民法典》第 988 条），直接向丙主张不当得利返还。⑤

那么，在民法典背景下，乙究竟应在双重瑕疵案型下承担何种返还责任？下文将以我国法采物权行为独立性及有因性为假设前提，对此进行探讨。

---

① Vgl. Karl Larenz/Claus-Wilhelm Canaris, Lehrbuch des Schuldrechts, 13. Aufl. , München, C. H. Beck'sche Verlagsbuchhandlung, 1994，S. 205.

② 此为比较法上目前的主流学说。在此基础上又分为两种观点，一种观点完全否定乙主张得利丧失抗辩的可能。另一种观点则在例外的情况下允许乙主张得利丧失抗辩。详见本文三（二），"1. 比较法上的学说"的"（2）价额说"部分。

③ 参见陈自强《不当得利法体系之再构成——围绕〈民法典〉展开》，《北方法学》2020 年第 5 期。

④ Vgl. Dirk Looschelders, Schuldrecht Besonderer Teil, 15. Aufl. , München, Verlag Franz Vahlen GmbH, 2020，§ 55 Rn. 29；王泽鉴：《不当得利》（第 2 版），北京大学出版社，2015，第 166 页。

⑤ Vgl. Martin Schwab, in：Münchener Kommentar zum BGB, 8. Aufl. , München, C. H. Beck, 2020，§ 816 Rn. 71；Stephan Lorenz, in：Staudingers Kommentar zum BGB, Berlin, de Gruyter, 2007，§ 816 Rn. 28.

二 直索请求权及其对乙之返还责任的影响

在讨论乙的返还责任前，首先需要确定的是，这一问题在我国法下是否具有意义。

与比较法不同，在我国法下发生双重瑕疵案型时，甲可以主张直索请求权。例如，当双重瑕疵案型涉及标的物之给付时，由于物权并未发生移转，甲通常得依《民法典》第235条之规定直接向丙主张返还原物请求权。若甲基于物权自丙处取回物，乙显然不可能再负有返还责任。故在讨论乙的返还责任前，须检讨直索请求权对乙的返还责任带来的影响，以明确在我国法下令乙承担返还责任在何种情形下具有意义。

（一）甲得主张原物返还请求权的情形及其对乙之返还责任的影响

如上所述，甲的原物返还请求权对乙之返还责任的最大影响在于，一旦该请求权实现，则乙不负有返还责任。

此外的影响尚在于，当甲得向丙主张原物返还请求权时，令乙向甲返还其对丙的不当得利请求权"没有意义"。因为原物返还请求权的效力在各方面都胜过指向同一标的的"不当得利请求权"。但这并不意味着在这种情形下，没有讨论乙之返还责任的必要。如上所述，乙的返还责任也可能表现为价额偿还责任，此时会发生甲是只能向丙主张原物返还，还是可以直接向乙主张价额偿还的问题。因而即使在甲仍享有物权的情况下也有必要研究乙的返还责任以厘清甲究竟可以主张何种权利。

若甲的所有权因毁损、灭失等消灭，则甲只能向乙主张得利返还。此时需要考察乙是仅负有"（对丙之）不当得利请求权"的返还义务，还是需要承担价额偿还责任。

（二）其他可对乙的返还责任产生类似影响的情形

除原物返还请求权外，在其他甲得对丙主张直索的情形，乙的返还责任也会受到类似影响。可能产生直索请求权的情形有二，以下分别检讨之。

1. 物上请求权的延续

在双重瑕疵案型下，当给付标的物发生添附时，可发生"物上请求权的延续"。仍以上述中央空调案为例。

在该案中，由于添附规定的作用，丙基于乙之给付取得空调所有权。[①]因给付关系发生在甲乙、乙丙之间，此时应由甲向乙、乙向丙分别主张给付型不当得利请求权。但与此同时，由于添附规定本身不构成丙保有这一利益的法律根据，须检讨甲得否直接向丙主张支出费用型不当得利请求权。

在比较法上，无论是否认可"非给付型不当得利的补充性原则（der Subsidiaritätsregel）"，[②] 甲对丙的非给付型不当得利请求权均受到物权法价值的限制。依据比较法上的学说，在判断甲得否向丙主张非给付型不当得利请求权时，须比照基于法律行为取得所有权的规定，当物权法允许丙保有得利时，甲对丙的非给付不当得利请求权不发生。[③]

以采物权行为无因性的德国法为背景，设若在中央空调案中，是丙自己在受领中央空调后完成安装，则丙得基于《德国民法典》第 929 条或第 932 条取得中央空调所有权，此时由于物权法将权属分配给了丙，甲对丙的非给付不当得利请求权不发生（法律行为案型）。以此为比照，在乙（通过指示甲）将空调安装于丙的房屋，丙因添附取得空调所有权时（添附案型），由于案件事实差异过于偶然，应在价值判断层面做相同处理。所以在添附案型中，甲也不能向丙主张非给付型不当得利请求权，否则有违法秩序的统一性。[④]

---

① 此在学说上存在争议。相反见解认为，丙取得空调的所有权是基于添附规定，而非基于乙的给付行为。参见王泽鉴《不当得利》（第 2 版），北京大学出版社，2015，第 201 ~ 202 页。

② 关于补充性原则，参见王泽鉴《不当得利》（第 2 版），北京大学出版社，2015，第 205 ~ 206 页。

③ Vgl. Karl Larenz/Claus-Wilhelm Canaris, Lehrbuch des Schuldrechts, 13. Aufl. , München, C. H. Beck'sche Verlagsbuchhandlung, 1994, S. 213.

④ 参见王泽鉴《不当得利》（第 2 版），北京大学出版社，2015，第 201 ~ 202 页。

与此相对，若乙无权处分甲的空调且甲为无行为能力人，或丙明知乙无处分权限，则受"脱离物不发生善意取得（对应《民法典》第312条）"或者"恶意受领人不适用善意取得（对应《民法典》第311条）"两项价值判断的影响，应允许甲在添附案型中向丙主张非给付型不当得利。[①]

有学者将上述物权法价值对不当得利返还的影响称为"物上请求权的延续（效力）"。[②] 若承认此种延续效力，则在不采物权行为无因性的我国法，可在上述中央空调案中得出与比较法截然相反的结论：

由于在我国法下，只要乙丙之间装修合同无效，丙即无法通过法律行为取得属于甲的中央空调所有权；所以在丙基于添附取得所有权的情形，也应该比照法律行为案型，认为甲可以基于非给付型不当得利请求权向丙直索。[③]

如果采此种见解，则在涉及物上请求权之延续的情形，甲对丙的非给付型不当得利请求权也会对乙的返还责任产生影响，即只要直索仍有实现可能，则乙没有必要向甲返还其对丙的不当得利请求权。此时仅需检讨乙是否还负有价额偿还责任。与此同时，当直索请求权因丙得主张得利丧失等而消灭时，则需检讨乙是否负有返还（对丙之）不当得利请求权的义务以及价额偿还义务。

2. 直索规定：《民法典》第988条之适用？

若得适用《民法典》第988条，那么甲就可以向丙直索。此时也会对乙的返还责任产生类似影响。不过问题在于在双重瑕疵案型下，是否有该条的适用余地？

德国法上的旧说认为得成立直索。[④] 依据此说，无法律上原因而得利的情形可与无偿得利做相同处理，即在丙取得利益无法律上原因时可以类

---

① Vgl. Dirk Looschelders, Schuldrecht Besonderer Teil, 15. Aufl., München, Verlag Franz Vahlen GmbH, 2020, § 57 Rn. 24.

② 参见刘昭辰《不当得利》（第2版），五南图书出版社，2018，第110页。

③ 认为在物权行为有因性背景下应得出此种结论的，如 Gerhard Hassold, Zur Leistung im Dreipersonenverhältnis, München, C. H. Beck'sche Verlagsbuchhandlung, 1981, S. 87。

④ Vgl. Hans-Georg Koppensteiner/Ernst A. Kramer, Ungerechtfertigte Bereicherung, 2. Aufl., 1988, S. 20 und 27.

推（或基于当然解释）适用《德国民法典》第816条第1款第2句或第822条关于直索的特别规定（对应我国《民法典》第988条）。① 该说目前在比较法上已经式微，反对此说的理由为，直索规定之所以弱化对无偿得利人的保护，是因为无偿得利人在取得利益时并未支出对价。② 但在双重瑕疵案型，丙可能是基于无效但有偿的合同取得利益，甚至可能已经作了对待给付，此时其显然应该享有比无偿得利时更多的保护。③ 基于这一考量，主流学说认为将无法律上原因的得利与无偿取得等同是错误的。

值得一提的是，尽管将无法律上原因的有偿取得等同于有法律上原因的无偿取得的主张已经被主流学说否定，但仍有学者认为，无法律上原因的无偿取得与有法律上原因的无偿取得并无不同，可准用上述直索规定。④

这一观点也不值得赞同。理由如下。

其一，虽然无法律上原因的无偿取得不涉及对待给付的问题，但乙丙之间除无偿得利的基础法律关系外，还可能存在其他法律交往。例如乙基于其他法律关系对丙负有债务，此时若允许甲向丙直索，同样会发生剥夺丙对乙之抗辩权（或抵销可能性等）的问题，损害丙的利益。

其二，无法律上原因的无偿取得允许直索，会对乙之债权人的利益造成不利影响。盖若乙缺乏清偿能力，则将本应在乙丙、甲乙之间发生的返还关系改变为由甲向丙直索，必然会损害乙之债权人的合法利益，这一结果或已超出直索规定不影响他人利益的立法本意。

综上，出于保护丙及乙之债权人利益的考量，不论无法律上原因的合

---

① Vgl. Gerhard Hassold, Zur Leistung im Dreipersonenverhältnis, München, C. H. Beck'sche Verlagsbuchhandlung, 1981, S. 85 f.

② Vgl. Gerhard Hassold, Zur Leistung im Dreipersonenverhältnis, München, C. H. Beck'sche Verlagsbuchhandlung, 1981, S. 86.

③ Vgl. Dirk Looschelders, Schuldrecht Besonderer Teil, 15. Aufl., München, Verlag Franz Vahlen GmbH, 2020, § 55 Rn. 29; Gerhard Hassold, Zur Leistung im Dreipersonenverhältnis, München, C. H. Beck'sche Verlagsbuchhandlung, 1981, S. 86.

④ Vgl. Martin Schwab, in: Münchener Kommentar zum BGB, 8. Aufl., München, C. H. Beck, 2020, § 816 Rn. 71; Stephan Lorenz, in: Staudingers Kommentar zum BGB, Berlin, de Gruyter, 2007, § 816 Rn. 28.

同是有偿还是无偿，在双重瑕疵案型中，均无适用或类推适用《民法典》第988条之余地。

三　乙承担返还责任的具体情形及返还困境

（一）乙须承担返还责任的具体情形

上文就甲得向丙主张直索的情形，及其对乙之返还责任的影响做了介绍，本节在此基础上，就乙须承担返还责任的具体情形做系统整理。

1. 情形一：甲对丙的直索请求权未实现

当直索请求权实现时，乙无返还责任，自不待言。因而，乙之返还责任仅可能在甲对丙的直索请求权未实现时发生。此主要涉及三种情形。

其一，直索请求权之实现无障碍，但尚未被行使。此时如上所述，令乙向甲返还其对丙的不当得利请求权"没有意义"。至于乙应否在此时承担价额偿还责任，则有研究余地。

其二，直索请求权之实现因丙主张抗辩或丧失清偿能力等而受阻却，但仍有实现可能。此时乙的返还责任与第一种情形相同。

其三，直索请求权因故消灭。此时乙应负何种返还责任，有研究余地。

2. 情形二：甲无得向丙主张直索

除上述情形外，还存在甲一开始就无权自丙处直接取回利益的情形，此时需要讨论乙负有何种返还责任。甲一开始就无得直索，只能向乙主张权利的情形主要包括以下四种。

（1）银行转账情形

在银行转账情形中，由于收款人（乙或者丙）可以基于自己银行的抽象债务允诺无因地取得对银行债权，此时甲无得向丙直索，而只能向乙主张不当得利返还。例如，甲为履行和乙的买卖合同，通过银行将价款汇入乙的银行。乙为履行和丙的买卖合同，又将甲转入的钱汇入丙的银行。其后发现甲乙、乙丙之间的买卖合同均有瑕疵，乙善意无过失不知。此时就已经支付的价金，其返还清算应分别发生在甲乙、乙丙之间。①

（2）劳务给付情形

在给付客体为劳务时，不存在物上请求权及其延续的问题，此时甲也不能向丙直索，而只能向乙主张权利。例如，乙丙签订设备维修合同，由乙负责维修丙公司的设备。某日由于乙的核心技术人员请假，乙遂与甲签订维修合同，合同内容为请求甲对丙的设备进行维修。其后甲按照合同约定维修了丙的设备。甲通过这一维修行为向乙完成了给付，同时乙通过指示甲完成设备维修，也完成了对丙的给付。嗣后发现甲乙、乙丙之间的维修合同均有瑕疵，乙善意无过失不知。在本案基于"非给付不当得利的补充性原则"，甲无得向丙主张直索，而只能向乙主张给付型不当得利。

（3）取得代位物情形

在原得利客体转化为代位物的情形，当代位物的所有权属于乙时，甲也无权向丙主张直索，而只能向乙主张权利。例如，乙向甲购买笔记本电脑一台，甲向乙交付电脑后，该电脑不幸被戊损毁，戊向乙赔偿了一台相同型号的电脑。② 随后，乙将这台电脑出卖给丙。其后得知，甲乙、乙丙之间的买卖合同均有瑕疵（乙善意无过失不知）。在本案中，返还关系也发生于甲乙、乙丙之间。

在甲向乙转让的是债权，其后乙因债权实现而取得物权的情形，也可构造类似案型。③

---

① 关于抽象债务允诺，参见凌超羿《错误转账的类案分析——以银行结算合同之理论为基础》，华东政法大学2018年硕士学位论文，第8~10页。若在本案中甲基于乙的指示直接将款项汇入丙的账户，则基于"非给付不当得利的补充性原则"，返还关系仍在甲乙、乙丙之间发生。

② 在本案中当甲乙之间合同无效时，乙是无权占有甲的电脑。有学说认为当物在无权占有人处发生毁损时，无权占有人不能向侵权人请求损害赔偿。参见王泽鉴《民法学说与判例研究》（第3册），北京大学出版社，2009，第177~178页。即使如此，若戊是在无过失的情况下向乙作了损害赔偿，此时可基于债权准占有的规则（乙的权利表象为物之占有），认为在戊向乙交付同款电脑后即履行了对甲的损害赔偿义务。相似观点参见王泽鉴《民法学说与判例研究》（第3册），北京大学出版社，2009，第180页。在这种情况下乙虽并非原电脑的权利人，却可取得该电脑之代位物（戊交付之新电脑）的所有权。

③ 例如，甲乙签订债权买卖合同，甲向乙移转债权后发现买卖合同有瑕疵。此时所移转债权对应债务人戊已经向乙作了清偿，乙因此取得标的物所有权并将标的物出卖给丙，而乙丙的合同也有瑕疵。与此同时，乙善意无过失不知上述合同效力存在瑕疵。

（4）添附情形

在给付连锁情形，若标的物添附首先发生于乙处，则与添附首先发生在丙处的上述情形不同，此时由于甲丙之间不能满足产生不当得利请求权的基本要件，因而没有物上请求权延续效力的问题，甲只能向乙主张给付型不当得利。例如，乙向甲订购 0.5 吨土豆，令甲在交付当天送至乙公司仓库。交付当天甲如约将 0.5 吨土豆放入仓库，此土豆与仓库中原有的 9.5 吨土豆发生混同。第二天乙将仓库中所有土豆卖给丙，丙又将土豆转卖给善意的丁。事后得知，甲乙、乙丙之间合同均有瑕疵（乙善意无过失不知），丙丁之间买卖合同有效。在本案中，乙基于混合取得了 0.5 吨土豆的所有权，丁善意取得了 10 吨土豆的所有权。在不当得利返还关系上，应当分别由甲向乙、乙向丙主张不当得利返还。

（二）乙的返还困境：比较法上的学说、缺陷及问题实质

乙须承担返还责任的情形如上所述。在直索请求权因故消灭，和无得主张直索请求权的情形，确定乙的返还责任需考量的因素与比较法上类似，即须在"不当得利请求权（代位物所有权）"及"价额偿还责任"之间做出选择。在直索请求权尚存之情形，则有所不同。此时只需要判断乙何时负有价额偿还责任。

就第一种情形下乙之返还责任的确定，在比较法上有"不当得利请求权返还说"、"价额说"、"选择说"及"转换说"多种意见。本部分将详细介绍各学说观点并做评论，以期为我国法下确定乙之返还责任的具体内容提供借鉴。[①]

1. 比较法上的学说

（1）不当得利请求权返还说

依据该说，在双重瑕疵案型下，乙的得利仅为不当得利请求权，故乙仅须将该请求权移转给甲即可完成返还义务。[②]

---

① 由于以下学说是在德国法以及我国台湾地区"民法"背景下提出，为行文之便利，本部分如无特别说明以物权行为采无因性为前提。

② 参见王泽鉴《不当得利》（第 2 版），北京大学出版社，2015，第 208～209 页。

该说内部存在分歧，主要表现在指示给付（缩短给付亦同）的情形。一种观点认为，乙对丙的不当得利请求权，为乙获得的原得利客体（primärer Bereicherungsgegenstand）。① 与此不同，第二种观点则认为，乙对丙的不当得利请求权，是乙应当向甲返还的得利（die Bereicherung）。②

在第一种观点看来，甲是直接向丙为给与（Zuwendung），所给与之物并未经过乙的财产而使其获利。乙因甲的行为唯一可能的得利，在乙丙之间的原因关系有效时，即为对丙债务之消灭；在乙丙之间的原因关系存在瑕疵时，则为对丙的不当得利请求权。③

与此相对，以韦斯特曼（Westermann）为代表的第二种观点则认为，甲对丙的给与行为使乙得利，甲向丙给与的客体，即为乙的得利客体。④ 例如，甲基于乙之指示向丙付款，则乙取得的利益为这笔钱本身。⑤ 与第一种观点下"得到什么还什么"的简单逻辑不同，在第二种观点下，乙的得利与给付连锁情形相仿。至于乙对丙的不当得利请求权，则仅为"剩余的得利"。在此种观点下需要考虑，当原得利客体返还不能时，乙需向甲返还不当得利请求权，还是要进行价额偿还。对此，韦斯特曼认为，乙对甲无价额偿还义务，应向甲返还其对丙的不当得利请求权，否则令乙直接向甲承担价额偿还责任，而不许其向甲返还标的物本身，实际效果上等同于补正了甲乙之间的基础关系。⑥

---

① Vgl. Hans Berg, Bereicherung durch Leistung und in sonstiger Weise in den Fällen des § 951 Abs. 1 BGB, AcP 160 (1961), S. 512 f.; Werner Lorenz, Zur Frage des bereicherungsrechtlichen, Durchgriffs"in Fällen des Doppelmangels, JZ 1968, S. 53.

② Vgl. Harm Peter Westermann, Doppelmangel bei Bereicherungskette und Dreiecksverhältnis-BGHZ 48, 70, JuS 1968, S. 21.

③ Vgl. Dieter Reuter und Michael Martinek, Ungerechtfertigte Bereicherung, Tübingen, J. C. B. Mohr, 1983, S. 408.

④ Vgl. Gerhard Hassold, Zur Leistung im Dreipersonenverhältnis, München, C. H. Beck'sche Verlagsbuchhandlung, 1981, S. 88.

⑤ Vgl. Harm Peter Westermann, Doppelmangel bei Bereicherungskette und Dreiecksverhältnis-BGHZ 48, 70, JuS 1968, S. 21.

⑥ Vgl. Harm Peter Westermann, Doppelmangel bei Bereicherungskette und Dreiecksverhältnis-BGHZ 48, 70, JuS 1968, S. 22.

（2）价额说

价额说（目前比较法上的主流学说）的基本观点为，甲得向乙请求返还的，不是乙对丙的"不当得利请求权"，而是给付标的物之价额。[①] 需要说明的是，价额说并非把"价额"作为乙的原得利客体。诚然，有学者采此种理解，如科德根（Köndgen）认为，在指示给付情形，乙所获得的原得利客体为甲基于指示向丙交付的得利客体之经济上价值（wirt-schaftliche Wert）。[②] 但此仅为少数说。目前的主流学说则认为，即使在指示给付（缩短给付亦同）中，乙同样（或视为）取得了得利客体本身。[③]

持价额说的学者不认为不当得利请求权是返还客体。[④] 否定不当得利请求权为返还客体的理由如下。首先教义学上的理由在于，乙对丙的不当得利请求权并非代位利益，[⑤] 而是依法律行为取得的对价（das rechts-geschäftliche Surrogat für das Erlangte，commodum ex negotiatione），而依法律行为取得的对价并不在得利返还的范围内。[⑥] 其次还存在两个价值判断上的理据，其一是，若乙仅须向甲返还不当得利请求权，则甲不仅需要承担乙的抗辩和破产风险，还需依据债权移转的规定承受丙对乙的抗辩以及丙的破产风险，这会导致风险在甲处累积。[⑦] 其二是，（无法从丙处取回

---

① 参见王泽鉴《不当得利》（第 2 版），北京大学出版社，2015，第 209 页。

② Vgl. Johannes Köndgen，Wandlungen im Bereicherungsrecht，Dogmatik und Methode Josef Esser zum 65. Geburtstag，Kronberg，Scriptor Verlag GmbH，1975，S. 73 f.

③ 详见本文四（一），"乙所受之原得利客体"部分。

④ 参见王泽鉴《不当得利》（第 2 版），北京大学出版社，2015，第 209 页；Martin Schwab，in：Münchener Kommentar zum BGB，8. Aufl.，München，C. H. Beck，2020，§ 812 Rn. 64；Ulrich Loewenheim，Bereicherungsrecht，3. Aufl.，München，C. H. Beck，2007，S. 131；Gerhard Hassold，Zur Leistung im Dreipersonenverhältnis，München，C. H. Beck'sche Verlagsbuchhandlung，1981，S. 93 f.

⑤ Vgl. Dieter Reuter und Michael Martinek，Ungerechtfertigte Bereicherung，2. Aufl.，Tübingen，Mohr Siebeck，2016，S. 50.

⑥ Vgl. Martin Schwab，in：Münchener Kommentar zum BGB，8. Aufl.，München，C. H. Beck，2020，§ 812，Rn. 64.

⑦ 卡纳里斯明确指出，"不当得利请求权返还说偏偏是从抗辩和破产风险方面入手来反对曾经的主流观点直索不当得利请求权说，并提出两个不当得利返还请求权的架构，这是非常荒谬的，因为直索不当得利请求权说虽然错误地分配了风险，但其至少不会导致风险的累积"。Claus-Wilhelm Canaris，Der Bereicherungsausgleich im Dreipersonenverhältnis，FS Karl Larenz，München，C. H. Beck'sche Verlagsbuchhandlung，1973，S. 811.

得利的）风险应由乙承担。[①] 价值判断上的这两个理由与卡纳里斯三原则紧密相关，其核心在于当原因关系发生瑕疵时，通过风险归责的思想以及抽象原则所蕴含的价值判断，使不当得利的返还清算关系发生在合同当事人之间。[②]

在上述基本认识的基础上，价额说内部同样存在重大分歧。一种见解认为，应由乙全面承受来自丙的风险，这意味着乙无得向甲主张得利丧失抗辩。[③] 与此相对，另一部分学者则认为应在特定情形下允许乙主张得利丧失抗辩。至于特定情形的判断，则有认为，"应当结合引起不当得利请求权之无效规定的立法意旨加以判断"，[④] 也有认为，"只要符合主张得利丧失抗辩的前提即可"。[⑤]

（3）选择说

扬·威尔海姆（Jan Wilhelm）以价额说为基础，提出一种选择说试图调和"不当得利请求权返还说"与"价额说"的矛盾。根据其观点，一方面，不当得利请求权可以作为返还客体；[⑥] 另一方面，乙原则上仍需对甲负价额偿还责任。这是因为乙的现存得利并非仅为不当得利请求权，例如，当乙从丙处受有对待给付时，不必考察乙是否取得代位利益即可判断

---

① Vgl. Medicus/Petersen, Bürgerliches Recht, 27. Aufl., München, Verlag Franz Vahlen GmbH, 2019, Rn. 673; Karl Larenz/Claus-Wilhelm Canaris, Lehrbuch des Schuldrechts, 13. Aufl., München, C. H. Beck'sche Verlagsbuchhandlung, 1994, S. 324. 梅迪库斯、彼得森（Petersen）和拉伦茨（Larenz）、卡纳里斯在上述文献中从不同角度论证了应由得利人乙负有取回风险的原因。

② Vgl. Claus-Wilhelm Canaris, Der Bereicherungsausgleich im Dreipersonenverhältnis, FS Karl Larenz, München, C. H. Beck'sche Verlagsbuchhandlung, 1973, S. 814 und 817.

③ Vgl. Ulrich Loewenheim, Bereicherungsrecht, 3. Aufl., München, C. H. Beck, 2007, S. 131 f.; Martin Schwab, in: Münchener Kommentar zum BGB, 8. Aufl., München, C. H. Beck, 2020, § 812, Rn. 62 ff; Martin Schwab, in: Münchener Kommentar zum BGB, 8. Aufl., München, C. H. Beck, 2020, § 818 Rn. 212.

④ 此外梅迪库斯尚指出，此处的风险分配应与解除法的价值相协调。Vgl. Medicus/Petersen, Bürgerliches Recht, 27. Aufl., München, Verlag Franz Vahlen GmbH, 2019, Rn. 673.

⑤ Vgl. Gerhard Hassold, Zur Leistung im Dreipersonenverhältnis, München, C. H. Beck'sche Verlagsbuchhandlung, 1981, S. 96.

⑥ Vgl. Jan Wilhelm, Rechtsverletzung und Vermögensentscheidung als Grundlagen und Grenzen des Anspruchs aus ungerechtfertigter Bereicherung, Bonn, Ludwig Röhrscheid GmbH, 1973, S. 126（Fn. 222）.

乙仍有现存得利；而只要乙在补偿关系中作出了对待给付，得利也必然存在。在乙的现存得利范围内，甲得立即请求价额偿还，而不是只能获得一个自身存在与否存疑，在实现上也充满困难和不确定性的代偿请求权。① 与此同时，如果甲对自丙处取回得利客体存在特别利益，则甲也可以请求乙返还其对丙的不当得利请求权，据此向丙主张权利。此时需区分两种情况，若丙尚未向乙作对待给付，则甲可以请求乙移转对丙的不当得利请求权并向丙请求返还得利，如果因此实现的利益低于乙应负担的价额，甲仍可在乙的得利范围内向后者主张补充性的价额偿还。② 若丙已经向乙作了对待给付，则乙在向甲返还不当得利请求权时，需同时向甲移转其自丙处受领的对待给付。③

由于在教义学结构上存在较大突破，选择说遭到了许多学者的反对。④

（4）转换说

罗伊特（Reuter）和马丁内克（Martinek）所主张的转换说认为，即使给付标的物已在丙处，乙仍对甲负有返还原得利客体的义务，（乙对丙的）不当得利请求权只是一种使这一返还义务得以继续实现的地位（而不是原得利客体的代位物）。⑤ 这意味着在双重瑕疵案型，乙有从丙处取回原得利客体返还于甲的义务。

根据转换说，乙须先将其对丙的不当得利请求权移转给甲，⑥ 其后乙的返还责任视其可否主张得利丧失抗辩而有不同。

---

① Vgl. Jan Wilhelm, Rechtsverletzung und Vermögensentscheidung als Grundlagen und Grenzen des Anspruchs aus ungerechtfertigter Bereicherung, Bonn, Ludwig Röhrscheid GmbH, 1973, S. 126.

② Vgl. Jan Wilhelm, Rechtsverletzung und Vermögensentscheidung als Grundlagen und Grenzen des Anspruchs aus ungerechtfertigter Bereicherung, Bonn, Ludwig Röhrscheid GmbH, 1973, S. 127.

③ Vgl. Jan Wilhelm, Rechtsverletzung und Vermögensentscheidung als Grundlagen und Grenzen des Anspruchs aus ungerechtfertigter Bereicherung, Bonn, Ludwig Röhrscheid GmbH, 1973, S. 128.

④ Vgl. Martin Schwab, in: Münchener Kommentar zum BGB, 8. Aufl., München, C. H. Beck, 2020, § 812 Rn. 87; Gerhard Hassold, Zur Leistung im Dreipersonenverhältnis, München, C. H. Beck'sche Verlagsbuchhandlung, 1981, S. 95; Dieter Reuter und Michael Martinek, Ungerechtfertigte Bereicherung, Tübingen, J. C. B. Mohr, 1983, S. 415.

⑤ Vgl. Dieter Reuter und Michael Martinek, Ungerechtfertigte Bereicherung, 2. Aufl., Tübingen, Mohr Siebeck, 2016, S. 280.

⑥ Vgl. Dieter Reuter und Michael Martinek, Ungerechtfertigte Bereicherung, 2. Aufl., Tübingen, Mohr Siebeck, 2016, S. 51 f.

具体言之。若乙可以主张得利丧失抗辩，则乙免于取回义务，其返还责任仅限于上述不当得利请求权。[①] 若乙不能主张得利丧失抗辩，则当上述不当得利请求权的实现不会遭遇丙之抗辩时，乙的返还责任同样仅限于上述不当得利请求权。若遭遇丙之抗辩，则甲须将这一事实通知乙，然后视丙是否愿意在取回对待给付时返还给付做不同处理。若丙愿意，那么乙的返还责任同上。若丙不愿意，则乙可向甲主张原得利客体的返还因履行费用过高陷于不能，此时甲可转而向乙请求价额偿还。[②]

2. 学说评述及问题实质

（1）不当得利请求权返还说存在的问题

不当得利请求权返还说存在两种观点，就其存在的问题，以下分别论述之。

A. 第一种观点存在的问题

第一种观点认为在指示给付、缩短给付情形，当发生原因关系双重瑕疵时，乙除不当得利请求权外再无得利。若采此种见解，则即使乙为恶意，也不必负加重责任。

恶意得利人的加重责任包含两部分：其一是不得主张得利丧失抗辩；[③]其二是"依据一般规定赔偿损失"。[④] 就第一部分的加重责任而言，由于乙的原得利客体仅为不当得利请求权。故乙向甲移转这一请求权后即履行

---

① Vgl. Dieter Reuter und Michael Martinek, Ungerechtfertigte Bereicherung, 2. Aufl., Tübingen, Mohr Siebeck, 2016, S. 51 und 280.

② Vgl. Dieter Reuter und Michael Martinek, Ungerechtfertigte Bereicherung, 2. Aufl., Tübingen, Mohr Siebeck, 2016, S. 51 f., 281 und 300.

③ 就恶意得利人可否主张得利丧失抗辩，比较法上存在争议。否定的观点如，Dirk Looschelders, Schuldrecht Besonderer Teil, 15. Aufl., München, Verlag Franz Vahlen GmbH, 2020, § 56 Rn. 20；王泽鉴：《不当得利》（第 2 版），北京大学出版社，2015，第 273 页。持肯定说的，如 Dieter Medicus/Stephan Lorenz, Schuldrecht II Besonderer Teil, 18. Aufl., München, C. H. Beck, 2018, § 67 Rn. 29；姚志明：《无因管理与不当得利》（第 2 版），元照出版社，2016，第 298～301 页。

④ 德国法上"一般规定"的内容，参见 Hans Brox/Wolf-Dietrich Walker, Besonderes Schuldrecht, 43. Aufl., München, C. H. Beck, 2019, § 43 Rn. 23. 在我国台湾地区"民法"，"赔偿损失"的性质存在争议；我国大陆地区《民法典》第 987 条，则明文强调"依法赔偿损失"。相关介绍，参见谢鸿飞、朱广新主编《民法典评注：合同编典型合同与准合同》（4）（套装共 4 册），中国法制出版社，2020，第 658 页。

了其返还债务。这里并不涉及"依其利益之性质或其它情形不能返还者，应偿还其价额"① 的问题。此时对乙而言，不论是否准许其援引得利丧失抗辩，均无成立加重责任之余地。就"依据一般规定赔偿损失"而言，则可能涉及以下两方面的责任。② 其一是债务不履行。如上所述，乙向甲移转不当得利请求权即构成返还债务之清偿，故无债务不履行责任成立之余地。其二是侵权损害赔偿。但在无法原样返还得利的情况下，只要乙并非故意以违背善良风俗的方法加损害于甲，原则上也应认为甲不得对乙主张侵权损害赔偿。所以恶意的乙在无法向甲返还原得利客体时，既不必承担价额偿还责任，也（在许多情况下）不必赔偿损失。这将导致恶意得利人的法律地位在指示给付和缩短给付情形下过于优越。仅从此点看，此观点即不足采。

目前比较法上的主流学说认为，即使在指示给付和缩短给付情形，乙也有所得利。③ 上述第一种观点已被废弃。

B. 第二种观点存在的问题

第二种观点认为即使在指示给付和缩短给付中，乙的得利也与给付连锁之情形相仿。至于乙对丙的不当得利请求权，则仅为"剩余之得利"。在此种观点下处理恶意得利人的返还责任，不会产生上述不当。其问题主要在于如何去除乙的得利。

例如，当甲乙之间的返还关系得适用差额说（Saldotheorie）时，善意的乙在向甲所做对待给付的范围内，不能主张得利丧失抗辩。④ 此时若乙只需向甲返还其对丙的不当得利请求权，则在此请求权因丙主张抗辩或丧失清偿能力而无法实现时，乙因差额说的效力而留存的得利可能无法得到

---

① 关于不当得利法上的价额偿还责任，《德国民法典》第 818 条第 2 款，我国台湾地区"民法"第 181 条第 2 句对此有明文规定。我国大陆地区《民法典》第 985 条虽未作明文规定，但应做相同解释。参见谢鸿飞、朱广新主编《民法典评注：合同编典型合同与准合同》（4）（套装共 4 册），中国法制出版社，2020，第 631~632 页。

② 在我国民法典还需考虑第 157 条第 2 句。但若乙对于合同无效并无过错，而仅仅是得知了甲乙之间合同无效的事实，则不可能依据第 157 条第 2 句使乙承担损害赔偿责任。

③ 详见本文四（一），"乙所受之原得利客体"部分。

④ 在双务合同的不当得利返还问题上还存在其他学说。为了便于分析，本文仅提及"差额说"，关于其他学说的详细介绍参见赵文杰《论不当得利与法定解除中的价值偿还——以〈合同法〉第 58 条和第 97 条后段为中心》，《中外法学》2015 年第 5 期。

去除。如此处理有违背"去除得利"立法意旨的嫌疑。

韦斯特曼已经注意到了上述问题，为了缓解仅返还不当得利请求权可能带来的弊端，其主张赋予甲一个（对乙的）偿债请求权（Freistellungsanspruch），使甲得请求乙消灭丙的对待请求权,[1] 从而保障甲从丙处取回给付客体。且不论韦斯特曼所主张的这一偿债请求权因于法无据而遭到学界的反对,[2] 即便是韦斯特曼通过偿债请求权这一修正而得到的结果，也未能尽如人意：在丙丧失清偿能力的情形可能发生甲无法从丙处取回得利，却不能转而向仍有得利的乙主张价额偿还的情况，此时无法凭借上述偿债请求权确保乙之得利的去除。

（2）价额说存在的问题

与不当得利请求权返还说不同，采价额说可有效去除乙之得利，但因其在逻辑前提上将不当得利请求权排除在返还范围之外，会发生新的问题。视观点之不同，此说存在下述两个缺陷之一。

其一是违背"去除得利"的立法意旨，过于强调应由乙承担自丙处取回利益的风险。如上所述，价额说希望将返还清算关系限制在合同当事人之间。这一旨在平衡各方当事人利益的努力固然值得肯定，但需指出的是，过于强调这一价值判断，容易脱离不当得利返还的立法意旨。如勒文海姆（Loewenheim）和施瓦布（Schwab），将上述价值判断发挥到极致，完全否认乙主张得利丧失抗辩的可能。这不仅与不当得利的立法意旨不一致，也违背朴素的法感情。例如在甲公司因非债清偿错误地向乙发放了 2 万元年终奖的情形中，若乙无过失地认为该笔款项是公司的奖励而进行奢华旅游，则鲜有人会否认乙得主张得利丧失抗辩。因为"奢侈性支出"是典型的得利丧失抗辩事由。[3] 在旅游合同有效时尚且如此，当旅游合同无

---

① Vgl. Harm Peter Westermann, Doppelmangel bei Bereicherungskette und Dreiecksverhältnis- BGHZ 48, 70, JuS 1968, S. 22.

② Vgl. Dieter Reuter und Michael Martinek, Ungerechtfertigte Bereicherung, Tübingen, J. C. B. Mohr, 1983, S. 415.

③ Vgl. Dirk Looschelders, Schuldrecht Besonderer Teil, 15. Aufl., München, Verlag Franz Vahlen GmbH, 2020, § 56 Rn. 9. 即使是在价额说下主张无得利丧失抗辩适用余地的学者，也承认这一点。Vgl. Martin Schwab, in: Münchener Kommentar zum BGB, 8. Aufl., München, C. H. Beck, 2020, § 818 Rn. 191.

效时，乙为什么却反而不能主张得利丧失抗辩，要承担从旅游公司处取回得利的风险？

其二，违背事实并前后矛盾，即一方面在教义学上否认不当得利请求权是返还客体；另一方面又允许乙在一定情况下主张得利丧失抗辩。与施瓦布和勒文海姆不同，梅迪库斯、哈索尔德（Hassold）、拉伦茨和卡纳里斯等学者在支持价额说的基础上，允许乙在特定条件下主张得利丧失抗辩。但如此一来，就会发生在事实上将不当得利请求权作为返还客体的问题。而此与价额说否认不当得利请求权为返还客体，从而使乙直接承担价额偿还责任的基本主张相违背。价额说希望通过强调由乙承担风险，证成在双重瑕疵案型乙应向甲返还价额，但诚如拉伦茨和卡纳里斯两位学者所正确指出的那样，这一尝试在教义学结构上是不清晰的，也是与事实相违背的。价额说从一开始就堵上了将不当得利请求权作为返还客体的路，然而有时候将不当得利请求权作为得利客体返还却是唯一正确的道路。①

除上述缺陷外，在无因性下主张价额说还会造成另一个棘手的问题，即甲无法从丙处取回给付本身（如名贵的宋官窑青瓷洗）。②

（3）选择说存在的问题

扬·威尔海姆提出的选择说在秉持价额说"甲可直接请求乙在得利范围内作价额偿还"③ 这一基本观点的基础上，修正了价额说将不当得利请求权排除在返还客体之外这一错误，从而将"不当得利请求权"和"价额"均纳入返还范围之考量。这一努力值得肯定。然而遗憾的是，威尔海姆未能在教义学结构内完成其论证，因而选择说在教义学上存在巨大缺陷。威尔海姆允许甲得选择请求乙返还其对丙的不当得利请求权，或者作价额偿还。但正如反对意见所指出的那样，不当得利法从未赋予不当得利

---

① Vgl. Karl Larenz/Claus-Wilhelm Canaris, Lehrbuch des Schuldrechts, 13. Aufl., München, C. H. Beck'sche Verlagsbuchhandlung, 1994, S. 206.

② 参见王泽鉴《不当得利》（第2版），北京大学出版社，2015，第209页。

③ Vgl. Jan Wilhelm, Rechtsverletzung und Vermögensentscheidung als Grundlagen und Grenzen des Anspruchs aus ungerechtfertigter Bereicherung, Bonn, Ludwig Röhrscheid GmbH, 1973, S. 125 f.

债权人这种选择权。^① 至于有学者认为威尔海姆一方面否认乙有从丙处取回标的物的义务（Verschaffungspflicht），一方面却认为，从丙处取回标的物的风险应由乙承受，前后主张自相矛盾，^② 则值得商榷：所谓乙没有从丙处取回标的物的义务，是指甲不能请求乙从丙处取回物并返还于自己。一方面令乙承受来自丙的风险，另一方面否认甲的此项请求权，完全是可能的。

（4）转换说存在的问题

转换说与选择说相似，同时允许两种返还责任形式存在。此说与选择说相比主要有两点不同，其一，罗伊特和马丁内克认为在双重瑕疵案型乙仍负有向甲返还原得利客体的义务，即乙负有"取回义务"。^③ 而乙对丙的不当得利请求权虽须返还给甲，但其并非得利客体，只是实现上述原得利客体返还义务的手段。其二，在转换说下，甲须首先尝试基于自乙处受让取得的不当得利请求权向丙主张取回给付标的；仅在未能如愿的情况下，才可以转而向乙主张价额偿还。

转换说的主要问题在于，其所确立的转换规则并不完善，且与德国现行不当得利返还规则存在矛盾。转换说实际上主张在乙不能对甲主张得利丧失抗辩时，只要甲未能从丙处取回得利，其就可以向乙主张价额偿还。然而根据《德国民法典》第 818 条第 2 句，得利人只有在原得利客体返还不能时才需要承担价额偿还责任。为了解决这一矛盾，转换说在不当得利返还语境下重新定义了"履行费用过高"的概念，认为在不当得利法上，只要乙克服给付障碍所需要的费用大于乙的得利，其即可以主张原得利客体返还义务因履行费用过高而陷于不能。^④ 但此种解读显然已经超过了《德国民法典》第 275 条第 2 款（给付因履行费用过高而不能）的核心文

---

① Vgl. Martin Schwab, in: Münchener Kommentar zum BGB, 8. Aufl., München, C. H. Beck, 2020, § 812 Rn. 87.

② Vgl. Dieter Reuter und Michael Martinek, Ungerechtfertigte Bereicherung, Tübingen, J. C. B. Mohr, 1983, S. 415.

③ Vgl. Dieter Reuter und Michael Martinek, Ungerechtfertigte Bereicherung, Tübingen, J. C. B. Mohr, 1983, S. 416.

④ Vgl. Dieter Reuter und Michael Martinek, Ungerechtfertigte Bereicherung, 2. Aufl., Tübingen, Mohr Siebeck, 2016, S. 300.

义。与此同时，由于转换说所使用的履行费用过高这一架构与乙的取回义务紧密相关，在乙并无取回义务的情况下，转换说也将遭遇难题：以上文提到的劳务给付情形为例，此时因原得利客体依其性质不能原样返还，乙的原得利客体返还义务已陷于不能，所以乙不能（也不必）再主张履行费用过高。但若此时甲也必须同样先向丙主张得利返还，则应如何使其得在未能从丙处取回得利时转而向乙主张价额偿还？在转换说的现有思路下，此时两种责任形式的转化显然可能陷入困境。再者从价值判断上来看，仅因丙不愿在取回对待给付的同时返还给付标的，甲即可跳过向丙主张权利而直接向乙主张价额偿还，也会给善意得利人乙的自身财产造成负担，此有违不当得利返还的基本法理，[①] 因为在原得利客体还有返还可能的情况下，乙本可不必以其自身财产作价额偿还。

此外，该说关于乙负有取回义务的观点也值得商榷。"取回义务"即是说乙必须向甲返还原得利客体，这与在转换说下无论乙得否主张得利丧失抗辩，其在得利客体返还层面均仅需向甲返还不当得利请求权存在明显矛盾。故只能认为两位学者所主张的"取回义务"其实际含义为当乙未能向甲返还给付标的物时，须承担原得利客体的价额偿还责任。然而乙是否需要承担价额偿还责任，实际取决于乙是否有所得利，而与乙是否承担"取回义务"无关。这在乙可主张部分得利丧失时尤为明显：此时乙只需要承担原得利客体的"部分"价额偿还义务显然是得利丧失抗辩发生作用的当然结果，不可能是由于乙负有"部分取回义务"。另一方面，在乙虽不能返还原得利客体，但有其他具体利益可以返还时，认定乙负有取回义务（从而使其直接承担价额偿还责任）也会加重善意得利人的负担，违背不当得利返还的基本法理。例如，乙以 2500 元价格自甲处购得价值 5000 元的 A 电脑一台，并将 A 电脑与丙所有价值同样为 5000 元的 B 电脑互换。其后发现甲乙、乙丙之间的合同关系均有瑕疵（乙善意无过失不知）。若认为乙负有取回义务，则在丙不愿意返还 A 电脑时，乙须向甲作 5000

---

① 基于不当得利法的一般法理，不当得利返还不应给善意得利人造成不利益。参见谢鸿飞、朱广新主编《民法典评注：合同编典型合同与准合同》（4）（套装共 4 册），中国法制出版社，2020，第 646 页。

元价额偿还，这将导致善意得利人乙负有筹措资金的义务，在若非甲打折促销乙本不会购买 A 电脑也不会与丙的 B 电脑互换之情形，乙的价额偿还责任尤其不可接受。此时宜认为乙不负有取回 A 电脑的义务，并允许其选择向甲归还 B 电脑而不必承担价额偿还责任。[①]

（5）问题实质：如何去除乙的得利

乙可能负有的两种返还责任形式，即向甲返还其对丙的不当得利请求权，及向甲承担价额偿还责任，实际上都不可或缺。就前者而言，在乙可主张得利抗辩丧失而不必负价额偿还责任的情形，不当得利请求权显然是唯一须返还的得利。此外，在采物权行为无因性的比较法中，令乙向甲移转其对丙的不当得利请求权，也是甲在法律关系失败后，取回标的物的唯一途径。据此，价额说将不当得利请求权完全排除在返还范围之外的设想显然难以实现。而就后者而言其优势则在于，在乙不能主张得利丧失抗辩的情形，可以完全去除乙的得利，当甲未能自丙处取回得利时，乙的此种责任形式必不可少。

据此可知，"不当得利请求权返还说"和"价额说"实际上走向了两个极端，其违反事实地否认另一种返还责任形式因而不可避免地存在缺陷。

与此相对，"选择说"和"转换说"虽正确地注意到两种返还责任形式都可能发生，却在教义学架构上存在缺陷。[②] 教义学上的难题主要在于，一旦允许两种责任形式共存，则在乙无得主张得利丧失抗辩时难以去除乙的得利：当甲基于受让的请求权自丙处取回利益遭遇阻碍时，因该请求权尚有实现可能，无法触发处于下一序位的价额偿还请求权。

值得一提的是，在比较法上，若上述阻碍是丙得主张抗辩权而引起，则两种责任的上述衔接问题尚可基于勒文海姆提出的"诚实信用"思路得到缓解。[③] 但若阻碍是丙的清偿能力不足引起，则如何去除乙之

[①] 相似观点，参见刘昭辰《不当得利》（第 2 版），五南图书出版社，2018，第 172 页。

[②] 当然受是否承认取回义务的影响，在选择说下两种返还责任具体表现为"返还不当得利请求权"和"偿还价额"；而在转换说下则表现为"返还原得利客体"和"偿还价额"。

[③] 即基于诚实信用原则的要求，令丙负有向乙主张权利的义务（以在涉及标的物的范围内与乙完成清算）；如果丙拒绝这么做，则其将无法向甲主张抗辩。Vgl. Ulrich Loewenheim, Bereicherungsrecht, 3. Aufl., München, C. H. Beck, 2007, S. 114 f. (Fn. 171).

得利尚属"无解"。或许正是因为一方面"甲平白遭受损失，而乙无故保有得利"这一局面难以令人接受，另一方面解释学始终无法提供有力的方案完成两种返还责任形式的转换，比较法学说最终牺牲了教义学架构上的清晰性，而奉结果上尚属合理的价额说（得主张得利丧失抗辩）为主流学说。

四 我国法下善意的乙在双重瑕疵案型中的返还责任

上文已经对比较法上的学说观点及其缺陷进行了详细介绍。本部分将以此为基础，回归我国法语境，在对乙所受之原得利客体，乙应向甲返还的得利客体，乙的价额偿还责任三个问题进行讨论的基础上，尝试对双重瑕疵案型下善意的乙之返还责任做出教义学解释。

（一）乙所受之原得利客体

乙所受之原得利客体为何与返还责任密切相关。其直接影响乙的得利返还内容，也是乙承担价额偿还责任的基础。

首先来看给付连锁情形。以连锁买卖动产为例，在无因性情形，一般认为乙的得利为物之所有权（及其占有）；依此逻辑在不采无因性时，为物之占有。

但此种得利认定标准在缩短给付及指示给付情形会遭遇困难。这是因为在这两种情形下甲是直接将物交于丙的，在这过程中乙从未取得物的占有。但若就此认为乙没有得利，则会在价值判断上产生相当不合理的结果。以动产买卖缩短给付为例，设甲乙之间的买卖合同无效，乙丙之间的买卖合同有效。若认为此时乙没有得利，则其自然不承担返还责任。如此，则仅存在两种设想：或者认为甲不能取回其给付，或者甲可以向丙主张不当得利返还。第一种设想的不合理性不证自明，而第二种设想基本上也难以实现，这是因为只要承认丙在此情形下有可能善意取得物权，则允许甲向丙主张不当得利返还必然会产生价值判断上的矛盾。据此，无论是否承认物权行为无因性，均须认为在缩短给付及指示给付情形乙也有所得利，从而在补偿关系存在瑕疵时，使甲得向乙主张不当得利返还。剩下需要解决的是教义学构造问题。

在比较法上存在多种学说尝试解释乙的得利。早先的观点认为，在乙丙合同有效时，乙的得利为债务的消灭。在乙丙合同无效时，得利则为乙对丙的不当得利请求权。① 此即不当得利请求权返还说的第一种观点。如上所述，采此种观点将过于优待恶意得利人。

与此相对，现在的主流学说则认为乙的得利客体为（甲向丙给与的）标的本身。② 但就解释路径而言存在分歧。有学者尝试在法律上拟制乙的得利；③ 有学者则认为乙并未得利，但应当类推适用不当得利返还的规定于此种情形，"就如同乙取得了物的所有权一样"；④ 与上述路径不同，也有学者尝试根据指令取得（Geheißerwerb）的原理，构造真正的过渡取得（Durchgangserwerb）。⑤ 在笔者看来，无论是拟制、类推适用，还是指令取得架构，均存在较大的瑕疵。类推适用思路的主要问题在于脱离了教义学结构；拟制及指令取得架构的问题则在于，在以登记作为生效要件的不动产移转，以及给付客体是劳务的情形，其或者作了与事实相违背的"拟制"，或者无法就指示人也取得了给付标的做出合理的说明。在物权行为无因性下尚且如此，在我国法下更无用武之地：在不采物权行为无因性的

---

① Vgl. Dieter Reuter und Michael Martinek, Ungerechtfertigte Bereicherung, Tübingen, J. C. B. Mohr, 1983, S. 408.

② Vgl. Dieter Reuter und Michael Martinek, Ungerechtfertigte Bereicherung, 2. Aufl., Tübingen, Mohr Siebeck, 2016, S. 44. 这里尚需提及的是科德根的观点。在科德根看来，乙所获得的初始得利客体为甲基于指示向丙交付的得利客体之经济上价值。Vgl. Gerhard Hassold, Zur Leistung im Dreipersonenverhältnis, München, C. H. Beck'sche Verlagsbuchhandlung, 1981, S. 91. 此说因违反得利返还的教义学结构而不可取。

③ Vgl. Jan Wilhelm, Rechtsverletzung und Vermögensentscheidung als Grundlagen und Grenzen des Anspruchs aus ungerechtfertigter Bereicherung, Bonn, Ludwig Röhrscheid GmbH, 1973, S. 122；Gerhard Hassold, Zur Leistung im Dreipersonenverhältnis, München, C. H. Beck'sche Verlagsbuchhandlung, 1981, S. 70 und 72 f. 需要说明的是，哈索尔德认为其构造的过渡取得具有真实的物权效力，但即使此在动产勉强说得通，在不动产移转以及劳务给付中，则显然不具说服力。本文据此仍将其观点归入"拟制说"。

④ 库皮施（Kupisch）持此观点。Vgl. Dieter Reuter und Michael Martinek, Ungerechtfertigte Bereicherung, Tübingen, J. C. B. Mohr, 1983, S. 409.

⑤ Vgl. Martin Schwab, in：Münchener Kommentar zum BGB, 8. Aufl., München, C. H. Beck, 2020, § 812 Rn. 72；赵文杰：《给付概念和不当得利返还》，《政治与法律》2012 年第 6 期。

情况下，上述理论即使是在其侧重的动产所有权移转领域也难具解释力，一旦甲乙之间的负担行为存在瑕疵，乙即无法取得动产所有权。在给付连锁情形如此，在指示给付、缩短给付情形欲使乙取得所有权则更无可能。

综上，在指示给付及缩短给付情形下，难以借鉴比较法的上述理论解释我国法下乙所受之原得利客体。

但此非谓无法在教义学上构造乙的得利，更不意味着在我国法下指示人乙即无得利。在本文看来，上述学说之所以在认定乙的得利时遇到挫折，是因为这些学说均试图使乙取得物的所有权或占有。然而即使在动产移转情形，过渡取得也未必发生。诚如弗卢梅（Flume）所说，在缩短给付情形下动产所有权完全有可能是直接从甲移转至丙处。[①]

事实上，认定乙之原得利客体并非需要紧盯着乙在物权层面的"得利"。与主流观点将观察视角局限在物权层面的得利有所不同，罗伊特和马丁内克两位学者的观点极具启发性。两位学者认为以"过渡取得"的方式构造乙的得利很难令人满意。因为事实上并未发生过渡取得，其只能通过法律拟制实现。[②] 与此相对，两位学者认为：《德国民法典》第362条第2款（经债务人同意向第三人为清偿）其法律文本无疑意味着，当债务人向有受领权限的第三人交付标的物时，债权人是取得了债之标的，而并非（如先前通说所认为的那样）发生了债务的免除。由于向第三人授予受领权限并未改变债务内容，因而清偿效果只能通过向债权人给付标的物发生。《德国民法典》第362条第2款在清偿法中起到的作用只不过是使被授权的第三人得代表债权人（受领标的物）。[③] 从上述论述中不难看出，两位学者是从清偿层面，而非从物权层面考虑乙之得利的。因而两位学者所谓"当债务人向有受领权限的第三人交付标的物时，债权人是取得了债之标的"，不能理解为债权人乙因此取得了标的物的占有或者所有权；而

---

① Vgl. Werner Flume, Studien zur Lehre von der ungerechtfertigten Bereicherung, Tübingen, J. C. B. Mohr, 2003, S. 203.

② Vgl. Dieter Reuter und Michael Martinek, Ungerechtfertigte Bereicherung, 2. Aufl., Tübingen, Mohr Siebeck, 2016, S. 46.

③ Vgl. Dieter Reuter und Michael Martinek, Ungerechtfertigte Bereicherung, 2. Aufl., Tübingen, Mohr Siebeck, 2016, S. 46.

应当理解为，当债务人甲（以对乙为给付的意思）向被授权的第三人丙为给与时，乙自甲处取得了补偿关系下的给付。据此，罗伊特和马丁内克实际上是重新定义了给付型不当得利的原得利客体，[1] 即在指示给付和缩短给付情形，在甲出于向乙为给付的意思向丙作给与时，乙因甲的给付行为获得的原得利客体就是"给付"，其具体内容视丙实际取得的标的而定。以不动产买卖的缩短给付情形为例，当甲基于乙的指示将不动产所有权及占有移转给丙时，乙即自甲处受有"给付"这一得利，其具体内容为不动产的所有权及占有。

以罗伊特和马丁内克对给付型不当得利原得利客体的认识为基础，可进一步推导得出的结论是，无论在给付连锁、缩短给付还是指示给付情形，就乙所受之得利而言，均无必要讨论乙是否取得了标的物，仅须考察乙是否受有甲之给付。这一判定须分三步进行，其一，甲是否有给与行为；其二，甲是否对乙作出给付，即甲在进行给与时是否有向乙作给付的目的；其三，在前两步的基础上，判断乙是否受领了给付。若给与在甲乙之间发生，则乙当然受有给付；若给与发生在甲丙之间，则须考察丙是否有替乙受领给付的权限。

在上述三个问题的回答均为肯定时，即可抽象地将乙所受的原得利客体表述为"甲之给付"，其具体内容（需返还的内容）视具有受领权限的人实际取得的标的而定。若给付内容符合补偿关系清偿要件，则在甲乙原因关系有效时，乙可保有此"给付"；在甲乙原因关系存在瑕疵时，则乙需返还这一"给付"。若给付的具体内容基于其性质或其他原因无法返还，则乙在不得主张得利丧失抗辩时，须作价额偿还。

或有观点认为，将乙所受之原得利客体认定为"甲之给付"，会违反不当得利法的"具体客体导向基准"。但需注意的是，通说之所以有此要求，是旨在防止以得利人的整体财产抽象地认定得利。[2] 以乙是否自甲处

---

[1]　正是在这一意义上，两位学者指出："在认定给付型不当得利的原得利客体时，不一定要与权益侵害型不当得利以及其他例如支出费用型、求偿型不当得利保持同样的标准，而应该以清偿法的归咎可能性（Zurechnung）为导向。"Vgl. Dieter Reuter und Michael Martinek, Ungerechtfertigte Bereicherung, 2. Aufl., Tübingen, Mohr Siebeck, 2016, S. 48.

[2]　参见王泽鉴《不当得利》（第 2 版），北京大学出版社，2015，第 54 页。

受领给付来判断乙是否受有利益，并不违背这一点。

（二）甲得请求乙返还的得利客体

在确定了乙的原得利客体为甲之给付后，接下来需要确定的是，乙应当向甲返还什么。

首先需要确定的是，若标的物尚存，乙是否需向甲返还标的物本身。基于不当得利法"去除得利"的立法意旨，① 应认为乙无义务自丙处取回标的并返还于甲。② 故在丙未向乙返还标的物时，乙也不必向甲返还该物。在教义学结构上，可认为此时乙对甲的原给付返还义务发生"给付不能"。③

在排除了乙的取回义务后，可能构成乙"现存得利"的有以下两者。其一，对丙的不当得利请求权。其二，取得新物的所有权。就后者而言，只要乙所取得的物完全由自甲处所受给付转化而来，自然应该作为代位利益予以返还，但前者是否为乙应返还的得利？

在此首先需要澄清的是在我国法下讨论这一问题的必要性。也许有观点认为，《民法典》第535条规定有债权人代位权，所以在双重瑕疵案型下，甲直接向丙基于该条主张代位权即可，讨论不当得利请求权是否为应当返还的得利没有意义。但须指出的是，乙对丙的不当得利请求权是由甲的给付转化而来，若仅允许甲主张代位权，则在乙嗣后丧失清偿能力的情形显然可能使甲遭受不利。故本文认为即使存在代位权制度，仍有必要讨论是否应将不当得利请求权纳入返还范围。

那么其是否在返还客体之列呢？比较法上对此多持否定态度。除罗伊特和马丁内克认为乙有"取回义务"，而将乙对丙的不当得利请求权作为

---

① 参见王泽鉴《不当得利》（第2版），北京大学出版社，2015，第3页。

② 明确指出在不当得利法上，得利人不负有取回义务的，如 Martin Schwab, in: Münche-ner Kommentar zum BGB, 8. Aufl., München, C. H. Beck, 2020, § 812 Rn. 87. 与此相对，罗伊特和马丁内克两位学者认为乙负有"取回义务"。但如上所述，此种观点难以成立。

③ Vgl. Jan Wilhelm, Rechtsverletzung und Vermögensentscheidung als Grundlagen und Grenzen des Anspruchs aus ungerechtfertigter Bereicherung, Bonn, Ludwig Röhrscheid GmbH, 1973, S. 126.

实现标的物返还的"工具"外,[①] 主要的反对意见来自持价额说的学者。价额说学者在价值判断方面提出"会导致抗辩、破产风险的累积"以及"应由乙承担从丙处取回得利的风险"两个理由,在教义学架构方面提出"不当得利请求权并非'原得利客体的代位利益',而是'依法律行为所取得之对价'"这一认识,较为系统地否认了将不当得利请求权纳入返还客体的可能性。但本文认为,上述理由均有可非议之处。

其一,就价值判断上的理由而言,以"抗辩、破产风险的累积"为据来论证"不可将不当得利请求权作为得利客体"并不妥当。这是因为"风险累积"并不一定"不合理"。诚如哈索尔德所言,只要不当得利法允许乙主张得利丧失抗辩,就应该由甲承担无法自丙处取回得利的风险。[②] 故甲是否应当承担"风险累积"带来的不利后果,取决于相关法律的立法意旨,其并非天然"不合理"。除《民法典》第 986 条外,《民法典》第 20 条至第 24 条的立法意旨,也在相关法律之列。[③] 持价额说的学者之所以认为"风险累积"不合理,或许与"不当得利请求权返还说"并未给乙承担价额偿还责任留下空间有关。在乙不能主张得利丧失时,认为乙只需向甲返还不当得利请求权,会使乙逃脱价额偿还责任,使甲在此时承受"风险累积"当然是不合理的。但此仅说明在将不当得利请求权纳入返还范围时,还有必要考察乙的价额偿还责任,得不出"不当得利请求权不可作为得利客体"这一结论。

其二,以"应由乙承担从丙处取回得利的风险"来论证乙一开始承担的就是价额偿还责任也是行不通的。因为应由乙承担取回风险这一点只意味着当取回失败时应由乙承担不利后果。"取回失败时应由谁承担风险"和"取回尚属可能时甲得否继续请求取回标的物"显然是不同层次的问

---

① 需要说明的是,罗伊特和马丁内克只是借此主张"乙的原给付返还义务尚未消灭",但实际上乙在得利客体返还层面所须返还者,仍仅为"不当得利请求权"。因而其并非真正排斥将"不当得利请求权"纳入返还范围。

② Vgl. Gerhard Hassold, Zur Leistung im Dreipersonenverhältnis, München, C. H. Beck'sche Verlagsbuchhandlung, 1981, S. 94.

③ 在双重瑕疵案型,当乙为无行为能力人、限制行为能力人时,即只需向甲移转不当得利请求权。这正是保护无行为能力人、限制行为能力人之立法意旨的体现,甲在此时承受"风险累积"当然是合理的。

题。以乙应承担取回风险为由剥夺甲取回原得利客体的可能，从而使甲只能向乙主张价额偿还，难以具有正当性。故"应由乙承担取回风险"这一点不足以说明"不当得利请求权不能作为得利客体"。

其三，将不当得利请求权纳入"依法律行为所取得之对价"，也值得商榷。在双重瑕疵案型中，乙对丙的不当得利请求权虽然基于乙的处分行为发生，但其并非基于法律交往获得的利益，而是法律赋予乙从丙处取回标的物的救济手段。若承认不当得利请求权可以作为物上请求权的延续，则乙对丙的不当得利请求权即是乙对标的物支配力的继续。此与乙丙之间原因关系有效时，从丙处获得的对待给付显然不同。当乙丙之间并不存在交易行为时（例如丙是从乙处偷走了标的物），不当得利请求权的上述属性不言自明。而只要其不属于"依法律行为取得之对价"，则不论其是否属于代位利益，均应将其纳入返还范围。更何况在本文看来，将其纳入代位利益完全符合代位利益的定义，即"作为原得利客体之替代的标的"。①

综合以上几方面理由可知，将不当得利请求权纳入返还客体并不存在理论上的障碍。而在事实上，除非如施瓦布和勒文海姆一般完全否认善意得利人乙主张得利丧失抗辩的可能，否则即必须承认，在得主张得利丧失抗辩的情形，乙需要返还的现存得利只可能是"不当得利请求权"。

综上，不当得利请求权应在返还客体之列。

（三）乙的价额偿还责任

在甲得向丙直索取回利益的情形，若直索成功，甲当然不能再向乙主张价额偿还。在其他情形，则有必要考察乙的价额偿还责任。

1. 乙不承担价额偿还责任的情形

乙得主张得利丧失抗辩时，原则上不承担价额偿还责任，仅须向甲返还不当得利请求权（或代位物之所有权）。

2. 乙承担价额偿还责任的情形

乙不能主张得利丧失抗辩时，负有价额偿还责任。乙不能主张得利丧

---

① 关于代位利益的定义，参见 Hans Brox/Wolf-Dietrich Walker, Besonderes Schuldrecht, 43. Aufl. , München, C. H. Beck, 2019, § 43 Rn. 4。

失抗辩的具体情形有二：其一，在乙丙的原因关系中，乙（指示甲）向丙移转标的物，可能存在"费用的节省"；其二，在甲乙的原因关系中，可能基于差额说等学说的适用，乙在向甲提供对待给付的范围内不能主张得利丧失抗辩。在上述情形，乙的整体财产由于甲的给付行为而有（或视为有）增益。此时若甲未能从丙处取回利益，应允许甲向乙主张"价额偿还"，以贯彻不当得利法"去除得利"的立法意旨。

在得主张得利丧失抗辩的情形，乙也可能承担价额偿还责任。一种情况是丙通过抵销完成清算。此时甲对丙的不当得利请求权因受抵销而消灭，乙因债务消灭受有利益，甲可转而向乙请求价额偿还。另一种情况是丙善意不知乙已将不当得利请求权移转于甲而继续向乙作价额偿还，此时甲对丙的不当得利请求权因发生表见清偿而消灭，甲可转而向乙请求价额偿还。

（四）乙之返还责任的具体架构

1. 乙之返还责任存在的问题

如上所述，在双重瑕疵案型下乙的返还责任形态既可以表现为返还不当得利请求权（或代位物所有权），也可以表现为价额偿还。

在具体案件中，当乙在一个不当得利返还债务下仅负有一种形态的返还责任，且甲对丙无直索请求权时，确定乙的返还责任并不会遭遇难题，例如在劳务给付情形，就甲对乙的给付型不当得利请求权而言，若乙得主张得利丧失抗辩，则乙只需将对丙的不当得利请求权移转给甲。而同在此情形，若甲受让的上述请求权因丙主张抵销而消灭，则甲可以转而向乙主张非给付型不当得利请求权，乙在得利范围内向甲承担价额偿还责任即可。

真正的难题主要发生于，在一个不当得利返还债务下乙可能承担两种类型返还责任的情形，以及甲得主张直索请求权的情形。此时会发生两种类型返还责任的并存。在前者具体表现为"乙向甲返还不当得利请求权（代位物所有权）"以及"乙向甲作价额偿还"（以下简称为"无直索请求权的情形"）。在后者则表现为"甲对丙的直索请求权"以及"乙对甲的价额偿还责任"（以下简称"有直索请求权的情形"）。

此时的难题在于，如何在确保去除乙之得利的同时，就两种类型责任的承担顺序做出符合教义学的解释。

2. 乙之返还责任的教义学解释

（1）返还序位规定的正当性

转换说实际上已经表明在现有的理论框架下，依靠给付不能的一般规定从"向丙请求不当得利返还"转换到"向乙请求价额偿还"存在重重困难。因而在不修正现有规则的情况下希望彻底去除乙之得利，最好的方法莫过于在两种形式返还责任并存时，允许甲得直接向乙主张价额偿还。

但需指出的是，这一思路在很大程度上与"仅在原给付及代位利益返还不能时，才发生后序位的价额偿还义务"① 这一不当得利法对返还序位的规定相悖。而不当得利法就返还序位的设置有其正当性，在本文看来主要涉及以下二者。

其一，若允许甲在原给付之返还尚属可能时直接向乙主张价额偿还，则乙可以因此保有本应返还的原给付。在许多情况下这将直接与判定原因关系不生效之规定的立法意旨背道而驰。② 此外，打破这一返还序位也将使甲丧失取回标的物的机会。从这里可以看到，返还序位的设置有保障"原状返还"实现的功能。

其二，返还序位的规定可在去除得利的过程中保障不当得利债务人乙的财产不因需承担返还义务而受额外负担。

在比较法上，由于就物权移转采无因性，"返还不当得利请求权"在双重瑕疵案型仍承受有取回标的物，即"原状返还"的功能。据此，使甲直接向乙主张价额偿还的思路难获成功，因为此时原给付仍有返还可能，为实现"原状返还"，也是为了避免给乙的财产造成额外负担，不宜直接发生后序位的价额偿还责任。两种返还责任并存时的责任转换问题也就因

---

① 参见谢鸿飞、朱广新主编《民法典评注：合同编典型合同与准合同》（4）（套装共 4 册），中国法制出版社，2020，第 631 页；王泽鉴《不当得利》（第 2 版），北京大学出版社，2015，第 248 页。

② 例如，买受人乙因受欺诈而撤销了买卖合同，若出卖人甲得放弃取回标的物而直接请求乙作价额偿还，则无异于否认了乙的撤销权。

此陷入困境。与比较法不同，我国法不采物权行为无因性，取回标的物可通过原物返还请求权实现。则在我国法上是否有贯彻上述思路解决两种形式返还责任并存问题的可能？

（2）无直索请求权情形下，乙之返还责任的教义学解释

A. 乙不能主张得利丧失抗辩的情形

如上所述，在此情形下受返还序位的限制，比较法在祛除乙的得利时存在疑难。但本文认为在我国法下解决这一问题，存在教义学上的可能。

首先，从价值判断层面而言，在无直索请求权时乙可向甲返还的"不当得利请求权"并无"原状返还"功能。这是因为直索请求权的排除本身即意味着作为原给付的标的已无返还可能，而代位物之取回也可凭借代位物所有权实现，无须再借助不当得利请求权。据此，在乙需向甲返还不当得利请求权的情形，乙对丙的不当得利请求权其内容仅可能为价额偿还。令乙向甲返还此请求权，并无"原状返还"效用，故此时返还序位只剩下了使乙免受额外财产负担的功能。而在此情形下使甲能直接向乙请求价额偿还，并不会给乙的财产造成"额外"负担。这是因为无论先返还何者，乙的整体财产所承受的最终负担是一样的。此时仍保持返还序位，其唯一价值在于使乙在承担最终责任前得拖延一段时间。但乙不能主张得利丧失抗辩这一点意味着应由乙在相应范围内承担无法取回相应利益的风险。若认为乙得"拖延一段时间"，实际上是把本应由其承担的风险暂时转嫁给了甲，难以具有正当性。此时宜认为基于上述价值判断，使乙直接承担价额偿还责任契合乙"本"应承受的财产负担，故不必（也不能）再维持返还序位。

其次，从教义学角度来看，在承认不当得利请求权作为应返还之代位利益的同时，使乙在不能主张得利丧失抗辩的情形直接承担价额偿还责任具有可行性。这一方面是因为，我国《民法典》第 985 条仅规定，"受损失的人可以请求得利人返还取得的利益"，并未规定只有在代位利益返还不能时，才可以转入价额偿还。而另一方面，《民法典》第 157 条第 1 句还规定，"民事法律行为无效、被撤销或者确定不发生效力后，行为人因该行为取得的财产，应当予以返还；不能返还或者没有必要返还的，应当

折价补偿"。结合这两条，可认为当乙不能主张得利丧失抗辩时，乙对丙的不当得利请求权属于"没有必要返还"，甲可直接在乙的得利范围内向其主张价额偿还。

当乙需返还的并非不当得利请求权而是代位物所有权时则有所不同。这是因为代位物所有权的返还虽难具有"原状返还"功能，却可避免乙的财产承受额外负担。此时返还序位的维持仍有其价值。因此，乙需先向甲返还代位物的所有权，只有当代位物所有权于取回前消灭或原物返还请求权陷于不能时，[①] 乙才负有价额偿还义务。如此一来又回到了返还困境。此时可借鉴勒文海姆提出的"诚实信用"思路缓解丙提出抗辩带来的责任转换问题。

B. 乙能主张得利丧失抗辩的情形

在乙能主张得利丧失抗辩的情形，其只需向甲返还不当得利请求权（或代位物所有权），因为这是其唯一的现存得利。除非随后发生抵销、表见清偿等法律事实导致甲无法再对丙主张权利（而乙又因此有所得利），否则乙无须承担价额偿还责任。

C. 乙能主张部分得利丧失抗辩的情形

在一些情形下，可能会发生乙能主张部分得利丧失抗辩的情况。例如在补偿关系中，甲所给付的标的价值大于乙的对待给付价金。此时若甲所给付的标的已经转换为代位物，则乙需首先向甲返还代位物所有权，仅当代位物所有权在取回前消灭或其原物返还请求权陷于不能时，乙才需要在得利范围内向甲承担价额偿还责任。若不涉及代位物的返还，则甲得直接在乙的得利范围内向其主张价额偿还，同时乙将超过其价额偿还限度部分的不当得利请求权（如有）返还给甲即可。

（3）有直索请求权情形下，乙之返还责任

A. 甲未丧失所有权的情形

在甲基于所有权自丙处取回标的之情形，乙无返还责任。

---

① 依据学说，如果丧失占有以外的原因，使得返还变得不可能，原物返还请求权可以类推适用给付不能的规定。Vgl. Christian Baldus, in: Münchener Kommentar zum BGB, 8. Aufl., 2020, §985 Rn. 170.

在甲的原物返还请求权尚未实现时，由于甲的所有权其效力全面优于其可从乙处取得的"不当得利请求权"，可根据《民法典》第157条第1句排除乙的不当得利请求权返还义务。

疑难的问题发生在乙不能主张得利丧失抗辩时。此时因乙有承担价额偿还责任的可能，须确认"向丙主张原物返还"和"向乙主张价额偿还"两种责任的返还序位。结合返还序位立法意旨应认为，此时原物返还请求权承受"原状返还"功能，为保障此功能之实现，应不发生后序位的价额偿还责任。

综上，在甲未丧失所有权的情形，乙不承担返还责任。

B. 甲得向丙主张非给付型不当得利请求权的情形

在甲的非给付不当得利请求权实现时，乙无返还责任。

在甲的非给付不当得利请求权尚未实现时，与甲未丧失所有权的情形相同，可根据《民法典》第157条第1句排除乙的不当得利请求权返还义务。

有所区别的是，在乙不能主张得利丧失抗辩的情形，由于甲所享有的非给付型不当得利请求权并不具有"原状返还"功能，与此同时使乙承担价额偿还责任也不会使其财产遭受额外负担，故应允许甲直接向乙请求价额偿还。此请求权与甲对丙的非给付型不当得利请求权发生竞合。

五　结论

本文主要讨论了在涉及多重给付的（甲－乙－丙）三人关系中，当甲乙、乙丙之间的原因关系均存在瑕疵时，善意第一得利人乙应承担何种返还责任的问题。

应当认为，无论甲是通过直接向乙为给与，还是（基于乙的指示）通过向丙为给与以完成其向乙的给付，乙因此获得的原得利客体均为"甲之给付"。在补偿关系存在瑕疵时，乙所应向甲返还者，本来应为此给付的具体内容，但由于在原因关系双重瑕疵时给付所指向的标的物已至丙处，根据"去除得利"的立法意旨，乙不负有从丙处取回标的并返还于甲的义务。此时善意的乙可能向甲返还者，为"乙对丙的不当得利请求权（或代位物所有权)",以及"得利之价额"。

与目前比较法上的主流学说不同,本文认为"乙对丙的不当得利请求权",应与代位物所有权一同作为代位利益纳入不当得利返还范围。至于乙在具体情形下应返还的究竟是此代位利益还是"得利之价额",则视情形而有不同。

在甲得主张直索的情形。若甲之所有权未消灭,则甲得向丙主张原物返还,此时乙无返还责任。在甲得向丙主张非给付型不当得利请求权的情形,若乙不能主张得利丧失抗辩,则甲可同时向乙主张价额偿还。

在甲的直索请求权因故消灭,或无直索请求权的情形,乙的返还责任如下。其一,在乙能主张得利丧失抗辩时,乙只需向甲返还作为其唯一得利的不当得利请求权(或代位物所有权)。除非其后抵销、表见清偿等原因导致甲无法再对丙主张权利,而乙又同时因此有所得利,否则乙无须承担价额偿还责任。其二,在乙不能主张得利丧失抗辩时,若不涉及代位物所有权的返还,则甲可直接向乙主张价额偿还。若涉及代位物所有权的返还,则甲只能先请求乙返还代位物所有权;仅在代位物所有权于取回前消灭或其原物返还请求权陷于不能时,甲才可请求乙在得利范围内作价额偿还。其三,在乙能主张部分得利丧失抗辩的情形,若不涉及代位物所有权的返还,则乙须在得利范围内向甲作价额偿还,并将超过其价额偿还限度部分的不当得利请求权(如有)返还给甲。若涉及代位物所有权的返还,则甲只能先请求乙返还代位物所有权,仅当此所有权在取回前消灭或其原物返还请求权陷于不能时,才能请求乙在得利范围内作价额偿还。

商标侵权的判定标准：理论演进与制度完善[*]

杨祝顺[**]

内容提要： 通过典型案例的分析，梳理商标侵权判定标准的演进路径，有助于完善商标侵权的判定制度。商标保护肇始于英国工业革命时期的仿冒诉讼，以存在欺诈意图作为商标侵权的判定标准，但该标准难以满足商标保护的现实需要。商标财产理论应运而生，商标侵权以侵占商标标记作为判定标准，欺诈意图不再作为必要条件，但是该标准存在诸多理论困境。伴随商誉理论的兴起与影响力扩大，商标侵权的判定标准最终演变为消费者的混淆可能性，且得到各国法律和国际公约的普遍确认。我国《商标法》虽然规定了混淆可能性，但规定得仍不彻底，混淆可能性与商标近似性、商品类似性的相互关系亦有待明确。应构建相同商标、相同商品情形下混淆可能性的推定制度，以司法解释的方式规定混淆可能性的多因素测试法，将商标近似性、商品类似性明确为混淆可能性的判定因素。

关键词： 商标侵权　判定标准　混淆可能性　推定混淆　多因素测试法

　　商标的基本功能是区分商品或服务的不同来源，以窃取他人商誉为目的的商标侵权，就是破坏商标的识别功能，进而导致消费者对商品或服务的来源发生混淆。由此，商标侵权的判定标准是混淆可能性。《与贸易有关的知识产权协议》（以下简称"TRIPS 协议"）明确规定，商标侵权以

＊　本文系 2019 年国家社科基金青年项目"商标混淆可能性的判定因素与实证研究"（项目编号：19CFX053）的阶段性成果之一。
＊＊　杨祝顺，广西师范大学法学院副教授，法学博士。

混淆可能性作为判定标准；而在相同商品或服务上使用相同的标记，则推定构成混淆可能性。

《中华人民共和国商标法》（以下简称《商标法》）规定商标侵权以"容易导致混淆"——混淆可能性作为判定标准。然而，与 TRIPS 协议相比较，我国《商标法》并未规定混淆可能性的推定制度。受此影响，相同商标、相同商品情形下的商标侵权是否仍需考虑混淆可能性的问题，我国学界仍然不乏争议。支持的观点认为，仍然应当考虑混淆可能性要件，适用混淆可能性的推定制度，如果被告能够证明不构成混淆可能性，则不应判定商标侵权。① 反对的观点则认为，不需要考虑混淆可能性，即便采用"推定混淆"，也应该是绝对推定，不能通过相关证据进行推翻。②

此外，我国《商标法》在规定混淆可能性之前，还铺垫了近似商标与类似商品两个方面。与之相应，在商标侵权的判定过程中，对于混淆可能性与商标近似程度、商品类似程度的关系，学界亦存在不同观点。有观点认为，随着混淆可能性得到我国商标法的明确规定，商标近似性和商品类似性被还原为混淆可能性的判定因素。③ 亦有观点认为，商标近似性和商品类似性在商标侵权的判定中仍然占有重要地位，是判定商标侵权的前提条件。④

由此可见，关于商标侵权判定标准的问题，仍然值得深入研究。本文将回到商标法的起点，从理论演进的角度梳理商标保护的发展变迁，阐明商标侵权判定标准是混淆可能性的基本原理，以及商标近似性、商品类似性在商标混淆可能性判定中的作用定位。在此基础上，结合我国商标法和

---

① 参见李明德《知识产权法》（第 2 版），法律出版社，2014，第 251 页；祝建军《判定侵犯注册商标专用权的标准及考量因素——"满汉楼"与"湘巴佬"两件商标案之矛盾判决引发的思考》，《知识产权》2010 年第 4 期。

② 参见张伟君、魏立舟、赵勇《涉外定牌加工在商标法中的法律性质——兼论商标侵权构成的判定》，《知识产权》2014 年第 2 期；付建军、董晓萌《从"商标混淆"再看"非诚勿扰"案件》，《电子知识产权》2016 年第 3 期。

③ 参见张今《商标法第三次修改的几个重大问题解读》，《中华商标》2013 年第 11 期；黄晖《〈商标侵权判断标准〉出台回应商标执法的热点和难点问题》，《中华商标》2020 年第 7 期。

④ 参见王太平《商标侵权的判断标准：相似性与混淆可能性之关系》，《法学研究》2014 年第 6 期。

司法实践，就我国商标侵权判定制度的完善进行探讨。

一 仿冒诉讼与欺诈意图

商标保护以仿冒诉讼（passing off）为开端，而仿冒诉讼起源于英国普通法中的欺诈侵权，即禁止将自己的产品仿冒成他人的产品进行销售。英国早期案例曾对仿冒诉讼的原理做过如下经典论述："一方不能将其产品伪装成他人的产品进行销售；他不能被允许实施这种欺骗，也不能使用可能导致此种欺骗的手段，故他不应当被允许使用那些可能引诱购买者相信其所销售的商品是来自另一个制造者的姓名、标记、字母或其他符号。"① 通过仿冒诉讼保护商标，是通过英国工业革命时期的一系列案例逐渐确立的。

（一）商标仿冒诉讼保护的确立

通过仿冒诉讼保护商标，萌芽于英国 1618 年的 Southern v. How 案。② 该案的原告从被告的代理人处购买了价值 800 英镑的珠宝，在发现珠宝是假货后，原告向国王法院（King's Bench）提起欺诈诉讼。审理该案的多德里奇（Doderidge）法官援引发生在 1584 年的 Sandforth's 案：一个布匹商，因其制造的优质布匹在英国享有很大的声誉，并在其生产的布匹上使用了自己的标记，以方便消费者识别其来源；另一布匹商未经许可，在其所生产的劣质布匹上使用了相同的标记，以达到欺骗消费者进而获利的目的。③ 多德里奇法官认为 Sandforth's 案的诉由成立，并将 Southern v. How 案和 Sandforth's 案进行类比，判定销售假冒珠宝的行为构成欺诈，应当承担普通法上的责任。

Southern v. How 案确定了禁止商标仿冒的原则，并明确表示商标仿冒

---

① Perry v. Truefitt, (1842), 6 Beav. 66, 49 E. R. 749.

② Southern v. How, Popham 143, 79 Eng. Rep. 1243 (1618).

③ See Baker J. H., *An Introduction to English Legal History*, 5th edition, London, Oxford University Press, 2019, p. 488.

属于欺诈，应当承担法律责任。Southern v. How 案被西方学者认为是现代商标法和不正当竞争法的基础先例，并被认为是防止商标仿冒的法律制度的起源。

尽管 17 世纪初已经存在商标保护的萌芽，但直到 18 世纪中期，才陆续出现真正意义上的商标保护案例。1742 年 Balanchard v. Hill 案①被认为开启了现代商标保护制度的先河。该案中，原告巴兰查尔德（Balanchard）是英国的卡片生产商，根据查理一世授予的特权，在扑克牌上对 The Great Mogul 商标享有排他使用权。被告在其销售的扑克牌上印上与原告商标相同的标识，导致消费者发生混淆误认，严重损害了原告的利益，原告遂向英国衡平法院②提起诉讼。由于当时假冒他人商标的行为非常普遍且难以遏制，审理此案的哈德威克（Hardwicke）法官认为，虽然被告使用了与原告相同的标记，但"使用标记的单一行为并不足以使诉讼成立，而是这样做的时候应当具有欺诈的意图"。由于没有证据表明被告具有欺诈的意图，故法官拒绝对此发布禁令。

虽然该案并没有对被告发布禁令，但法院确立了商标侵权应以被告具有欺诈意图作为前提的处理思路，并深刻影响了后续的相关判决。

1824 年的 Sykes v. Sykes 案③，是首例由英国普通法院审理的直接涉及商标保护的案件，是通过仿冒诉讼保护商标的典型案例，标志着基于仿冒诉讼的商标保护走向成熟。该案的原告以制造和销售大量枪带（shot-belt）和散装弹（powder-flasks）为业，并在其产品上打上 Sykes Patent 商标，以指示其产品的来源。由于产品质量较高，原告在行业内享有较高声誉并获得了大量利润。被告未经原告许可，在其生产的大量枪带和散装弹上使用了与原告商标类似的标记，并通过零售商销售给最终消费者，企图牟利。

---

① Balanchard v. Hill, (1742) 2 Atk. 484, 26 Eng. Rep. 692 (Ch.).
② 英国早期的法院分为普通法院和衡平法院。普通法院根据判例法进行案件裁判，衡平法院则根据公平、公众、衡平的观念进行案件裁判。1873～1875 年英国的《司法组织法》将分离的普通法管辖权和衡平法管辖权予以合并，新设立的高等法院可同时提供普通法和衡平法的救济。参见薛波主编《元照英美法词典》，法律出版社，2003，第 261 页、第 483 页。
③ Sykes v. Sykes, (1824) 3 B. & C. 541, 543, 107 Eng. Rep. 834, 835 (K. B.).

由于被告生产的枪带和散装弹质量明显低于原告，不仅导致原告销量大减，而且给原告的声誉造成了严重损害。被告以 Sykes 是他的姓名为由进行抗辩。法院认为，被告通过欺骗的行为吸引消费者进而获利，已经构成欺诈，故驳回了被告的抗辩。

（二）　基于仿冒诉讼的商标侵权判定标准

根据前述 Southern v. How 案、Balanchard v. Hill 案和 Sykes v. Sykes 案的分析，通过仿冒诉讼对商标提供保护，需要满足两个要件：一是被告仿冒了原告的商标；二是被告主观具有欺诈的意图。由此出发，只要被告主观并没有恶意，即使造成了消费者混淆，或者给商标权人带来损失，均可免于法律责任。

当然，只要证明被告具有恶意，即使原告无法证明自己遭受实际损害，也可以追究被告的侵权责任。例如，在 Blofield v. Payne 案①中，原告制造一种磨制剃刀的金属材料，因质量优良深受消费者欢迎。被告在自己生产的同类产品上，仿制了原告产品的外包装和相关文字，企图欺骗消费者而牟利。尽管原告无法证明被告产品质量低劣而给自己的声誉造成了损失，但法院仍然支持了原告的诉讼请求。

显然，早期仿冒诉讼仅仅以被告的主观恶意作为商标侵权的判定标准，并没有对消费者混淆和原告损失给予充分关注，不利于对消费者和商标权人的保护。首先，消费者因误购被告的劣质产品所遭受的经济损失，以及原告因消费者混淆、被告的劣质产品所遭受的经济和声誉损失，均因被告主观不具有恶意而无法获得法律救济。其次，虽然普通法院和衡平法院都可以受理商标仿冒案件，但早期的仿冒诉讼大多由英国普通法院受理，而普通法院对商标仿冒的救济是损害赔偿，且以损失填补为原则。②原告即使赢得了诉讼，也仅能挽回由商标仿冒而导致的具体损失，由被告

---

① Blofield v. Payne, (1833) 110 E. R. 509.

② 按照英国普通法院和衡平法院的划分，普通法院只能提供损害赔偿（damages）的救济，衡平法院可令当事人依约特定履行（specific performance）或颁发禁止令（injunction）。参见薛波主编《元照英美法词典》，法律出版社，2003，第 483 页。

的劣质产品而导致的声誉损失则无法获得救济。最后，普通法院关注被告已经实施的商标侵权及其损害，对被告未来的商标侵权则无权管辖。通过普通法院寻求的救济，无法阻止被告继续实施商标侵权。

二　商标财产理论与侵占商标标记

在仿冒诉讼难以提供有效保护的情况下，商标权人试图寻求衡平法院的禁令救济。但由衡平法院对商标进行保护，面临诸多理论困境。例如，衡平法院以保护财产为核心，但商标权人的诉由是欺诈，商标权人的财产体现在哪并不清楚，衡平法院也不愿意将商标解释为财产。在 Collins Co. v. Brown 案中，法官就明确指出，商标中并不存在什么财产，禁止他人使用商标的请求权基础是制止欺诈的权利。① 又如，原告的诉由是欺诈，但被欺诈的是消费者而非原告，原告在诉讼中的法律地位不明确。18 世纪末衡平法院的法官就明确指出："对公众的欺诈并不能为原告起诉提供充分的理由。"②

为克服上述理论困境，商标财产理论（trademark as property theory）应运而生。商标财产理论主张，商标标识本身就是一种财产，其拥有者对其商标标识享有排他性的使用权，它与普通财产一样，具有通过法律予以保护的正当性。这种将商标标记本身视为财产的理论，消除了衡平法院保护商标的理论困境。从法律演进的脉络来看，商标财产理论最初发端于英国，后因法律移植而在美国得到继承和发展。

（一）英国的商标财产理论

19 世纪中期，英国衡平法院通过一系列典型案例，逐步形成了商标财产理论。由于衡平法院拥有"禁止侵犯财产权"的衡平权力，这就为英国衡平法院对商标提供财产保护提供了理论依据。③

---

① Collins Co. v. Brown，（1857）3 K&J 423.

② Webster v. Webster，36 Eng. Rep. 949，949（1791）.

③ 参见文学《商标使用与商标保护研究》，法律出版社，2008，第 54 页。

商标财产理论萌芽于 1838 年的 Millington v. Fox 案。① 该案的原告是钢材生产者，其使用的商标具有较高的市场知名度。被告也是钢材生产者，其产品未经许可使用了原告商标。原告向英国衡平法院提起诉讼，但诉由并不是基于被告的欺诈意图，而是主张被告生产了大量钢材，并在钢材上使用了原告的商标，目的是使这些钢材在市场上被当成原告的钢材进行销售。由于原告的诉由不是欺诈，审理此案的科滕兰姆（Cottenlam）法官将此案与涉及欺诈的案件做了区分，认为原告对其商标享有权利，毫无疑问可以得到衡平法院的保护，而且被告主观善意的情形不能剥夺原告对其商标的排他性使用权利。由此，衡平法院首次在欺诈诉由之外支持了原告的禁令申请。虽然该案对支持原告的具体理由并未做出解释，但该案为后来衡平法院阐释商标财产理论奠定了基础。

1863 年的 Edelsten v. Edelsten 案②，英国衡平法院的韦斯特伯里（Westbury）法官对商标财产理论做了系统阐述，并对上述 Millington v. Fox 案的判决做了解释。该案的原告是电线生产者，自 1852 年开始使用一种锚形设计的商标。被告也是电线生产者，其电线产品使用了由皇冠和锚组成的商标。原告认为，被告使用了与其近似的商标，于是向英国衡平法院提起诉讼，要求向被告发布禁令并判决损害赔偿。被告抗辩说，锚形设计是很普遍的标记，而且皇冠标记可以使其产品很容易与原告产品区分开来。

审理此案的韦斯特伯里法官抓住本案的机会，阐述了商标财产理论。韦斯特伯里法官分析指出，相关问题是原告是否在其商标中拥有财产权利。如果存在财产权利，那么就要进一步考察，被告使用的标记与原告的商标是否存在实质性相同。尽管被告欺诈的证据是诉讼的实质，但法院将要根据保护财产权利的单一原则进行裁判，禁令的发布并不需要以证明被告具有欺诈为前提，也不需要证明原告的声誉因质量低劣的产品而遭受损害。因顾客流失而给原告贸易造成的损害就足以说明禁令的正当性。在做出以上阐述之后，韦斯特伯里法官发现，被告知道原告的商标并且故意将

---

① Millington v. Fox, (1838) 3. My. & Cr. 338, 40 Eng. Rep. 956 (Ch.).
② Edelsten v. Edelsten, (1863) 1 De G. J. & S. 185.

原告商标作为其商标的实质组成部分进行使用，构成了对原告商标的"盗窃"，由此对被告发布了禁令。这样，该案首次阐明了商标财产理论：商标保护并不以被告欺诈为前提，亦不以原告声誉受损为条件，而是以保护商标财产为基础。但对于商标财产的内容是什么，该案并未明确说明。

到了 1863 年的 Hall v. Barrows 案①，韦斯特伯里法官则对商标财产的内容做了阐释。该案涉及合作协议的解释。围绕合作企业的财产是否包括商标的问题，韦斯特伯里法官认为，Millington v. Fox 案表明"衡平法院保护商标的原则是基于财产，被告的欺诈并不是本院管辖的必要条件"。在对涉案商标的使用历史进行分析之后，韦斯特伯里法官认为，商标是合作协议中的重要财产，可以随着企业一并转让。同时，韦斯特伯里法官对衡平法院保护的商标财产的性质做了经典阐释，即对于任何抽象的符号或标记，不存在任何排他性的所有权，但有权在以下意义上主张财产权利，即商标蕴含了排他性使用相关姓名或符号的权利，这种排他性的使用权利就是财产。

这样，英国衡平法院通过 Millington v. Fox 案、Edelsten v. Edelsten 案以及 Hall v. Barrows 案，逐渐形成了商标财产理论：主张商标保护的理论基础是商标财产，而商标财产的具体内容是商标标记的排他性使用权（exclusive use of marks）。根据商标财产理论，商标侵权以被告未经许可使用了相同标记作为前提，被告欺诈的意图并非必要条件。从这个意义上说，相比于仅仅关注被告欺诈意图的仿冒诉讼，商标财产理论关注权利人的财产利益，更有利于对商标权利的保护。

（二）美国的商标财产理论

受英国商标财产理论的影响，美国法院亦将商标本身作为财产进行保护，其理论基础是 19 世纪末期流行的普通法财产权利理论。根据当时流行的财产理论，对某物的控制是财产产生的根源，即对某物的控制可以授予占有权利，而占有权利又可以发展成为所有权。如果某人对某物享有所

---

① Hall v. Barrows，（1863）4 De G. J. & S. 150.

有权，必然意味着他享有排除他人的绝对权利，该权利是独立于任何制定法的自然权利和普通法权利。① 由此可见，按照美国的财产理论，商标能够作为财产受到保护，其前提是商标使用者对该商标具有实际控制力，进而对该商标产生所有权。

当根据上述美国的财产理论对单词、符号进行保护时，随之而来的问题是，常用语中的单词、符号被认为属于公共财产，人人有权自由使用而无法被私人占有，使用者不可能拥有实际控制力，自然也就无法享有排他性使用权。② 显然，使用者能够实际控制相关单词或者符号的情形有两种：一是创造一种全新的单词或符号；二是赋予现有单词或符号以全新的含义。在这两种情形下，相关单词、符号并非日常用语因而不属于公共财产，作为商标可以被使用者实际控制，进而产生所有权。

符合上述两种情形的商标，被称为"技术性商标"（technical trademarks），包括臆造性（fanciful）商标（完全杜撰出来的词语）和任意性（arbitrary）商标（与商品属性没有含义关联的已有词语）。技术性商标可以通过商标侵权诉讼获得保护。原告首先需要证明，自己是在贸易中第一个使用相关标记的经营者，进而对该标记享有控制权乃至所有权。接着进一步证明，被告在相同类型的商品上存在使用与原告商标相同或近似标记的行为。在商标财产理论下，商标保护的前提是未经许可的标记侵占，原告不需要证明存在任何混淆的风险。即便被告采纳相关标记时没有欺诈意图，或者通过添加其他符号实质消除了混淆的风险，其未经许可的标记使用亦可引发绝对禁令的发布。③ 由此可见，技术性商标具有"准财产权利"（quasi-property rights）的性质。④

不符合上述两种情形的商标，被称为"非技术性商标"（nontechnical trademarks）。非技术性商标是描述性和不具有固有显著性的商标，包括商

---

① See Robert G. Bone, "Hunting Goodwill: A History of the Concept of Goodwill in Trademark Law", 86 *Boston University Law Review* 547, 562 (2006).

② 参见李阁霞《论商标与商誉》，知识产权出版社，2014，第 63 页。

③ See Robert G. Bone, "Hunting Goodwill: A History of the Concept of Goodwill in Trademark Law", 86 *Boston University Law Review* 547, 564 – 565 (2006).

④ 参见文学《商标使用与商标保护研究》，法律出版社，2008，第 55 页。

业名称（tradename）与商品包装（product packaging）。非技术性商标不符合商标财产理论的保护条件，自然无法获得商标财产理论的保护，但并不代表其可以被随意侵占，它仍然可以受反不正当竞争法的保护，[①] 制止他人欺骗消费者或者使消费者对商品的来源发生混淆。也就是说，非技术性商标获得保护的理论基础是欺诈理论而非商标财产理论。原告首先需要证明，自己是第一个对商业名称或商品包装建立第二含义的使用者，即第一个使消费者确信相关商业名称或商品包装能够指示商品或服务的来源。接着证明，被告在竞争中使用了相同的商业名称或者商品包装，且被告使用相同商业名称或商品包装时，具有欺骗消费者的意图。[②]

（三）基于商标财产理论的侵权判定标准

与仿冒诉讼以欺诈意图作为前提相比，商标财产理论将关注的焦点从被告的主观意图转移到原告商标本身，以被告侵占商标标识作为商标侵权的判定标准。应该说，将商标标识的侵占作为商标侵权的判定标准，在一定程度上加强了商标保护。但是，将商标标记本身作为商标权利的客体，仍然面临诸多理论问题。

第一，混淆了商标保护与专利、著作权保护的目的。专利、著作权保护的目的是推动技术发明与作品创作，但商标保护的目的并不是鼓励商标标识的创造，而是防止消费者的混淆可能性，规范市场竞争秩序，进而保障销售者运用其商誉销售其商品的能力。商标财产理论将商标作为"准财产权利"进行保护，带有鼓励创造全新词语、符号的意味，违背了商标保护的目的。

第二，无法解释商标保护的地域性问题与商标保护的正当使用（fair use）例外。将商标本身视为财产权利，意味着商标权人可以像物权所有人一样，有权在全世界范围内排除他人未经许可的任何使用，但为何法院对侵权者发布的关于商标使用的禁令具有地域性，为何人们在日常交流中能够自

---

① See J. Thomas McCarthy, *McCarthy on Trademarks and Unfair Competition*, 4th edition, Eagan, Thomson/West, 2012, § 11: 63, p. 11-176.

② See Robert G. Bone, "Hunting Goodwill: A History of the Concept of Goodwill in Trademark Law", 86 *Boston University Law Review* 547, 565 (2006).

由使用商标标记。对于这些问题，商标财产理论都无法做出合理的解释。

第三，将商标本身视为财产权利，致使商标偏离了其所代表的市场声誉，[①] 不利于对消费者和公共利益的保护。相关案例甚至认为："公众被欺骗也许能作为证明财产所有人权利被侵犯之事实的证据。但如果财产所有人的权利并未被侵犯，公众被欺骗的事实并不是本院关注的问题。"[②]

第四，非技术性商标的保护以被告具有欺骗消费者的意图作为前提，本质上是商标仿冒诉讼保护模式的延续，仍然面临商标保护客体不明确、原告起诉资格等理论问题。

三　商誉理论与混淆可能性

伴随商标保护理论研究的不断深入，商誉理论逐渐兴起并得到广泛确立，商标财产理论逐步退出历史舞台。商誉理论主张，商标保护的对象是商标所代表的商誉，而不仅仅是商标标识本身。商誉理论为制止商标侵权与不正当竞争提供了共同的理论依据，即二者均以制止侵占他人商誉、欺骗消费者为目标。在商誉理论的基础上，混淆可能性逐渐成为商标侵权和不正当竞争的判定标准。

（一）商誉理论的兴起

鉴于商标财产理论在制止商标侵权与消费者混淆方面存在的种种缺陷，商誉理论应运而生。商誉是企业给顾客的商业信誉，[③] 或者说是消费者对商品或服务提供者的积极评价，是促使消费者坚持某个品牌并不断重复购买的各种因素。从商誉理论看，商标具有价值的原因是它能够指示商品或服务的来源并不断吸引消费者坚持某品牌——商誉，而不仅仅是因为商品或服务设计了某个好看的标记。

---

① See Mark A. Lemley, "The Modern Lanham Act and the Death of Common Sense", 108 *Yale Law Journal* 1687, 1688 (1999).

② Aunt Jemima Mills Co. v. Rigney & Co. 234 Fed. 804, 806.

③ 参见黄晖编《郑成思知识产权文集：商标和不正当竞争卷》，知识产权出版社，2017，第 128 页。

商誉理论较好地弥补了商标财产理论的缺陷。第一，商誉理论解释了商标保护的地域性和商标的正当使用。商标保护的对象是商誉，商标使用的范围就是商誉所延及的范围。在没有商标使用的地域，消费者不会遇到相关商标，更不会形成商誉。故对侵权者发布的商标使用禁令往往具有地域性——商誉覆盖的范围。由于商标仅在指示商品或服务来源的意义上有价值，商标标识本身并非商标财产，仍然处在公有领域，日常交流中的描述性使用或者指示性使用，亦未损害商标背后的商誉，故商标权人无权禁止。

第二，商誉理论促进了对消费者和公共利益的保护。商标财产理论认为，消费者是否发生混淆不影响商标侵权的判定，仅关注商标标识本身是否被侵占。但根据商誉理论，商标侵权就是窃取商誉，最终后果是消费者受到欺骗——对商品或服务的来源发生混淆。这样，关于是否构成商标侵权的判定问题，消费者居于核心地位，也就是说，以消费者是否容易发生混淆作为判定标准，从而更有利于保护消费者和公共利益。此外，商誉理论也暗示了商标注册程序的性质，即商标注册程序并非商标权的授予，因为商誉来源于商标的实际使用，仅有注册而未实际使用的商标，并无商誉可言。①

第三，商誉理论为保护非技术性商标找到了充分的法理依据。缺乏固有显著性的商业名称与商品包装，可以通过实际使用获得第二含义——能够识别商品或服务的来源，进而形成商誉，该商誉自然具有法律保护的正当性。侵权者只要未经许可利用了该商誉，就构成商标侵权，是否具有欺骗的意图并不是构成商标侵权的前提。这样，商誉理论使非技术商标的保护摆脱了仿冒诉讼的色彩，为商标权人通过制止不正当竞争的诉讼进行商标保护提供了充分依据。

20 世纪初，商誉理论得到法院的广泛采纳。美国最高法院在 1916 年就表示：“赋予商标案件救济措施的基础在于，当事人有权对其贸易或商业中的商誉获得保护……法院提供救济的基础是当事人对其贸易或商业中的商誉享有价值利益……普通法上的商标及其排他性使用权当然属于财产权利，但仅限于当事人对其商业声誉及其商誉享有持续性权利，而商标只

---

① 参见李明德《商标注册在商标保护中的地位与作用》，《知识产权》2014 年第 5 期。

不过是保护这些权利的工具……总之，商标仅仅是对其所承载的商誉的保护，而不是与现存商业不相关的财产客体。"① 英国上诉法院在 1923 年亦表示："似乎商标侵权诉讼应当以对原告财产造成有形损失为必要条件，但我认为'财产'的概念可以将原告的贸易声誉包括在内，如果证明原告的商业声誉遭受损害，那就足够了。"②

（二）基于商誉理论的侵权判定标准

根据商誉理论，商标保护的对象是商标所承载的商誉。商标侵权行为的本质就是通过相同或近似标记的使用，切断商标权人与其商标之间的联系，窃取他人商标背后的商誉，直接体现为消费者对商品或服务的来源容易发生混淆。于是，消费者是否容易发生混淆，逐渐成为法院关注的基本问题，成为商标侵权的判定标准。

围绕混淆可能性这一基本问题，技术性商标和非技术性商标的区分日益模糊。在技术性商标的保护中，法院日益忽略其标识本身的财产性，而更多地关注消费者是否容易发生混淆，以及相关商誉是否容易受到损害。在非技术性商标的保护中，法院日益忽略被告欺诈的主观故意，亦更多地关注消费者是否容易发生混淆。在此基础上，消费者是否容易发生商标混淆——混淆可能性（likelihood of confusion），逐渐成为各国法律确立的商标侵权判定标准。

与此相应，制止商标侵权和制止反不正当竞争的法理基础，也围绕商誉理论而日渐趋同。在商誉理论产生之前，法学理论家就意识到，以财产理论为基础的商标侵权和以欺诈理论为基础的不正当竞争之间存在密切的关联。不正当竞争经常被描述为传统商标原则的延伸，用以应对更为聪明的仿冒类型。但问题在于，缺乏合适的共同原则来结合这两个侵权领域。商誉理论的产生使商标侵权和不正当竞争的规制找到了共同点：均将商誉作为财产进行保护。③ 由此出发，商标侵权与反不正当竞争共同关注的问题

---

① Hanover Star Milling Co. v. Metcalf, 240 U. S. 403 (1916).

② Harrods Limited v. Harrod Limited, 41 Rep. Pat. Cas. 1923.

③ See Robert G. Bone, "Hunting Goodwill: A History of the Concept of Goodwill in Trademark Law", 86 *Boston University Law Review* 547, 572 (2006).

均是：消费者是否发生混淆可能性。美国最高法院就曾指出："过错的实质在于，将某一制造者或销售者的商品当成其他制造者或销售者的商品进行销售……这一实质要素在商标案件与……不正当竞争案件中是相同的。"①

由此可见，无论是通过商标侵权提起诉讼，还是通过反不正当竞争提起诉讼，相关的判定标准均是消费者是否存在混淆可能性。正如美国《兰哈姆法》立法报告指出的："商标侵权与……不正当竞争之间并没有实质性的区别。不正当竞争是商标侵权所属的大类……所有的商标侵权案件都是不正当竞争案件，且涉及相同的法律过错。"② 相关评论亦指出："在很多情况下，无论法律过错被称为商标侵权，还是被称为不正当竞争，都会产生相同的结果……在商标案件中，无论采取何种路径——商标侵权的羊肠小道抑或不正当竞争的林荫大道，均导致相同的调查，即被告的行为是否具有混淆可能性。"③

这样，以商誉理论为基础的混淆可能性标准，成为各国广泛达成的共识。一方面，混淆可能性得到各国立法的普遍确立。无论是美国《兰哈姆法》规定的注册商标侵权、未注册商标侵权，还是欧盟《协调成员国商标立法一号指令》（以下简称《商标指令》）、《共同体商标条例》规定的商标侵权，均以造成消费者的混淆可能性作为判定标准。④ 另一方面，混淆可能性得到主要国际公约的明确规定。TRIPS 协议不仅规定商标侵权以混淆可能性作为判定标准，还进一步规定了混淆可能性的推定制度。WIPO《反不正当竞争示范法》不仅规定衡量不正当竞争要以混淆可能性作为基础，还进一步规定相关标识的知名度越高越容易造成混淆。⑤

（三）混淆可能性与相似性的关系

在商标混淆可能性得到各国立法和国际公约确立的基础上，各国围绕

① Hanover Star Milling Co. v. Metcalf, 240 U. S. 403（1916）.

② S. Rep. No. 1333, 79th Cong., 2d Sess., 1946 U. S. C. C. A. N. 1275.

③ See J. Thomas McCarthy, *McCarthy on Trademarks and Unfair Competition*, 4th edition, Eagan, Thomson/West, 2012, § 2：8, pp. 2 – 20.

④ 美国《兰哈姆法》第 32 条、第 43 条，欧盟《商标指令》第 5（1）（b）条，《共同体商标条例》第 9（2）（b）条。

⑤ TRIPS 协议第 16 条第 1 款，《反不正当竞争示范法》第 2.02 条。

混淆可能性的具体判定做了广泛探讨。一般认为，混淆可能性的判定并非法庭环境之中的标记比较，而要考察市场环境中可能影响消费者购买决定的各种因素——多因素测试法，包括商标近似性、商品类似性、商标知名度、消费者注意力程度等。

美国各巡回上诉法院总结的混淆可能性因素清单包括商标强度、商标近似性、商品类似性、实际混淆证据、消费者注意力程度、被告意图等，并强调因素清单具有开放性，只为混淆可能性的判定提供参考。同时指出，任何因素都不具有决定作用，是否构成混淆可能性要综合考虑多种因素。美国《反不正当竞争法重述（第三次）》关于混淆可能性的因素清单与适用规则亦作了类似规定。① 欧盟的《商标指令》同样规定，混淆可能性的判定依赖于多种因素（numerous elements），特别是商标的市场认可度、与已经使用或注册的标记产生的联想、商标与标记间的近似性、相关商品或服务间的类似性等。②

由此可见，混淆可能性与商标近似性、商品类似性的相互关系是，混淆可能性是商标侵权的判定标准，商标近似性、商品类似性仅仅是混淆可能性的判定因素。混淆可能性的判定并不仅仅由商标近似性、商品类似性决定，还要考虑市场环境中的多种因素，包括商标的知名度、消费者的注意力程度、实际混淆的证据、被告的侵权意图等。司法实践不能将混淆可能性的判定等同于商标近似性、商品类似性的判定。

四　我国的混淆可能性及其制度完善

虽然各国立法和国际公约均规定商标侵权的判定标准是混淆可能性，但我国《商标法》长期以来并未明确规定混淆可能性。尽管如此，我国司法实践仍然广泛运用混淆可能性的基本原理判定商标侵权。总体而言，我国的商标混淆可能性原理经历了从融入商标近似性、商品类似性的判定过

---

① 美国《反不正当竞争法重述（第三次）》第 21 条、第 22 条、第 23 条。
② 欧盟《协调成员国商标立法 89/104/EEC 一号指令》序言第 10 部分。

程，到《商标法》明确规定的发展历程。

（一）融入商标近似性与商品类似性的混淆可能性

改革开放之初，因商标保护理论研究尚不够深入，关于商标侵权，我国《商标法》长期规定的判定标准是：商标相同、近似与商品同类、类似。具体而言，被告未经许可在相同商品或者类似商品上，使用与原告注册商标相同或者近似的标记，就构成商标侵权。① 尽管对商标近似和商品类似的考察，往往也能得出消费者是否容易发生混淆的结论，但难免司法实践机械地适用该标准：仅注重对商标标识近似和商品类似的对比，忽略对消费者是否容易发生混淆的考察。更严重的是，相关商标标识的近似程度的判定具有较强的主观性，不利于开展商标侵权判定的分析说理，亦不利于协调商标侵权的判定尺度。

在"莱斯公司诉亚环公司"案②中，原告莱斯公司在我国锁类商品上拥有"pretul 及椭圆图形"注册商标。被告亚环公司从事涉外定牌加工业务，在其生产的挂锁和外包装上分别使用"pretul"和"pretul 及椭圆图形"标记，并全部销往墨西哥市场。一审法院认为，被告使用的"pretul"标记与原告商标并不相同，且不在中国境内销售，不构成混淆可能性，但使用的"pretul 及椭圆图形"标记与原告商标相同，且属于同类商品，构成商标侵权。二审法院认为，被告在锁体上使用的"pretul"标记构成原告注册商标的近似商标，而在锁包装上使用的"pretul 及椭圆图形"构成原告注册商标的相同商标，二者均构成商标侵权。

显然，关于商标侵权的判定，一审法院和二审法院只是孤立地审查商标本身的近似性与商品的类似性，且因主观性较强而得出不同的审查结

---

① 1982 年《商标法》第 38 条第 1 项，1993 年《商标法》第 38 条第 1 项，2001 年《商标法》第 52 条第 1 项。

② 最高人民法院（2014）民提字第 38 号民事判决书。类似案例可参见"非诚勿扰"商标案：广东省高级人民法院（2016）粤民再 447 号民事判决书（二审法院在分析服务的类似性时，仅强调服务本身，认为江苏电视台的《非诚勿扰》节目和"非诚勿扰"注册商标核定使用的服务项目"交友、婚姻介绍"具有相同的功能，属于类似服务，而未关注相关公众是否存在混淆可能性）。

论，并未对消费者混淆的可能性进行分析，以致判决的分析说理偏离了商标侵权判定的基本原理。由此出发，最高人民法院推翻了前述一审判决和二审判决，认为被告接受第三人的委托，将定牌加工的贴附"pretul"标记的挂锁全部出口至墨西哥，并不在中国市场销售，不具有使我国相关公众将被告定牌加工的商品误认为来自原告的可能性。

为了弥补《商标法》并未明确规定混淆可能性的立法缺陷，最高人民法院通过司法解释的方式，将混淆可能性融入商标近似性、商品类似性的判定过程。相关司法解释规定，商标近似性的判定，以存在混淆可能性作为结果要件；商品类似性的判定，亦以存在混淆可能性作为结果要件。[①]也就是说，商标近似性应当达到混淆性近似的程度，商品类似性亦应当达到混淆性类似的程度。[②]

这样，关于商标侵权的判定标准，虽然我国《商标法》长期规定为商标相同、近似与商品相同、类似，但司法实践中的商标侵权仍然适用混淆可能性的判定标准。[③] 例如，尽管原告"酷孩"注册商标与被告"酷儿"商标（均用于饮料商品）在文字部分具有近似性，但由于"酷孩"注册商标并未投入实际使用，尚不能证明相关公众存在混淆可能性，最高人民法院驳回了原告的商标侵权主张。[④] 又如，虽然原告"长城牌"组合商标与被告"嘉峪长城及图"组合商标（均用于葡萄酒商品）具有较大的视觉差异，但考虑到"长城牌"文字部分具有的驰名度，相关公众看到"长城"二字难免发生混淆可能性，最高人民法院仍然判定被告构成商标侵权。[⑤]

（二）《商标法》明确规定的混淆可能性

虽然混淆可能性通过司法解释的方式得到规定，对我国司法实践正确

---

① 《最高人民法院关于审理商标民事纠纷案件适用法律若干问题的解释》（法释〔2002〕32号，2020年修正）第9条、第10条、第11条、第12条。
② 参见孔祥俊《商标与不正当竞争法：原理和判例》，法律出版社，2009，第251~252页。
③ 参见管育鹰《我国知识产权法学研究进程与新时代展望》，《知识产权》2019年第3期。
④ 最高人民法院（2008）民申字第594号民事裁定书。
⑤ 最高人民法院（2005）民三终字第5号民事判决书。

判断商标侵权发挥了重要指导作用，但仍然存在诸多理论和实践的问题。

第一，将混淆可能性的考量融入商标近似性、商品类似性的判定过程，这实际上颠倒了混淆可能性与商标相似性、商品类似性之间的逻辑关系。如前所述，混淆可能性才是商标侵权的判定标准，其在商标侵权判断中居于核心地位，而商标近似性、商品类似性仅仅是混淆可能性的判定因素。二者确实能够影响混淆可能性的判定，但不能决定混淆可能性乃至商标侵权的最终结论。

第二，混淆可能性本身具有丰富的内涵，可从不同角度进行多维解析，不仅包括传统的来源混淆、购买时混淆，还包括赞助混淆、售前混淆、售后混淆、反向混淆。[①] 将混淆可能性置于商标近似性、商品类似性的分析框架之下，难以为混淆可能性的丰富内涵提供得以适用的制度空间，不利于商标侵权的准确判定。[②]

第三，司法解释的位阶低于法律的位阶，尽管商标司法实践在商标侵权案件能够贯彻混淆可能性的要求，但难以确保混淆可能性的标准地位在商标行政执法中得到认可。行政执法者难免仅仅依据商标近似性、商品类似性就做出商标侵权和行政处罚的决定，忽视对混淆可能性的考察。

基于上述考虑，2013 年修改的《商标法》理顺了混淆可能性与商标近似性、商品类似性的关系，最终确立了混淆可能性的标准地位。根据规定，擅自在相同商品上使用与注册商标近似的商标，或者在类似商品上使用与注册商标相同或近似的商标，容易导致混淆的，属于商标侵权行为。[③] 虽然上述规定并未直接出现"混淆可能性"的法律术语，但学界普遍认为，其中的"容易导致混淆"，实质上就是混淆可能性。

（三）混淆可能性的制度完善

虽然 2013 年修改的《商标法》规定了混淆可能性，但仍然存在模糊

---

① 参见黄晖《驰名商标和著名商标的法律保护》，法律出版社，2001，第 86~87 页。
② 参见李友根《论消费者在不正当竞争判断中的作用——基于商标侵权与不正当竞争案的整理与研究》，《南京大学学报》（哲学·人文科学·社会科学版）2013 年第 1 期。
③ 《商标法》第 57 条第 2 项。

之处，包括相同商标、相同商品情形下是否需要考虑混淆可能性的问题，以及混淆可能性与商标近似、商品类似的关系问题。

（1）混淆可能性的推定制度缺乏。按照 TRIPS 协议的规定，在商标相同、商品相同的情形下，推定构成混淆可能性。[①] "推定" 意味着举证责任转移至被告，如果被告能够提供相反证据，则可推翻混淆可能性的推定。正如相关评论指出的，文本虽未明确是否允许相反证据，但没有任何理由认为，被告不能证明混淆可能性不存在。[②] 应该说，TRIPS 协议关于商标相同、商品相同情形下的推定混淆制度，兼顾了商标权人的便利保护与被控侵权者的抗辩空间，达到了控辩双方的利益平衡，值得吸收借鉴。然而，根据我国《商标法》的相关规定，相同商标、相同商品情形下的标记使用，构成商标侵权。[③] 关于相同商标、相同商品情形下是否仍然需要考虑混淆可能性的问题，从条文的文字表述看，我国《商标法》确实并未明确，似乎可以不用考虑混淆可能性的问题，但笔者认为，从比较法经验、市场实际情况以及条文体系解释的角度，可以得出仍然需要考虑混淆可能性的结论。

首先，从比较法的角度看，欧盟《商标指令》赋予商标权人禁止任何第三方未经许可在相同的商品上使用相同商标的权利。[④] 该规定与我国《商标法》相同商标、相同商品情形下直接构成商标侵权的规定存在实质相同。对于欧盟《商标指令》中该项禁止权的具体适用，欧盟法院解释说："商标所赋予的排他性权利的行使，应当仅限于以下情形，即第三方对标记的使用行为不利地影响，或很可能不利地影响商标的功能，尤其是向消费者确保商品来源的实质功能。"[⑤] 也就是说，欧盟法院认为，即使是在商标相同、商品相同的情形下，仍然应当考虑商标的来源识别功能是

[①] TRIPS 协议第 16 条第 1 款。

[②] See Carlos M. Correa, *Trade Related Aspects of Intellectual Property Rights: A Commentary on the TRIPs Agreement*, London, Oxford University Press, 2007, p. 187.

[③] 《商标法》第 57 条第 1 项。

[④] 欧盟《商标指令》第 5（1）（a）条。

[⑤] Interflora Inc., Interflora British Unit v. Marks & Spencer plc, Flowers Direct Online Ltd., C - 323/09, ECR 2011 I - 08625.

否受到或可能受到不利影响，即是否构成混淆可能性。欧盟法院在 Opel 案中还明确指出，如果被告在相同商品上使用了相同商标，而这种使用又没有获得原告的许可，那么在此情形下应当推定被告的商标使用行为构成混淆可能性，但这种推定是可以由被告通过提供相反证据予以推翻的。[①]

其次，从市场实际情况的角度看，消费者的购买决定是市场环境中各种因素综合作用的结果，即便被告在相同商品上使用相同商标，但仍然可能因为其他因素的影响而不存在混淆可能性。在我国"LG"商标案[②]中，虽然原告蓝光电梯公司和被告韩国 LG 株式会社是电梯行业的竞争者，均在电梯产品使用"LG"商标——相同商标、相同商品，但北京市高级人民法院认为，被告在电梯商品上使用涉案商标不存在混淆可能性，因为电梯商品的消费者一般是单位，单位消费者在采购电梯这种特殊商品时，往往存在较为充分的合同洽谈、合同签订的过程，相对于普通消费者购买普通商品而言，其施加的消费者注意程度显然更高，故消费者较高的注意程度降低了消费者混淆的可能性，判定被告不构成商标侵权。

最后，更为重要的是，我国幅员辽阔，有些注册商标的使用范围非常有限，如果他人在先善意使用了相同的商标，则并不构成混淆可能性，商标注册人无权禁止在先善意使用者使用其商标。事实上，我国《商标法》的相关规定已经为此种情形下的商标共存预留了法律空间，商标注册人仅能要求在先善意使用人附加适当区别标识，而无权禁止在先善意使用人在原有范围内的继续使用。[③] 这也从侧面佐证，规定商标相同、商品相同情形下仍然应当考虑混淆可能性，是我国《商标法》体系解释的必然要求。

由此可见，无论是从国际公约的角度，还是从比较法的角度，抑或市场实际的角度，对于商标相同、商品相同情形下的商标侵权，仍应考虑是否存在混淆可能性的问题。"从商标与商誉的关系来看，从商标具有规范市场关系的作用来看，即使是在相同商标和同类商品或服务的情况下……

---

① See Adam Opel AG. v. Autec AG. , Case C－48/05, ECR, 2007 I－01017.

② 北京市高级人民法院（2001）高知初字第 67 号民事判决书。

③ 《商标法》第 59 条第 3 款。

仍然应当考虑是否存在着消费者混淆的可能性。"① 我国《商标法》应借鉴 TRIPS 协议的内容，规定相同商品与相同商标情形下的混淆可能性的推定制度，充分确立商标侵权的判定标准是混淆可能性的基本原理。

（2）混淆可能性与商标近似性、商品类似性的关系有待明确。《商标法》第 57 条第 2 项在规定混淆可能性的同时，还规定了商标近似性、商品类似性，使得混淆可能性和商标近似性、商品类似性的相互关系变得模糊。应该说，结合前文梳理的商标侵权判定标准的历史演进，不难理解混淆可能性与商标近似性、商品类似性的关系，即混淆可能性是商标侵权的判定标准，商标近似性、商品类似性只是混淆可能性的判定因素。

然而，受《商标法》长期规定商标侵权判定标准是商标相同、近似与商品相同、类似的惯性影响，即便 2013 年修订的《商标法》明确规定了混淆可能性，我国司法实践仍然存在围绕商标近似性、商品类似性分析商标侵权的问题。例如，在"国投"案②中，法院分析指出："……被告突出使用'国投'或使用的'国投基金''国投集团'，易使相关公众对服务的来源产生误认或者认为其来源与原告注册商标的服务有特定的联系，因此二者构成相同或相近似。"显然，上述分析说理的思路是：先论证是否存在混淆可能性，再以此为基础论证商标是否相同或者近似，进而得出是否商标侵权的结论。尽管案件处理的结论正确，但这种思路仍然是将混淆可能性融入商标近似性的分析过程，实际上并未脱离商标相同、近似与商品相同、类似的惯性思维，颠倒了混淆可能性与商标近似性、商品类似性的逻辑关系。

笔者认为，为进一步厘清混淆可能性与商标近似性、商品类似性的逻辑关系，推动司法实践围绕混淆可能性分析商标侵权，有必要明确规定商标侵权的判定标准是混淆可能性，而商标近似性、商品类似性仅仅是混淆可能性的判定因素。就立法模式而言，因《商标法》已明确规定了混淆可能性，需要做的是如何贯彻混淆可能性。因混淆可能性标准的贯彻属于司法实践的问题，宜通过司法解释的方式，对混淆可能性的判定方法作出规

---

① 参见李明德《知识产权法》（第 2 版），法律出版社，2014 年，第 251 页。
② 深圳市罗湖区人民法院（2016）粤 0303 民初 985、987 号民事判决书。

定，明确商标近似性、商品类似性的功能定位。

具体来说，应明确规定，混淆可能性的判定适用多因素测试法，综合考虑市场环境中可能影响消费者购买决定的各种因素，包括商标近似性、商品类似性、商标的显著性与知名度、消费者的注意力程度、实际混淆的证据等。同时规定，因素清单并非穷尽性列举，法院可以根据具体案情将其他因素纳入考虑范围；① 而且，是否存在混淆可能性是这些因素综合评价的结果，不宜仅根据某个或少数因素得出商标侵权与否的结论。② 如此，不仅能够明确商标近似性、商品类似性的功能定位，而且可以拓展混淆可能性的分析视野，形成以混淆可能性为中心的分析框架，推动混淆可能性判定的客观化。

结　论

商标侵权的判定标准植根于商标保护理论，并随着商标保护理论的演进而发展演变。系统梳理商标侵权判定标准的理论演进，有助于明确商标保护的基本原理，检视并完善我国的商标侵权判断制度。商标保护理论经历了从仿冒诉讼到商标财产理论，再到商誉理论的演进历程。与之相适应，商标侵权的判定标准经历了从欺诈意图到侵占商标标识，再到混淆可能性的演进历程。透过商标侵权判定标准的历史演进可以发现，商标侵权的判定标准是混淆可能性的基本原理，是商标保护制度的历史产物，符合商标保护的现实需要，因而得到各国商标法和主要国际公约的普遍确立。我国《商标法》虽然规定了混淆可能性，但规定得仍然不彻底，应借鉴国际公约和比较法经验，规定相同商标、相同商品情形下的混淆可能性的推定制度。同时，通过司法解释的方式规定混淆可能性的多因素测试法，厘清商标近似性、商品类似性与混淆可能性的关系定位。

---

① 参见杨祝顺《商标混淆可能性的多因素测试法比较研究》，《电子知识产权》2019 年第 5 期。

② 参见王太平《商标侵权的判断标准：相似性与混淆可能性之关系》，《法学研究》2014 年第 6 期。

信用卡"全额计息"的性质
判断与效力分析

侯国跃　高仲劲*

内容提要：承载信用卡主流计息方式的全额计息规则常常被视为信用卡领用合约中的"霸王条款"，故其法律效力多受各方质疑。此类条款确为格式条款，但并未违反公平原则和利率管制法律规范，原则上应认定为有效。信用卡借贷不同于普通借贷，循环信用和免息还款期、最低额还款的优惠待遇增加了信用卡借贷的信用风险。全额计息条款项下的利息为持卡人选择最低额还款方式所支付的对价，而非逾期利息，亦非违约金，故不可适用违约金司法酌减规则。此类条款弥补了发卡银行贷出资金的机会成本，属防范金融合同风险之手段，并不会损害社会公共利益。对于信用卡借贷纠纷的司法裁判，必须适度尊重信用卡借贷的商业逻辑，并以此为基础进行理性的利益衡量，进而审慎判断信用卡全额计息合同条款的法律效力。

关键词：全额计息　利率　违约金　格式条款

一　问题的提出

信用卡①自 1985 年在我国内地首次发行以来，发卡总量和授信总额逐

---

* 侯国跃，西南政法大学民商法学院教授，民法典国民教育科普基地主任，西南政法大学最高人民法院应用法学研究基地副主任；高仲劲，西南政法大学民商法学院博士研究生，民法典国民教育科普基地研究员。

① 《银行卡业务管理办法》第 6 条规定："信用卡按是否向发卡银行交存备用金分为贷记卡、准贷记卡两类。贷记卡是指发卡银行给予持卡人一定的信用额度，持卡人可在信用额度内先消费、后还款的信用卡。准贷记卡是指持卡人须先按发卡银行要求交存一定金额的备用金，当备用金账户余额不足支付时，可在发卡银行规定的信用额度内透支的信用卡。"本文所研究的信用卡为贷记卡，准贷记卡不属于本文研究范围。

年增长，早已实现跨越式发展。信用卡业务的实质是持卡人在发卡银行给予的信用额度内先消费、后还款的金钱借贷。按照合同约定偿还本金并支付利息乃金钱借款方最主要的义务。然而，在现实经济生活中，因持卡人是否应按合同约定向发卡银行支付以全额计息方式计算的利息、违约金和其他费用而引发的案件成为信用卡纠纷的主要类型。其中，以"成都高新区法院信用卡纠纷案"和"《今日说法》主持人状告建行信用卡纠纷案"两案为典型代表。前案中司法机关认为信用卡领用合约中约定的利息、违约金、其他费用应统一认定为借贷利息，对超过年利率24%（当时民间借贷的利率高限）的部分不予支持；[1] 后案法官认为全额计息条款是持卡人违反按时全额还款时的违约金条款，对当事人主张的违约金应当进行酌情减扣。[2] 以上两案宣判后，社会各界对法院判决的正面评价明显占据主流，[3] 更有论者认为全额计息规则"有望成为历史"。此后，《最高人民法院关于审理银行卡民事纠纷案件若干问题的规定》（法释〔2021〕10号，简称《银行卡案件规定》）作为我国首个专门针对银行卡民事纠纷的司法解释，在第2条第2款规定人民法院可以对信用卡透支利息、复利、违约金以及手续费等进行综合调整。显然，这是最高人民法院关于这一问题的最新立场。但检视司法实践对全额计息条款的认定意见，更多数量的司法案例表明，受案法院普遍认为该条款并未违反法律、行政法规的强制性规定，且符合《银行卡业务管理办法》（银发〔1999〕17号）的规定，进而承认商业银行发布的信用卡章程、发卡银行与持卡人签订的信用卡领用合约中全额计息条款的法律效力。[4]

---

① 参见四川省成都市高新技术产业开发区人民法院（2015）高新民初字第6730号民事判决书。
② 参见北京市第二中级人民法院（2017）京02民终12169号民事判决书。
③ 参见于洋《信用卡"全额罚息"：霸王条款还是国际惯例》，《河北日报》2018年1月16日，第16版。
④ 参见福建省厦门市中级人民法院（2005）厦民初字第394号民事判决书、福建省厦门市中级人民法院（2007）厦民初字第266号民事判决书、北京市第一中级人民法院（2009）一中民终字第6525号民事判决书、广东省深圳市中级人民法院（2016）粤03民终8095号民事判决书、四川省自贡市中级人民法院（2017）川03民终399号民事判决书、广西壮族自治区梧州市中级人民法院（2016）桂04民终199号民事判决书、重庆市第（转下页注）

金融领域主流的计息规则与普通民众的通常理解相抵牾，金融监管部门的意见与司法裁判的立场亦存龃龉。如此看来，信用卡借贷与民间借贷是否同性质，信用卡全额计息条款的法律本质为何，信用卡全额计息条款与信用卡经济的商业逻辑有何关联，信用卡全额计息条款是否具有效力正当性，既是金融业的经济管理问题，也是法律界的私法治理问题。

二　信用卡"全额计息"的性质：利息还是违约金

意欲判断信用卡全额计息合同条款的效力，必须首先厘清全额计息条款的性质，即根据信用卡全额计息条款计算出来的金钱，究竟是最低额还款方式下的资金利息，还是持卡人未按时足额还款时的违约金。

概览我国各商业银行采用的信用卡利息计收规则，大致存在四种利息计收方法，即免息法、全额计息法、余额计息法和按日计息法。在持卡人按时足额偿还透支还款额的情况下，发卡银行无偿提供借款，而不再计收利息，此为免息法。显然，免息法仅适用于持卡人按时足额还款而并未违约的情况。在持卡人未按时足额偿还透支还款额的情况下，通常适用全额计息法，即信用卡持卡人在到期还款日前未足额偿还透支还款额时，发卡银行对当期所有透支消费款项从银行记账日起至实际还款日止计算利息，并按月计收复利。与此不同，余额计息法是指信用卡持卡人在到期还款日前未足额偿还透支还款额时，发卡银行仅以持卡人未清偿部分为基数计收从消费记账日起至还款日止的利息及复利。目前仅有中国工商银行针对部分种类信用卡透支消费采用余额计息法。与前几种计息方法不同的是按日计息法——适用按日计息法的信用卡借贷，并无免息期，而是采取随借随还、按日计息的交易模式。综上，"免息法 + 全额计息法"系信用卡利息

（接上页注④）一中级人民法院（2019）渝 01 民终 2509 号民事判决书、广东省河源市中级人民法院（2016）粤 16 民终 249 号民事判决书、广东省深圳市中级人民法院（2019）粤 03 民终 4934 号民事判决书、云南省昆明市中级人民法院（2020）云 01 民终 11492 号民事判决书。

计收之普适规则，仅有极少数银行的信用卡在计息规则方面采用"免息法＋余额计息法"或者按日计息法。

问题是，依据信用卡全额计息条款计算出来的金钱，在法律上应当如何定性？在司法实践中，有法院将持卡人的义务认定为按时足额还款，若未按时足额还款则需要承担支付透支利息的违约责任，认为信用卡领用合约中的全额计息条款是违约金条款，其项下的利息属于违约金。[①]《银行卡案件规定》第2条第2款规定，持卡人以信用卡合同约定的透支利息、复利、违约金等总额过高为由请求人民法院予以适当减少的，人民法院应综合考虑国家有关金融监管规定、未还款数额及期限、当事人过错程度、发卡行实际损失等因素，根据公平原则和诚信原则予以衡量并裁决。《银行卡案件规定》将信用卡借贷中的利息、违约金一并计算，并给予债务人请求司法酌减权利的规定是否意味着最高人民法院将信用卡利息的性质肯认为违约金？

笔者以为，司法实务机关对利息与违约金、持卡人义务内容和全额计息条款的理解存在一定偏差。利息为使用他人本金的对价，系比例原本数额及其存续期间按照一定比率，以金钱或其他代替物为给付的法定孳息，[②]是借款人在一定时期内使用货币需支付的合同对价。根据《银行卡业务管理办法》第20条的规定，信用卡透支消费可享受免息还款期与最低还款额两种优惠待遇。所谓优惠待遇，是指当持卡人按时全额还款时，原则有偿的金融借贷不再计收利息；当持卡人未能足额还款而仅能偿还最低还款额时，发卡银行按照全额计息法计收利息，但并不收取逾期利息或违约金。譬如，中国邮政储蓄银行在《信用卡（个人卡）领用合约》（2021年11月版）中明确约定，持卡人可以选择全额还款或最低还款额的还款方式。持卡人选择以最低还款额方式还款，并按照全额计息条款支付利息是履行其义务的方式之一，不是借款合同的延迟履行，[③]所支付的利息非为逾期利息；若其违反合同约定的全额计息条款时，才具有归责性，构成违约。

---

① 参见北京市第二中级人民法院（2017）京02民终12169号民事判决书。
② 王泽鉴：《民法概要》，北京大学出版社，2009，第178页。
③ 参见陈承堂《论信用卡滞纳金的性质及其治理》，《法律科学》（西北政法大学学报）2009年第4期。

认真阅读国内主要商业银行的信用卡章程或信用卡领用合约，即可发现违约金条款是在利息条款之外的另外安排。比如，中国银行在《信用卡领用合约》第 3.11 条规定，持卡人未能按期偿还对账单列明的最低还款额时，还应按照最低还款额未偿还部分的 5% 支付逾期还款违约金。由此可见，在信用卡信贷交易中，持卡人逾期未足额还款与逾期未还最低还款额的法律效果差异显著。持卡人在到期日之前未按时足额还款时并不必然构成违约，除非其还款额未达到当期最低还款额。也就是说，持卡人可以选择在到期日之前仅归还当期最低还款额，或者归还当期全部还款额（透支额），还款方式不同，其所应支付的利息也不同。显然，在前一种还款方式之下，持卡人需要支付的利息相对较多，但无须支付违约金。违约金仅在持卡人未能按期偿还当期最低还款额时才会发生。换言之，在信用卡借贷中，持卡人的违约行为被界定为未能按期偿还当期最低还款额，而不是未能按期足额偿还当期全部还款额。是故，信用卡全额计息条款应为持卡人选择最低还款额方式还款时适用的利息计算条款，而非违约金条款，其项下所约定计算的款项是利息亦非违约金。即便《银行卡案件规定》将计息与违约金综合计算并赋予债务人请求司法酌减的权利，也不能认定信用卡利息的属性为违约金。

当然，还有一个问题值得思考：基于违约金协议存在滥用自由与私罚的不公平诱因，[①]《中华人民共和国民法典》（以下简称《民法典》）第 585 条第 2 款确立了违约金司法调整的法律规则。那么，根据《银行卡案件规定》第 2 条第 2 款的规定，人民法院依债务人的请求调整包括信用卡利息在内的息费违约金总额是否具有正当性？

三　信用卡全额计息条款的效力：是否违法

近年以来，针对信用卡主流计息规则——全额计息法——是否正当的争论有增无减。信用卡全额计息规则正当性问题，从法律的视角来看，核

[①]　朱广新：《合同法总则研究》（下册），中国人民大学出版社，2018，第 738 页。

心问题是全额计息条款的效力问题。

全额计息规则效力否定论者的理由主要有四，分别为违背公平原则说、高利牟利说、格式条款无效说、域外规则变革说。违背公平原则说的主要理由有二：其一，对信用情况较好、还款高于最低还款额、非恶意透支的低风险客户收取高额利息有失公平；[①] 其二，全额计息条款实为银行以违背公平原则的方式规避自己风险、损害持卡人利益的"安全网"。[②] 高利牟利说从本金利息角度出发，认为持卡人未足额还款时银行被占用资金的损失用正常贷款利息即可弥补，[③] 全额计息条款利率过高，违反法律规定。格式条款无效说认为，信用卡领用合约中的全额计息条款为格式条款，该条款既未遵循公平原则，又未采取特别措施提请客户注意且加重了持卡人责任，[④] 违反《民法典》第 497 条的规定，当属无效。域外规则变革说认为，国际通用的信用卡计息规则为平均每日余额法（Average Daily Balance）[⑤] 而非全额计息规则，并与前三种理由结合否定全额计息规则之正当性。笔者认为平均每日余额计息法与全额计息法的计算基数相比虽有所降低，但仍将持卡人还款前的透支总额作为利息计算基数，与全额计息规则本质上并无二致。那么，全额计息条款是否因违反利率管制规定、格式条款效力规则、公平原则而无效呢？

（一）全额计息条款是否违反利率管制规定

利息管制是一项体现私法中社会化考量的制度。[⑥] 虽私法之核心精神

---

① 参见周彦君《关于我国商业银行信用卡透支计息方式的研究》，《西部金融》2012 年第 6 期。

② 参见魏文彪《信用卡全额罚息是霸王条款》，《中国改革报》2009 年 3 月 26 日，第 7 版。

③ 参见李文增《关于当前银行信用卡罚息问题的研究》，《产权导刊》2013 年第 1 期。

④ 参见杨梦梅、蔡士博《信用卡全额罚息相关法律问题探讨》，《西南金融》2015 年第 7 期。

⑤ 平均每日余额法是指发卡银行将账单周期内每日透支余额累计相加（发卡银行可选择是否累加当期发生的透支额），以此计算账单周期内的日均透支余额，继而乘以账单周期天数、日利率的利息计算方法。参见郭世东《借鉴国际惯例完善信用卡罚息计算方式的对策建议》，《黑龙江金融》2014 年第 4 期；张维《"全额罚息"是霸王条款还是国际惯例》，《法制日报》2012 年 11 月 9 日，第 6 版。

⑥ 许德风：《论利息的法律管制——兼议私法中的社会化考量》，载《北大法律评论》（第 11 卷），北京大学出版社，2010，第 176 页。

为意思自治，但私法制度本质为法律规范，因而在制定、解释、适用私法具体制度时必须考量国家管控这一因素。目前，并不存在规范信用卡借贷利息的法律、行政法规。规范信用卡借贷透支利率的主要是中国人民银行发布的部门规章和部门规范性文件。《银行卡业务管理办法》曾规定信用卡透支需按月记收复利，透支利率为日利率万分之五。此后，《中国人民银行关于信用卡业务有关事项的通知》（银发〔2016〕111 号）将信用卡透支利率限定为上限日利率万分之五，下限日利率万分之五的 0.7 倍（万分之三点五），对透支利率实行上限和下限管理。然而，特别耐人寻味的是，《中国人民银行关于推进信用卡透支利率市场化改革的通知》（银发〔2020〕327 号）规定，自 2021 年起信用卡透支利率由发卡银行与持卡人自主协商确定，取消信用卡透支利率上限和下限管理。此通知进一步延续了此前信用卡"利率松绑"政策，彻底放开透支利率。

根据全额计息条款的内容，发卡银行除收取日利率万分之五的利息外，还会按月收取复利，①因此持卡人还款时间越晚，最终承担的利率就越高。在司法实践中，部分法院以民间借贷利率上限为裁判标准，认为全额计息法的实际利率过高，年利率应被限制在 24% 以内。此类裁判观点虽较为常见，但笔者难以苟同，因订立银行卡（包括信用卡）合同、使用银行卡产生的民事纠纷与民间借贷纠纷性质并不同。在新修订的《民事案件案由规定》（法〔2020〕347 号）中，"合同纠纷"下设"借款合同纠纷"与"银行卡纠纷"，前者又包括金融借款合同纠纷和民间借贷纠纷等，后者包括借记卡纠纷和信用卡纠纷。信用卡借贷纠纷不能适用民间借贷的法律规定。经营信用卡借贷的发卡银行为经金融监管部门批准设立的金融机构，信用卡借贷本质上是金融机构向持卡人出借款项，因此信用卡借贷为金融借贷而非民间借贷。《最高人民法院关于审理民间借贷案件适用法律若干问题的规定》（法释〔2020〕17 号，以下简称《民间借贷司法解释》）第 1 条第 2 款已将金融机构发放贷款等相关金融业务引发的纠纷明确排除在该司法解释的适用范围之外。同时，《民间借贷司法解释》将民

---

① 关于复利的相关问题，由于篇幅所限，本文不做重点研究。

间借贷利率的保护上限与贷款市场报价利率（LPR）挂钩，规定超过借款合同成立时一年期 LPR 4 倍的部分不予保护。贷款市场报价利率可以作为民间借贷利率上限的参照标准，但反过来并不成立。金融借款利率具有独立性与主导性，信用卡借贷利率不可参照适用民间借贷相关法律规定。

在"成都高新区法院信用卡纠纷案"中，法官引用《宪法》第 33 条关于"中华人民共和国公民在法律面前一律平等"的规定，认为"法律对自然人借贷利率的限制是国家将有关限制借款利率的普遍规定扩展到民间借贷"的观点有失偏颇。成都高新区法院对《宪法》第 33 条第 2 款规定的理解存在偏差。"法律面前一律平等"包括法适用平等和法内容平等，即执行、适用法律的行政权、司法权不能对公民差别对待，法本身的内容也必须根据平等原则加以订立。① 宪法上的平等制度强调公民对国家的要求，② 其核心意涵是指反对歧视和禁止进行任意的法律区分。信用卡借贷利率的高低不存在歧视和不平等适用法律的问题，并未违反宪法上的平等和司法上的平等。至于信用卡借贷与民间借贷两个领域存在不同的利息管制，属于法律政策问题，而非法律平等问题。

金融借贷与民间借贷虽同为借贷，但两者具有本质区别——商业理性与市场盲目性。商业银行作为经金融监管部门批准设立的、可从事贷款业务的金融机构，开展业务有明文规定的业务办理规则、行业自律公约、可遵循的行业惯例，还接受主管部门和监管机构的监督管理。与此不同，民间借贷游离于金融体制之外，缺乏监督管理。民间资金在社会各个领域的融通过程，是没有经过官方金融机构注册、游离于金融监管之外的私人资金融通活动。私人资金基于逐利性进入金融市场，填补正规金融服务的不足。由于此类资金融通行为具有非官方性、非正规性和逐利性，具有典型的民间特性。③ 民间借贷主体无需事前审批，也缺乏资本充足率等针对金融机构所设指标的限制。自由产生活力，也可能引发无序。民间高利借

---

① 参见〔日〕芦部信喜：《宪法》（第 6 版），林来梵等译，清华大学出版社，2018，第 99 ~ 100 页。
② 石文龙：《我国宪法平等条款的文本叙述与制度实现》，《政治与法律》2016 年第 6 期。
③ 肖峰：《重释民间借贷的定性与范围——如何理解适用新〈民间借贷司法解释〉第 1 条》，《法律适用》2021 年第 3 期。

贷、生产经营性企业长期放贷、P2P 网贷无底线恶意竞争、非法集资放贷、影子银行持续发酵等乱象频发，严重扰乱金融秩序，损害借款人合法利益，极易诱发金融风险。针对此现象，《民间借贷司法解释》根据私法的原则和精神，以限制民间借贷利率等方式通过司法手段加强对民间借贷的事后管控。

信用卡借贷作为金融借贷，在内在价值、主体资格、监管要求等方面均不同于民间借贷。发卡银行以全额计息规则计算信用卡借贷资金利息并同时计收复利，即便综合利率远超民间借贷最高利率亦不违反法律、行政法规的规定。总之，信用卡借贷异于民间借贷，不可将《民间借贷司法解释》利率上限直接或类推适用于信用卡借贷，也不可以此否定信用卡全额计息规则的法律效力。

（二）全额计息条款是否违反格式条款效力规则

我国合同法注重程序公平，以尊重合同自由、尊重当事人自主和自治为前提，当事人是自身利益的最佳裁判者。[1] 格式条款的主要弊端在于条款提供方在单方面预先拟定格式条款时往往以其经济上的优越地位，恣意追求自己单方的利益，破坏合同交易中应有的平等互利原则。[2] 若格式条款未违反法律的强行性规定，则根据传统的契约自由原则，应原则上承认其具有拘束力。[3] 信用卡发卡银行虽在经济地位、专业知识和信息掌握方面占有优势，但申请人或持卡人与发卡银行间平等的民事地位从未改变。在信用卡申领、使用的全过程，对于是否申领信用卡、向何机构申领何种信用卡、如何使用信用卡、是否按时还款等事项，持卡人始终具有自由意志，平等地与发卡银行签订和履行协议。法律和社会无须特别保护具有完全民事行为能力持卡人的非理性盲目消费行为和未按时偿还钱款的违约行为。

格式条款未经过合同当事人磋商，格式条款提供方可能设计不公平

---

[1] 韩世远：《合同法总论》（第 4 版），法律出版社，2018，第 52 页。
[2] 苏号朋：《格式合同条款研究》，中国人民大学出版社，2004，第 282 页。
[3] 参见刘宗荣《定型化契约论文专辑》，三民书局，1988，第 54 页。

条款，相对人也无法提出异议。为防止条款提供方滥用优势地位，实现当事人的利益均衡与公平，《民法典》第 496 条第 2 款、第 497 条就格式条款设置特别规则。《银行卡案件规定》第 2 条第 1 款亦规定：发卡行在与持卡人订立银行卡合同时，对收取利息、复利、费用、违约金等格式条款未履行提示或者说明义务，致使持卡人没有注意或者理解该条款，持卡人主张该条款不成为合同的内容、对其不具有约束力的，人民法院应予支持。利息计收条款于当事人双方而言均有重大利害关系，发卡银行作为信用卡领用合约的格式合同提供方，有义务采取合理的方式提示信用卡申领人注意该条款，并按申请人的要求对该条款说明、解释，使相对方真正理解该条款的含义。若发卡银行违反此义务，申领人可主张该条款未订入合同。当信用卡领用合约中的全额计息条款符合《民法典》关于民事法律行为、免责条款无效的情形，以及不合理地免除或减轻己方责任、加重对方责任、限制对方主要权利、排除对方责任时才产生格式条款无效之法律后果。《民法典》规定的民事法律行为和免责条款无效的情形为总括性规定，任何合同条款具有以上情形均属无效。当格式条款提供方不合理分配交易中的风险负担时，违背了合同中的均衡与公平原则，[①] 当属无效。

全额计息条款虽为格式条款，但既未违反平等原则，亦未违背公平、自愿原则。公平原则意在民事生活领域使"各人得其应得"的观念求取最大限度的实现。[②] 交易的每个参与者必须得到与他所放弃的相等的东西，这是理解当今契约公正的核心。[③] 在司法实践中，有法院指出："高违约金与银行承担的义务相对应……如果持卡人按期还款时免费享受银行的资金，违约时却不承担较高的违约金，这完全有悖于公平原则。"[④]

---

① 参见〔德〕卡尔·拉伦茨《德国民法通论》（上册），王晓晔等译，法律出版社，2003，第 60 页。

② 易军：《民法公平原则新诠》，《法学家》2012 年第 4 期。

③ 〔法〕雅克·格斯廷：《作为经济贸易的契约》，载〔法〕埃里克·布鲁索、让·米歇尔·格拉尚编《契约经济学理论和应用》，王秋石等译校，中国人民大学出版社，2011，第 86 页。

④ 参见北京市第一中级人民法院（2019）京 01 民终 4204 号民事判决书。

利息为本金使用之对价。持卡人既然在一定期间内无偿使用了借款，那么在免息期内未足额还款时理应以借款总额为基数向发卡银行支付相应利息。

《民法典》第 497 条对格式条款效力的规制需要法官依据公平原则做具体评判，例如不合理的限度如何、何种情形属于加重对方责任、何种情形属于限制对方主要权利等。持反对态度的格式条款无效说以具体个案中无效的格式条款为由否定全额计息方法的逻辑推理过程，难免有本末倒置之嫌。故，以其作为否定全额计息规则的理由无法经受推敲，不能作为论证全额计息条款无效的依据。

四　信用卡全额计息条款的效力：是否违反公序良俗

根据《民法典》第 153 条第 2 款的规定，违背公序良俗的民事法律行为无效。公序良俗体现的是国家利益或社会公共利益。社会公共利益乃极为抽象且不确定的概念，其本身极难确定，类型化的范式也无法对社会公共利益本身做出周延的描述。[①] 因此，如以公序良俗为由否定全额计息条款的法律效力，需将公序良俗概念予以具体化，回答全额计息条款损害了何种社会公共利益。

否定论者认为全额计息条款中发卡银行的资金成本与利息收益不均衡，[②] 产生不利示范，增加金融风险，损害公共利益。金融风险包括市场风险、信用风险、流动性风险、操作风险等。否定论者虽未具体论述全额计息条款如何增加了金融风险、增加了何类风险，但从"增加借款利息的同时，增加金融风险"[③] 的字里行间可以窥知"高利率等同高风险"的论调。笔者以为，持该观点的人并不理解信用卡借贷之商业逻辑，忽略了信用卡借贷的经济原理，更未意识到发卡银行采全额计息规则乃防范金融风

---

① 黄忠：《违法合同效力论》，法律出版社，2010，第 195 页。
② 参见侯春雷《信用卡交易的民法分析》，法律出版社，2010，第 148 页；王洪《回归信用卡余额计息规则》，载北京大学金融法研究中心编《金融法苑》（第 85 辑），中国金融出版社，2012，第 61 页。
③ 参见四川省成都市高新技术产业开发区人民法院（2015）高新民初字第 6730 号民事判决书。

险之必要。

（一）信用卡借贷业务的射幸元素

信用卡借贷在某种程度上具有"赌博经济"的性质,[1] 即具有射幸性。射幸一词出自古谚"射幸数跌,不如审发",即与其侥幸求利而多次失败,不如审慎从事而一举成功,可见"射幸"蕴含着侥幸、机会主义的内容。在法律上,射幸合同以不确定的偶然事实发生作为获利或受损的代价,[2] 其履行效果为一方受损而他方获利,但具体受损或获利无法提前确定,具有不确定性。不确定性因素或基于该事实是否发生,或基于事件发生的频率或程度,或基于事件发生的时间等。[3] 因射幸合同规则具有赌博性质,一方付出极小的代价即有可能获得巨额收益,故射幸合同中当事人对价外观具有不均衡性。

在信用卡透支消费中,发卡银行无差别地给予持卡人借款免息期优惠,但持卡人是否为借用资金支付利息以及应付利息的具体数额则取决于持卡人是否按时足额还款、逾期还款时间的长短和所欠借款金额的多少。据此可以认为,信用卡透支消费合同是双方当事人之间的合法射幸合同,因为全额计息规则并不意味着持卡人必定承担不对称的资金借用对价。对具有射幸性的信用卡借贷而言,无差别的免息期优惠政策以逾期还款承担较重代价为前提条件。若采余额计息规则计收利息将置发卡银行于绝对利益受损方之地位,与信用卡借贷之"赌博经济"之属性相悖。

（二）全额计息条款之经济合理性

信用卡借贷属于小额无担保信贷,与其他借贷业务相较,具有准入门槛低、无贷款用途要求、无需担保等特点;与房地产贷款、商业贷款等信

---

[1] 李晓钰、侯国跃:《信用卡借贷之商业逻辑对司法裁判的影响》,《法制日报》2018 年 7 月 16 日,第 6 版。

[2] 例如《法国民法典》第 1104 条第 2 款规定:如契约以当事人各方依据不确定的事实而获得利益或遭受损失的偶然性作为代价,此种契约为射幸契约。

[3] Malcolm A. Clarke, *The Law of Insurance Contracts*, 5th edition, Gloucester, Interactive Sciences Ltd, 2006, p. 11.

贷业务相比,具有循环信用功能,资产回报率较小,风险度则较大。更为重要的是,持卡人从透支消费刷卡日起至当期还款日之间可享受发卡银行提供的免息优惠政策;仅偿还当期最低还款额而未足额还款时,也并不构成违约。信用卡的发卡银行,首先具有商业性,是以利润最大化为目标的、意思自治的企业法人,[①] 属于《民法典》中的营利法人。银行发行信用卡的首要目的为营利而非公益,故商业银行天然不承担提供低利率甚至零利率、高风险贷款的法定义务。在以有偿借贷为原则的金融借贷谱系中,存在着信用卡透支消费这一可能无偿放贷的例外,其原因除发卡银行为营利目的吸引客户办理信用卡业务外,内在机理在于信用卡免息期与全额计息条款之间的商业逻辑。

全额计息条款实为信用卡借贷商业逻辑的表征。信用卡借贷不同于普通金融借贷,信用卡贷款利率更不同于银行存款利率。正如司法实践中有法院对全额计息规则的评价:"关于还款及利息计算方式的条款,并未超出法律法规的许可范围,同时是银行业为减少恶意透支及信用卡套现的一种风险防范手段。"[②] 信用卡透支消费无须提供担保并赋予持卡人一定的免息期,较于普通借贷,银行承担了更多的风险。从这个意义上看,全额计息条款并未损害社会公共利益,反而有助于防范金融风险。

首先,全额计息规则填补了发卡银行出借资金在免息期内的利息损失和因持卡人未及时偿还资金所付出的机会成本。[③] 余额计息法的支持者实则忽略了发卡银行于免息期内付出的机会成本。并且,未归还资金所产生的机会成本是难以估算的,因而发卡银行因持卡人逾期还款所遭受的损失额也很难明确。以贷款利率为标准,推算出银行对于未收回的款额所付出的机会成本为贷款利息的观点[④]是片面的。该观点将发卡银行的资金用途

---

① 邢会强:《商业银行的公共性理论——兼论商业银行收费法律问题》,《现代法学》2012年第 1 期。

② 参见广东省清远市中级人民法院(2018)粤 18 民终 1776 号民事判决书。

③ 机会成本指在决策过程中选择某个方案而放弃其他方案所丧失的潜在收益。它不是一种指出或费用,并非通常意义上的"成本",而是失去的收益。这种收益不是实际发生的,而是潜在的。参见韩新宽《财务管理学》,哈尔滨工业大学出版社,2007,第 59 页。

④ 参见贺娟《信用卡领用合约中全额罚息条款法律效力研究》,湘潭大学 2011 年硕士学位论文,第 19 页。

限定在信用卡借贷这一单一业务上，未意识到金融机构业务的多样性与复杂性。并且，该观点亦未发现即使在金融贷款业务中，随着金融贷款利率市场化进程的推进，中国人民银行等金融监管机构对普通商业借贷和信用卡借贷的利率均取消了管控，所谓贷款利率不过是一种参考标准。

其次，信用卡透支消费的本质是循环信用，而循环信用本身就会产生经济成本。随借随还和无担保是循环信用区别于普通借贷的特质。信用卡的循环信用功能使持卡人偿还最低还款额度后即可继续享受全额信用额度，而无须一次性付清所有透支款项，加之信用卡为无担保信贷，进一步增加了银行的坏账风险。因此，循环利息为以免息期、最低还款额优惠待遇和循环信用额度为内容的信用卡信贷交易的对价,[1] 故它必然高于普通商业借贷之利息。持卡人在特定时间段内零资金成本情况下获得发卡银行提供的无息贷款用以消费，即以他人资金获取商品或服务；而发卡银行仅在持卡人未按时足额还款时收取其借款期间的利息，并无不当。若将全额计息条款项下的利息认为是对持卡人未按时足额还款的惩罚，似乎有失公平。发卡银行于持卡人足额还款期间承担着借出资金的机会成本，采余额计息规则不仅无法盈利，而且势必为此付出巨大经济代价。如若强求其采用余额计息规则，则将与经济学原理以及商业银行营利法人本质相悖。

再次，在优化营商环境背景下，全额计息规则有助于防范化解金融风险，促进银行业健康发展。金融监管的实质是风险管理。信用卡借贷作为信用贷款，信用风险[2]于发卡银行而言是最大风险。不得不承认，在现实生活中，最渴望获得无担保借贷的申请者往往信用也较差，个人资产相对较少。然而，信用卡申请的条件、流程和审批相较普通商业借贷而言更为简单，风险管控难度更大。如若发卡银行对申请人的个人资产、信用程度和道德风险的判断出现误差，则意味着持卡人违约可能性增加。况且，持卡人的履约意愿受多种因素影响，银行也实在难以预估。即便我国《刑

---

[1] 参见周颖《论信用卡逾期还款的违约责任及其限度》，《法律科学》（西北政法大学学报）2015 年第 5 期。

[2] 信用风险指实质交易对手无法履行契约义务，因而导致银行承受经济损失的风险，可分为违约风险、信用评级调降风险和信用价差风险。参见汪逸真等主编《信用风险管理》，中国金融出版社，2015，第 1 页。

法》在信用卡诈骗罪中囊括了信用卡恶意透支行为，但对恶意透支金额达到 5 万元以上的行为才追究刑事责任，发卡银行所面临的信用风险仍现实存在。总之，发卡银行无法保证对任何信用卡持卡人的信用评级丝毫不差，也难以确保对本行所将面临的信用风险预估准确无误。

在此种认识之下，不难发现，信用卡全额计息条款可以抑制潜在的大规模信用卡恶意透支行为，防止扰乱金融秩序，避免引发系统性风险和破坏全社会稳定，[①] 进而达到维护公共利益和银行业整体安全的目标。从信用风险控制的角度出发，对信用卡借贷采用全额计息规则也可以发挥"警告"持卡人的功能，一则约束持卡人非理性消费，二则有利于防范信用风险、实现自我止损，三则有利于银行业健康发展，持续优化金融信贷营商环境。

五　结语

在免息期和最低额还款的优惠规则之下适用的全额计息条款体现了信用卡借贷在某种程度上"赌博经济"之特性，即发卡银行与持卡人在国家法律允许的范围内"赌一把"：如若持卡人按时还款，则可以享受免费使用发卡银行资金的优惠；相反，如果持卡人迟延还款，则将承担相对较重的资金成本。由于大多数持卡人会如约还款，对银行而言，少数未足额还款的持卡人所支付的利息收入少弥补一部分全体客户免息借款的资金成本。换一个角度观察，发卡银行的不特定信用卡客户之间也在进行法律允许的"赌博"：全体客户在免息期内无偿使用发卡银行的资金，但有客户未按时足额偿还透支还款额时，其支付的利息在一定程度上弥补了全体客户免息使用银行资金的损失。这就是信用卡借贷的实质——法律允许的"赌博"经济。[②] 信用卡的商业逻辑表现为全额计息规则弥补了发卡银行

---

① 柯航锋：《透析银行信用卡全额罚息规则：寻求利益的均衡保护》，载北京大学金融法研究中心编《金融法苑》（第 79 辑），中国金融出版社，2009，第 21 页。

② 李晓钰、侯国跃：《信用卡借贷之商业逻辑对司法裁判的影响》，《法制日报》2018 年 7 月 16 日，第 6 版。

借出资金的机会成本，破解了一部分信用贷款可能导致的信用风险。余额计息规则忽略了信用卡的特殊属性，发卡银行虽可采用此规则计收信用卡利息，然而，以长远眼光和整体视角顾之，看似合理的余额计息规则实则极易令发卡银行陷入信用风险之困境，波及金融信贷市场整体健康。

信用卡全额计息条款符合平等、公平原则，既未违反法律、金融监管规定，亦未违反公序良俗，原则上属有效的格式条款。如法谚所云"对心甘情愿者不存在不公正"，民法上的公平正义建立在意思自治要素之上。[①]陷于逾期的持卡人应严守契约，按照约定向发卡银行支付全额计息条款项下利息。当持卡人以发卡行主张的总额过高为由请求人民法院予以适当减少时，法院应仅可在违约金金额范围内予以调整，而不能对信用卡利息、复利进行酌减。

在裁判金融领域交易合同之时，需要考虑金融业务的交易逻辑，贯彻"穿透式"审判思维和利益平衡的法律精神：在稳定金融秩序的前提下尊重当事人的意思自治，在保护金融消费者的同时不可背离金融业务的经济原理。信用卡全额计息条款的效力判断，或许并不是单纯的法律技艺之机械运用，而是以商业逻辑为基础的相对复杂的理性利益衡量。

---

① 王轶：《论民法诸项基本原则及其关系》，《杭州师范大学学报》（社会科学版）2013 年第 3 期。

协议型反收购防御措施的法律规制[*]

薛前强[**]

内容提要： 协议型反收购防御措施是目标公司与敌意收购方达成的"收购忍让"协议，可与具体反收购措施、条款结合而形成多元变体。对其规制应融入并购交易结构的分段化与整体化之中：区分收购意向书、辅助协议以及收购协议的不同场景，契合反收购协议的反收购性随距离收购交易最终样态的减少而逐渐弱化这一规律；微观考察收购交易具体情境，力求契约目的与所采用手段成比例性。同时采用分段式审查路径，当出现在交易初步阶段时，若董事会做出符合公司利益之正当解释，则反收购协议有效。当出现在并购交易中后端时，应具体分析反收购协议与股东利益之间的关系。实践中，反收购协议缔约方和信义义务承担方实际被契约义务和信义义务双向拉扯。反收购协议还发生类似股东协议、公司章程之效果，对本应交由公司章程规定的事项在反收购协议中做出约定，则侵害股东权利，应认定无效。

关键词： 反收购协议　协议型反收购防御措施　中止协议　信义义务

一　问题提出

活跃资本市场上，任何上市公司都有理由认为自家门口徘徊着"并购

---

[*] 本文为司法部 2021 年度法治建设与法学理论研究部级科研项目"后疫情时代公司应急治理法律问题研究"（项目编号：21SFB4050）；中央民族大学 2022 年青年教师科研能力提升计划项目"共同富裕视野下企业慈善行为法律规制研究"（基金编号：2022QNPY39）的阶段性成果。
[**] 薛前强，中央民族大学法学院讲师。

野蛮人"，成为潜在收购对象。为平衡目标公司紧张情绪和收购者并购野心及可得利益，建立在双方谈判基础上的协议型反收购防御措施应运而生。作为收购方与目标公司在共同认可的框架内相互妥协、博弈之结果，反收购协议本质上是一种"收购忍让"条约，确保双方关系的稳定性、确定性及合作性。[①] 并多以中止协议（standstill agreements）、保密协议（confidentiality agreements）[②]、借贷协议（loan agreements）[③]、禁言协议（no talk agreements）、锁定协议（lock up agreements）[④] 等为典型代表。同传统的"毒丸计划"、"黄金降落伞"、分类董事会、"焦土战略"及"吃豆人策略"等反收购手段相比，协议型反收购手段并未得到公司法和证券法学者的重视。究其原因，协议型反收购措施是目标公司与收购者之间合意的产物，通常适用于收购方以经济收益而非控制利益为目标的敌意并购情形。但敌意收购通常很难以和平方式进行，故能为双方提供洽谈机会并签订反收购协议的敌意收购相当少见。同时，反收购措施本身存在竞争适用的情形，双方主体是否签订反收购协议还受制于外部法律环境和商业策略的双重制约。如有学者发现，敌意收购中目标公司偏好在章程中设置反收购预防条款，选择不改变资本结构的防御措施。[⑤] 此外，收购中股份变动的结果导向披露策略（即明确引发股份变动之后的结果公示）也为反收购协议创设"隐匿"之可能。反收购协议类似事先谈判过程，还未引发收购股份的实际变动。外加其本身是目标公司与收购方、现有股东之间的协议，本身具有隐秘性和商业经济性，[⑥] 故很少被主动披露出来，结果是只有那些由知名企业签订的反收购协议才为人所熟知。

---

① Joseph W. Bartlett, Christopher B. Andrews, "The Standstill Agreement: Legal and Business Considerations Underlying a Corporate Peace Treaty", 62 *B. U. L. Rev.* 143 (1982). p. 144.

② 保密协议通常是目标公司向每个潜在收购方或投资方签订的信函协议。

③ 债权人（银行）可约定如果债务人（公司）控制权发生变化，那么债务将届清偿期。

④ 锁定协议是指公司与股份持有人之间具有法律约束力的合约，规定在特定时期内，其不可出售任何该公司的股票。证券法和公司法上，禁售规则既发挥锁定效果，如《公司法》第 141 条规定。

⑤ 郭富青：《上市公司反收购：政策导向、实施偏好与法律边界》，《法学》2018 年第 11 期。

⑥ 如股份代持协议、隐名股东问题与之类似，很难说当下有强行法之规定，要求名义股东与实际股东之间的隐名协议向外部披露。

即使上述诸多原因共同导致甚至表明协议类反收购措施处于一种被遗忘、被忽视之境地，也不意味着其缺乏商业应用与学术研究意义。尤其是，虽然收购协议框定了并购双方主要权义结构，但复杂的交易要素还往往被打散在与并购相关的各类协议之中。① 甚至个案表明，作为附随性的反收购协议或其他协议中的反收购条款有时会对交易结果起决定性作用。② 不仅如此，就上位规制域而言，反收购协议与章程反收购同属"反收购合意"规制体系：前者属于外部合意契约，以目标公司与收购者签订协议为表现；后者则属于内部合意契约，以公司制定章程反收购条款为代表。这从侧面更实际反映了在对反收购措施的法律规制中，宏观层面的协议型反收购措施有着更为紧迫的规制需求——虽然说目前既有的商业案例显示出华尔街普遍接受了对这些"通谋"协议的使用，但由此引发的对收购情况的整体影响及潜在的法律问题尚未得到充分探讨。故为弥补既有研究之空白，本文试图以协议型反收购措施的典型代表——中止协议的商业实践和司法判决为例，还原此类"自损型"反收购措施背后所掩藏的法律风险及可能对公司利益、股东权利所生损害，最终由点及面描绘其应然规制图景。

二 协议型反收购措施的商业实践、法律构造与多元功能

(一) 反收购协议的历史实践与新兴运用：中止协议的例证

在反收购协议的诸多类型中，中止协议出现最早，也更为流行。一般语境下，中止协议专指目标公司与潜在敌意收购方之间达成协议，收购方同意不再增持目标公司的股份。而作为条件，目标公司将补偿"门口野蛮

---

① 收购协议可以指资产购买协议、股票购买协议、合并协议或其他合约，它们是并购交易的支柱。

② Cathy Hwang, "Unbundled Bargains: Multi-Agreement Dealmaking in Complex Mergers and Acquisitions", 164 *U. PA. L. Rev.* 1403 (2016), p. 1407.

人"一定经济利益，约定目标公司对协议中并购方所持股份享有优先购买权，并有义务以明显高于市场价之特定价格溢价回购敌意收购者所欲转让之股份。中止协议的典型特征是限制收购者的收购控股行为，内容通常约定为：未经发行人绝对多数董事会书面批准，禁止收购方及其子公司或任何实体投资购买一定比例的目标公司股份，任何进一步的出价都需要得到目标公司董事会的书面同意。结果是收购者几乎不可能获取公司绝对多数股票，使收购变得更加困难。纵观整个反收购契约商业实践史，中止协议的运用最早出现于 20 世纪 80 年代的美国，集中活跃在 1980 年至 1983 年这一时间段内。进入 21 世纪后，中止协议的内容随着并购活动的复杂、频繁而变得日益丰富。不仅如此，晚近，中止协议与保密协议、"绿票讹诈"、"白衣骑士"等其他反收购措施的相配套运用，使其再度在一些知名公司并购案中频繁出现。

一方面，"绿票讹诈"的溢价回购设计增强了中止协议的股份限制之效果。"绿票讹诈"指目标公司通过溢价收购公司股票的方式防止敌意收购。具体表现为收购者大量购买目标公司股票，以迫使目标公司溢价回购本公司股票。整个操作过程类似收购者对目标公司进行讹诈，目标公司给付赎金（溢价回购），故被称为"绿票讹诈"。[1] 在进行反收购时，中止协议与"绿票讹诈"往往相互伴随，中止协议的达成可能需要运用"绿票讹诈"中的溢价回购股票，"绿票讹诈"策略的运用可能最后会使得收购者与目标公司间达成中止协议。另一方面，如果目标公司是上市公司，则中止协议中还会存在保密条款或与单独的保密协议搭配使用，以作为投标人（收购者）尽职调查获取机密信息的前提条件，这成为该领域普遍接受和认可的做法。[2] 对于公司及收购者双方而言，中止协议一般包含股票回购价格、股份比例之约定及双方其他利益谈判筹码、安排等。这些信息都会对公司股价产生实质性影响，故如果敌意收购方想了解目标公司与收购

---

[1] 申骏律师事务所：《反收购主动性策略及案例分析之中止协议与绿票讹诈》，http://www.sunjunlaw.com/shouye_mb.php? article = 948，2019 年 6 月 19 日访问。

[2] Brian Kidd, "The Need for Stricter Scrutiny: Application of the Revlon Standard to the Use of Standstill Agreements", 24 *Cardozo L. Rev.* 2517（2003），p. 2519.

相关的信息，就必须接受并承担保密义务，成为保密协议的签订者。一旦双方接洽并有意达成合并及信息共享，那么根据保密协议（条款），"合意"收购方在进行尽职调查时可获得由目标公司董事会转交的包括公司财务记录、预计收益和其他金融交易在内的信息，从而与其他投标人相比处于信息优势地位。[①]

此外，中止协议中还会设置保密条款。在为收购方的尽职调查之目的交换专有、非公开信息之前，保密条款通常是双方签订的中止协议的一部分，以限制在尽职调查期间发现的各方所使用的机密信息之传递，减少不正当利用机密信息的可能性。保密条款用于目标公司向潜在收购者披露非公开信息以签订中止协议之情况，并向外界传达出这一信号——公司关注并采取法律措施（如诉讼）防止任何敏感信息的不当披露。当对目标公司的出售变得无法避免时，披露机密信息可能会增加收购风险并引发竞购战，导致支付成本的增加。[②] 这时，司法实践中，法院不得强迫目标公司向不愿（敌意）合作的投标人提供信息，这就赋予了董事会保持对机密信息访问的控制权，而无法获取非公开信息的威胁通常足以使敌意收购者更加符合目标公司董事会的要求。当然，如果中止协议所拘束的内容披露得到目标公司董事会的事先同意，那么此时公司就有义务将其披露，即只有目标公司做出公开决议后，法院才会强迫目标公司公开这些"秘密"信息。背后逻辑在于这些信息具商业机密性，尤其是收购价格、持股比例、表决权限制等内容会使后续潜在收购者以此为参考，从而影响公司股价。

除前两种配套使用外，而今中止协议的应用早已超越"恶意"收购的场合而扩张适用于第三方公司作为"白衣骑士"与目标公司联手反收购的情景。目标公司为阻止不受欢迎的收购者出价，寻求外部投资者充当"白

[①] 保密协议与初步协议和附属协议具有共同特征。与初步协议一样，它们在交易的早期签署。并不以简单的方式阐述收购协议的重要条款。相反，它们更像是辅助协议，因为它们塑造了交易的条款。保密协议塑造了交易最重要的部分，也就是说，它确定交易是否可以继续进行，如果是，何时以及如何进行。保密协议是独特的，类似初步协议的附属协议。如果非捆绑交易是收购协议及其附属协议的总和，那么保密协议几乎不会成为非捆绑交易的一部分。

[②] Brian Kidd, "The Need for Stricter Scrutiny: Application of the Revlon Standard to the Use of Standstill Agreements", 24 *Cardozo L. Rev.* 2517 (2003), pp. 2518 – 2519.

衣骑士",并向其发行大宗股票。但为防止救援者日后成为威胁者,目标公司会在与"白衣骑士"签订的收购合作协议中设置中止条款。这也就表明:第一,协议反收购措施主要适用于具有现实威胁的敌意型爬行收购(creeping acquisition);第二,反收购契约同样适用于具有潜在威胁的友好型目标公司股份转让;第三,一些常见的反收购措施同样具有契约型反收购的特性或结构设计。

(二) 游走于多元性与归一性之间的法律构造

由于起草的不周延、不充分会产生各种问题之可能,因此反收购契约(中止协议)已经从早期简短的信函/备忘录形式演变为涵盖更多特殊事件的复杂工具。[①] 整体上,契约型反收购防御措施的法律构造兼具多元化个性和归一化共性之双重面向。以中止协议为例,就合同的多元化个性面向而言,中止协议条款类型取决于各方谈判地位和个体需要,内容会因潜在收购交易的具体情况和各方相对议价优势而有所不同,从而实现定制化安排。就商事交易/行为的归一化共性面向而言,其本质上是对收购行为的劝止,同时设置目标公司优先购买权以高价回购为对价限制收购方对外转让目标公司股份。但不论如何纷繁复杂,中止协议的典型组件、条款不外乎以下之情形。

1. 缔约主体、标的及来源

缔约主体一方为目标公司,另一方为公司外部敌意收购方或内部持股者。外部敌意收购者是指本身并不持有目标公司股份而试图在短时间内快速收购他人股份而进入公司内部的投资者。潜在收购者则是指已持有目标公司一定比例股份且可能进一步增持的股东。收购者可以通过两种途径获得多数控股而控制目标公司:一是直接在公开证券市场上购买目标公司股票;二是与其他股东谈判,收购股东所持股份而实现股份的间接增长。在反收购契约的文本实践中,对投资者(购买者)往往采用扩张的定义方

---

① Joseph W. Bartlett, Christopher B. Andrews, "The Standstill Agreement: Legal and Business Considerations Underlying a Corporate Peace Treaty", 62 *B. U. L. Rev.* 143 (1982), p. 145.

式，涵盖公司、个人且包括与前两者存在关联关系或亲属关系的子公司、高管、重要雇员、主要股东、一致行动人、近亲属等。此举目的是尽可能降低投资者以间接、隐名持股的方式规避中止协议股份数额的限制。在确定被限制的证券范围时，协议双方必须做出权衡，过宽或过窄都可能导致协议难以执行。实践中，"股份"通常为已发行普通股或者超级表决权股，原因在于优先股无表决权，对其收购难以撼动目标公司控制结构。

2. 持股比例、时间的形式拘束

缔约双方将限制约定为百分比数字，数值由目标公司具体股权结构所决定。据学者统计，既有限制比例通常为 20% ~ 30%。[①] 应当说，协议约束的比例与目标公司股权集中程度成正相关关系——公司股权结构越集中，那么限制比例则越大。原因在于此时公司极具稳定性，只有当收购方绝对比例持股时，才能危及目标公司控制权结构。相反，若目标公司股权结构较为松散，则收购方相对比例持股即可威胁到目标公司管理层、实际控制人，故此时限制的持股比例也较小。时间跨度上，这种限制通常只是一段时间而非永久。即使这样，为达到反收购之效果，限制的时间跨度也较长，这给中止协议贴上了"长期契约"的标签。如著名的马丁－玛丽埃塔材料（Martin Marietta）公司与缔约方间中止协议时效长达 10 年。[②] 但由于目标公司缔约时的具体情况可能在过长的反收购期间内发生改变，因此无视公司所面临的具体商业环境，一味追求反收购效果而过长地制定中止协议效力期间，这很难说是符合股东/公司的最佳利益。此外，过长的反收购期间也难以获得收购方之同意，尤其是若目标公司所处行业企业并购活动频繁或以收购为企业的业绩增长方式，那么收购方很难预测业务的发展前景，

---

① See Joseph W. Bartlett, Christopher B. Andrews, "The Standstill Agreement: Legal and Business Considerations Underlying a Corporate Peace Treaty", 62 *B. U. L. Rev.* 143 (1982), p. 151. 据统计，已知的比例限制有 20.9%、25%、21% 等。Peter J. Jr. Walsh, "Standstill Agreements: Enterra Validates the Use of Standstill Agreements to Govern Minority Investment Programs", 42 *Wash. & Lee L. Rev.* 1015 (1985), p. 1018.

② Seagram-DuPont 中止协议同样 10 年，Harnischfeger Corporation-Kobe Steel 中止协议期间 9.5 年，Norcen-Hanna 中止协议时效 8 年，等等。See Steven A. Baronoff, "The Standstill Agreement: A Case of Illegal Vote Selling and a Breach of Fiduciary Duty", 93 *Yale L. J.* 1093 (1984), p. 1094.

希望自身并购行为自由，摆脱长期中止协议的束缚，确保在行业中的"份额"地位。更有甚者，在协议期限的具体谈判中，收购方还可以采用功能等值的策略而将其缩短，如在谈判陷入僵局时，收购方可争辩认为目标公司不需要过长的反收购时效，因为其目的已受到保密协议的间接保护。[1]

另外，商业世界瞬息万变，即使中止协议内容再详细，也有可能因某一方效率违约或外部商业环境的变化而难以进行。收购方也不希望自己沦为目标公司后续并购的旁观者。故为预留退路，协议双方还会设置协议解除/终止条款，在发生某些可能对投资者利益产生不利影响的破坏性事件时让投资者摆脱协议之约束及持股份额之束缚。解除情形一般包括：合并或收购导致公司控制权发生重大变化，中止协议目的已无法实现；公司向非子公司出售主要资产，造成缔约方持股价值之减损；第三方持股超过中止协议中比例限制，此时解除对缔约方的合同限制，使其转换为"白衣骑士"，增持以对抗敌意第三方；与协议收购方不睦的第三方获得目标公司控制权，为防止其持股价值之贬损；任何一方严重违反协议的核心条款，构成根本违约。特殊的解除情形还包括外部政策/立法之变化，如谨慎的收购方会约定"对投资者具有或者将会产生财务重大不利影响或将威胁投资者对发行人的控制权之立法的颁布或即将颁布"[2] 为解除条件来寻求保护。

3. 对股权权利内容限制的实际拘束

一些中止协议还意定性地对股份权利内容、收购方其他行为做出限制。前者如增设限制性投票条款，约定收购方所持股份不得对某些事项做出表决或对特定事项不得反对，这实际发挥着表决权拘束效果——进一步被视为管理层防御策略和驱鲨剂条款。这些限制性投票条款成为中止协议中最为重要的约定，[3] 大大降低敌意收购的成功可能性。但此种约束也相

---

① Soren Lindstrom, Cedric Powell, "Standstill Considerations in an M&A Context: Recent Developments and Some Practice Pointers", The M&A Lawyer, the February of 2012.

② Joseph W. Bartlett, Christopher B. Andrews, "The Standstill Agreement: Legal and Business Considerations Underlying a Corporate Peace Treaty", 62 *B. U. L. Rev.* 143 (1982), p. 155.

③ Joseph M. Harary, "Defenses to Hostile Takeovers: Validity of Voting Restrictions in Standstill Agreements", 90 *Com. L. J.* 455 (1985), p. 461.

继引发一定法律风险，"虽然中止协议旨在实现合法有效的企业目的，但固有的投票限制使其合法性受到质疑"，[①] 尤其对于特定事项的肯定或否定之限制将使股东的投票变得毫无意义，持这些大额股份（通常是 20% ~ 40%）的股东不得不基于协议约定而按照管理层的指示投票。后者通常表现为禁止收购者参与代理人之争/表决权征集、加入与第三方的任何其他类似投票安排、换管理层、参与政策制定等一系列危及目标公司管理层的行为。效果是，通过强制要求收购者遵从管理层的意志投票，持股股东在代理权争夺战中很难取得胜利。寻求表决权征集的局外人更是处于几乎无法克服的劣势，股票无法让代理人投票给任何不友好的一方，大大降低了任何局外人在代理权争夺中取得成功的可能性。当然，这些所禁止的事宜并不是绝对的，在不影响目标公司董事会控制结构的情况下，收购者仍可任命公司董事会中的一定席位，参与表决某些事项。或者退一步，在董事会就如股票发行、资产出售、合并提案或其他需要股东批准的重大交易等特定事项进行投票之前，目标公司可能会通知并同意征求投资者（收购方）的意见。只要收购方的声音不超出"建议"（advice）的范畴，此种约定就不会过度侵犯董事会的职权，从而获得双方之允许。

4. 目标公司优先购买权与溢价回购之义务

虽然目标公司在中止协议的发起、制定过程中有一定主动权，但往往因信息不对称而难以考量敌意收购者发起收购行为的真正意图究竟是控制公司还是以收购为筹码制造目标公司恐慌心理从而让目标公司溢价回购所持股票。然而，为未雨绸缪，目标公司不得不做出一定的妥协与利益牺牲——禁止投资者转让股份的最重要例外，是根据目标公司精心定义的优先购买权而做出的任何其他处置之豁免，约定公司对收购方所持股份拥有优先购买权，要求缔约方在出售所持股份前通知目标公司，给予其在规定的时间内优先回购部分或全部股份之特权。这阻止了收购方将所持股份转让给其他敌意收购者之可能性，也使目标公司能够先一步抢占可能具有破坏性的股票销售。事

---

① Steven A. Baronoff, "The Standstill Agreement: A Case of Illegal Vote Selling and a Breach of Fiduciary Duty", 93 *Yale L. J.* 1093 (1984), p. 1093.

实上，对于一家担心要约收购不请自来的公司来说，这种"锁定"功能可能是中止协议最具吸引力的制度设计。但依限制之本意，双方可能决定豁免某些实质上不会对目标公司构成威胁的股份转让，如转让给受协议约束或受缔约方影响、控制的实体。但相应的，其有义务以明显高于市场的价格溢价回购（buy back）缔约方所持股份。美国法项下，收购方有时还会获得股票登记注册这一特权。特定条件下，目标公司承诺根据投资者之要求将其持有的证券根据《1933 年证券法》进行注册。这些股份可在证券市场上公开交易，为投资者提供了处置所收购资产的额外机会。[①] 对目标公司而言，这也使得投资者的持股最终被广泛分散在公众股东手中，而不是整体集中出售给积极收购者。[②]

综上所述，中止协议这类反收购契约会根据并购双方的具体情况和交易需要进行定制化设计。但正像很多上市公司的章程一样，其具有公共信息产品属性，一旦某一版本的协议被披露出来，有制定需要的其他公司的理性策略是对其进行文本复制，这就导致市面上的反收购协议大多雷同。甚至在并购市场上，一个典型的中止协议模板得以流行。[③]

---

① Peter J. Jr. Walsh，"Standstill Agreements：Enterra Validates the Use of Standstill Agreements to Govern Minority Investment Programs"，42 *Wash. & Lee L. Rev.* 1015（1985），p. 1022.

② Joseph W. Bartlett，Christopher B. Andrews，"The Standstill Agreement：Legal and Business Considerations Underlying a Corporate Peace Treaty"，62 *B. U. L. Rev.* 143（1982），p. 172.

③ 自本协议签署日期（"中止期"）开始的×年期间，预期收购方或任何预期收购方代表均不得以任何方式直接或间接：第一，制造，实施，启动，促成或参与①收购目标公司的任何证券（衍生证券）或任何子公司，分部或其他关联公司的任何证券（衍生证券）②收购目标公司的任何资产或任何子公司，分部或其他关联公司的任何资产③涉及目标公司或任何子公司，分部或其他关联公司的任何证券（衍生证券）要约收购，（业务）合并，（资本）重组，清盘，解散或特殊交易④就目标公司的任何证券（衍生证券）的表决权征集；第二，为持有目标公司任何证券（衍生证券）的所有权而形成，加入或参与公司联盟，单独或与他人一致行动，以寻求控制或影响目标公司的管理层，董事会或公司政策；第三，采取任何可能要求目标公司就第一条所列任何类型的事宜做出公告的行动或同意或提议采取，鼓励或建议（公开或以其他方式）采取第一、二条所述的任何行动或协助，劝告，诱使或鼓励任何其他人采取第一、二条所述类型的任何行动；第四，与其他人就上述事宜进行讨论，谈判，安排或协议，要求或建议目标公司或目标公司的代表修改，放弃或考虑修订或放弃本节所述的任何条文。本协议的条文将于目标公司公布其已订立有关交易的最终协议后终止。中止期的到期不应终止或以其他方式影响本协议的任何其他条款。Soren Lindstrom，Cedric Powell，"Standstill Considerations in an M&A Context：Recent Developments and Some Practice Pointers"，The M&A Lawyer，the February of 2012.

（三）　契约型反收购防御措施的多元功能

第一，双向反收购。美国证券法学者罗纳德·吉尔森（Ronald Gilson）教授曾将反收购措施分为两类：一类是预防性/事前型策略（pre-tender offer defenses tactic），也被称为驱鲨剂策略（shark repellent），通过前期设置一些威慑性收购障碍，提升收购难度从而降低潜力提议者的收购意愿；另一类是防御性/事后型策略（post-tender offer defenses tactic），只有在收购者提出要约或确定可能的要约人后才使用的防御措施，这时目标公司的独立性已处于危险状态。[①]

就此来看，中止协议的防御功能既直指当下又延伸至未来。前者指向具体可识别的具象化收购者，中止协议会明确规定特定收购者不得购买额外股份、征求代理权甚至违背管理层的意愿行使表决权，不得采取行动获取或影响公司控制权。这实际上作为一种防御性策略，限制了敌意收购者以增持股份的方式改变公司控制权的能力与可能。[②] 后者则指向潜在收购者，当具有合同相对性特点的中止协议被披露出来或成为某一公司公认做法时，中止协议对外部人来讲就是鲨鱼驱逐剂。这时，如若要成为有效的驱逐者，中止协议的存在必须是所有潜在收购者可获得的公共信息。[③] 但不论怎样，任何拥有这种中止协议的公司都将是一个艰难、冒险和高成本的收购对象，从而转变为一个不受欢迎的收购目标。同时，与"毒丸计划""白衣骑士"等冲突较为激烈的反收购措施不同，中止协议的反收购作用可能较为柔和，也可能较为强烈。这取决于协议双方的博弈力量、具体条款的内容设置以及配套使用的其他措施/条款之衍生功能。突出的是，

---

① Gilson R. J., *The Case against Shark Repellent Amendments*: *Structural Limitations on the Enabling Concept Stanford Law Review*，1982，34（4）.

② 然而，从投资者的角度来看，执行中止协议可能允许投资者以低于协议限额的价格收购发行人的股票，价格低于没有中止协议时可达到的价格，反倒实现投资者对发行人股份的低价、高比例累积。

③ 根据 1934 年证券交易法第 13（d）（1）条规定的威廉姆斯法案（"1934 年法案"）的公开报告要求，15U. S. C. §78m（d）（1）（1982），和必须向美国证券交易委员会提交附表 13D。必须根据 1934 年法案（19U. S. C）第 13（d）（1）（E）条的规定披露中止协议的存在。

中止协议（反收购契约）为目标公司及其董事会提供了各种程度的保护性和稳定性，以实现并购过程的有序化和可控性。

但需指出的是，中止协议的反收购功能不是终极意义上的，并不意味着收购活动会终止，只有当中止协议没有"终止条款"时，才绝对禁止相对方增持股份或以优先购买权阻断其向不友好的一方转让股份。况且在并购交易中，即使签订了中止协议，该交易活动仍然会暗藏未来三种之可能：签约收购方以违约为代价正向继续收购目标公司股份、反（逆）向出售所收购的股份以及暂停收购行为维持当下持有份额不变。毕竟确切地讲，反收购契约（中止协议）实际上只是对收购者的一种合同防御性策略，功能的发挥还受限制于签约双方的守约意愿。

第二，快速融资与缓和公司与收购者/投资者之关系。商业实践上，中止协议主要用于治理小型投资项目。一方面，公司可以将其作为资本筹集工具，项目/股份发行人可在吸引投资资本的同时不会失去控制权。投资者则可以在发行人未采用激烈反收购手段的前提下获得目标公司一定比例股票，并通常在符合管理层利益和股东利益的前提下设置溢价回购约定，从而符合投资者股价利益最大化，吸引很多机构投资者资金的注入，以求与之签订中止协议。最终的结果是，投融双方各取所需，投资者认为当下展开控制权争夺可能过早或过于昂贵，而将中止协议视为一种机制，为后续的接管尝试做好准备。借助该协议，投资者获得足够的股票来作为后期要约收购的跳板，并从提名的目标公司董事那里获得有价值的信息。另一方面，目标公司可以用其锁定大宗股份进而挫败不友好的收购。目标公司还会因自身股份的收购进而可能会在交易市场上为股票创造公开投机、利好之外观而提高股票的价格。

中止协议/反收购契约的公司治理意义还在于公司可借助事前签署中止协议，以促进与长期大型投资者的友好关系，避免昂贵和破坏性的控制权军备竞赛。发行人与投资者签订中止协议，限制了投资者对发行人的所有权权益，降低了收购可能性，促进发行人与投资者之间稳定的关系（至少在合同期限内如此）。当然，收购开始后，这种安抚功能更为明显，如前述协议生效约13个月后，马丁－玛丽埃塔材料公司回购了缔约方拥有的所有股份。① 中止协议的关系缓和功能还表现在其还可用于作为双方之间诉讼和解的一部分，② 可以事先确立纠纷解决方案或者成为纠纷产生后双方签订的和解方案而息诉。

第三，公司收购筛选优质收购者及股份价格竞价机制的惯常配套手段。在公司并购中，董事有义务确保公司股份、资产以最高价出售给收购方。而为发现出价最优者，目标公司董事会以股权竞价拍卖的方式进行销售。在这一过程中，潜在投标人被先要求签订中止条款，约定禁止其未经公司董事会明确邀请而提出收购要约。之后，董事会向这些竞标者提供机密信息的访问权并允许他们参与竞价过程。这种被并购实践俗称为"莫问、莫放弃"（don't ask，don't waive）的条款促进了股价的有序"拍卖"，防止收购方滥用非公开资料及未经请求的收购尝试。③ 毕竟除非目标公司邀请收购方另外提出报价，否则收购方只有一次竞买机会，这也就为目标公司提供价格杠杆，以从（潜在）投标人那里获得最佳报价、特许权利等。

三　反收购契约/条款在拟定、实施及效果层面的多重法律风险

自以中止协议为代表的契约型反收购措施作为反收购手段得到运用以来，与其相关的争议不断，时间跨度贯穿协议拟定、执行、所生效果及价值判断等多个阶段。如公司利用中止协议以解决控制权之争所引发的法律问题集中体现在董事会签订中止协议的合法性/合理性、具体条款的合法性以及合同脆弱的可执行性等几个方面。尤其在对中止协议（反收购契约）的谈判、签订过程中，通常很难将目标公司的利益与防止破坏性的控

---

① Steven A. Baronoff, "The Standstill Agreement：A Case of Illegal Vote Selling and a Breach of Fiduciary Duty", 93 *Yale L. J.* 1093 （1984）, p. 1097.

② Joseph W. Bartlett, Christopher B. Andrews, "The Standstill Agreement：Legal and Business Considerations Underlying a Corporate Peace Treaty", 62 *B. U. L. Rev.* 143 （1982）, p. 144.

③ Peter J. Jr. Walsh, Janine M. Salomone, David B. DiDonato, "Don't Ask, Don't Waive Standstill Provisions：Impermissible Limitation on Director Fiduciary Obligations or Legitimate", Value-Maximizing Tool, 2013 Bus. L. Today 1 （2013）, p. 1.

制权军备竞赛、管理层保留对公司的私人控制相分开。这也大致反映出一般性反收购契约所暗藏的法律问题——"许多契约是在合并谈判中做出的,但并非所有契约是必须的、可执行的或与董事会的信托义务一致"。[①]因此,在每一个反收购契约背后,都潜伏着股东提起诉讼、指控董事违反信义义务之可能性,需从合理性到合法性进行双向拷问。

(一)拟定层面:反收购目的正当性之拷问

在 1985 年的 Enterra Corporation v. SGS Associates 案中,美国宾夕法尼亚州东区地方法院检视了发行人使用中止协议来有效防止投资者爬行收购/托业收购(toehold acquisition)[②] 的效力,认为当存在着有效、合理、可执行的正当公司目的时,中止协议有效。这实际肯定了使用中止协议以促进公司与主要股东之间的关系稳定这一商业做法。鉴于本案作为中止协议的早期实践,有必要将具体案情详细介绍。

原告 Enterra 公司(以下简称"E 公司")注册在宾夕法尼亚州,业务主要是向石油工业提供服务和产品,普通股在纽约和费城证券交易所上市交易。被告 SGS 是一家投资合伙,持有 E 公司近 5% 的普通股,并希望以更优惠的价格获得 E 公司股份。为此 SGS 合伙人会见 E 公司董事长,表示基于投资而非控制目的,有兴趣购买 E 公司的额外股份。初次谈判后,二者最终签署中止协议,约定自执行之日起 10 年内,除非出现协议规定的特殊情况,否则 SGS 收购的股份比例不得超过 15%,SGS 不得对股票提出要约收购以及协助或教唆第三方收购。SGS 在向美国证券交易委员会提交的附表 13D 中附上了该中止协议,E 公司在 1983 年和 1984 年寄给股东的代理声明中也将其披露。[③] 一年后,SGS 要求 E 公司修改中止协议,允许收购比例超过 15%。这遭到董事会拒绝,两公司关系随即恶化。几个月

---

① Christina M. Sautter, "Promises Made to Be Broken: Standstill Agreements in Change of Control Transactions", 37 *Del. J. Corp. L.* 929 (2013), p. 929.

② 托业收购是指在公司收购一个目标公司与目标公司的并购谈判开始前,购买一定数量的股份。托业收购可以降低收购风险和成本。

③ Peter J. Jr. Walsh, "Standstill Agreements: Enterra Validates the Use of Standstill Agreements to Govern Minority Investment Programs", 42 *Wash. & Lee L. Rev.* 1015 (1985), pp. 1026 – 1027.

后，SGS 在附表 13D 中披露其正探讨对 E 公司的其他替代性投资方案，并再次与董事长会面，要求取消比例限制及列席 E 公司董事会。SGS 书面承诺如果这获得董事会批准，那么将以每股 21 美元的价格收购公司任何已发行股票，远高于当时每股 16 美元的市场价。但这仍遭到 E 公司董事会拒绝。SGS 报复性修改附表 13D，披露前述提案具体内容——最终导致纽约证券交易所停牌股票交易。此后不久，董事会重新审议并在财务顾问的协助下得出结论——为了股东最佳利益，公司不接受 SGS 提案，不会修改中止协议。同时，向法院寻求永久禁令救济，要求禁止 SGS 实施违反中止协议的收购行为，认为其存在欺诈，违反了中止协议、联邦证券法等。SGS 以反诉作为回击，要求 E 公司考虑提案的充分性，向每位股东转达董事会拒绝此类提案之决议记录，允许股东自主决定接受还是拒绝 SGS 提案中所述要约。① 同时，E 公司股东也提起衍生诉讼，认为董事会继续执行中止协议会限制 SGS 购买股票的能力，违反了董事会对公司和股东的信义义务。②

法院没有选择审查中止协议的具体条款及其效力，而是采用商业判断标准，认为董事会必须证明签订中止协议的唯一或主要目的不是保留对公司的控制权来使拒绝行为合理化。这表明，法院隐含地认识到中止协议在某种意义上实际发挥着反收购（董事借此保留控制权）的效果。最终，法院得出结论，即使发挥防御性策略之功能，除非有证据证明董事采用中止协议的主要目的是确保其继续任职，否则董事会依商业判断规则而免责。具体到本案中，董事长提交的宣誓书中披露了签订中止协议的有效公司目的——与 SGS 建立稳定关系。③ 法院尤其补充说，中止协议的签订不是回应收购威胁，原因在于 SGS 和第三方都没有表示希望获得对 E 公司的控制权，故保留控制权只是执行协议的部分效果。因此，法院得出结论，根据

<hr>

① Peter J. Jr. Walsh，"Standstill Agreements：Enterra Validates the Use of Standstill Agreements to Govern Minority Investment Programs"，42 *Wash. & Lee L. Rev.* 1015（1985）.

② Peter J. Jr. Walsh，"Standstill Agreements：Enterra Validates the Use of Standstill Agreements to Govern Minority Investment Programs"，42 *Wash. & Lee L. Rev.* 1015（1985）.

③ Peter J. Jr. Walsh，"Standstill Agreements：Enterra Validates the Use of Standstill Agreements to Govern Minority Investment Programs"，42 *Wash. & Lee L. Rev.* 1015（1985）.

商业判决规则，特别是在咨询了专家顾问的情况下，法院不应反对董事会决定执行中止协议，以便实现有效的公司目的，董事会执行中止协议不违反信托义务。①

（二）实施层面：股东溢价出售权与协议可执行性之利益冲突

1. 反收购契约之实施是否侵害股东溢价出售利益？

中止协议出现目的在于阻止缔约方对目标公司进行超比例要约收购，限制其购买目标公司股东持股之能力。因此，抵制敌意收购要约的情况下所使用的中止协议可能会剥夺股东接受或拒绝收购要约的机会，损害股东溢价出售之经济利益。尤其是中止协议的签订实际赋予目标公司董事会代替股东来决定外部收购是否符合股东/公司自身最佳利益之权利。对此，纽约南区法院在曾被称为美国史上最大并购案②的 Conoco Inc. v. Seagram Co. Ltd.③（简称"Conoco 案"）一案中认为，中止协议会剥夺股东考虑那些遭董事会反对的要约收购之机会而将其认定无效。

案中康菲公司（以下简称"C 公司"）遭受外部敌意收购威胁，"白衣骑士"希格拉姆公司（以下简称"S 公司"）提出友好收购其上限 35% 的股份，同意根据 C 公司管理层的意愿进行投票及转让股份需获得 C 公司批准。双方意准将这些约定纳入中止协议。但在磋商期间，C 公司暗地私自与城市服务公司（简称"城服公司"）洽谈并最终决定二者联合。S 公司得知此消息后，向 C 公司 40% 的股票发起了敌意收购要约。这导致城服公司退出合并谈判。为此，C 公司向法院寻求初步禁令，禁止 S 公司的

---

① 地区法院指出，中止协议有助于发行公司董事的目标，即确定与重要投资者的关系，并避免因收购威胁对公司业务造成的不稳定影响。法院补充说，在执行中止协议时，公司董事可能会寻求阻止与合同股东或潜在第三方投标人进行代价高昂的控制权。相反，法院批准使用中止协议来管理小型投资计划。法院进一步认为在中止协议中存在比例限制及限制转让这是行业惯例/普遍现象。就目的而言，在 Enterra 案中，法院还承认，中止协议可能允许合同股东以较低的价格收购发行人的股份。价格远低于没有中止协议的情况。

② Gaines H. Cleveland，"Developments in Corporate Takeover Techniques：Creeping Tender Offers，Lockup Arrangements，and Standstill Agreements"，39 *Wash. & Lee L. Rev.* 1095（1982），p. 1118.

③ 517 F. Supp. 1299（S. D. N. Y. 1981）.

要约收购。理由在于公司与城服公司进行合并谈判的前提是——其依赖与 S 公司签订的中止协议，约定不对 C 公司股票提出敌意要约收购。C 公司认为 S 公司敌意收购要约损害了 C 公司股东从与城服公司合并中所获得的利益。[①]

S 公司则回应认为，中止协议仅适用于与 C 公司合并谈判期间，当 C 公司中断谈判时，S 公司不再有义务遵守友好收购之限制。二者签订中止协议的基础是 C 公司在谈判中所显露的诚意，但当 C 公司以故意对其隐瞒真相的方式而与城服公司进行谈判时，C 公司主观就是恶意的，故缺乏获得公平救济所必需的"干净之手"。随后，杜邦公司加入混战，作为外部收购者向 C 公司股东提出更为丰厚的收购价格。S 公司则升级原始报价来做回应。C 公司进一步修订其要求初步禁令之理由，认为 S 公司应根据在谈判期间达成的口头协议，不得提出任何收购要约。地方法院驳回了 C 公司初步禁令请求，由于适用预先禁令的前提是产生损害，而后续杜邦公司竞价行为表明并未对公司产生损害，只是公司董事会更喜欢杜邦公司的要约而已。法院坚持认为接受 S 公司还是杜邦公司收购要约的最终决定权由 C 公司股东而非董事享有。C 公司还在本案中主张禁反言规则，认为 S 公司不可反悔之前的中止承诺。但法院指出，强制执行中止协议之约定，将一定比例股份转让给 S 公司将使 C 公司股东无法接受杜邦公司之要约。法院补充说，虽然董事可以自由地向股东传达他们对 S 公司收购行为的不满，但董事不能否认股东有机会直面 S 公司要约或任何其他要约。Conoco 案表明，中止协议不应剥夺股东以大幅溢价回应第三方要约收购的机会——实际上对于那些可能会剥夺股东在面对要约时是否接受之机会的中止协议，法院持否定态度，因为这具有取代股东决定是否收购要约之效果。[②] 不容否认，中止协议确实会"附带性"减损股东股票之收益。因为其有效地阻止了未获目标公司董事会同意的主动要约收购，这些收购通常

---

① Gaines H. Cleveland, "Developments in Corporate Takeover Techniques: Creeping Tender Offers, Lockup Arrangements, and Standstill Agreements", 39 *Wash. & Lee L. Rev.* 1095 (1982), p. 1119.

② Peter J. Jr. Walsh, "Standstill Agreements: Enterra Validates the Use of Standstill Agreements to GovernMinority Investment Programs", 42 *Wash. & Lee L. Rev.* 1015 (1985), p. 1042.

比股票市场价格高得多，即此类协议排除了股东股票价格快速大幅上涨的途径，使股东在经济上受到伤害。因此，中止协议最大限度地减少管理层对恶意收购的恐惧，削弱股票市场的有效调解，加剧当前管理层的消极控制，剥夺股东潜在的盈利机会，最终损害股东财产权益。

这类反收购契约可能损害股东溢价出售权利的另一种途径是在契约内容中设定特定"字词"以狭隘地限制收购方的收购对象。如前所述，保密协议同样是反收购契约的一种，而特拉华州法院在 2012 年一例敌意收购案判决中鲜活显示了反收购契约特定词语对并购交易有着决定性影响，对于签订反收购契约的收购行为发起方来讲，甚至会"一着不慎，全盘皆输"。本案中玛丽埃塔材料公司（以下简称"M 公司"）和伏尔甘材料公司（以下简称"V 公司"）拟进行一笔并购交易。为保护初始评估和谈判过程中交换的非公开信息，M 公司总法律顾问根据双方先前使用过的保密协议模板起草了常规保密协议，约定共享的保密信息只用于双方间潜在的业务合并交易。但随后 V 公司股价上涨激发 M 公司敌意收购念头，双方友好谈判随之终止。2011 年 12 月，M 公司利用共享的非公开信息主动提议以 1:2 的比例换购 V 公司股东所持股份，并于同天提起诉讼，请求法院确认保密协议中没有任何条款禁止敌意收购行为，V 公司对此提出反诉。最终，特拉华州衡平法院及最高法院均支持了 V 公司方请求，根据对保密协议中"之间"（between）一词的解释而批准禁令禁止 M 公司在 4个月内提起敌意收购。法院裁定认为，保密协议的意图是只能以达成双方之间交易为目的而使用信息，但本案中收购的形式是 M 公司在公开市场上向 V 公司股东而非 V 公司购买股票，这不是双方之间的交易，故最终认定 M 公司在敌意收购中使用了 V 公司非公开信息，从而违反了保密协议。[①] 本案双方签订的保密协议无疑发挥了反收购契约的功能效果。虽然该案特殊之处在于法院以一种"严格文义解释"并结合"自发目的解释"的方式对保密协议中"between"一词做出解读。但更特殊之处还在于

---

① Cathy Hwang, "Unbundled Bargains: Multi-Agreement Dealmaking in Complex Mergers and Acquisitions", 164 *U. PA. L. Rev.* 1403 (2016).

"保密协议并没有包含明确的中止条款，但法院仍然颁发禁令，以至于许多交易律师痛斥这些裁决是在寻找隐含的中止条款"。[1] 很显然，在这一过程中，法院忽视了利益衡量法的运用，尤其是在公司主体利益、董事会控制利益以及股东并购利益三者之间，最终选择了董事会一方。

2. 反收购契约的可执行性问题

但如果说早期案例表明法院以实质主义的方式尽量试图保护收购活动中股东利益的话，那么在一些最近的案件中，法院则让董事会有机会绕开该行为范本，通过允许董事会成员借助观察竞标者是否具有签订中止协议的意愿来筛选/限制"满意"的收购方，这限制了投标人采取替代路线购买公司股份，提升股价的能力。同时，即使执行中止协议将明显不利于股东价值的最大化，法院仍认为中止协议可强制执行。由此产生的问题是，坚决固守/维护中止协议的可执行性，将无疑损害目标公司股东利益——这种最严重副作用无疑将侵蚀早期实质主义确立的股东保护理念，并将这种贬损永久化。可以说，即使在中止协议运用成熟的国家，这一问题也没有很好的得到解决。尤其是，美国特拉华州可谓公司立法、司法的风向标，但该州法院尚未解决关于中止协议（反收购契约）的可执行性问题，即如果中止协议缔约方在目标公司与另一个收购方签订合并协议后提出更高的出价，目标公司是否必须执行先前的中止协议。[2] 言外之意，即使在收购竞价过程中，收购竞价者签署了中止协议，协议的可执行性也可能会受到质疑。

（三）效果层面：反收购契约的市场操纵之嫌

除前述反收购契约引发的公司内部性治理矛盾外，法院对其负外部性的关注还向外延伸到对收购行为的规制和确保证券市场公平竞争之领域。友好收购中，各方通常会签订锁定契约（lockup arrangements）以寻求提高收购

---

[1] Cathy Hwang, "Unbundled Bargains: Multi-Agreement Dealmaking in Complex Mergers and Acquisitions", 164 *U. PA. L. Rev.* 1403 (2016).

[2] Christina M. Sautter, "Promises Made to Be Broken: Standstill Agreements in Change of Control Transactions", 37 *Del. J. Corp. L.* 929 (2013), p. 992.

的成功率，而锁定条款可以分为正向锁定和反向锁定两种：前者主要表现为收购方与目标公司管理层或主要股东之间签订股票购买协议或期权协议以及目标公司向收购方出售或授予公司关键资产的协议；反向锁定则指目标公司与管理层或股东签订协议，约定不会将其股份出售给敌意收购者。① 中止协议与反向锁定类似，内容恰恰约定为"在未获得公司董事会同意之情况下，禁止缔约者（收购方）对外转让股份，且即使转让，公司也具有优先购买权"。就此而言，中止协议对外部其他收购者的事实效果类似反向的并购锁定制度，故此也就同样具有"锁定契约式"市场操纵的嫌疑。

当下，对于锁定条款的规制主要集中在市场操纵之上。为确保公平，各国证券法均禁止具有欺诈、欺骗或者操纵之嫌疑的收购，如我国《上市公司收购管理办法》第8条规定了收购过程中目标公司的所有收购人都应该受到公平的对待且目标公司董事会不得滥用职权对收购设置不适当的障碍。② 而锁定协议恰恰曾被法院在个案中认定不仅操纵了价格还阻碍了股票的正常市场流通。③ 具言之，锁定协议取消了其他要约收购的可能性，锁定条款拒绝股东做出任何选择，只可接受董事会的协议，无论该协议是否已披露。④ 锁定条款降低目标公司对收购者的吸引力，从而限制甚至框定了目标公司股票价值的上限。借助签订锁定协议，董事甚至剥夺了公司股东是否将其股份转让给第三方的选择权。

因此，中止协议的契约性反收购效果外加其"事先通谋"特性使其同

---

① Gaines H. Cleveland, "Developments in Corporate Takeover Techniques: Creeping Tender Offers, Lockup Arrangements, and Standstill Agreements", 39 *Wash. & Lee L. Rev.* 1095 (1982), p. 1108.

② 《上市公司收购管理办法》第8条：被收购公司的董事、监事、高级管理人员对公司负有忠实义务和勤勉义务，应当公平对待收购本公司的所有收购人。被收购公司董事会针对收购所做出的决策及采取的措施，应当有利于维护公司及其股东的利益，不得滥用职权对收购设置不适当的障碍，不得利用公司资源向收购人提供任何形式的财务资助，不得损害公司及其股东的合法权益。

③ Gaines H. Cleveland, "Developments in Corporate Takeover Techniques: Creeping Tender Offers, Lockup Arrangements, and Standstill Agreements", 39 *Wash. & Lee L. Rev.* 1095 (1982), p. 1112.

④ Gaines H. Cleveland, "Developments in Corporate Takeover Techniques: Creeping Tender Offers, Lockup Arrangements, and Standstill Agreements", 39 *Wash. & Lee L. Rev.* 1095 (1982), p. 1113.

样存在着市场操纵的嫌疑。目标公司董事会可通过创建一个不平等的投标流程，只向签订协议的投标者提供与交易有关的机密信息，从而阻止敌意收购，这成为这种标榜旨在追求最大化股东价值的行动背后的不公平附带条件。在 1984 年的 Biechele v. Cedar Point，Inc. 案①中，美国第六巡回法院就曾流露对中止协议的市场操纵嫌疑之担忧，虽然法院结合具体案情判决认为本案的中止协议不是违反联邦证券法的证券操纵手段，但法院也隐喻式地传达了这样一种观点——中止协议（反收购契约）会阻止第三方提出要约，干扰到收购活动的公平竞争。

四　反收购契约的规制策略：契约法、行为法及组织法的三元理路

行文至此可见，在反收购契约的事前拟定、事中实施以及事后效果评价阶段都有着不同类型的法律风险。正因如此，在每一阶段的规制策略也有所不同。接下来，笔者将就上述三个不同阶段的法律风险针对性地在契约法、行为法以及组织法语境下提出相应的规制策略，以求在尊重企业并购的商事习惯/前提下对公司主体利益、董事/管理层控制利益以及股东福利间做出利益衡平。

（一）契约法逻辑：区分收购意向书、辅助协议以及收购协议的不同场景

作为反收购手段的反收购契约无疑具有契约的一面，即对其规制首先应纳入合同法范畴。通常而言，在大多数并购交易中，收购协议作为主导型核心协议（主合同），是交易双方磋商、谈判、司法审查及学者研究的重点。类型一般包括资产购买协议、股份购买协议、并购协议等。② 但除此之外，一项并购交易的顺利进行还配套有多项辅助型协议（从合同）

---

① 747 F. 2d 209（6th Cir. 1984）.

② Cathy Hwang，"Unbundled Bargains：Multi-Agreement Dealmaking in Complex Mergers and Acquisitions"，164 *U. Pa. L. Rev.* 1403（2016），p. 1405.

(ancillary agreements)。

事实上，所有并购交易也受到与收购协议同时签订或在其前后签订的数十份小型辅助协议的约束，如前文所述的保密协议实际就属于后者。常见的辅助协议还包括就业协议、过渡服务协议、知识产权转让协议、托管协议（the escrow agreement）以及影响交易条款的其他附属协议等。这在并购交易中极为常见，"辅助协议用于签订收购协议双方间的博弈并帮助精确绘制整个交易的轮廓和保障交易行为的流畅进行"。[①] 依此时间序列，反收购契约/条款存在的"母体契约"可能是事前协商阶段的预约合同（意向书）、交易关闭前期的辅助协议以及正式最终确认的并购协议（见表 1）。

表 1　并购交易不同阶段中的反收购契约/条款

交易阶段	前期准备阶段	中期磋商阶段	后期收购协议确定阶段
反收购契约/条款所处母体文本性质	收购意向书	辅助协议	收购协议
反收购契约/条款类型	保密协议/条款	禁言协议、借贷协议	中止条款、锁定条款

类型一：以保密协议/条款为示例的在交易前期的反收购契约/条款。出于谨慎考虑，收购双方会在签订收购意向书之前即签订保密协议，也可在意向书中同时设定保密条款。一个典型反收购保密条款的主要内容有适用对象、保密事项、资料信息的保密、资料的返还或销毁等。在提供有关目标公司业务和运营的机密信息之前、在潜在收购方承诺签订最终收购协议之前，目标公司希望如果双方无法就销售条款达成共识，那么需确保潜在收购方不会使用机密信息发起敌意收购。

类型二：以禁言协议为代表的并购交易关闭前期的辅助协议。笔者曾指出禁言协议旨在禁止目标公司与其他竞标者进行谈判以保障收购方的唯一性。但这类协议经常被法院审查，以确定其是否过于紧缩并违反目标公司管理层应向股东承担的信义义务。当然，如果做广义理解，在这个阶段还包括前文第一部分所提及的贷款协议/借贷协议，即债权人（银行）可约定如

---

① Cathy Hwang, "Unbundled Bargains: Multi-Agreement Dealmaking in Complex Mergers and Acquisitions", 164 *U. Pa. L. Rev.* 1403 (2016), pp. 1405 – 1406.

果债务人（公司）控制权发生变化，那么债务将届清偿期。①

类型三：以中止条款、锁定条款为代表的最终收购契约中的反收购条款。前文对此两类反收购条款的规则构造及引发的法律风险已做详细论述，故在此不再赘述。当区分反收购契约/条款出现的不同"时间场域"后，在契约法的规制逻辑维度，其需尊重一定的规制规律与理路，具体如下。

第一，以时间序列为参照判别反收购契约/条款的出现位置，并契合反收购契约/条款的反收购性随距离收购交易最终样态的减少而逐渐弱化这一规律。根据表 2 可以看到，在不同的交易阶段，反收购契约的反收购性强弱实质是有所不同的。意向书中反收购条款的目的主要在于绝对阻却敌意交易的进行，如商业实践中保密协议/条款禁止将交换的并购信息用于未经同意的敌意收购行为。这时作为反收购主体的公司是信息源头，具有一定的主动性，其仍可对并购信息的多少、重要程度等进行控制。在中期磋商阶段，禁言协议、借贷协议的反收购性有所降低。毕竟，这两类协议实际上是禁止公司/收购方另行寻找其他收购主体，被禁止的一方反倒拥有较大的缔约主体选择优势（即可效率违约）。由于收购协议中各项规定的主要目的实质是正向促进收购行为的实现——桥接各方信息差距、风险偏好和时间差异，从而促成各方最终达成协议，故对于在并购交易后端出现的反收购契约/条款而言，其反收购性相对较弱，正如这个阶段中止协议和锁定协议实际上是做出一定的妥协，仍允许缔约主体持有一定比例目标公司的股份。

表 2　反收购契约/条款的反收购程度与并购交易时间序列之间的关联

先后顺序 交易阶段	前端	中端	后端
	早————————————————→晚		
典型表现	保密协议/条款	禁言协议、借贷协议	中止条款、锁定条款
反收购契约/条款 反收购性强弱	强←———————————————弱		
	反收购一方对信息 内容的可控性	反收购一方对交易缔约 主体的不可控性	反收购主体允许收购 方持有一定比例股份

---

① 与防范外部主体积极持有目标公司股份的反收购契约/条款不同，这类反收购契约实际上是禁止目标公司自身发起的股份积极变动。

由此可见，反收购契约的反收购性强弱与进入并购交易的先后顺序存在着一定的负相关关系。这恰恰成为笔者对美国法院在玛丽埃塔材料公司与伏尔甘材料公司的敌意收购案中就双方保密协议所持让人惊愕的司法态度的一种个人理解，即本案中法院在解读处于交易前端的保密条款时，赋予"between"一词"强反收购性"的排他功能。

第二，在尊重缔约主体意思自治的前提下，对反收购契约的规制还需嵌套进并购交易行为的整体结构之中。一方面，反收购契约的独立性强弱与并购交易最终可否实现呈负相关。在交易前端，反收购契约/条款的独立性最强，有时甚至可与并购主要条款并驾齐驱，存在一旦违反就否定整体交易的事实效果。相应，对收购前的要约采用严格的限制及对要约谈判进行严格司法审查可能会减缓企业收购活动或至少限制收购方可使用的收购技术。[①] 另一方面，当随着并购谈判进入中后端，反收购契约的独立性由强转弱并逐渐递减。这时与并购协议构成次要合同/次要条款（辅助协议）与主要合同/主要条款之关系。而根据合同法之一般法理，对次要合同/次要条款的解释还需置于"契约集合体"整体之中。美国法院在Mitchill v. Lath案中给出了认定协议附属性的三大要件：（1）该协议在形式上附属于主合同，（2）该协议不与主合同或者默示条款冲突，（3）附属协议具备一定的独立性。[②] 由此看，在并购交易中后端出现的反收购契约的附属性是无疑的。此时，对于这类反收购契约的解读应采用整体解释规则——"合同应当被视作一个整体，每一部分的解释都要参考整个合同"。[③] 对反收购契约的此种规制路径也在司法实践中得到适用。与美国司法实践相照应的是，法院在理解反收购契约时会将其解释为并购交易的一部分，以决定交易能否继续进行，即不管有多少协议记录了一笔交易，

---

① Gaines H. Cleveland, "Developments in Corporate Takeover Techniques: Creeping Tender Offers, Lockup Arrangements, and Standstill Agreements", 39 *Wash. & Lee L. Rev.* 1095 (1982), p. 1098.

② 雷雨：《美国〈统一商法典〉的合同解释规则》，西南政法大学 2012 年硕士学位论文，第 17 页。

③ 雷雨：《美国〈统一商法典〉的合同解释规则》，西南政法大学 2012 年硕士学位论文，第 21 页。

一旦发生争议，这些部分将被一起解释。当遵循此路径后，一个可预期的未来反收购契约的商业实践轮廓变得清晰起来——当交易各个部分在争端中被一起解释后，反收购契约的双方主体就没有动力去混淆交易的各个部分，反而更愿意将交易拆分为多个交易合同。这样一来，反收购契约的商业实践的数量亦会增多。

第三，考察收购交易的具体结构情况并力求契约目的与所采用的手段间成比例性。合同目的之内涵主要在于合同当事人的期望。① 反收购契约的目的定然是反收购，为实现此目的，反收购契约中规定了所采用的手段，如保密协议的保密措施、中止协议的中止措施等。但笔者认为，此时反收购目的需与反收购手段之间呈比例性，包括措施的适当性、妥当性和必要性等。反收购的比例性/相称性原则确立于 Unocal 案，即董事会对敌意收购所采取的回应不应是"苛刻"的，既不是"强制性"的，也不是"排他性"的，必须属于"合理范围"。② 详言之，强制性是指以一个受董事会青睐的收购方之收购请求替代敌意收购者之收购请求，并强迫股东对此接受；排他性则指剥夺股东接受所有收购要约之权利或从根本上限制表决权征集以阻止并购方对公司的控制。③

以中止协议为例，由于反收购协议会存在侵害股东利益的风险，剔除双方守约意愿这一主观因素外，对协议可执行性制约的最主要因素在于其与股东收益最大化这一惯常司法判决衡量要素之间的价值博弈。在其影响下，法院可能会基于每笔交易的具体情况而审查在签署中止协议前，目标公司董事是否使用以及如何具体实施股东价值最大化的方法。笔者将这认为"手段证成目的"的检测方法，如果董事会举行竞价拍卖，并且一些有收购意图的竞买人提交了报价，目标董事会将证明其具有真正的意图和能力来达成最大化股东价值的交易。在这种情况下，法院可能会认定董事会的行为合理并维护董事会的承诺，即董事会没有义务在签署中止协议（反

---

① 章杰超：《合同目的含义之解析》，《政法论坛》2018 年第 3 期。

② Christina M. Sautter, "Promises Made to Be Broken: Standstill Agreements in Change of Control Transactions", 37 *Del. J. Corp. L.* 929 (2013), pp. 939–940.

③ Christina M. Sautter, "Promises Made to Be Broken: Standstill Agreements in Change of Control Transactions", 37 *Del. J. Corp. L.* 929 (2013), p. 940.

收购契约）后放弃对其执行。

同时，如果要考察二者间是否成比例性，就必须审查反收购契约签订主体、目标公司的吸引力、新竞价者"走入"并购交易的难易程度等具体情况。即目标公司是否可以违反中止协议而必须考虑第三方收购请求时，第三方进行收购交易的真实、善意及可能程度是需具体考虑的。对此，应关注所谓的买方是否具备"交易能力"和"交易意图"来完成交易，包括与"交易能力"有关的买方融资途径、支付方式、投标人尽职调查程度、收购方规模大小、其他与之相关的特征以及与交易意图相关的第三方要约是否为善意。① 但由于交易情况可能差异很大，一个固定的可执行抑或不可执行的认定结论都存在偏颇。综上而言，法院合理的认定策略应是根据具体情况，将反收购契约置于公司收购的整体过程中进行微观检视。②

（二）行为法理路：融入并购交易结构的董事信义义务之分段式解读

众所周知，各国公司法均规定了以注意义务和忠实义务为内容的信义义务规则体系以降低董事、高管的代理成本及避免其实施自利行为的可能性。反收购行为实质上是董事/公司在面对敌意收购来临时做出的商业判断行为，同样受信义义务规则之拘束。就反收购措施合法性及引发的行为法问题而言，探讨焦点主要集中在董事/高管反收购行为是否与其所承担的信义义务相冲突。如美国法院在比较成熟的 Unacal 案中确立了当董事会审查收购要约时，应确定要约是否符合公司整体利益。在 Revlon 案中则确立了当公司解散不可避免的时候，目标公司董事会必须扮演拍卖师的角色，确保股东获得最佳的股份价值——这实际上是结合并购交易的具体情况而分段式解读反收购措施。故在行为法（信义义务）规则体系下，对契约型反收购防御措施的规制也应采用分段式审查路径。当反收购契约（如

---

① Christina M. Sautter，"Promises Made to Be Broken：Standstill Agreements in Change of Control Transactions"，37 *Del. J. Corp. L.* 929 （2013），p. 984.

② Soren Lindstrom，Cedric Powell，"Standstill Considerations in an M&A Context：Recent Developments and Some Practice Pointers"，The M&A Lawyer，the February of 2012.

意向书）出现在交易初步阶段时，由于这时公司并不一定走向被"拍卖"的结果，故应采用 Unacal 标准，即如果董事会对此时的反收购契约可做出符合公司利益之正当解释，那么其效力应该被尊重。同样，当反收购契约出现在并购交易中后端时，那么对正当性的审查就不能只重视公司利益，应适用 Revlon 标准具体分析反收购契约与股东利益之间的关系。但有时，反收购契约所处的阶段可能无法做非常清晰的分割，且作为反收购契约的缔约方（公司）和信义义务的承担方（董事、高管）实际上被契约义务和信义义务多重拘束。

中止协议引发的"阶段性信义义务冲突"更明显地表现在收购竞价过程中，签订中止协议的收购者出价低于其他收购者，为此目标公司与"中标人"（价高者）签订合并协议。但当"失败的竞标者"（价低者）违反中止协议之约定而针对性地提出更高报价后，目标公司对出价方的选择则面临着并购协议、中止协议合同义务及并购交易信义义务之多向拉扯。① 又如当中止协议的缔约方提出以更高价格收购超过限制比例的目标公司股份时，目标公司董事会则完全可依据中止协议中的契约权利请求法院判决禁止此项超份额交易，但这样目标公司董事会又违反了为公司股东寻求最佳"拍卖价格"之信义义务。故这时除非目标公司董事会明确采用了寻求股价最大化的方法，否则中止协议无效。除此之外，行为法理路很大程度上仍是商业判断路径在公司收购这一具体议题上的延续。对于中止协议这类反收购契约的效力判断，法院倾向于采用传统的商业判断规则路径。商业判断规则通常旨在保护董事会成员免于承担因考量公司最佳利益而做出的业务决策之责任，具有董事责任避风港的价值功效，能够有效抵御甚或攻击股东诉讼。② 目前，法院已经给予目标董事会广泛的自由裁量权，制定旨在阻止敌意收购的防御性措施，即面对敌意收购，目标公司董事会不

---

① 反之亦然，同样引发契约义务与信义义务之冲突。即在竞买过程中，签订中止协议的收购方出价较高，获得收购一定比例股份之资格。但其他收购方相应提出更高报价。此时根据中止协议之约定，目标公司可能必须将股份卖给协议签订方，但按照 Revlon 规则，董事会必须将股份卖给后续出价更高者。

② 常健、张强：《商业判断规则：发展趋势、适用限制及完善——以有限责任公司股利分配为视角》，《法商研究》2013 年第 3 期。

得实施严厉的防御策略，除非合理地认为该收购可能会对公司政策和存续造成"危险"，但这同样产生了几个老生常谈式的问题。

第一，时间层面，商业判断规则的适用以及决策的正当性具有时空阶段性。在"收购威胁潜在存在"——"收购威胁已然出现"——"被收购局面无法逆转"这三个阶段，董事决策正当性（或者反面说违反信义义务）的标准均有所不同。因此，正如前文所述，中止协议乃至绝大多数反收购契约兼具预防性和防御性双重特性。一旦招标过程成熟到讨论制定保密/中止协议的程度，那么对其正当性的审查及商业判断规则的适用标准就存在一个半影区域，一个法律状态并不确定而必须个案具体讨论的区域。如在 2007 年的 Topps Co. Shareholders Litigation 案[1]中，法院批准了一项初步禁令的动议，认为目标董事会滥用了中止协议，违反了 Revlon 标准下的董事信义义务，即当董事会决定转移控制、出售或解散公司时，该公司被认为已进入法院所谓的"不可避免"销售阶段，此时董事有责任采取合理措施确保在公司出售时股东所获价格为最高价。根据反收购规制之理念，公司管理层必须在批准任何交易之前诚实行事并严格考虑公司及股东的最佳利益。具体到本案中，目标公司 Topps 的董事会不恰当地接受了"亲管理层"一方的收购要约。法院裁定的关键是，董事会除了未能真诚地与敌意（竞争对手）收购方 Upper Deck 公司进行谈判外，还对其就公司融资和监管障碍进行误导性公开披露，Topps 公司董事会拒绝解除与 Upper Deck 公司的中止协议，表明其不仅没有更正错误的陈述，还禁止收购方直接向股东提出要约收购。[2]

第二，主观目的层面，即使董事会在决策过程中拥有广泛的自由裁量权，他们仍必须在收购期间达到某些最低标准，证明董事没有出于自身利益行事，以履行其对公司、股东的忠实职责。基于效率的考量，董事的决策主观目的被推定为"善意"，决策被假定有效，即在行使管理权力时，董事被信赖是保护公司利益并以股东的最佳利益行事的。但当受到质疑

---

[1] 926 A. 2d58（Del. Ch. 2007）.

[2] Soren Lindstrom, Cedric Powell, "Standstill Considerations in an M&A Context: Recent Developments and Some Practice Pointers", The M&A Lawyer, the February of 2012.

时，董事也就负有了"自证清白"之义务。尽管管理层希望保留对目标公司的控制权，但其必须证明这仅是谈判、签订反收购契约等类合同时的相关考虑因素，其他动机占主导地位。董事会必须能够证明并说服作为质疑者的股东和裁判者的法官，董事会合理地认为敌意收购对目标公司构成了危险或者以促进与长期大型投资者之友好关系等是其代表公司谈判和签订反收购契约时的主要考量因素和主导动机，而非希望保留对发行人的控制权。[①] 如果存在有效的公司目的，并且管理层在签订协议之前已经适当咨询了法律和商业顾问，董事会决策过程的审议记录很好地彰显了董事会如何真诚地努力使股东价值、公司利益最大化，那么这些就可确保董事会的"干净之手"。当然，董事会还可向股东会主动说明在采取反收购契约措施时，是如何考虑并实现股东价值的最大化，告知股东决策动机、目的及效果。对于法院来讲，需采用何种手段才能证明董事会目的的正当性？这同样应该结合多种因素考量，包括但不限于目标公司的背景和财务稳定性、运营所处行业、一般市场的外部环境以及股权既有销售流程、模式。

第三，因果关系及程度层面，董事会采取的行动必须与收购方所构成的威胁相关，[②] 防御程度受比例原则之限制。[③] 但现实中，对因果关系论证的不足导致中止协议并不能很好地得到缔约方的遵守。如上所述，尽管法院通常承认中止协议的效力，但其脆弱的可执行性也显露无遗。尤其是，如果目标公司处于被收购的进程中，对中止协议的执行可能无法很好地得到落实。即使收购方选择接受中止协议，但潜台词是"总可以突破其限制并进行敌意收购"。收购方的此种立场源于：一方面，目标公司可能很难通过对方违反中止协议来证明损害的存在进而获得赔偿；另一方面，也许更重要的是，如果目标公司已经处于资产出售、并购阶段，目标公司

[①] 但在反收购决策中，董事会的任何只考虑公司的最佳利益而非延续控制的说辞可能都是理想主义的。董事会对于反收购策略的制定、实施必然会关注其个人对公司的控制利益，这是一种对现实主义的直面。如何在理想主义与现实主义间解读、取舍，就需要决策者（董事会）的释明技巧和裁判者（法院）识别艺术间的动态博弈。

[②] Brian Kidd, "The Need for Stricter Scrutiny: Application of the Revlon Standard to the Use of Standstill Agreements", 24 *Cardozo L. Rev.* 2517 (2003), p. 2542.

[③] 这恰恰是公司类行政组织的表现。对此可参见蒋大兴、薛前强《股东大会授权董事会的法理分析——基于理论与实践的双重解读》，《投资者》2018 年第 3 辑，第 82~83 页。

很难就中止协议提起诉讼，因为协议本身很可能被视为管理层的自利产物，阻止股东价值的最大化。

第四，风险结果层面，采用反收购防御措施必然会产生这样一种可能：此类协议潜在或现实地限制了敌意收购企图的数量和有效性，损害股东价值的最大化。高管不再担心会失去职位，因而变得自满、懈怠及失职——最终阻碍公司高管层人员更迭及观念革新，侵犯股东对最佳管理人员的选择权。因此，即使商业判断规则的使用在解读董事会的决策方面通常是合适且恰当的，但将对该规则的遵守扩展到收购方案的所有区域有时并不适宜。[1]

（三）组织法逻辑：识别反收购契约的组织契约属性

反收购契约具有合同法的一面，但同样具有组织法的一面。如在实践中，其可能构成具有组织法性质的"股东协议"，与公司章程、章程反收购措施发生关系。一些本应在公司章程中规定的股东权利限制会在反收购契约中进行约定。如我国《公司法》第 42 条规定"股东会会议由股东按照出资比例行使表决权；但是，公司章程另有规定的除外"——这实际上将对股东表决权的约束交由公司章程决定。但同前所述，典型的反收购协议存在对收购者表决权之绝对限制（无表决权）和相对限制（只能对特定事项表决）。虽然这类习规得到商业实践的认可，但这可能并不符合公司法/合同法的相关规定：一方面，根据公司法中表决权设置之背后理念，股东不能事先约定固化对特定或不特定事项的表决权行使之结果，否则有可能构成股东权利之滥用；另一方面，从合同法角度而言，只考虑到私人利益而非公司利益的公司契约行为可能因违反合同效力的强制性规定而被认定无效。详言之，反收购契约中对表决权限制所产生的问题在于以下方面。

其一，违背控股股东的信义义务。缔约方可因签订中止协议而持有目

---

[1] Brian Kidd, "The Need for Stricter Scrutiny: Application of the Revlon Standard to the Use of Standstill Agreements", 24 *Cardozo L. Rev.* 2517 (2003), p. 2565.

标公司足够比例的股票而成为控股股东。根据公司法相关法理，控股股东对公司负有信义义务，不能利用其对公司的控制来压迫或欺骗少数股东。但因为规定缔约方必须按照管理层的指示投票，无论其是否认为此类行为符合公司的最佳利益，即使所表决内容表明是一项公司管理层支持压迫性、鲁莽或欺诈的行为，缔约方也必须默许。故签订目标公司管理层制定的表决权限制协议显然会妨碍控股股东（投资者）履行信义义务之能力。由此来看，典型中止协议的限制性投票条款涉嫌违反表决权所体现的公共政策/公共利益。实际上，基于这个原因，投资者可以明确预料的是，当他同意某些类型的投票限制时，随之而来的是目标公司的少数股东提起衍生诉讼之风险。

其二，当收购方为公司法人（几乎无例外情况）时，那么收购方自身管理层也有可能因同意对目标公司所持股份之表决权限制而违背信义义务。一旦收购方放弃投票自主权，那么投资者的管理层无力反对目标公司/管理层的任何行为，这违背了收购方股东的最佳利益。因此，存在这样一种隐忧：投票限制条款可能会导致收购方董事违反对自身公司/股东的信义义务而遭致衍生诉讼。

其三，从实际效果来看，目标公司将以表决权限制之方式实际"发行"类别股，这可能不符合交易所的特定上市规则而被迫退市。作为一项政策问题，证券交易所对类别股份的上市交易有着特殊规定，如无特别规定，拒绝上市公司发行无投票权的普通股或任何其他类别股票。目标公司对表决权的限制，在效果上构成对无投票权的普通股之上市销售，限制表决权实际上也产生表决权逆向否定买卖之效果，构成了消极销售表决权的明显外观。这些将违反股票上市、交易之强制性要求及公共政策/利益而被认定非法，导致目标公司从交易所中退市。

其四，在价值层面将贬损股东民主主义。对表决权的限制尤其是缔约者同意按照目标公司董事会的指引来进行表决将可能导致整个中止协议无效。因为这些规定表明，董事达成该协议的目的仅仅是巩固其对目标公司的控制权，这将使管理层在任何选举、表决活动中都取得胜利，而牺牲公司民主和股东经济利益。但这并不是说中止协议中包含的任何投票限制都是无效的，前提是受限条款对股东民主并不产生侵害。然而基于表决权作为固有权和共益权之权利属性，现实中这一点很难得到证明。

其五，上述对表决权限制之种种风险并不意味着反收购契约（中止协议）命运的终结，其只不过表明这种不允许的投票安排将可能从反收购契约（中止协议）中剥离直至式微。但目标公司并不会因此而孤独无助，"只不过其契约反收购的箭袋中少了一个可以用来防御敌意的投标者的箭头而已"。①

五　结语

公司并购不论是友好型还是敌意型，都极具复杂性。敌意收购的频发倒逼目标公司想方设法设置反收购措施以规避"门口野蛮人"之觊觎。但与传统反收购措施的交易特性所不同的是，契约型反收购防御措施展现了其高度的内容意定性一面，可以与具体反收购措施、条款结合而呈现出多元变体。正因如此，契约型反收购防御措施的起草者应采用一种力求周延的审慎态度，否则可能引发包括公司控制权错配、高昂的代理权竞争、股东派生诉讼、公司被迫退市、侵害股东溢价出售权利等在内的一系列商业风险和法律风险。对于契约型反收购防御措施的规制应采用融入并购交易结构的分段化与整体化之进路。

在契约法理念下区分反收购契约、条款存在于收购意向书、辅助协议以及收购协议的不同场景，契合反收购契约／条款的反收购性随距离收购交易最终样态的减少而逐渐弱化这一规律。在尊重缔约主体意思自治的前提下，嵌套进并购交易行为的整体结构之中，并微观考察收购交易的具体结构，力求契约目的与所采用的手段成比例性。

在行为法规则体系下，对契约型反收购防御措施的规制也应采用分段式审查路径。当反收购契约出现在交易初步阶段时，由于这时公司并不一

---

① Joseph M. Harary, "Defenses to Hostile Takeovers: Validity of Voting Restrictions in Standstill Agreements", 90 *Com. L. J.* 455 (1985), p. 465.

定走向被"拍卖"的结果，故如果董事会可做出符合公司利益之正当解释，那么其效力应该被尊重。同样，当反收购契约出现在并购交易中后端时，那么对正当性的审查就还应具体分析反收购契约与股东利益之间的关系。但需注意，反收购契约所处的阶段可能无法做非常清晰的分割，反收购契约的缔约方和信义义务的承担方实际上被契约义务和信义义务多重拘束。

最后，反收购契约还具有组织法的一面，在实践中发生类似股东协议、公司章程的效果。但反收购契约的签订者不应越俎代庖，对于本应交由公司章程规定的事项不宜在契约型防御措施中做出约定，以避免对股东权利的侵害。

保险法告知义务之规范性质[*]

梁　鹏[**]

内容提要：现行研究基于弱者保护理论和域外立法，将《保险法》关于告知义务的规范认定为半强制性规范，然而，研究者关于域外立法的研究有些片面，保护弱者可能造成被保险人群体利益的损害，因此，半强制性规范的观点值得怀疑。从规范区分的形式标准来看，告知义务很可能属于强制性规范；从规范区分的实质标准来看，将告知义务作为半强制性规范，允许保险人降低或免除投保人的告知义务，不仅损害被保险人群体的利益，事关公序良俗中的经济公序，并且可能破坏保险交易中最基础的诚信道德，故而应当将告知义务认定为强制性规范。并且，从维护公序良俗、禁止权力滥用、践行最大诚信出发，告知义务之规范应当被认定为效力性强制规范。不过，告知义务属于效力性强制规范中的缔约性效力规范，违反该种效力性强制规范，并不导致合同无效，仅将约定行为认定为无效即可，这一点可以通过缔约性强制规范的理论予以解释。

关键词：告知义务　半强制性规范　强制性规范　无效

一　问题的提出

订立保险合同时，投保人需针对保险人关于保险标的或被保险人有关情况的询问进行回答，这便是我国《保险法》第16条对投保人赋予的告

---

* 本文系中国社会科学院大学人文社科类重大项目培育专项（项目编号：02011903820519）的阶段性成果。

** 梁鹏，中国社会科学院大学法学院教授，法学博士。

知义务。由于告知义务涉及保险人是否承保、以什么样的保费承保等关键问题，在保险合同中，保险人通常都会要求投保人履行这一义务，但是，在某些特殊情况下，保险人也可能放弃或减轻投保人对告知义务的履行，保险合同当事人可否通过约定的方式加以排除投保人的告知义务？或者通过约定的方式减轻投保人的告知义务？

在著名的"武汉金凰保险案"[①] 中，保险公司与金凰公司通过特约条款约定："本保单项下的所涉及保险标的是 Au999.9 足金黄金金条，保险人受理投保前负责对黄金质量和重量进行鉴定，并由中国地质大学（武汉）珠宝检测中心出示的检测报告结果为足金。发生保险事故时，保险人不得以投保人在投保前未如实告知黄金质量和重量情况而拒绝承担保险责任。"这意味着，在保险人对黄金质量和重量抽样鉴定之后，[②] 假如投保人采取非常手段，譬如以假黄金替代真黄金存入保险箱，导致最终保险箱中的黄金为假黄金，亦即"发生保险事故"，保险人也不得以投保人在投保时未告知黄金的真实情况（存入保险箱中的黄金为假黄金）为由拒绝赔付。若允许保险合同当事人以约定变更或排除保险法之规定，则上述案件中的约定有效，即使投保人存入保险箱中的黄金为假黄金，保险人亦不可以投保人违反告知义务为由拒赔。若不允许当事人以约定变更保险法之规定，则该约定无效，保险人可以投保人违反告知义务为由拒绝赔付。

这一问题涉及《保险法》第 16 条之性质定位，即《保险法》第 16 条之规定是否属于强制性规范。传统上，法律规范可以分为任意性规范、半强制性规范和强制性规范，告知义务之规范当然不可能属于任意性规范，倘若该规范性质上为半强制性规范，则当事人可以通过约定做出对弱势一方有利的变更，亦即当事人可以约定降低或免除一方的告知义务；倘若该规范性质上为强制性规范，则当事人不得通过约定变更法律规定，哪怕该约定对弱势一方有利亦为不可，亦即，当事人不得约定降低或免除告知义务。现有研究认为，《保险法》关于告知义务的规范属于半强制性规

---

① 参见吴雨俭、吴红毓然、白宇洁《百亿黄金局》，《财新周刊》2020 年第 25 期，第 50 页。

② 由于黄金金条数量较大，保险人不可能将所有金条切开鉴定，故只能做抽样鉴定，案例中保险人也是这样操作的。

范，然而，笔者对此颇感怀疑。本文中，笔者首先提出怀疑之理由，然后对告知义务属于强制性规范的观点加以论证，最后探讨保险双方当事人约定降低或免除投保人告知义务之效力。

二 半强制性规范：理由及其怀疑

关于告知义务的规范性质，教科书一般不会涉及，只有少数专著对这个问题进行了研究，其研究结论是，《保险法》上关于告知义务的规定属于"片面"强行性规范①、相对强制性规范②。

所谓"片面"强行性规范或相对强行性规范，又称"半强制性规范"③，是介于强制性规范与任意性规范之间，仅使法律规定的一部分具有强制性的规范。④ 正如施瓦布教授所言："可以理解为是向法律关系中较弱的或更容易受到损害的一方提供最低限度保护的规定是强制性的。这种情形中的强制性常常是单方面的，也就是说，对于这种法律规范，不可以作出有损于但可以作出有利于需要保护一方的变通。"⑤ 在保险法上，半强制性规范可以做这样的理解：若某条法律已对某一事项作出规定，就该事项而言，作为强势一方的保险人，只能做比法律规定更有利于投保人的约定，不得做出比法律规定更不利于投保人的约定。例如，《保险法》第36条规定，在投保人到期未交保费的情况下，如保险人未催告交付，超过约定的期限六十日未交保费的，保险合同中止。这一规定给予投保人六十日的宽限期，通说认为，关于六十日宽限期的规定属于半强制性规范，该规范强制保险人给予六十日的宽限期，但如保险人给予投保人六十日以上的宽限期，比如七十日，因该期限对处于弱势地位的投保方有利，故该七十日期限的约定是有效的；但若保险人在合同中约定给予五十日的

①　樊启荣：《保险契约告知义务制度论》，中国政法大学出版社，2004，第36页。
②　江朝国：《保险法逐条释义》（第2卷：保险契约），元照出版公司，2013，第287页。
③　下文此三个概念通用，但为行文方便，通常使用"半强制性规范"，但因引用他人观点，可能出现作为同义语的"片面强行性规范"或"相对强行性规范"的字样。
④　耿林：《强制规范与合同效力》，中国民主法制出版社，2009，第90页。
⑤　〔德〕迪特尔·施瓦布：《民法导论》，郑冲译，法律出版社，2006，第39页。

宽限期，因该期限对投保方不利，违反了保险法对保险人的强制，故该五十日期限的约定无效，因此，关于六十日宽限期的规定属于半强制性规范。

（一）　告知义务作为半强制性规范的理由

学者将保险法告知义务的法律规定作为半强制性规范，其主要理由如下。

1. 从法理方面来看，保险契约系保险人与投保人之契约，基于弱者保护，强者放弃利益之考量，告知义务之法律规范应为半强制性规范。日本学者三浦义道指出："保险契约之当事人即保险人与要保人之地位相对立，而保险人一般富于保险知识；反之，除例外情形（如海上保险），要保人于同一保险上并无保险知识，所以告知义务之规定，不许依一般契约自由原则，由当事人任意加以变更，否则保险人于保险契约订立时，必以此原则将影响于危险估计仅有轻微之事实任意加以变更，而强迫要保人告知，然后认为要保人怠于告知而为解除契约之主张，如此与保护及顾及双方当事人利益之主旨有违。故法律政策应不许就此规定为要保人不利益之变更，但为保险人不利益之变更，基于保险人为富于特别知识之相当理由，应认定其系为利益之抛弃，自无禁止之必要。此即所谓'片面'的强行性规定。"[1]　总结三浦义道教授之理由的内容，主要是两点：第一，由于保险人富于保险知识，投保人在保险合同中处于弱势地位，为保护投保人的利益，保险人不得随意变更法律规定，在告知义务方面做出比法律规定更不利于投保方的约定；第二，保险人和投保人系保险合同的双方当事人，由于保险人富于保险知识，处于强势地位，若其放弃自己的利益，在告知义务方面做出对投保方有利的约定，应视为对自己利益之抛弃，因此是允许的。既然保险人不得做出比法律更不利的约定，又可以做出对投保人有利的约定，故而，关于告知义务的规定属于半强制性规范。

---

[1]　〔日〕三浦义道：《保险法论》，严松堂，1930，第 189 页，转引自樊启荣《保险契约告知义务制度论》，中国政法大学出版社，2004，第 37 页。

2. 从域外立法来看，有立法规定，保险人于合同中不得做出不利于投保人的约定。该观点指出，虽然《法国保险契约法》第 2 条规定："本法之规定，不得以契约变更之。"[①] 但《德国保险契约法》第 31 条规定："变更第 16 条至第 29 条（即告知义务之规定）而为要保人不利益之合意，保险人不得援用之。"[②] 同样，《瑞士保险契约法》第 98 条规定："对于第 6 条之规定（即告知义务之规定），不得为要保人不利益之变更。"我国台湾地区"保险法"第 54 条第 1 款规定得更为明确，其载明："本法之强制规定，不得以契约变更，但有利于被保险人者，不在此限。"由于《德国保险契约法》《瑞士保险契约法》均规定保险人不可以在合同中做出对投保人不利的约定，而我国台湾地区"保险法"又规定保险人可以做出有利于投保人的约定，故而，告知义务作为半强制性规范，在比较法上有其依据。[③]

（二）现存理由之怀疑

1. 告知义务作为半强制性规范之法理怀疑

根据前述施瓦布教授对半强制性规范的描述，一个法律规范若被称为"半强制性规范"，需要具备两方面的条件：第一，处于强势地位的一方不得做出比法律规定更不利于弱势一方的约定；第二，处于强势地位的当事人可以做出比法律规定更有利于弱势一方的约定。以这两个条件为标准衡量告知义务之规定是否为相对强行性规范，可以发现，三浦义道教授提出的两个理由并不能笃定地证明关于告知义务的规定属于半强制性规范。

一方面，就告知义务而言，保险人当然不得做出比法律规定更不利于投保人的约定，但这并不能证明关于告知义务的规范属于半强制性规范，

---

① 现行《法国保险契约法》第 L111 - 2 条的规定是："本法第一编、第二编以及第三编的相关规定不允许当事人以协议的方式进行修改。"鉴于笔者所引著作成书于 21 世纪初，笔者推断当时的《法国保险契约法》第 2 条为"本法之规定，不得以契约变更之。"不过，就本文所论之点而言，《法国保险契约法》修改前后的规定并无实质变化。

② 2008 年《德国保险合同法》修订后，该规定成为第 32 条，内容为："违反第 19 条至第 28 条第 4 款以及第 31 条第 1 款规定并不利于投保人之约定，保险人不得主张。"其核心含义并无变化。

③ 参见樊启荣《保险契约告知义务制度论》，中国政法大学出版社，2004，第 36 ~ 37 页。

强制性规范也会做此要求。三浦义道教授认为，鉴于保险人处于强势地位，为防止保险人强行增加投保人之负担，自当禁止保险人就告知义务做出较法律更为严厉的变更。这无疑是正确的。但是，保护弱势一方并非半强制性规范的独有特征，强制性规范也具有这一特征要求，即强制性规范也会要求强势一方不得做出对弱势一方更不利的变更。因此，若仅以保护弱势一方为由认为告知义务属于半强制性规范，理由并不充足，关于告知义务的规定也可能是强制性规定。

另一方面，认定是否属于半强制性规范的关键是双方是否可以对法律规定做出对弱势一方有利的变更，然而，在告知义务上，允许保险人做出对投保人有利的变更似有不妥。三浦义道教授认为，保险人和投保人是保险合同的当事人，应当允许作为强势一方的保险人放弃自己的利益，从而就告知义务做出对投保人有利的变更。然而，众所周知，保险人背后站着众多投保人，他们将保险费交由保险人管理，形成了一个保险团体，未来的赔付出自众多投保人交付的保险费，保险人所放弃的利益，可能并非自己的利益，而系投保团体的利益，保险人对某一投保人放弃或降低告知义务的约定，可能对投保人团体造成损害，因此，在告知义务方面，是否允许保险人对某一投保人做出更有利的约定，颇值怀疑。

总之，根据施瓦布教授对半强制性规范提出的两个条件，三浦义道教授的第一个理由是成立的。但作为衡量半强制性规范最重要的理由，三浦义道教授的第二个理由却颇值怀疑，由于构成半强制性规范必须符合上述两个条件，于是，三浦义道教授将告知义务的规定作为半强制性规范，其理论基础并不扎实。

2. 比较法理由之怀疑

对于上述比较法之理由，笔者认为，《德国保险契约法》和《瑞士保险契约法》的规定，并不能证明告知义务属于相对强行性规范。我国台湾地区"保险法"第 54 条之规定，本身存在可商榷之处。而《法国保险契约法》的规定正好证明告知义务并非半强制性规范。

首先，《德国保险契约法》和《瑞士保险契约法》并没有允许保险人就告知义务作有利于投保人的规定，不能证明告知义务属于半强制性规范。《德国保险契约法》和《瑞士保险契约法》虽然规定保险人对告知义务的法律规定不得做不利于投保人的变更，但这一规定并未指出保险人可以做有利于投保人的变更。论者之所以认为其属于半强制性规范，乃是适用了法解释学上的反对解释，而反对解释往往是不周延的，[①] 我们无法从禁止保险人做出不利于投保人的约定，自然地得出允许保险人做出有利于投保人的约定的结论。而允许保险人做出对投保人有利的约定，乃是半强制性规范的一个不可或缺的方面。[②] 一个规定"不得做出不利于投保人的变更"的规范，不宜断然认定为相对强行性规范。

其次，我国台湾地区"保险法"第54条第1款的规定存在可商榷之处。依据该条，保险法上便完全不存在绝对强行性规范，因为该条中的"强制规定"至少在文义上应解释为强制性规范和半强制性规范，[③] 该条规定，所有的"强制规定"均不得变更，但保险人可做有利于被保险人的约定，乃是将保险法中所有的"强制规定"作为相对强行性规范处理，保险法上于是不存在绝对强行性规范，这显然是不恰当的。例如，我国台湾地区"保险法"第109条第3款规定"被保险人因犯罪处死或越狱致死者，保险人不负给付保险金额之责任"。若允许保险人在合同中约定"被保险人因犯罪致死，保险人仍负赔付责任"，无疑违反公序良俗，故江朝国教授认为"该条之规范性质应属'绝对强制规定'，不许当事人以契约变更"。[④] 以犯罪条款为榜样，若我国大陆保险法要求投保人履行告知义务的规范属于强制性规范，自不允许保险人做任何变更，而保险法关于告知义务之规范恰恰属于强制性规范，下文将对此论述。

最后，《法国保险法》的规定恰恰证明告知义务的履行不属半强制性

---

① 杨仁寿教授指出："从法学上而言，只有法律要件被充分列举时，始能成为一个有效的逻辑法则，而得为反对解释。白马是马，不能反对解释为'非白马不是马'。"杨仁寿：《法学方法论》，法律出版社，1999，第117页。此处杨教授表述的正是反对解释的不周延性。

② 下文论述半强制性规范的两个不可或缺的方面。

③ 该条前半段应当理解为强制性规范，后半段但书的规定，似应理解为半强制性规范。

④ 江朝国：《保险法逐条释义》（第2卷：保险契约），元照出版公司，2013，第279页。江朝国教授同时认为保险法中关于保险利益之规定、防免道德危险之规定、不当得利禁止之规定、基于公序良俗所为之规定、消灭失效之规定，均属强制性规定。

规范，而属强制性规范。该条规定："本法之规定，不得以契约变更之。"
这意味着，法国保险法中的所有规范均不得由当事人约定变更，既不得做
不利于投保方之约定，亦不得做有利于投保方之约定。位于《法国保险契
约法》第一编之告知义务，当然应受该条之约束，保险人需严格依法执行
告知义务之规范，不得增加或减轻投保人的义务，故而，《法国保险契约
法》中之告知义务，显然属于强制性规范。

三　强制性规范及其证立：形式标准与实质标准

在笔者看来，保险法关于告知义务的规定，应属强制性规范。但学者
论著中，"强制性规范"又被称为"绝对强行性规范"，"半强制性规范"
又被称为"相对强行性规范"，在此，我们使用"强制性规范"的概念，
其是指"不可以通过私人的意思表示，或者其他行为，比如事实行为，来
加以变更或排除适用的规范"。① 强制性规范的特点在于，法律之规定不
得依当事人之意思而左右，必须强制遵守。② 即使双方当事人的约定对弱
势的一方当事人有利，该约定也不被允许。此类规范在保险法上的表现
是，保险契约当事人无论如何不得以契约方式变更法律的规定，纵使其变
更对被保险人更为有利，亦为无效之变更。③

那么，什么样的规范应当构成强制性规范？通常来说，强制性规范的
认定可以分为形式标准和实质标准两个方面，下文从这两个方面论证保险
法上关于告知义务的规定属于强制性规定。

（一）形式标准：强制性规范的初步证立

1. 强制性规范的形式标准

判断某一法律规定是否属于强制性规范，首先应从形式标准入手，即
考察法条中是否存在"必须""应当""不得""禁止"等文字。对此，

---

① 耿林：《强制规范与合同效力》，中国民主法制出版社，2009，第 60 页。
② 参见李宜琛《民法总则》，中国方正出版社，2004，第 20 页。
③ 参见江朝国《保险法逐条释义》（第 2 卷：保险契约），元照出版公司，2013，第 272 页。

最高人民法院的态度较为明确："认定某一规定是否为强制性规定，可首先采取形式标准，看某一规范是否包括诸如'应当''必须''不得''禁止'等字样来认定其是否为强制规范。"①

依照最高人民法院的观点，带有"应当"二字的规范，通常应当理解为强制性规范。最高人民法院认为，"凡是带有'必须''禁止'字样的规范，均为强制性规定。带有'应当''不得'字样的规范通常为强制性规范，但要排除属于裁判规范、倡导性规范或半强制性规范的情形"。②

2. 告知义务规范规定作为强制性规范的形式标准阐释

保险法中关于告知义务的规范，属于带有"应当"字样的规范，故而通常应做强制性规范理解。我国大陆《保险法》第16条第1款规定："订立保险合同，保险人就保险标的或者被保险人的有关情况提出询问的，投保人应当如实告知。"此处就保险人的如实告知，采用了"应当"字样，由此可以认为，保险法关于告知义务的规定，通常应当理解为强制性规范。

带有"应当"字样的规定虽多属强制性规范，但必须排除其作为裁判性规范、倡导性规范和半强制性规范的可能性，关于告知义务的规范，做此排除并不困难。首先，上文关于告知义务属于半强制性规定的怀疑，大致可以排除其作为半强制性规范的可能性。其次，关于告知义务的规定并非裁判性规范。裁判性规范的规制对象应当是法院而非当事人，而告知义务是对保险合同一方当事人——投保人的规制，而非对法院的规制，所以，其显然不属于裁判性规范。最后，关于告知义务的规范并非倡导性规范。所谓倡导性规范，即提倡和诱导当事人采用特定行为模式的法律规范。③ 一般来说，倡导性规范不会规定违反该倡导的法律后果，④ 然而事实是，保险法对投保人不履行告知义务的法律后果作出了明确的规定——

---

① 最高人民法院民事审判第二庭编著《〈全国法院民商事审判工作会议纪要〉理解与适用》，人民法院出版社，2019，第250页。
② 最高人民法院民事审判第二庭编著《〈全国法院民商事审判工作会议纪要〉理解与适用》，人民法院出版社，2019，第251页。
③ 王轶：《民法典的规范类型及其配置关系》，《清华法学》2014年第6期，第59页。
④ 参见王轶《民法原理与民法学方法》，法律出版社，2009，第237页。

保险人可以解除合同，拒绝承担保险责任，因此，保险法关于告知义务的规定不属于倡导性规范。

综上，从形式标准来看，保险法关于告知义务的规定，大概率属于强制性规范，不过，我们仍需从实质标准方面对其属于强制性规范进行论证。

（二）实质标准：强制性规范的进一步证立

所谓实质标准，乃是从法条规范的目的、法条所涉及的利益进行考量，一般来说，学者共同承认的实质标准包括"伤害原则""公共利益""弱者保护""家父主义""法律道德主义"等。宁红丽教授在考察民法强制性规范后指出：关于强制性规范的标准，大体上包括他人利益免遭伤害（伤害原则）、行为人自身利益保护（家父主义）、公共利益或公序良俗、社会正义、弱者保护、交易安全、经济效率等。这些价值既是民法作为规范性强制的理据，也足以构成强制性规范的分类标准。① 也就是说，如果法律规范的目的是实现上述标准所涉及的内容，该规范就可能被认定为绝对强行性规范。在笔者看来，将告知义务的规定作为强制性规范，至少符合下述几个实质标准。②

1. 伤害原则（the harm principle）视角下的强制性规范

伤害原则又称"米尔原则"（Mill principle），是指当事人在从事自己行为时，不得伤害他人或社会的利益，否则该行为就会受到法律的干预。伤害原则由英国著名的自由主义思想家米尔提出，作为自由主义者，米尔主张给予民众最大的自由，但是他也承认，自由不是无限度的，如果个体的行为损害到他人的利益，该行为应当受到法律的干预。为了区分何种行为可以自由进行，何种行为必须受到法律的限制，米尔将人民的行为分为自涉性行为和涉他性行为。③ 自涉性行为可以不受法律干预，涉他性行为则需要法律强制干预，他指出："社会干预个人行为自由的唯一目的是

---

① 宁红丽：《民法强制性规范的反思与优化》，《法学》2012 年第 4 期，第 32~33 页。
② 关于告知义务，当事人不得约定比法律规定更不利于投保人的内容已是学界的共识，无须再行论证，下文主要论证的是，当事人亦不得约定比法律规定更有利于投保人的内容。
③ 参见钟瑞栋《民法中的强制性规范——公法与私法"接轨"的规范配置问题》，法律出版社，2009，第 90 页。

（社会）自我保护。只有为了阻止对别人和社会的伤害，法律对社会成员的限制才是合理的，可以证成的。"[1] 这意味着，只有伤害别人的行为才是法律检查和干涉的对象，因为其影响到了他人的利益，法律应当对当事人进行强制。换个角度来说，在法律上，如果一个行为会对他人的利益造成损害，法律应当对此种行为作出强制性的规定，该规定应属强制性规范。[2]

就告知义务来说，允许当事人做出比法律规定更有利于投保人的约定，应当受到法律强制，其原因是，该约定损害了被保险人团体的利益，违反了"伤害原则"。保险是由众多被保险人组成的团体，有学者称之为"投保群体"，[3] 本文称之为"被保险人团体"，投保人群体通过对保险人交付保险费形成赔付的资金池，当某一被保险人发生事故时，由保险人从资金池中抽取保险金予以赔付。理论上说，被保险人团体和保险人（保险公司）是两个不同的主体，根据"伤害原则"，保险人的行为不得损害被保险人团体的利益。然而，当保险人与投保人就告知义务做出比法律规定更有利于投保人的约定时，比如，免除投保人的告知义务或降低投保人的告知义务，此举非常可能激励投保人不履行告知义务，从而使得风险较大的被保险人进入被保团体，由于此部分被保险人风险较大，发生保险事故的概率亦大于通常之被保险人。依照保险法之规定，故意或重大过失不履行告知义务时，保险人本可通过拒绝赔付保险金而保护资金池中的资金不受损失，从而保护被保险人团体之利益，但是，当保险人与投保人约定免除或降低投保人的告知义务时，基于该项约定，保险人不得不对被保险人做出赔付，这使得资金池中的资金不当流失，损害了被保险人群体的利益，恰恰违背了"伤害原则"，法律应当对免除或降低投保人告知义务的行为进行强制约束。从这个意义上说，应当将《保险法》第 16 条第 1 款

---

① 参见张文显《二十世纪西方法哲学思潮研究》，法律出版社，2006，第 461 页。
② 我国学者亦提出："强制性规范有时是为了保护特定第三人或某特定人群，强行法可以限制人民缔结某种合同或某种条款。"（参见胡田野《公司法任意性与强行性规范研究》，法律出版社，2012，第 92 页）这种观点从反面证明了损害他人利益的行为应当受到强行法规制的观点。
③ 潘红艳：《论〈保险法〉对投保群体利益的保护》，《法制与社会发展》2019 年第 4 期，第 206 页。

规定的"投保人应当履行告知义务"理解为强制性规范，不允许保险人与投保人做出比法律规定更加有利于投保人的约定，因为该约定必将导致第三人——被保险人团体的利益受到损害。

2. 经济公序视角下的强制性规范

在诸多法律价值中，秩序价值占据了极其重要的地位。人类社会的存在和发展在事实和逻辑上始终都以一定的秩序作为前提和基础。"在任何社会，最起码的社会生活秩序以及相应的社会基本安全的保障与维护，都始终是国家的首要职责。"① 一个失去了秩序的社会是不可想象的，有学者认为，法律的秩序价值甚至在公平价值之上，因此提出了"不公正胜于无秩序"的论断。② 法律无疑是维护社会秩序的一种重要手段，强制性法律规范对社会秩序的维护更是一马当先。

鉴于秩序的重要性，在市场交易领域，涉及经济公序的规范应属强制性规范，对经济公序造成困扰的行为应当受到法律的强制。秩序有自然秩序和社会秩序之分，在社会秩序之下，又有政治秩序和经济秩序之分，经济秩序又被称为"经济公序"，维护经济秩序最重要的手段乃是经济法令，日本学者大村敦志教授将经济法令分为两类：一类是以保护消费者利益为代表的法令，即"保护交易利益的法令"；另一类是以维持市场秩序为目的的法令，即"维持经济秩序的法令"。在大村敦志教授看来，上述两类法令均属于强行性规范，当事人不得违反，违反上述两类法令的行为应被视为无效行为。③ 易言之，大村敦志教授认为，事关经济公序的法律规定属于强制性规范，当事人的约定不得违反该规定。在这个问题上，我国最高人民法院出台的态度也是明确的，"如果强制性规定涉及金融安全、市场秩序、国家宏观政策等公序良俗的，一般也应当认定合同无效"。④ 也就是说，在最高人民法院看来，涉及金融安全、市场秩序的法律规定应属

---

① 《法理学》编写组：《法理学》（第 2 版），人民出版社、高等教育出版社，2020，第 92 页。
② 尹田：《论不公正胜于无秩序》，载梁慧星主编《民商法论丛》（第 19 卷），金桥文化出版（香港）有限公司，2001，第 65 页。
③ 参见王轶《强行性规范及其法律适用》，《南都学刊》2010 年第 1 期，第 87～88 页。
④ 最高人民法院民事审判第二庭编著《〈全国法院民商事审判工作会议纪要〉理解与适用》，人民法院出版社，2019，第 246 页。

强行性规定，当事人的行为违反该规定的，应当认定为无效行为。

保险法规定告知义务的目的之一乃是维护保险交易的市场秩序，显然属于涉及经济公序的规定。保险法关于告知义务的规定，至少存在两方面的目的。其一，保障保险交易和保险业的存在。保险交易，自其产生时起就存在信息不对称的特点：保险人对被保险人所拥有的保险标的并不了解，为了测定承保风险的大小，以便确定是否承保以及保费的多少，保险人在事实上需要投保人对保险标的进行如实告知，[①] 亦即，投保人履行告知义务是保险交易存在的基础，没有投保人的告知，保险人便无法承保，也便不存在保险交易和保险业。其二，维护保险交易和保险市场的秩序。鉴于告知义务对保险交易的重要性，保险市场一开始就形成了这样一种秩序：投保人必须如实告知，保险人在投保人告知的前提下承保，倘若投保人违反告知义务，保险人即可拒绝赔付。这种市场秩序开始凭借交易习惯的方式维系，后来以习惯法的方式维系，再后来被写入了《英国 1906 年海上保险法》，首开以法律规定的方式维系保险交易秩序的先河，今天，世界各国无不在其保险法中写入告知义务，以法律规定的方式维系保险市场秩序成为各国不二的选择。由此可知，关于告知义务的规定显然属于涉及经济公序的规定。[②]

关于告知义务的规定既然涉及经济公序，其应属强制性规定，双方当事人对告知义务不得做出有利于投保人的约定。最高人民法院在《全国民商事审判工作会议纪要》（简称 "《九民纪要》"）第 30 条中明确指出，"涉及金融安全、市场秩序、国家宏观政策等公序良俗的"，应当认定为 "效力性强制性规定"。告知义务的履行既涉及保险交易的市场秩序，又因保险属于金融领域而涉及金融安全，依照《九民纪要》之规定，可以将其认定为强制性规范。并且，这一规定不容当事人通过特别约定进行变更，哪怕该约定对

---

① 有学者认为，凡是涉及信息不对称时，为了平衡当事人的利益，对于信息披露的事项大体应当认定为强行性规范（参见胡田野《公司法任意性与强行性规范研究》，法律出版社，2012，第 203 页）。告知义务的规范显然是调整当事人信息不对称的规范，从这个意义上说，关于告知义务的规定，亦应属于强制性规范。

② 告知义务不仅涉及经济公序，甚至涉及保险业能否存在的问题，后者比前者更为重要，如果将 "涉及经济公序" 作为判定该规定作为强制性规定的标准，那么，该规定作为事关保险业能否存在的法律，更应属于强制性规定。

投保人有利亦为不可，其原因是，保险市场上，市场主体已经通过告知义务形成了稳定的秩序，倘若放开一条缝隙，允许保险人对一名投保人免除或降低告知义务，保险人便可能对其他投保人降低或免除告知义务，这种免除或降低越来越多，最终导致告知义务构建的市场秩序荡然无存。举个形象的例子来说，告知义务所构建的秩序好比一个水库，告知义务本身即是水库大坝，对某一投保人放弃告知义务恰如最初的"管涌"现象，"管涌"增多必将导致"溃坝"，水库自然无法存在。这显然是国家法律所不愿看到的，因此，保险法不应允许当事人约定免除或降低投保人的告知义务。

3. 法律道德主义视角下的强制性规范

法律道德主义又称道德的法律强制，即运用法律手段强制推行和实施道德。[①] 美国法学家富勒在其著名的《法律的道德性》一书中，将道德区分为愿望的道德和义务的道德，"如果说愿望的道德是以人类所能达致的最高境界作为出发点的话，那么，义务的道德则是从最低点出发。它确立了使有序社会成为可能或者使有序社会得以达致其特定目标的那些基本规则"。[②] 由于义务的道德是人类社会秩序的"最低点"，因此，"义务的道德可以帮助法律决定某一行为是否应在法律上加以禁止。义务的道德所谴责的行为一般说就是法律所禁止或应当禁止的行为"。[③] 当事人对"义务的道德"的排除，显然不能为人们所接受。另一位英国著名法学家德富林也提出了以法律强制推行道德的观点，他认为，当社会的或公众的道德判断对某种行为持特别否定态度时，就有理由实施国家和法律的干涉。[④] 当某些行为违反基本的道德，触及善良风俗或经济公序时，以法律方式予以强制可能是最有效的措施，而规制这些违反道德之行为的法律应当属于强制性规定，任何主体不得通过约定等形式更改该法律的强制。例如，近亲结婚违反人类公认的道德，婚姻法因此写入了禁止近亲结婚的规范，倘若近亲之男女双方约定结婚，婚姻法必然对这种违反道德的约定给予否定性

---

① 钟瑞栋：《民法中的强制性规范——公法与私法"接轨"的规范配置问题》，法律出版社，2009，第 92 页。
② 〔美〕富勒：《法律的道德性》，商务印书馆，2005，第 8 页。
③ 张文显：《二十世纪西方法哲学思潮研究》，法律出版社，2006，第 341 页。
④ 张文显：《二十世纪西方法哲学思潮研究》，法律出版社，2006，第 356 页。

的评价。这便是法律道德主义，其通过法律推行某种最基本的道德，宣誓该某种道德的不可违背性。

在告知义务中，法律推行的主要是诚信的道德，[①] 在保险交易中，诚信的道德更像是"义务的道德"，违反这种道德会受到公众的强烈否定，故应当被法律强制推行。"告知义务的建立，学说和实务上多认为其理论依据有二：一为诚信原则（最大善意原则），二为对价平衡原则。"[②] 诚信原则自然体现了诚信的道德，由该原则作为告知义务的理论依据可知，告知义务的法律规定推行诚信的道德。而且，在保险交易中，诚信的道德似乎应当被看作一种"义务的道德"，一方面，"告知义务"这一名词表明，其已经被保险法认定为一种"义务"，其推行的诚信的道德自然是一种"义务的道德"，另一方面，从富勒对"义务的道德"的定义看，"义务的道德"是指"使有序社会得以达致其特定目标的最低点"。而为了形成保险交易，投保人或被保险人的告知便是保险交易之秩序形成的出发点或者最低点，没有投保人或被保险人的诚信告知，保险交易便不能形成有序的交易秩序，因此，将"诚信的道德"作为一种"义务的道德"，由法律强制推行应当是恰当的。我们也可以从德富林的"法律道德主义"理论来看这一问题，德富林认为，当社会公众的道德对某种行为持特别否定的态度时，法律就可以对该行为予以强制。当投保人或被保险人不履行告知义务，发生事故却要求保险人予以赔付时，社会公众对这种不诚信的行为自然持特别否定的态度，因此，法律应当否定投保人或被保险人之不诚信行为，强制推行诚信的道德。

法律强制推行诚信之道德，意味着当事人不得变更法律之规定，对告知义务做出有利于投保方的约定。其原因是，倘若允许当事人约定降低或减轻告知义务的履行，乃是助长投保人或被保险人对诚信原则的破坏，可能危及保险本身之存在，这显然很难被法律道德主义所接受，因此，当事

---

① 告知义务还涉及"公平"的道德，告知义务的理论基础之一是对价平衡原则，对价平衡原则一方面体现了保险人和投保人之间交易价格的公平，另一方面也体现了同一险种的多数被保险人之间的公平。如果把当事人维护公平的观念作为一种道德，告知义务制度在推行诚信道德时，也在推行公平的道德。

② 叶启洲：《保险消费者权益保护之新发展》，元照出版公司，2015，第94页。

人不可变更法律之规定，就告知义务做出有利于投保方的约定。

四　违反告知义务强制性规范的效力：
缔约性强制之解释路径

如上所论，我国《保险法》第 16 条规定的告知义务，性质上应为强制性法律规范。然而，传统上，我国理论和实务界将强制性规范区分为效力性强制规范和管理性强制规范。违反前者导致合同无效，违反后者则不一定导致合同无效。告知义务规范究属效力性强制规范还是管理性强制规范？倘若当事人通过合同约定变更《保险法》关于告知义务的规定，该约定将产生什么样的效力？

（一）效力性强制规范之理由

1. 管理性强制规范之排除

所谓管理性强制规范，是指意在管理某一方面的社会秩序的规范，违反该规范则因破坏该种社会秩序而应受处罚，但该违反行为在私法上的效力并非必须否定的规范。① 有学者将管理性规范存在的目的解释为：第一，防患未然，赋予管理机关一定的权力，使其获得必要信息，能够利用这些信息管理社会秩序；第二，亡羊补牢，一旦出现违反该管理性规定的情况，管理机关可以采取某种处罚措施及时制止，以免社会秩序遭到进一步破坏。② 同时，最高人民法院在《九民纪要》第 30 条中也指出：关于经营范围、交易时间、交易数量等管理性质的强制性规定，一般应当认定为"管理性强制规定"，这是对管理性强制规范范围的大致界定。可见，此类强制规定意在"管理"，③ 仅是为了行政管理或纪律管理。④ 管理性强制规

---

① 参见姚明斌《"效力性"强制规范裁判之考察与检讨——以〈合同法解释二〉第 14 条的实务进展为中心》，《中外法学》2016 年第 5 期，第 1266 页。
② 参见王轶《民法原理与民法学方法》，法律出版社，2009，第 250～251 页。
③ 参见朱庆育《〈合同法〉第 52 条第 5 项评注》，《法学家》2016 年第 3 期，第 158 页。
④ 参见沈德咏、奚晓明主编《最高人民法院关于合同法司法解释（二）理解与适用》，人民法院出版社，2009，第 112 页。

范的实施主体或监督主体主要是行政管理机关，而其采取的措施主要是行政管理行为，① 违反该规范应受行政法的处罚，具有行政法上的效力，却未必具有私法之效力评价功能。

《保险法》关于告知义务的规定，大概率不属于管理性强制规范。一方面，管理性强制规范一般以行政机构作为实施机关或监督机构，但告知义务的实施和监督并没有行政机构监管。告知义务是法律赋予投保人或被保险人的义务，其实施端赖投保人或被保险人的诚实信用，银保监会虽然是保险业的主管部门，可以监督保险人，但对投保人或被保险人却无权监管。另一方面，从最高人民法院对管理性强制规范的范围鉴定来看，告知义务并不属之。最高人民法院把法律法规中关于经营范围、交易时间、交易数量的规定认定为管理性强制规范，而投保人或被保险人对重要事项的告知，既不属于经营范围，又不属于交易时间，更不属于交易数量，因此，从《九民纪要》的视角来看，告知义务不能被认定为管理性强制规范。②

2. 效力性强制规范之确证

从维持公序良俗来看，关于告知义务的规定属于效力性强制规范。关于效力性强制规范的认定，学说上有国家利益与社会公共利益说③、规范目的说④、规范对象说⑤、利益衡量说⑥、综合考量说⑦等，不过，从司法实践来看，最高人民法院更倾向于"国家利益与社会公共利益说"。《最

---

① 例如，《城市房地产管理法》第 38 条关于房地产不得转让的规定，实施主体是房管局；《彩票管理条例》第 18 条关于不得以赊销或者信用方式销售彩票的规定，实施主体是体彩中心或福彩中心，属于体育局或民政局下属的行政机构；《商业银行法》第 40 条关于银行不得向关系人发放信用贷款的规定，实施主体是银保监会。

② 当然，由于我国学者在研究强制性规范的分类时，将主要精力用于效力性强制规范，管理性强制规范的理论研究不足；且实务中强制规范数量众多，情况复杂，告知义务的规定作为管理性强制规范的理由还需要进一步研究。但至少从目前的研究看，其大概率不能被认定为管理性强制规范。

③ 参见王利明《合同法研究》（第 1 卷），中国人民大学出版社，2015，第 633 页。

④ 参见朱庆育《〈合同法〉第 52 条第 5 项评注》，《法学家》2016 年第 3 期，第 169～172 页。

⑤ 参见王轶《民法典的规范配置——以对我国〈合同法〉规范配置的反思为中心》，《烟台大学学报》（哲学社会科学版）2005 年第 3 期，第 280 页。

⑥ 参见耿林《强制规范与合同效力》，中国民主法制出版社，2009，第 208 页。

⑦ 参见冉克平《论效力性强制规范与私法自治——兼析〈民法总则〉第 153 条第 1 款》，《山东大学学报》（哲学社会科学版）2019 年第 1 期，第 150～152 页。

高人民法院关于适用〈中华人民共和国合同法〉若干问题的解释（二）》（简称《合同法司法解释二》）是我国最早出台的关于效力性强制规范的司法解释，在该司法解释出台后，有观点认为，法律、行政法规虽然没有规定违反将导致合同无效，但违反该规定如使合同继续有效将损害国家利益和社会公共利益的也应当认定该规定是效力性强制规定。2017 年《民法总则》出台，用传统民法上的"公序良俗"代替了社会公共利益。[1] 自此，判断效力性规范的实务标准从"国家利益或社会公共利益"变为"公序良俗"标准。2019 年出台的《九民纪要》第 30 条坚持了"公序良俗"，规定"涉及金融安全、市场秩序、国家宏观秩序等公序良俗的"规范属于效力性强制规范。如上文所述，保险交易属于金融领域的市场交易，关于告知义务的规定，不仅可能涉及金融安全，其目的更在于保障保险交易的市场秩序，从这个角度看，关于告知义务的规范无疑可以认定为效力性强制规范。

从禁止权利滥用的角度看，关于告知义务的规定属于效力性强制规范。我国《民法典》第 132 条明确规定："民事主体不得滥用民事权利损害国家利益、社会公共利益或者他人合法权益。"这是我国关于禁止权利滥用的规定，上文已述，保险人与投保人约定降低或免除保险法规定的告知义务必将导致被保险人群体利益的损害，这种损害实际上是投保人与保险人滥用合同内容自由之权利所致，应属权利滥用行为。[2] 尽管我国《民法典》未规定权利滥用之法律后果，但理论研究表明，"失权通常是权利滥用的一般后果"。[3]"失权"意味着当事人的权利不受保护，这也便使得当事人实施的法律行为——降低或免除投保人的告知义务的法律行为失去权利基础，该行为因此无效。由此，可以将保险法关于告知义务的规定认定为效力性强制规范。

---

① 最高人民法院民事审判第二庭编著《〈全国法院民商事审判工作会议纪要〉理解与适用》，人民法院出版社，2019，第 252 页。

② 若保险人与投保人约定加重投保人的告知义务，因此种约定违反弱者保护原则，该约定自然无效，我们对此不予讨论，仅讨论约定对投保人有利之情形。

③ 参见李敏《我国民法上的禁止权利滥用规范——兼评〈民法总则〉第 132 条》，《法律科学》（西北政法大学学报）2018 年第 5 期，第 132 页。

从维护最大诚信的角度看，关于告知义务的规定应属效力性强制规范。在民法上，事关诚实信用的规定，通常不允许当事人变更，[①] 倘若当事人约定变更诚信原则所派生之规范，其结果是该变更无效。对此，有学者明确指出："诚实信用原则一般是派生强制性规范的基本原则，违反诚实信用原则不会导致合同无效，只有排除诚实信用原则适用的约定才是绝对无效的约定。"[②] 在保险法上，不仅要求当事人"诚信"，而且要求当事人的"最大诚信"，[③] 违反诚实信用原则的约定无效，违反"最大诚信"原则的约定更应无效。告知义务无疑是最大诚实信用原则的重要表现，是最大诚实信用原则在保险法领域派生的规范，倘若允许当事人约定降低或免除投保人的告知义务，依照上述原理，该约定应当属于绝对无效的约定，从这个角度看，关于告知义务的规定，亦应属于效力性强制规范。

（二）行为无效而非合同无效：缔约性强制之解释

1. 从合同无效到行为无效

如上所述，保险法关于告知义务的规范应属效力性强制规范，然而，违反这一效力性强制规范并不导致保险合同无效，只会导致当事人关于告知义务之约定无效。

依我国原《合同法》，违反效力性强制规范，合同无效，然而，依据我国《民法典》，违反效力性强制规范，合同并不一定无效，可能仅为某个法律行为无效。1998 年颁布的《合同法》在第 52 条第（2）项规定，违反法律、行政法规之强制性规定者，为无效合同，由于实务中违反法律、行政法规之情形较多，全部认定为无效合同并不符合立法目的，最高人民法院于 2009 年出台《合同法司法解释二》，在第 14 条中对此做了目的性限缩解释，即只有违反"效力性强制规范"的合同无效，由此，似乎可以得出结论：只要违反效力性强制规范，其后果均为合同无效。不过，

---

① 参见崔建远《合同法》，北京大学出版社，2013，第 14 页。
② 王轶：《民法原理与民法学方法》，法律出版社，2009，第 252 页。
③ 尽管我国有部分学者提出诚信有大小程度之分，保险法上应以"诚信原则"代替"最大诚信原则"（参见任自力《保险法最大诚信原则之审思》，《法学家》2010 年第 3 期）。但从目前来看，我国理论界仍认为"最大诚信原则"是保险法的基本原则。

2017 年颁布的《民法总则》第 153 条第 1 款重新对这一问题作出规定，即"违反法律、行政法规的强制性规定的民事法律行为无效，但是该强制性规定不导致该民事法律行为无效的除外"。关于这一规定，最高人民法院认为，"前一个强制性规定指的就是效力性强制规定，后一个强制性规定是管理性强制性规定"。① 尽管法律效果均是"无效"，但《民法总则》已经悄无声息地将"合同无效"修改为"法律行为无效"，"法律行为无效"涵盖了"合同无效"，但并不必然导致"合同无效"，在某些情形下，可以在承认合同效力的前提下，否认某种法律行为的效力。2020 年颁布的《民法典》沿用了原《民法总则》的规定，仍在其第 153 条第 1 款中规定了同样的内容，因此，从《民法典》的视角看，违反效力性强制规范，合同并非必然无效。

违反关于告知义务的效力性强制规定，亦没有必要宣告合同无效，仅宣告违反之行为无效即可。理论上，有学者认为：违反保险法关于告知义务的规定，侵害投保群体利益的合同应为无效合同。② 然而，当投保人与保险人约定降低或免除投保人之告知义务时，将该约定宣告为无效似乎更为合理，其理由是：从正面看，在合同效力问题上，通常采取的原则是尽量"使合同有效"的原则，③ 倘无必要，不得宣告合同无效；从反面看，倘若宣告合同无效，保险人需要退还投保人交付的全部保费，违反最大诚信原则之投保人不会有任何损失，反而存在鼓励投保人不实告知之嫌疑。事实上，在实证法上，我国并未因当事人违反告知义务而宣告合同无效，《保险法》规定的法律后果是：保险合同仍属有效合同，但保险人可以解除合同，拒绝赔付，在投保人故意违反告知义务的情况下尚可拒绝退还保费。这一规定符合《民法典》第 153 条第 1 款的规定，在效果上也更为合理。

---

① 最高人民法院民法典贯彻实施领导小组主编《中华人民共和国民法典总则编理解与适用》（下），人民法院出版社，2020，第 755 页。
② 参见潘红艳《论〈保险法〉对投保群体利益的保护》，《法制与社会发展》2019 年第 4 期，第 208 页。
③ 参见韩世远《合同法总论》，法律出版社。2011，第 180～181 页。

2. 合同有效与行为无效之理论阐释：缔约阶段的强制规范

关于强制性规范，传统上采取效力性强制规范与管理性强制规范的二分法，但新近的研究采取了缔约阶段的强制性规范、效力阶段的强制性规范、履行阶段的强制性规范的三分法。新的分类方法认为，合同流程可分为缔约、效力、履行三个阶段，每一个阶段都可能产生强制性规范，只有违反效力阶段的强制性规范，才能认定合同无效，违反缔约阶段和履行阶段的强制性规范，则不宜认定合同无效。违反缔约阶段之强制性规范的，应当承担缔约过失责任；违反履行阶段之强制性规范的，应当承担违约责任。①

保险法关于告知义务的规定，应当属于缔约阶段的强制性规范，违反这一规范并不导致合同无效。依照强制性规范的三分法，缔约阶段包括要约邀请、要约与承诺三个阶段，规范这三个阶段的强制性规范都属于缔约阶段的强制性规范。我国《保险法》第 16 条第 1 款规定，投保人在订立合同时，应当根据保险人的询问履行告知义务，这一规定已将履行告知义务的时间限定在缔约阶段，而非合同生效之后。实务中的程序一般是：投保人先向保险人提出投保要求，亦即合同订立过程中的要约，然后保险人向投保人发放询问表，投保人填写询问表后将其交给保险人，从实务流程看，投保人的告知义务属于要约阶段，因此，保险法关于告知义务的规定属于缔约阶段的强制性规范。而依照缔约阶段强制性规范之理论，违反缔约阶段的强制性规范，无须宣告合同无效，只需要求违法者承担缔约过失的责任。事实上，在投保人违反告知义务时，我国《保险法》并未宣告合同无效，而是单独规定了违反告知义务的法律后果。

违反保险法关于告知义务的规范，虽然不会导致合同无效，但违反该规范的行为却可能无效。缔约阶段的强制性规范通常要求当事人做出某种行为，以便对方了解缔约信息。违反该规范的表现形式有二：一是当事人不履行法律要求的行为；二是当事人通过约定的方式排除法律要求的行

---

① 参见陈醇《跨法域合同纠纷中强制性规范的类型及认定规则》，《法学研究》2021 年第 3 期，第 106 ~ 108 页。

为。对于前者，由于当事人并未做出任何行为，只是不作为地违反法律，因此无法宣告该不作为行为无效；然而对于后者，当事人之间已经存在合意的法律行为，自然可以宣告该合意法律行为无效。保险法上的告知义务，若存在当事人约定降低或免除投保人的告知义务的行为，自属后者，可以认定该行为无效，具体理由已如前述。

值得注意的是，违反告知义务规范的行为一旦被认定为无效，其法律后果与合同法上的缔约过失责任有所差异。如上所述，《保险法》关于告知义务的规范属于缔约阶段的强制性规范，当事人违反该规范，似应承担缔约过失责任，依照《民法典》第 500 条，其责任的承担乃是"造成对方损失的，应当承担赔偿责任"。然而，《保险法》第 16 条规定，违反告知义务的后果是：保险人可以解除合同，拒绝赔付，在投保人故意违反告知义务的情况下，无须返还保险费，在投保人重大过失违反告知义务的情况下，保险人返还保险费。由于《保险法》属于民法典的特别法，故《保险法》规定的法律后果应当优先适用，其理论依据在于：保险法上的告知义务属于特殊性质的义务——不真正义务，[1] 不真正义务的特点在于，违反该义务者，对方当事人不得请求强制履行，亦不得请求损害赔偿。[2] 这与通常缔约过失责任要求的损害赔偿正好相悖，在特别法规定与一般法相冲突的情况下，应当适用特别法之规定。

五　结论

在理论上，有研究将《保险法》第 16 条关于告知义务的规定视为半强制性规范，然而，半强制性规范的关键特征在于：双方当事人可以改变法律的规定，做出对弱势一方有利的约定。在告知义务中，半强制性规范意味着允许当事人做出降低或免除投保人告知义务的约定。然而，降低或免除投保人的告知义务，势必使风险较大之被保险人进入保险群体，由于

---

[1]　参见叶启洲《保险法》（修订七版），元照出版公司，2021，第 189 页。
[2]　王泽鉴：《债法原理》（第 2 版），北京大学出版社，2013，第 88 页。

被保险人出险的概率较大，保险人赔偿之概率亦较大，因而可能造成被保险人群体之损害。并且，当事人约定降低或免除投保人告知义务之行为，事关金融安全和市场秩序，有违公序良俗之经济公序。再者，约定降低或免除投保人之告知义务，乃是对保险领域之基本道德——诚信道德之破坏。故而，《保险法》第16条关于告知义务之规定，应当被认定为强制性规范。当事人关于降低或免除投保人告知义务之约定，涉及对诚信原则、公序良俗原则之破坏，而诚信原则与公序良俗原则乃是私法之基本原则，破坏该基本原则之行为，应当被认定为无效行为。[①] 因此，当事人违反《保险法》第16条之强制性规定，做出降低或免除投保人告知义务之约定者，其约定无效，发生保险事故的，保险人可以解除合同、拒绝赔付。

---

① 参见韩世远《合同法总论》，法律出版社，2011，第35页。

法典评释

不定期继续性合同解除的规范构造[*]

朱博文^{**}

内容提要： 合同自由与合同正义之间的价值冲突，深刻影响着现代合同法学的发展。因保护交易自由和防止合同负担过重，不定期继续性合同解除权得以确立。然为协调双方利益和保护信赖，又必须对该解除权的行使予以适当限制。《民法典》第 563 条第 2 款以"提前合理期限通知"作为该规范适用的限制，合理期限的确定主要应该考虑合同的具体类型、合同标的物的种类、当事人重新寻找交易机会的时间以及合同持续的时间。考虑到继续性合同关系所涉多与基础生活、经营领域相关，为降低交易成本，维护合同关系稳定，拟通过法外续造之方法引入磋商调整机制，使被解约一方在同等条件下拥有"优先续约权"。

关键词： 不定期继续性合同　合同解除　合理期限　法律限制

引　言

在早期风车水磨的时代，一次性交易关系占据主导地位。晚近以来，在市场经济的淘漉之下，继续性合同关系几近占据了重要地位。[①] 我国

---

* 本文系国家社科基金重点项目"中国债法上返还责任规则的统一建构"（项目编号：20AZD119）的阶段性研究成果，也受国家留学基金委员会公派研究生项目（项目编号：202007080002）资助。

** 朱博文，意大利罗马第一大学博士研究生。

① 在我国《民法典》中规定的供用电、水、气、热合同，租赁合同，融资租赁合同，建设工程合同，仓储合同，保管合同，物业服务合同以及合同合伙等典型合同，在时间上都有持续存在、逐步履行的过程，从侧面反映了继续性合同关系在现代社会中的勃兴。

《民法典》在合同编总则部分增设了不少新的制度规则，不定期继续性合同解除制度便是其中之一。《民法典》以第 563 条第 2 款作为该制度的规范轴心，又在物业服务合同、租赁合同、保管合同、仓储合同、合伙合同以及肖像权许可合同等典型合同中单独设置了解除权行使规范。上述规范都规定解约人应当履行提前合理期限通知义务。① 在《民法典》出台前后，关于上述规范学界已有不少讨论，其观点已呈分轸之势。有观点主张应当只有具有"重大原因"才能解除不定期继续性合同关系，② 或认为应将《民法典》第 563 条第 2 款的适用范围进行限制。③ 另外一部分观点则坚持该规范属于任意解除权规定，只需提前合理期限通知便可解除。④ 从近年生效判决文书的数量观察，在民法典时代的司法实践中，"不定期继续性合同解除"陡然成为"焦点话题"之一。⑤

　　继续性合同关系往往发生在与基础生活相关的领域，如租赁、物业服务、劳务、雇佣、长期供货和供给合同等领域。由于不定期继续性合同解除权的行使常常毫无征兆，常无法预见，遂面临合同安定性的责难以及法律制度如何确保社会生活安宁的诘问。欲对不定期继续性合同解除规范做出妥当解释，需回答以下问题：（1）"任意解除权说"与"限制解除权

---

① 参见《民法典》第 675 条第二句（借款合同）、第 730 条（租赁合同）、第 914 条（仓储合同）、第 948 条第 2 款（物业服务合同）、第 976 条（合伙合同）、第 1022 条第 2 款（肖像许可使用合同）。另包括《最高人民法院关于审理涉及农村土地承包纠纷案件适用法理问题的解释》（法释〔2005〕6 号）第 17 条第 1 款和《住房租赁和销售管理条例（征求意见稿）》第 11 条第 2 款。

② 参见周江洪《服务合同立法研究》，法律出版社，2021，第 310 页；王千维《继续性债之关系之基本理论》，新学林出版股份有限公司，2020，第 134 页；韩世远《继续性合同的解除：违约方解除抑或重大事由解除》，《中外法学》2020 第 1 期；黄立《民法债编总论》，中国政法大学出版社，2002，第 7 页。

③ 参见谢远扬《论对出租人解除住房租赁合同的限制》，《暨南学报》（哲学社会科学版）2017 年第 10 期；许德风《住房租赁合同的社会控制》，《中国社会科学》2009 第 3 期。

④ 持"任意解除权说"的学者，如朱虎：《分合之间：民法典中的合同任意解除权》，《中外法学》2020 年第 4 期；梁慧星编著《中国民法典草案建议稿附理由·合同编》（上册），王轶执笔，法律出版社，2013，第 195 页，第 930 条。

⑤ 通过"北大法宝"系统检索，以"不定期合同""合同解除"为关键词，共检索出 8060 份判决书。近五年判决数量分布如下：2017 年 244 份，2018 年 317 份，2019 年 371 份，2020 年 405 份，而《民法典》生效后的 2021 年，可检索到生效判决书数量陡增至 5603 份（检索条件："全文"；案由："民事"；文书类型：判决书；最后检索日期：2022 年 3 月 7 日）。

说"两种学说的根本分歧是什么？又存在哪些不足？（2）该规范存在的正当性基础是什么？是否存在限制使用的必要性？（3）如何限制对不定期继续性合同当事人的解除权？当不定期继续性合同关系进入"僵局"后，是否有其他方法或途径使其"重生"？本文将借助比较法工具与裁判实践素材，归纳裁判要旨和交易习惯，坚守规范教义学立场，围绕上述问题略陈管见。本文将先归纳既有两种学说的分歧与不足，然后探究《民法典》第 563 条第 2 款的规范基础以及限制该解除权行使的必要性，最后讨论限制该规范行使的具体路径。

一　既有解释方案之检讨

综合我国学界和司法实践，对《民法典》第 563 条第 2 款的解释主要存在两种方案，即"任意解除权说"与"限制解除说"，上述两种学说围绕不定期继续性合同解除权的规范性质、适用范围以及解除权行使的限制条件等问题均存有一定分歧。

（一）"任意解除权说"

持"任意解除权说"的学者认为，我国《民法典》第 563 条第 2 款属于任意性解除权的一般性规范，且为强制性规范，当事人之间不得通过约定排除，解除权的行使当事人主观上有解除合同的意思表示，只需受到提前合理期限通知的限制即可。[①] 在适用范围上，由于不定期继续性合同解除规则处于合同编总则部分，不仅适用于分则编中的租赁合同、劳务合同、物业服务合同等有名合同，还适用于没有专门规定的出版合同、健身合同、商业赞助合同、商业代理合同等若干无名合同。也有学者认为该规

---

① 参见朱虎《分合之间：民法典中的合同任意解除权》，《中外法学》2020 年第 4 期；朱广新、谢鸿飞主编《民法典评注·合同编通则·第二册》，刘承韪执笔，中国法制出版社，2020，第 177~179 页；最高人民法院民法典贯彻实施工作领导小组主编《中华人民共和国民法典合同编理解与适用》（一），人民法院出版社，2020，第 644~645 页；梁慧星编著《中国民法典草案建议稿附理由·合同编》（上册），王轶执笔，法律出版社，2013，第 195 页。

定指的是不定期继续性合同当事人的随时终止权或任意终止权。① 但从该规范的意旨考察，任意解除权和随时终止权产生相同的法律效果，都意味着双方当事人可随时终结合同关系，摆脱合同拘束，重新获取交易机会。②

无论是在涉及普通民事领域的房屋租赁合同、土地承包经营合同和雇佣合同的案件中，还是偏向于商事领域的物业服务合同、建设工程合同、合伙合同的案件中，许多裁判者在说理时也直接采用了"任意解除权"的术语表达。从当前司法裁判所持的观点考察，"任意解除权说"已被不少司法裁判者接受。③

（二）"限制解除说"

虽然在观点交锋中"任意解除权说"占据了上风，但对该说的担忧却如鲠在喉。为此，我国不少学者对"任意解除权说"提出了严厉的批评，

---

① 在传统民法理论上，将非继续性合同关系的解除称为"解除"，将继续性合同关系的结束称为"终止"。根据"终止应先期通知与否"，又分为"预告终止"和"即时终止"，预告终止适用于未定期限租赁关系。参见史尚宽《债法总论》，中国政法大学出版社，2000，第 235 页、572 页；朱广新《合同法总则研究》，中国人民大学出版社，2018，第511 页。有观点认为任意解除权与损害赔偿、信赖丧失存在紧密联系，而随时终止权的行使与终止期间相关，任意解除权无须附终止期间，基于以上差异认为任意解除权与随时终止权的理论来源应当予以分离。参见吴奕锋《论不定期继续性合同随时终止制度：兼评〈民法典合同编（二审稿）〉的规定》，《中外法学》2019 年第 2 期；王千维《继续性债之关系之基本理论》，新学林出版股份有限公司，2020，第 133 ~ 134 页。

② 有观点认为终止的概念不是指一种意思表示，而是指对权利义务的不再存在的一种描述，是对解除概念具有统领能力的上位概念，按照我国原《合同法》规则中对"终止"的使用，解除不再仅仅只适用于非继续性合同关系，还扩张适用于继续性合同关系。参见朱广新《合同法总则研究》，中国人民大学出版社，2018，第 511 页；梁慧星编著《中国民法典草案建议稿附理由·合同编》（上册），王轶执笔，法律出版社，2013，第 195页。尽管"终止"和"解除"在传统理论上适用于不同对象，但在我国《民法典》中，立法者似乎未曾刻意区分两者，且司法实践对此也无异议，遂在本文中的"终止"和"解除"都表示合同关系的消灭。

③ 相关司法判决可参见河南省新乡县人民法院（2021）豫 0721 民初 142 号一审民事判决书，浙江省天台县人民法院（2020）浙 1023 民初 2780 号一审民事判决书，四川省成都市青羊区人民法院（2020）川 0105 民初 14254 号一审民事判决书，江苏省南京市浦口区人民法院（2019）苏 0111 民初 9795 号一审民事判决书，浙江省温州市瓯海区人民法院（2017）浙 0304 民初 5425 号一审民事判决书，陕西省富平县人民法院（2016）陕 0528民初 2798 号一审民事判决书，江苏省海安县人民法院（2015）安民初字第 00018 号一审民事判决书。

并提出了"限制解除说"。他们认为《民法典》第 563 条第 2 款的规范性质不是任意解除权规范，除提前合理期限通知的限制外，该权利的行使应当受到其他限制。首先，我国《民法典》不定期继续性合同解除制度是由预告解除制度和立即解除制度构成的"二元解除模式"。其理由有二：（1）防止任意解除权制度对继续性合同制度的不当侵袭；（2）一般法定解除无法涵盖继续性合同的非任意解除。① 再则在适用范围上，有观点认为《民法典》第 563 条第 2 款的规定不能适用于供水、电、气合同以及劳动合同、保险合同。② 在比较法上也有类似观点，因住房租赁关系和劳务关系为保障生存的继续性债务关系，《德国民法典》规定此两种债务关系的终止不能由出租人和雇主随意决定，③ 在终止租赁合同前，出租人须履行警告程序，警告承租人存有行为不恰当或者重大违约，只有当承租人继续该不当行为时，出租人才有终止权。同时又规定了出租人不得任意终止租赁合同，只有当存在"出租人需自我使用"、"合理经济利用受阻"和"承租人重大违约"三项正当理由时，才能终止租赁关系。④ 为保障既存状态，我国台湾地区"民法"在适用不定期合同解除权时，在耕地租赁、房屋租赁、基地租赁等关乎基础生活领域，限制了出租人或雇主任意终止权的行使。⑤ 近年来，因租赁合同关乎国计民生，若出租人任意终止合同将严重影响承租人的生活。为了应对这种现状，不少学者立足于现实需

---

① 参见吴奕锋《论不定期继续性合同随时终止制度：兼评〈民法典合同编（二审稿）〉的规定》，《中外法学》2019 年第 2 期；郝丽燕《〈民法典〉中继续性合同解除制度的多元化发展》，《社会科学研究》2021 年第 2 期；王文军《论继续性合同的解除》，《法商研究》2019 第 2 期。

② 参见朱虎《分合之间：民法典中的合同任意解除权》，《中外法学》2020 年第 4 期；郝丽燕《〈民法典〉中继续性合同解除制度的多元化发展》，《社会科学研究》2021 年第 2 期。

③ 参见〔德〕迪特尔·梅迪库斯：《德国债法总论》，杜景林、卢谌译，法律出版社，2004，第 409 页。

④ 参见《德国民法典》第 573 条；〔德〕迪特尔·梅迪库斯：《德国债法分论》，杜景林、卢谌译，法律出版社，2007，第 203~206 页。国内学界之前对于该制度介绍颇多，此处不做赘述。不少学者已做过详细介绍，相关文献可参见郝丽燕《德国住房承租人保护制度及其借鉴》，《德国研究》2019 年第 3 期；周珺《住房租赁法中的正当理由规则及其借鉴意义》，《湖北社会科学》2013 年第 1 期；许德风《住房租赁合同的社会控制》，《中国社会科学》2009 第 3 期。

⑤ 参见王千维《不定期继续性供给契约之任意终止》，《月旦法学教室》第 225 期，元照出版公司，2021，第 74 页。

要，提出应对不定期房屋租赁合同出租人的解除权予以充分限制。[①] 有学者通过经济分析法或借用比较法上的制度资源，提出应将不定期租赁合同视为长期租赁合同，出租人需有正当理由才得解除。[②] 在此基础上，有学者提出了出租人解除不定期租赁合同的三项正当理由：（1）承租人过错致使信赖丧失，致使租赁关系无法持续；（2）出租人对房屋确实有自用需求；（3）出租人确有需要对房屋进行修缮或重建，且租赁关系延续会影响修缮和重建的。[③] 还有观点认为《民法典》已然承认一部分不定期继续性合同须因重大事由才能解除，虽未被我国《民法典》明文规定，但散见于一些典型合同规范之中。如《民法典》第 673 条借款人改变借款用途，借款人可以解除合同；第 716 条第 2 款，承租人未经出租人同意转租，出租人可以解除合同；第 1022 条规定在肖像许可使用期限内，肖像权人有正当理由的，可以解除许可使用合同。[④]

（三）既有解释方案的分歧与不足

1. 两种方案的认识分歧

若从微观角度比较两种学说观点的差异，不难看出两种观点之间的分歧在于规范的性质、适用范围以及行使条件的限制。"任意解除权说"与"限制解除说"两种不同见解，从来都是对立分明，差异显著，因而不得不对两种学说对立根源展开讨论。

从方法论视角观之，法律意旨在于规范生活关系，正是价值取向的不

---

① 有学者提出后续可通过司法解释或者部门立法对出租人等合同主体的预告解除权予以适当限制。参见郝丽燕《〈民法典〉中继续性合同解除制度的多元化发展》，《社会科学研究》2021 年第 2 期。

② 参见许德风《住房租赁合同的社会控制》，《中国社会科学》2009 第 3 期。相似观点可参见郝丽燕《〈民法典〉中继续性合同解除制度的多元化发展》，《社会科学研究》2021 年第 2 期，第 82 页；袁野《论住房租赁合同中出租人的解除权限制——兼评〈住房租赁和销售管理条例（征求意见稿）〉》，《北京理工大学学报》（社会科学版）2019 年第 6 期；谢远扬《论对出租人解除住房租赁合同的限制》，《暨南学报》（哲学社会科学版）2017 年第 10 期。

③ 谢远扬：《论对出租人解除住房租赁合同的限制》，《暨南学报》（哲学社会科学版）2017 年第 10 期。

④ 参见朱晓喆《〈民法典〉合同法定解除权规则的体系重构》，《财经法学》2020 年第 5 期。

同造成了规范解释上的差异。"任意解除权说"立足于保护合同自由与反永久合同拘束的价值判断；而"限制解除说"则坚持契约正义的实现和合同安定性的保障，认为应对不定期继续性合同关系的解除加以特别限制。"任意解除权说"表达了对契约自由的追求，"限制解除说"面向的却是契约正义的实现。两种方案在于价值取向上的对立，也反映出契约自由与契约正义在现代契约法中的紧张关系。

2. 既有解释方案之不足

在古典自由语境下，"任意解除权说"得以当然证成，但其后果不言自明：最终促使不定期继续性合同双方当事人"离心离德"。虽然合同尚未被解除，双方根本无须维护合同关系，随时可以抛开合同关系的束缚，并应时刻准备寻求新的交易对象，但在我国司法裁判者看来，法律不能让当事人永远受到不定期继续性合同的约束，必须为当事人退出合同关系提供相应机制。如在"融通地产（天津）有限责任公司、天津市澳乐投资管理有限公司房屋租赁合同纠纷案"中，裁判者阐述道，澳乐公司与融通公司签订了案涉不定期租赁合同，融通公司有权随时解除合同，对于该约定的法律后果，澳乐公司应当能够预见。[①] 依此可推知，在"任意解除权说"下，双方当事人应该预见该合同存在未来某天被相对人随时解除的风险。由此观之，该说对合同自由予以了充分关注，却将被解约一方置于风险之中，忽略合同作为利益平衡工具和风险分配工具的功能。早有学者敏锐地觉察到过分关注合同自由、交易便捷的危害，遂提出"在解释方案的选择上，解释者不仅应当关注意思自由、交易安全、交易便捷，还应该关切交易成本的降低"。[②] 言及于此，"任意解除权说"的价值立场会致使不定期继续性合同解除权的行使具有相当程度的恣意性，不顾及被解除一方利益，容易导致交易秩序被肆意破坏。

持"限制解除说"的学者反对将租赁合同、劳务合同等交易双方主体不平等的合同纳入适用范围，对出租人与雇主等合同主体的解除权进行特

[①] 参见天津市第二中级人民法院（2021）津 02 民终 1407 号二审民事判决书。

[②] 参见苏永钦《走入新世纪的私法自治》，中国政法大学出版社，2002，第 43 页。

别限制，但似乎并未顾及该规范适用于其他类型的合同可能产生的问题。该说却无意向教义学内部深入挖掘，看似采用了目的性限缩的解释手段，但实际上已经超出法解释学的讨论范围，而进入了立法论的界面。若只单纯在特定合同类型中，对合同某一方进行限制似乎又会造成利益失衡的局面，恐又不符立法者原意，因而在限制路径上应对法律体系予以充分且整体的考量。

不定期继续性合同解除权行使的限制在立法过程中显然经过了讨论。从立法史观察，全国人大法工委于 2018 年 8 月公布的"民法典各分编草案审议稿"中，其第 353 条第 2 款未将解约人提前合理期限通知义务纳入。[①] 除此之外，在立法过程中并未出现其他歧见，却在《民法典》通过后出现了明显的观点分歧。一如上文所及，既有的两种解释方案都是未竟之路，遂应回溯至教义学的基本构造，根据规范目的，确定价值基础和限制的必要性。

二　规范的价值基础与限制行使的必要性

（一）规范的价值基础

1. 保护交易自由

保护个人自由是赋予不定期合同当事人解除权的直接动因。[②] 正如著名比较法学者克茨所言："合同自由就如同个人可以自由地选择生活方式和职业那么简单。"[③] 法定解除权的事由都预先被约定在当事人合同中，

---

① 笔者所掌握的立法资料显示，从 2018 年 11 月 13 日"民法典合同编民法室室内稿"开始，提前合理期限通知解除规则才被纳入"民法典合同编草案"之中。

② 相关文献参见王文军《论继续性合同的解除》，《法商研究》2019 第 2 期；吴奕锋《论不定期继续性合同随时终止制度：兼评〈民法典合同编（二审稿）〉的规定》，《中外法学》2019 年第 2 期；朱虎《分合之间：民法典中的合同任意解除权》，《中外法学》2020 年第 4 期；郝丽燕《〈民法典〉中继续性合同解除制度的多元化发展》，《社会科学研究》2021 年第 2 期；Nils Jansen, Reinhard Zimmermann, *Commentaries on European Contract Laws*, Clarendon, Oxford University Press, 2018, p. 859.

③ See K. Zweigert, Hein Kötz, *An Introduction to Comparative Law*, 3rd edition, Clarendon, Oxford University Press, 1998, p. 325.

准此而言，契约自由几乎是法定解除权存在的基础。① 为避免长期合同过度约束合同双方，通过行使解除权，使双方当事人重获"意思自由"和"决定自由"。在不定期继续性合同关系当中，合同自由和合同严守两种价值之间有着严重冲突。与一次性债务关系不同，持续性债务关系的双方当事人在合同期限内受到严格约束，而无法重新寻找缔约机会。两类合同关系的差异不仅在于持续时间的长短，而且在时间上持续性债务关系的不可解消，还会限制双方当事人之间的合同自由。合同持续时间的长短不仅直接影响着当事人法律关系的变动和财产分配，还会制约当事人绝对的行动能力和行动空间。如若不定期继续性合同永不被解除，将永久约束合同当事人，而解除权的存在便是为了防止合同对当事人永无止境的拘束，保障继续性债务关系当事人自治与自我决定之理念。② 合同的基础是当事人之间的社会关系及共同体规范，③ 而合同解除制度的核心法律效果在于在合同双方当事人中间建构一种新的合同关系和秩序，消灭旧的合同关系和秩序。④ 合同严守应当符合人们最基本的容忍限度，过于极端的合同严守，不但不能保护交易秩序，还可能适得其反。现代社会市场交易中的合同关系并非一成不变，市场交易的主体也总是有着一副善变的面孔。赋予不定期继续性合同当事人解除权，其真正目的便是保障当事人行动上的交易自由，进而提高交易效率，促进市场竞争。

自由所保障的是人绝对的自由行动能力和行动空间，但自由必然会受到强制属性的限制，即禁止放弃或者支配自由本身。⑤ 如若不定期继续性合同关系一直延续，将使双方丧失缔约的意志自由和行动自由，进而可能

---

① 参见谢鸿飞《〈民法典〉法定解除权的配置机理与统一基础》，《浙江工商大学学报》2020 年第 6 期。

② 参见郝丽燕《〈民法典〉中继续性合同解除制度的多元化发展》，《社会科学研究》2021 年第 2 期；吴奕锋《论不定期继续性合同随时终止制度：兼评〈民法典合同编（二审稿）〉的规定》，《中外法学》2019 年第 2 期；王千维《继续性债之关系之基本理论》，新学林出版股份有限公司，2020，第 133～134 页。

③ 参见谢鸿飞《现代民法中的"人"》，载《北大法律评论》编委会主编《北大法律评论》第 3 卷第 2 辑，北京大学出版社，2000，第 128～158 页。

④ 参见谢鸿飞《〈民法典〉法定解除权的配置机理与统一基础》，《浙江工商大学学报》2020 年第 6 期。

⑤ 参见许德风《合同自由与分配正义》，《中外法学》2020 年第 4 期。

会影响市场竞争，降低市场活力。契约自由存有三大本质："缔约不受强制""约定应当遵守""违约应负责任"。① 在关系契约中，当事人不再被视为仅仅具有一张人格面具的抽象人，而是现实生活中鲜活的人；当事人也不再被视为利益针锋相对的双方，而是休戚与共、相互依赖的关系共同体。法律规则体系的首要任务便是保护个人自由和保障自我决定，从而维护意思自治。② 以此为据，不定期继续性合同解除权的设立便是为确立自由在市场交易当中的地位，使合同当事人"重获新生"。

2. 防止合同负担过重

过长期限的合同将会致使合同负担过重。不定期合同解除权存在的合理性不仅关乎契约自由，还关乎契约正义。前工业化时代的欧洲劳动法，因承认永久性的劳动合同，雇主与劳动者之间的关系就如同主仆一样，如果劳动者违反"合同"，雇主可以直接将其送入监狱甚至使之遭受肉体的刑罚。③ 在比较法上，虽然不定期继续性合同的单方终止权不存在统一且一般性的规定，但这一原则如今已被不少欧洲国家所承认。④ 值得一提的是，经过 2016 年的改革，《法国民法典》也区分了定有期限合同和不定期合同，并在第 1210 条规定合同任意一方可以随时终止不定期合同。⑤ 上述转变也体现了罗马法以降，债务的形式从人身变为财产、从身份变为契

① 参见谢鸿飞《合同法学的新发展》，中国社会科学出版社，2014，第 19 页。

② See K. Zweigert, Hein Kötz, *An Introduction to Comparative Law*, 3rd edition, Clarendon, Oxford University Press, 1998, p. 325.

③ 虽然在古罗马共和时代，自由的劳动关系就已经出现，开始从身份关系转换到合同关系，这也被视为罗马法的一种贡献，但无论如何，正文中所描述的现象直到 20 世纪初才有所改变。See Nils Jansen and Reinhard Zimmermann, *Commentaries on European Contract Laws*, Clarendon, Oxford University Press, 2018, pp. 860 – 861. Reinhard Zimmermann, *The Law of Obligations: Roman Foundations of the Civilian Tradition*, Clarendon, Oxford University Press, 1996, p. 392.

④ See Machteld W. De Hoon, "Effective Unilateral Ending of Complex Long-term Contracts", 13, *European Review of Private Law*, Issue 4, 473 (2005). Refer to Staffordshire Area Health Authority v. South Staffordshire Waterworks Co. [1978] 3 ALL ER 769, CA (England); European Council Directive (86/653/EEC) Article 15 (1), CESL (Art. 77), PECL (Art. 6: 109) and the UNIDROIT-Principles (Art. 5. 8).

⑤ *The Law of Contract*, *The General Regime of Obligations*, *and Proof of Obligations*, Art. 1210, p. 21, http://www. textes. justice. gouv. fr/art_pix/THE-LAW-OF-CONTRACT – 2 – 5 – 16. pdf., 2022 年 3 月 25 日最后访问。

约，债务负担也随之不断减轻的历史转变。①

首先，不定期持续合同关系长期持续而不能被解除，有可能导致未来的利益失衡。若不赋予不定期合同当事人解除权，其当事人将永久地被合同锁链所束缚。交易标的物也无法进入市场交易，致使其价值无法得到正确的评估。如在房屋租赁市场上，某一时间房屋租赁价格突然下降，而承租人却又无法结束合同关系，将会导致其损失相当一部分利益。若此类交易持续且大量地发生，甚至将危害交易公平和市场秩序。这无异于给当事人披枷带锁。其次，合同负担过重还与履行过程中经济上平等密切相关。在继续性合同的履行过程中，当事人可能会因不可预见的风险和经济负担，在利益分配严重失衡的情况下解除合同。② 例如，双方订立长期合同，约定以美元定价。在合同履行期间，美元出现通胀导致价金风险的出现，可能会给一方合同以外的收益，同时也会给另外一方造成重大的损失，因而长期合同成为一种赌博游戏，最终很不经济地给缔约双方制造巨大的交易风险。③ 最后，长期将当事人绑定在合同关系当中，合同义务的负担将永久绑定双方当事人，同时也会使一方产生合同关系将永久存续的心理预期。

（二）限制解除权行使的必要

因为继续性合同关系中，除时间持续以外，还需各方当事人相互了解、相互牵连、相互合作。若只以保护合同自由和合同负担过重作为理由，较其他法定解除规则，可以发现不定期合同解除制度的理论基础略显不足，若不加以限制将会导致权利滥用。基于协调合同利益和保护合同信赖两点考虑，应当对不定期继续性合同解除权的行使进行适当限制。

---

① See Reinhard Zimmermann, *The Law of Obligations: Roman Foundations of the Civilian Tradition*, Clarendon, Oxford University Press, 1996, pp. 1 – 33. Henry Sumner Maine, *Ancient Law*, Boston, Beacon Press, 1963, p. 165.

② See Carlo G. Terranova, *L'eccessiva Onerosità nei Contratti*, Artt. 1467 – 1469, Giuffrè editore. pp111. 在比较法上，《意大利民法典》第 1467 第 1 款规定：在持续履行或者定期履行或者延期履行的契约中，如果当事人一方的给付因发生特别的和不可预见的时间而变成了过重的负担，应当履行给付的一方得根据 1458 条规定的效力请求解除契约。

③ 参见〔美〕亨利·汉斯曼《企业所有权论》，于静译，中国政法大学出版社，2001，第38页。

1. 合同利益的协调

不定期继续性合同解除规范不仅涉及合同自由和契约严守的紧张关系，还涉及双方当事人之间的利益协调。合同作为风险分配和未来生活计划的工具，一方当事人不得因自身获取利益的需要，而将风险转嫁于他人。如履行解除前的通知义务是为了考虑承租人的利益和出租人的利益，以寻求双方利益的最大化。① 在传统民法上，虽承认未定期限租赁契约的解除权，但也承认对承租人的优先保护，如有利于承租人之习惯者，依其习惯。比如依习惯提前通知合同终止，降低对一般承租人基础生活的影响。② 如果解约人未履行提前通知义务就结束双方合同关系，将会导致被解约人突然陷入风险之中。例如在"西安深视广告有限公司与中国人民银行西安分行干部培训中心租赁合同纠纷案"中，租赁人在租赁期限届满后双方形成不定期租赁尚不满 20 日即通知解除合同，引发的后果是导致承租人遭受较大损失。法院认为出租人所预见到或者应当预见到未在合理期限之前通知解约，导致承租人可能造成的损失，出租人应予赔偿。③ 该案例对交易结构和救济措施的综合衡量为：尽管解约方的交易自由应当得到保护，但解约人如未履行提前通知义务，对被解约方可能造成的损失应予赔偿。私法制度对合同自由的限制主要来源于两个方面，一个是外在限制，即分配正义的外在价值；一个是内在限制，即旨在保障真正资源的合同法制度。④《德国民法典》的立法者也对合同的解约期间予以了特别规定，使被解约人能够适应新的法律状态，从而维护被解约人的

---

① 参见谢鸿飞、朱广新主编《民法典评注·合同编典型合同与准合同》（第二册），雷秋玉执笔，中国法制出版社，2020，第 339~340 页。

② 参见史尚宽《债法各论》，中国政法大学出版社，2000，第 232~233 页。

③ 参见"西安深视广告有限公司与中国人民银行西安分行干部培训中心租赁合同纠纷案"，陕西省高级人民法院（2019）陕民申 1826 号民事裁定书。最高人民法院也认为：为保障当事人基于合同继续履行而产生的交易秩序，法律给予了任一当事人平等离开的机会及适当的通知期限，以保障双方平稳交接脱离合同关系。参见最高人民法院民法典贯彻实施工作领导小组主编《中华人民共和国民法典合同编理解与适用》（四），人民法院出版社，2020，第 2637~2638 页。

④ 参见许德风《合同自由与分配正义》，《中外法学》2020 年第 4 期。现代法上契约自由，并非恣意的自由，而是理性的自由。自由需依据道德的目的标准进行约束，在个人的自私自利前应当保护集体的福祉。参见〔德〕奥托·基尔克《私法的社会任务》，刘志阳、张小丹译，中国法制出版社，2017，第 43 页。

利益。① 以此为据，"具象意义"上的自由也应被规则所限制，不能将合同自由与后续的利益和风险完全隔断，还应为双方利益的协调留下空间。不定期继续性合同解除权的行使，不仅需要考虑合同自由，还应充分考虑被解约一方的利益，而提前合理期限通知的限制恰是为了平衡双方利益。

2. 信赖保护的需要

相较更为"古典"的合同自由与私法自治，信赖保护晚近以来才在学界受到重视。然而，信赖保护和私法自治之间的紧张关系，始终影响着民法制度，似乎过多倾向于任何一方都会破坏规则，甚至影响整个制度体系。② 在继续性合同关系中，因长期的合作以及时间的推移，相互信赖已被合同双方所建立。合同持续的时间与合同信赖的建立与加深有着重要关联。通常情况下，合同持续的时间愈长，双方当事人就愈依赖该合同关系。双方订立长期合同，说明对给付内容有长期需要，应当允许当事人期待合同关系不辍。③ 也即，与其随即进入市场与其他陌生相对人进行交易，当事人更加信赖由原继续性合同当事人先前做出的允诺，相信其在未来会继续保持合同关系。④ 例如，在一般情况下，住房租赁合同的缔约频率较低，承租人往往投入大量的时间和经济成本，如维修、改造、装修以及购买家具，甚至寻找工作都会围绕住宅展开。随着时间的推移，承租人对该租赁合同的依赖感便会愈强。劳务提供者对雇佣合同也是如此，当为同一雇主工作时间愈长，其工作技能更专门化，寻求新工作机会的灵活性大不如前，因而愈依赖该雇佣关系。⑤ 相比维护和持续当前的合同关系，被解约的一方主观上更不愿意寻找新的交易对象。

因在社会上、经济上的强者与弱者力量差距，晚近以来，以契约双方当

---

① 参见〔德〕迪特尔·梅迪库斯《德国民法总论》，邵建东译，法律出版社，2013，第640页。

② 比如在无权代理中意思自由和信赖外观保护之间的紧张关系。详细讨论参见张家勇《两种类型，一种构造？〈民法通则〉第66条第1款第3句的解释》，《中外法学》2012年第2期。

③ 参见王千维《继续性债之关系之基本理论》，新学林出版股份有限公司，2020，第66页。

④ See Dori Kimel, *From Promise to Contract: Towards a Liberal Theory of Contract*, Oxford, Hart Publishing, 2003, pp. 58 – 59.

⑤ 参见〔美〕亨利·汉斯曼《企业所有权论》，于静译，中国政法大学出版社，2001，第35~36页。

事人平等、自由为前提的古典契约理论受到了挑战。为保证契约的实质公平，规制契约的法律规范须增强对弱者的保护，规制契约各方的行为，以满足各方的利益需求。[①] 在较为宽泛的弱者概念下，信赖使他人的权益状态从自主决定转变为他人依赖，使自身利益的实现取决于对方是否能够履行义务，信赖保护制度也具有弱者的保护特征。市场交易以信息成本为基础，处于"弱势"的一方常囿于交易信息的匮乏、议价能力的不足和信息获取的困难，达成新交易对其存在较大难度。然不定期继续性合同中的双方当事人，常在社会或经济方面处于不平等地位。如，出租人较之以承租人，劳务提供者较之以雇主，由于议价能力和社会经济地位的差异，承租人与劳动者在交易中属于较为弱势的一方，他们获取信息的渠道更窄，可能付出的成本相对更高。为了使被解约人，特别是相对弱势一方的当事人，能够有充足的时间以充分地获取信息和寻找足够多的潜在交易对象，以真正实现契约正义，[②] 虽然"合理期限"限制规则不是单一地适用于出租人或者雇佣者等占有优势地位的群体，但是在规范效果上和价值取向上，能给予弱势一方更多的保护。

另外，从鼓励交易的角度考虑，如不对解约权的行使条件予以适当限制，会导致被解约一方生活的安定性受到严重影响，致使双方倾向于选择短期性的租赁安排，使得长期合同的形成更加困难，如此恶性循环，造成缔约、解约频繁，甚至会降低市场的活力。[③]

（三）小结

不定期合同解除规范的隐含结构在合同自由的实现与双方利益的平衡之间搭建了一座桥梁，其意义体现在两个方面：一方面，防止当事人因一纸合

---

① 参见〔日〕星野英一《私法中的人——以民法财产法为中心》，王闯译，《民法总则论文选萃》，中国法制出版社，2004，第 303～305 页；许德风《论民法典的制定与弱者保护》，《广东社会科学》2012 年第 1 期；K. Zweigert, Hein Kötz, *An Introduction to Comparative Law*, 3rd edition, Oxford, Clarendon Press, 1998, p. 332.

② 晚近以来，在古典契约赖以建立的社会基础发生动摇情况下，如何对契约自由予以规制以实现实质争议已经成为人们的共识。契约自由和平等不能仅限于形式，应当对交易主体间事实上的不平等给予适当的平衡，最终实质正义。详细讨论参见李永军《从契约自由原则的基础看其在现代合同法上的地位》，《比较法研究》2002 第 4 期。

③ 参见许德风《住房租赁合同的社会控制》，《中国社会科学》2009 第 3 期。

同受到永久约束，避免合同自由实现沦为具文；另一方面，在多变的市场环境中，为双方当事人退出合同关系提供了通道，避免了合同负担过重而导致的利益失衡。法定合同解除规范的构建需要充分的理由，否则契约严守原则将会为此受到破坏。当一方当事人的生活、经营的基础有赖于某个合同关系的存续时，单方行使解除权将会给合同另外一方带来不可控制的危险。如在租赁合同中，对于承租人等地位较低的合同当事人，合同突然地被解除将使其丧失熟悉的生活住所，将使其生活陷入不安定之中。约定解除的根基是当事人的意志，而法定解除的根基是受到严格限定的事由，故任何合同解除制度既应符合经济效率，也应有利于契约正义的实现。在现实生活中，复杂的合同关系不会仅因某一个行为固定下来，而是在法律与交易习惯、当事人之间利益关系的弹性互动过程中形成并进一步发展。也即，涉于基础市民生活的法律规范不因过度强调兴盛于"自由经济"时代中具有浓厚古典主义背景色彩的"自由观"，而应对契约背后的社会关系予以充分关照。① 因而对常见于基础生活领域的不定期合同解除权，应当予以充分的限制，才能有助于私人间避免相互利益冲突，最终促使契约正义的实现。

三　不定期性合同解除权行使的限制路径

（一）法定限制方法：提前合理期限通知义务

市场交易当中的不定期继续性合同关系多发生于基础生活与基础经营领域。既有生活与经营秩序应予保障，不能突然使合同当事人丧失日常生活与经营的基础，对不定期继续性合同解除权的必要限制呼之欲出。基于

---

① 溯至罗马法时代，合意便是双方意志的结合，而契约的效力受到法律保护，法律真正关心的是实现利益平衡。参见〔英〕巴里·尼古拉斯《罗马法概论》，黄风译，法律出版社，2004，第190页。古典主义的认识是将人置于法律体系的核心地位，在私法上以人的自由、为自己选择的利益及设立的约束为标的，所有权、合同和遗嘱等制度及以自由为核心的私法整体制度均有约束力，并应受到法学理论、法院及立法的特别保障，这是古典法文化的核心表达之一。参见〔德〕奥科·贝伦茨《〈德国民法典〉中的私法——其法典编纂史、与基本权的关系及其古典共和宪法思想基础》，吴香香译，田士永校，载朱庆育等主编《中德私法研究》（第7卷），北京大学出版社，2011，第85~87页。

双方利益考量，立法者选择以提前"合理期限"告知解除作为限制。依据当前我国《民法典》第 563 条第 2 款的规范文义，在一方当事人行使解除权前，应当提前通知解约一方，可以被理解为解约人通过提前合理期限发出解除通知，以期保护被解约的一方。在规范文义上，合理期限已成为不定期合同解除权行使的法定限制，① 即在不限制当事人自由的前提下，以提前合理期限通知相对人作为解除权生效的限制条件。不仅我国《民法典》选择将提前合理期限通知解除作为不定期继续性合同解除权行使的限制条件，在比较法上也有相关规定作为规范参照。② 如《瑞士债务法》规定，不定期租赁关系的终止需要按照法定的预告期间和终止期间，通知终止租赁关系，但契约当事人约定更长的预告期间或其他终止日期者，不在此限。③ 又如《国际商事通则（2016）》规定结束无期限合同应以提前通知的形式，其目的是风险管理的作用，保护剩余的合同自由，并提供适应市场发展的机会。④《欧洲示范民法典草案》第Ⅲ－1：109 条第（2）款也规定：在合同债务包含继续性给付或者周期性给付的情况下，如果合同条款并未说明合同关系在何时结束或已说明合同关系将永久持续，则任何一方当事人均得以给予对方当事人一个合理期间的通知而终止合同。⑤

---

① 在《国际商事通则（2016）》与《欧洲示范民法典草案》当中，通过提前合理期间通知终止不定期合同也已得到承认。参见《欧洲示范民法典草案》第Ⅲ－1：109 条，《国际商事通则（2016）》第 5.1.8 条。

② 参见欧洲私法一体化的最新成果《欧洲共同买卖法（2016）》第 77 条、《欧盟雇佣和商事代理（86/653/EEC 号）指令》第 15 条第 2 款、《美国统一商法典》第 2－309 条、《国际商事合同通则》第 5.1.8 条、《欧洲合同法原则》第 6：108 条、《欧洲私法共同参考框架》第Ⅲ－1：109 条第 2 款、《德国民法典》第 624 条和《意大利民法典》第 1467 条以及第 2118 条。另外值得一提的是，《法国民法典》第 1211 条规定：如果合同是无限期订立的，每一方都可以随时终止合同，但须遵守合同规定的任何通知期限，或者在没有合同约定的情况下提前合理期限通知。*The Law of Contract, The General Regime of Obligations, and Proof of Obligations*, Art. 1211, p. 21, http://www. textes. justice. gouv. fr/art_pix/THE-LAW-OF-CONTRACT－2－5－16. pdf.，2022 年 3 月 25 日最后访问。

③ 参见《瑞士债务法》，第 266a－266f 条，戴永盛译，中国政法大学出版社，2016，第 91 页。

④ 参见 PICC（2016）第 5.1.8 条。〔德〕埃卡特·J. 布罗德：《国际商事合同通则——逐条评述》，王欣等译，法律出版社，2021，第 137～138 页。

⑤ 参见欧洲民法典研究组等编著《欧洲私法的原则、定义与示范规则：欧洲示范民法典草案》（第一、二、三卷），高圣平等译，法律出版社，2014，第 610 页。

1. 影响合理期限长度的主要因素

我国《民法典》合同编分则关于物业服务合同以及一些其他特别法规范明确了提前通知期限的长度，如我国《民法典》第948条第2款规定，不定期物业服务合同解除应当至少提前60日通知对方；《劳动合同法》第37条规定，劳动者解除合同应提前30天通知；根据《合伙企业法》第46条，在不定期合伙中，某一合伙人退伙应当提前30日通知其他合伙人；《住房租赁和销售管理条例（征求意见稿）》第11条第2款规定：对租赁期限约定不明确，出租人解除住房租赁合同的，应当提前3个月通知承租人。除上述这些条款外，其他大多规定使用"合理期限"这一表达。虽然"合理期限"并非精准的法律概念，其文义本身不足以精确地界定其外延，[①] 但在法律无法统一规定时，采用该表达更符合妥当性的要求。由于双方对"合理期限"的长度未做具体约定，在我国司法实践中，裁判者常常采用酌定裁量的方法，以市场交易习惯和一般生活经验为主要参照，确定"合理期限"的长度。[②] 如在租赁合同当中，合同双方需根据租赁物的性质、租赁物的使用目的以及交易习惯对其予以确定。[③] 从现实来看，可能影响期限合理性的因素众多，为避免利益衡量流于恣意，须厘清影响期限"合理性"的重要因素，以满足司法实践的现实需求。

---

① 为使"合理期限"相对具体化或精确化，在比较法上有不同做法，如《意大利民法典》第2118条规定：对于未确定期限的劳动契约，任何一方都享有再按照行业规则、惯例或者公平规则规定的期限和方式履行了通知义务之后解除契约的权利。

② 在"北京中交路通科技发展有限公司与维特根（中国）机械有限公司买卖合同纠纷案"中，法院认为，维特根公司应当在得知中交路通解除租赁关系后的"合理期限"内返还300万元的欠款。法院将"合理期限"酌定为2个月，即维特根公司应在2013年11月25日之前返还欠款。参见河北省高级人民法院（2015）冀民二终字第3号二审民事判决书。

③ 参见最高人民法院民法典贯彻实施工作领导小组主编《中华人民共和国民法典合同编理解与适用》（三），人民法院出版社，2020，第1582页。从司法裁判实际确定的提前通知期限观察，从10天至2个月不等。然而大多裁判在说理时，法官未充分论证期限的合理性。相关裁判参见江苏省盐城市中级人民法院（2021）苏09民终994号民事判决书、江苏省泰州市中级人民法院（2020）苏12民终1747号民事判决书、湖北省高级人民法院（2019）鄂民终907号二审判决书、山东省临沂市中级人民法院（2016）鲁13民终3109号民事判决书、江苏省南京市中级人民法院（2016）苏01民终3987号民事判决书、广东省佛山市中级人民法院（2015）佛中法民三终字第1149号民事判决书。

（1）合同类型和合同标的物种类

首先，可使用合同类型和合同标的物种类作为标尺检验通知期限的"合理性"。通过对司法判决的定量统计，与不定期合同解除有关的纠纷大多集中于租赁、物业服务、劳务以及合伙等类型的合同关系当中。据此观之，越是关乎当事人基础生活和经营的合同，其意义越为重要。不同性质的合同解除后对当事人的生活和经营所带来的影响也有所差异，故合理期限长度的确定也与此有关。① 如在仓储合同中，存货人提取仓储物时只需给予保管人必要准备时间。不定期的买卖合同，被解除一方需要重新寻找交易对象的时间较短，而在租赁合同和物业服务合同之中，其就需要更长的时间。因而，在权衡期限是否合理时，无法脱离对合同类型的考察。在司法实践中，法院首先应充分考虑具体合同类型之间差异，认定合理期限的长短。

即使合同类型相同，交易标的物种类不同同样会对合理期限的长度产生影响。在租赁合同当中，相比一般承租人对住房的依赖，经营者对经营场所的依赖程度更深，其生产经营无不依赖经营场所。商家对商铺的地理位置、面积大小以及周遭的环境等有着更为特殊的要求。无论是搬离还是重新寻找合适的经营场所，都需要较长的时间。在比较法上，也有一些立法例作为参照。如《瑞士债务法》规定当租赁物为住房时，契约当事人得以 3 个月为预告期间；租赁物为营业场所时，契约当事人得以 6 个月为预告期间。《日本民法典》中也存有类似规定。② 合同标的物的种类差异导致合同期限长度的差异，不仅存在于租赁合同之中，在其他类型继续性合同关系当中也有所体现。以此为据，裁判者在审查合理期限长度时应当将合同性质与合同标的物种类考虑在内。

（2）重新寻找交易机会的时间

无论何种类型的继续性合同被一方解除后，另一方不可避免地需要重新寻找交易对象。当一方当事人的生活或经营条件，如住房、商铺或某种

---

① See Markesinis, B., Unberath, H., & Johnston, A, *The German Law of Contract: A Comparative Treatise*, 2nd edition, Oxford, Hart Publishing, 2006, pp. 436 - 437.

② 《瑞士债务法》，戴永盛译，中国政法大学出版社，2016，第 91 页，第 266a - 266f 条。另参见《日本民法典》第 617 条第 1 款规定：当事人未约定租赁期间时，各当事人得随时请求解约。于此情形，下列各项之租赁，自解约申请之日起经过有关各项规定之期间而终止：一、土地租赁：一年；二、建筑物租赁：三个月；三、动产及座席租赁：一日。

原料的长期供应等不可或缺的要素，在未来确定会丧失时，其必然会重新回到市场之中寻找交易对象。私法自治的价值理念要求有序的法律框架和安定的社会秩序，解除一方提前告知的期限必须考虑被解除一方在市场中重新寻求交易对象和形成交易的时间，否则将影响被解除一方的生活或者经营秩序。如在租赁合同当中，若提前通知的期限太短，承租人无充足时间寻找到新的住所，就将面临流离失所；反之，若提前通知期限过长，或因新的交易对象不愿意等待过长时间，进而也不利于承租人重新寻找交易机会。既然法律规定当事人能够解除不定期继续性合同关系，但也必须衡量合同内含有的特定利益和风险分配。解除一方不能得到理想的利益而欲从合同关系当中解脱，但应留给被解约一方充足时间，以便重新寻找新的交易机会，从而维持当事人利益格局基本均衡。

（3）合同持续的时间

合同持续时间与合理期限长度之间存在着密切的联系。与单个简单合同相比，长期合同通过时间分配合同风险，同时有效降低合同成本。当事人在不定期合同的允诺是向未来的无限期给付，基于对此种给付的信赖，当事人会对合同的持续产生长期的预期。不定期继续性合同的解除，常在当事人无明显违约的情况下出现，被解约方对合同的解除常常缺乏心理预期。提前通知期限的长度又与双方当事人的利益保护和信赖保护密切相连，如上文所述合同持续期限越长，当事人之间的信赖力就越强。为了"破除"这种信赖，当事人往往需要一定的时间进行调整，合同持续时间越长，往往调整的时间越长。在比较法上，不少立法例也将合同持续时间作为通知合理期限的重要参照。如《欧盟雇佣和商事代理86/653/EEC号指令》第15条第2款规定：无明确期限合同提前通知的期限应当是第一年为1个月，第二年开始为2个月，第三年开始以及以后各年3个月。双方当事人不得约定比这些期限更短的通知期。[①]《欧洲示范民法典草案》第

---

① Refer to Council Directive 86/653/EEC of 18 December 1986 on the coordination of the laws of the Member States relating to self-employed commercial agents, Article 15. 2, https://op. europa. eu/en/publication-detail/ - /publication/a4fa7338 - bc35 - 4e95 - b255 - 6216fcd4e1ff/language-en，2022 年 3 月 25 日最后访问。

IV. E – 2：302 条规定，行使解除权必须提供合理的通知期限，合理期限的长度需要考虑合同持续的时间，其第 IV. E – 2：302 条第（4）款规定：合同关系持续每一年，增加 1 个月的通知期，最长为 36 个月，则应被推定是合理的。[①]《国际商事通则（2016）》则认为需要考虑双方合作时间，是否已在此关系中做投资并得到回报以及替换交易伙伴的时间。[②] 又如，《德国商法典》第 89 条（1）认为通知期的长短取决于合同的年限，规定合同第一年为 1 个月，第二年为 2 个月，第三年至第五年为 3 个月，合同关系超过五年的为 6 个月。[③] 不难看出，合同持续时间与合理期限长度之间存在着密切的联系。在一般情况下，合同持续的时间越长，在单方面终止合同关系的情形下，对于被解约方的损害就越大。在合同已经持续一段时间以后，提前一定期限通知对方当事人，适度兼顾对法律关系不再持续之期待。

提前合理期限通知作为对不定期继续性合同解除权的法定限制，虽然在选取立法语言时，精准更重于通俗，但在复杂的市场中合同性质、合同持续时间和履行时间的期限长短、履行难度以及解除后对合同劣势一方的影响明显不同，立法者无法对"合理期限"予以具体且统一的规定。面对情事较为复杂且丰富的个案，须由法官根据合同性质、履行规模、履行难度等诸多因素，考虑合同在解除前双方的准备期限进行评价予以补充，在个案裁判中对合理期限进行具体化。

2. 违反法定限制的法律效果

从规范文义上考察，我国《民法典》第 563 条第 2 款，仅仅规定了不

---

① 参见欧洲民法典研究组等编著《欧洲私法的原则、定义与示范规则：欧洲民法典草案》（第 4 卷），法律出版社，于庆生等译，2014，第 938~941 页。

② PICC（2016）第 5.1.8 条。参见〔德〕埃卡特·J. 布罗德《国际商事合同通则——逐条评述》，王欣等译，法律出版社，2021，第 139 页。

③ 参见《德国商法典》，杜景林、卢谌译，法律出版社，2010，第 38 页。《德国民法典》和我国台湾地区"民法"也都根据合同关系存续的长度，规定了不同合同终止期限的长短。《德国民法典》第 622 条：根据劳动合同关系存续的时间长度，确定了雇佣人终止未定期限雇佣关系劳动关系的不同期限，终止期限与劳动关系已存续时间长度成正比。我国台湾地区"民法"第 450 条规定：未定期限者，各当事人得随时终止契约。但有利于承租人之习惯者，从其习惯。前项终止契约，应依习惯先期通知。但不动产之租金，以星期、半个月或一个月定其支付之期限者，出租人应以历定星期、半个月或一个月之末日为契约终止期，并应至少于一星期、半个月或一个月前通知之。

定期继续性合同双方当事人享有解除合同的权利，须履行提前"合理期限"通知义务，但未规定若不履行该义务的法律后果。然而，由于缺乏合同期限的约束，任意一方当事人都有可能因主观恶意或者客观上的"疏忽大意"而滥用解除权，应予拷问的是：如此引起的法律效果是什么？被解约一方请求损害赔偿的依据是什么？以上问题现行法律皆未予规定，但适用法律时，裁判者却无法趋避。

从规范效果上考察，解约人违反提前合理期限义务的法律效果，存有三种可能的解释方案：（1）单方解除行为无效；（2）合同期限被延长至合理期限届满之日；（3）以债务不履行产生赔偿责任。作为开放的规范漏洞，应在规范内部根据规则意图、目的以及立法者的计划进行漏洞填补。① 填补法律漏洞，需考虑填补方案是否符合制定法的意图、计划以及内在目的约束。有鉴于此，下文将对上述三种解释方案的合目的性以及合价值性展开讨论。

首先，"单方解除行为无效说"毫无理据。根据《民法典》第153、154条的规定，只有违反强制性规定、公序良俗以及恶意串通的情况下，法律行为才会归为无效。如若将违反合理通知期限行使解除权视为无效，将导致法律行为无效事由的无端扩张，属于用错误矫正另外一个错误。因此，单方解除行为无效说于理不符。

其次，合同期限延长至合理期限届满之日是承担损害赔偿责任的另一种形态。不定期继续合同解除权何时生效有两种观点，有观点认为，随时解除权属于预约解除权，当事人解除合同应提前书面通知，且自己应在期限届满后行使解除权。也有观点认为，不定期继续性合同当事人在"合理期限之前通知对方"之后才可解除，该通知即为附生效期限的解除通知。② 按照上述两种观点，当事人未履行或者不适当履行提前通知义务时，被解约一方可以提出抗辩并请求合同继续有效直至合理通知期限届满之时。如在物业服务合同当中，若物业公司决定解除不定期物业服务合同，

---

① 参见〔德〕卡尔·拉伦茨《法学方法论》，黄家镇译，商务印书馆，2020，第469页。
② 参见朱虎《解除权的行使和行使效果》，《比较法研究》2020年第5期。

但未履行提前 60 天通知义务就发出解除通知，业主可要求其在发出解约通知后继续提供物业服务。借此方式，既能给予被解约方时间以重新寻找交易机会，勿使一方的利益得不到保证，又能使得双方"平和地"退出合同关系。然而，解约人决定不再继续履行合同义务时，解约人的行为致使被解约一方的利益遭受严重损害，最后致使合同信赖基础不可修复，在这种情况下，合同延长至合理期限结束则不可实现。例如在"袁某某、杨某房屋租赁合同纠纷案"中，出租人在未向承租人发出解除通知的情况下，就将案涉房屋关门落锁，导致双方矛盾激化，丧失合作基础，最终使承租人正在销售的货物被锁在房屋内，致使货物超过保质期，导致承租人遭受较大损失。[1] 因而在类似案件中，延长合同期限作为救济方法不具有可实现性。

最后，损害赔偿应作为原则上的救济方式。从规范文义考察，《民法典》第 563 条第 2 款规定的提前合理期限通知义务，应属该解除权行使的前置条件，是解除权行使一方应履行的法定义务。若债务人不履行该项义务，危害他人而自己享受了利益，原债权债务关系遂转化为损害赔偿之权利责任关系。在我国司法实践当中，也有不少裁判将损害赔偿作为不履行合同期间通知义务的责任承担方式。如在"吴某某与欧阳某某其他合同纠纷案"中，裁判者阐述道，"由于吴某某的任意退出行为确给欧阳某某造成了经济损失，吴某某退出经营，需要支付 2019 年 6 月 5 日至 2019 年 8 月 20 日的经营成本，也应承担由于其退出经营给欧阳某某造成的损失"。[2] 也有裁判观点认为不履行合同期间通知义务的解约人应当承担违约责任。[3] 还有裁判观点认为，如果解约人未履行提前通知义务，对被解约方可能造

---

① 参见河南省平顶山市中级人民法院（2018）豫 04 民终 1570 号二审民事判决书。
② 参见上海市第二中级人民法院（2021）沪 02 民终 4547 号二审民事判决书。
③ 参见"耿某某、濮阳市信原实业有限公司、濮阳市新星商场有限公司、中国石化集团中原石油勘探与濮阳市中原接待服务中心房屋租赁合同纠纷案"，法院认为："新星商场如因双方对租赁费等事宜未能协商一致，可以依法解除双方租赁合同，但应当给耿某某以合理的搬出时间。而新星商场于 2003 年 7 月 19 日向耿某某下达通知，要求其第二天撤场，并将耿某某经营场地封闭，该行为违反了不定期租赁合同中出租人的义务，应当承担相应的违约责任。"参见河南省高级人民法院（2010）豫法民一终字第 135 号民事判决书。

成的损失应予赔偿，损害赔偿的范围应当限制于可预见的范围内。[①] 在比较法上，不少立法例规定了解约人未履行提前合理期限通知义务将导致损害赔偿责任。在德国法中，解除一方若不遵守合理期限通知义务可以被视为合同终止的重要原因，受损害一方有权依据《德国商法典》第 89a 条第2 款请求损害赔偿。[②]《欧洲示范民法典》则规定一方当时如果违反合理期限通知义务，受损害的一方可向其请求损害赔偿，其认为损害赔偿的数额一般为对方当事人应当在合理通知期限内所能获得的期待利益。[③] 着经济效率考虑，其将损害赔偿视为唯一的补救办法，即让解约人快速结束合同关系以重新达成新的交易，但须向被解约一方履行损害赔偿义务。[④] 准此而言，若解除一方不履行提前通知义务之时，可使用经济上的损害赔偿作为对被解除权一方原则上的救济方式。

在个案中进行利益衡量常被用于解决制定法未明定的情形，冀在司法裁判过程中逐渐将裁判标准具体化。随着裁判的日渐积累，余留的裁判空间将日渐缩小。[⑤] 无论合同延续至合理期限届满之日还是损害赔偿，规范都未予以明定。因此，该问题需要通过在个案裁判中实现具体化，缩小裁判空间，形成较为统一的裁判标准。

（二）法外续造：磋商义务的引入与建构

正如麦克尼尔所指出，关系性契约和它反映的新古典时代建构于严谨的和古典的理论模型之上，而在当今社会无论是交易模式还是合同期限都已变得越来越复杂，因而需要向其外部与内部注入灵活性的元素，使其重

---

① 参见"西安深视广告有限公司与中国人民银行西安分行干部培训中心租赁合同纠纷"，陕西省高级人民法院（2019）陕民申 1826 号民事裁定书。

② 《德国商法典》第 89a 条规定：（1）任何一方当事人均可以因重大事由而不遵守终止期限终止合同关系。此项权利不得被排除或者限制。（2）终止系因可以归责于另外一方当事人的行为而引起的，对于因合同关系废止而发生的损害，该方当事人负有赔偿的义务。参见《德国商法典》，杜景林、卢谌译，法律出版社，2010，第 39 页。

③ DCFR 第 IV. E - 2：302 条规定：如果一方当事人终止不确定期限的合同，但不给予合理的通知期限，则对方当事人有权提出损害赔偿的请求。

④ 参见欧洲民法典研究组等编著《欧洲私法的原则、定义与示范规则：欧洲示范民法典草案》（第 4 卷），于庆生等译，法律出版社，2014，第 945～948 页。

⑤ 参见〔德〕卡尔·拉伦茨《法学方法论》，黄家镇译，商务印书馆，2020，第 518 页。

新获得活力。①

当一方当事人的生活或者生存条件有赖于某项合同时，即已然构成当事人的生活不可或缺的要素情况下，当事人可以单方解除的选择权利就会给合同另外一方带来危险。② 例如在商业租赁、商业代理以及商业赞助合同当中，仅仅通过提前合理期限通知被解除一方，虽然该规范不会致使合同"突然死亡"，但最佳效果也是"死刑的未来执行"，对合同双方而言无异于"失权条款"。"限制解除说"提出，在租赁、劳务等典型合同中加以特别限制，但该限制方法却无法解决其他类型继续性合同可能遭遇的问题。因此，在"限制解除说"基础上如何建构更具有普适性的限制方法才是关键所在。

1. 引入调整磋商机制的必要性

因继续性合同关系要求的稳定性与合同解除权随时性之间始终存在着冲突关系，提前合理期限通知规则便是两者关系之间冲突与协调的产物。为了保持合同关系的稳定和交易成本的最小化，继续性合同双方当事人应当时刻都维护双方的信赖。然而因为不定期继续性合同单方解除权可以随时行使，被解约一方不仅无法预见，还无法获得损害赔偿，当下缺乏能够满足双方利益需求的解决方案，遂给不定期继续性合同的信赖保护和利益平衡留下了缺口。合同信赖的维护和个人自由的保护之间具有明显的紧张关系和价值冲突，现有规范的限制方案割裂了继续性合同的内在体系。鉴于在司法实践中对被解除一方的保护存在较大困难，合理期限限制规则不足以应对上述问题，那么问题便转化成为通过何种途径能够将双方的利益最大化，同时最大限度地保护合同信赖。

合同不仅是实现交换正义的工具，而且需要顾及分配正义，促进团体发展和利他主义的实现。而继续性合同长期合作对于信赖关系的建立与加强，将明显降低交易成本，提高交易效率，使交易目的更容易实现。以住房租赁合同为代表的继续性合同中，承租人大多希望保证对住房使用的连

---

① See Ian R. Macneil, "Contracts: Adjustment of Long-Term Economic Relations under Classical, Neoclassical, and Relational Contract Law", 6 *Northwestern University Law Review*, 72, 900 – 901 (1977 – 1978).

② 参见〔法〕弗朗索瓦·泰雷等《法国债法·契约篇》（下册），罗结珍译，中国法制出版社，2018，第 942 页。

续性或者交易的稳定性。经济生活当中的行为策略常常会受到交易关系的长短、交易范围和合同关系的复杂性等因素的影响，当新的情况不断出现，在面对合同正义与合同自由之间紧张关系时，市场参与者在涉足法律争议之前负有重新磋商的义务。① 作为生活制度的法律发现了人类生活的双重内容，并据此区分为两种不同的范畴，不仅将界定和保护个人外部生活范围设定为目的，也将建构和保障共同生活设定为目的。② 虽然行使解除权前磋商不能保证一定会有结果，却在一定程度上消解合同争端，维护花费长时间建立的合同信赖，降低合同成本。因而，在行使不定期继续性合同解除权前加入调整和磋商机制，使合同关系尽量延续，以期实现合同的安定性和双方利益平衡。

2. 调整磋商的具体步骤

尽管合同类型的差异致使磋商义务的履行方式不一，但根据《民法典》第 563 条第 2 款的规范本意，可将不定期继续性合同的磋商分为两步：第一步，根据合同的履行状况确定磋商的必要性；第二步，根据合同类型和合同具体内容确定可供磋商的因素并展开磋商。

第一步，从合同的履行状况出发，确定有无可供继续磋商的基础。调整和磋商作为一种在合同解除之前的补充救济方法，需要存有一定基础才能进行。因继续性合同关系持续时间较长，必须考虑这种合同关系使当事人受到长期拘束的特性，所以一般认为继续性合同常以特别信赖为合同基础。若信赖存在，合同尚有可能继续延续；若信赖基础消失，那么合同也当然终止。若双方当事人严重违反合同义务，导致信赖基础丧失，使得另外一方当事人不可期待继续性合同关系持续，即可直接行使解除权，使合同关系归于消灭。换言之，只有不定期继续性合同当事人之间的信赖尚存，双方才可进行调整和重新磋商。

第二步，根据合同的类型和具体内容，展开磋商。不定期继续性合同

---

① 参见〔德〕罗尔夫·克尼佩尔《法律与历史——论〈德国民法典〉的形成与变迁》，朱岩译，法律出版社，2003，第 155 页。

② 参见〔德〕奥托·基尔克《私法的社会任务》，刘志阳、张小丹译，中国法制出版社，2017，第 26 页。

关系常是在某一继续性合同期限届满后，因合同未来的期限未定而形成。在当前的规范框架下，只有当合同的期限从不定转为确定，合同双方当事人才能确获法律保障。在最高人民法院看来，《民法典》第 563 条第 2 款的规定不仅是为了保护交易自由，也是为了敦促合同双方及时确定合同期限。① 合同期限和对价是继续性合同常要面对的两大风险。因继续性合同期限较长，在合同履行过程中，会出现不确定的风险。例如高通胀和原始成本上涨导致的价金风险，继续地履行会给其中一方带来持续性的损害，导致合同某一方不愿过早固定合同期限，遂使不定期继续性合同在市场中不断涌现。着合同经济考虑，双方当事人在行使解除权前，可以对继续性合同的两大核心要素——对价和期限，进行调整磋商。若能达成一致，则可使合同继续延续，从而实现合同的稳定与经济。

3. 未履行调整磋商义务的法律效果

若合同一方在行使解除权前未与对方进行磋商，被解除一方可提出异议，主张在同等条件下优先续约。我们再次以租赁合同作为分析对象，当不定期继续性合同被解除后，除出租人自用外，大多数标的物仍要进入市场交易当中，出租人仍要重新寻求交易对象。《民法典》第 734 条第 2 款规定在租赁期限届满后，房屋承租人享有同等条件下优先承租的权利。据此可窥觑立法者的目的便是降低交易成本和保护租赁人的生活安定，赋予承租人优先续约的权利。虽然《民法典》未赋予不定期继续性合同当中被解约一方优先权，在此种情形下，可将解约行为产生的法律效果视为合同"加速到期"，从而类推适用《民法典》第 734 条第 2 款，使其享有在同等条件下优先续约的权利。当法典编纂给法学套上了枷锁，为了防止制定法目标的陷落，需借助目的性解释、类推适用或者法律实证的方法展开讨论，② 遂为实现立法者原意，降低交易成本，维护合同关系的稳定，应使被

---

① 不定期租赁合同中双方权利义务处于不安定状态，影响了承租人投入改造的积极性，也不利于租赁物的长期规划使用以及市场交易稳定的维护，应敦促租赁合同双方及早确定租赁期限。参见最高人民法院民法典贯彻实施工作领导小组主编《中华人民共和国民法典合同编理解与适用》（三），人民法院出版社，2020，第 1581 页。

② 参见〔德〕霍尔斯特·海因里希·雅科布斯《十九世纪德国民法科学与立法》，王娜译，法律出版社，2004，第 49～50 页。

解约一方能够享有在同等条件下优先续约的权利。

四　余论

由于古典主义"自由观"对合同法理论深刻的影响，反对合同永久束缚的思想悄然兴起。在我国《民法典》制定过程中，立法者也恰是立足于保护交易和防止过重负担，不定期继续性合同解除权规范应运而生。晚近以来，人们在追求被奉为圭臬的"合同个人自由"之时，却未给合同正义保留充分空间。纵观对规范的学理与实务争议，在某种程度上正是反映了合同自由与合同正义的紧张关系。不定期继续性合同常涉于社会公民的日常经营和基础生活领域，如果被任意地解除会影响社会安定，这也恰是"任意解除权说"令人诟病之处。然而，如果只对特定类型不定期继续性合同解除权的行使予以限制，将无法实现立法者将该规范置于合同编总则部分的本意，无法实现对典型合同具体规定的有效牵引以及对无名合同的充分关照。

为此，本文以合同自由和合同正义之间的紧张关系为实质线索，串联不定期继续性合同解除权的价值基础与规范构造，融通不同学说的理论基础，消弭既有理论争议。随着"古典自由主义"依赖的社会基础逐渐"塌陷"，"古典主义"模式将会被新的结构所替代，法律规则将以"义务履行"、"利益偿还"以及"合理信赖保护"这三大基本支柱继续向前发展。① 立足于保护合同信赖和平衡双方利益两大价值基础，遂对不定期继续性合同解除权的行使予以限制，提前合理期限通知义务作为法定限制应时而生。合理期限长度的确定，需要综合考虑合同的具体类型、合同标的物的种类、当事人重新寻找交易机会的时间以及合同持续的时间，而且应当在个案裁判中不断缩小差异，形成较为统一的裁判标准。在法律未明文规定违反合理通知义务的法律后果情况下，将合同期限延续至合理期限届

---

① See P. S Atiyah, *The Rise and Fall of Freedom of Contract*, New York, Oxford University Press, 1979, pp. 778 – 779.

满之日或者予以被解除一方损害赔偿是两种可兹参考的漏洞填补方案。在不定期继续性合同被解除前引入磋商调整机制，使其尽量延续，能使一些常态化的交易方式变得简便，交易成本得以降低。这一机制的引入会增加对被解除一方的保护，使利益和风险的分配符合多数人对于公平的判断，也能回答关于该规范破坏社会安定性的诘问。

长期以来，我国合同法律制度以一时性合同为模型进行建构，而一时性合同和继续性合同的差异显而易见，作为极少专门调整继续性合同关系的法律规范，不定期继续性合同解除规范在《民法典》中的出现难能可贵。可见，立法者对继续性合同的特殊性并非视而不见，然其在《民法典》适用过程中可能出现的复杂问题，需要更深入的理论讨论和实践分析。

《民法典》第552条（债务加入规则）评注[*]

李伟平[**]

内容提要：我国《民法典》第552条首次以实证法的形式规定了债务加入制度。债务加入兼具债务移转和债务担保的制度价值。第三人作为债务人加入债之关系增大了责任担保的范围，具有很强的增信属性。债务加入可以通过三种债务加入合同或第三人向债权人的单方允诺设立，以不要式为已足。债务加入人应符合法定主体资格要求，作为债务加入客体的债务应具有有效、可转移性，同时不存在债权人或债务人对第三人加入债务的反对或拒绝。第三人加入债务的原因不仅是判定第三人在履行债务后能否向债务人追偿的依据，也对债务加入的实践认定产生影响。应通过形式与实质双重标准对债务加入加以区分认定，以明确第三人的法律地位。债务加入人原债务之间构成不真正连带债务关系，履行了债务的债务加入人可否向原债务人追偿依据双方间的约定或原因关系而定。

关键词：债务加入　单方允诺　增信措施　第三人履行　不真正连带债务

一　规范意旨

《民法典》第552条隶属于《民法典》合同编·通则分编的第六章

---

* 本文系2019年度司法部国家法治与法学理论研究项目课题"第三人履行与债务承担之认定研究"（项目编号：19SFB3036）的阶段性成果。

** 李伟平，青岛大学法学院讲师，法学博士。

"合同的变更和转让"，首次以实证法的形式明确规范了债务加入，不必再取道扩张解释原《合同法》第 84 条（现《民法典》第 551 条）[①] 的方式承认其存在。本条虽规定在合同编中，实则为规范一般债务的加入规则，客体方面并不限于合同债务。

债务加入（Schuldbeitritt），又称"并存的债务承担"，是指第三人加入原债务人与债权人的债权债务关系中，与原债务人共同承担履行责任。[②] 传统民法上，债务加入与免责的债务承担共同构成债务承担（移转）制度。允许债务的移转极大地丰富了可供交易的财产的内容和范围，提高了交易的效率，体现了现代法律对效率价值的追求。同时，债务承担制度克服了债的相对性，使得债务关系没有因债务人一方的改变而消灭，避免对本已谈妥的事项重新商议而引发风险。[③]

债务加入除具有债务移转的功能属性之外，新近不少学者注意到债务加入另一项与免责的债务承担不同的制度功能：原债务人的责任财产不受影响，在此基础上又增添了债务加入人的责任财产，债务加入本身具有担保功能（Sicherungsfunktion），是一种增信措施。[④] 债务加入并非真正意义

[①] 通说认为原《合同法》第 84 条的调整范围包括债务加入制度，参见王利明《我国〈民法典〉保证合同新规则释评及适用要旨》，《政治与法律》2020 年第 12 期；李永军《合同法》，法律出版社，2004，第 433 页；崔建远《无权处分合同的效力、不安抗辩、解除及债务承担》，《法学研究》2013 年第 6 期。此外，还有部分学者认为我国原《合同法》第 84 条仅调整免责的债务承担，不包括债务加入，代表者如杨明刚《合同转让论》，中国人民大学出版社，2006，第 220 页；陈福民、朱瑞《免责的债务承担应以债权人的明确同意为要件——远策公司与华纪公司、赵国明合资、合作开发房地产合同纠纷上诉案》，《法律适用》2011 年第 7 期；隋彭生《合同法要义》（第 2 版），中国政法大学出版社，2005，第 279 页。

[②] 黄茂荣：《债法通则之三：债之保全、移转及消灭》，厦门大学出版社，2014，第 145 页。

[③] 参见〔德〕克里斯蒂安·冯·巴尔、〔英〕埃里克·克莱夫主编《欧洲私法的原则、定义与示范规则：欧洲示范民法典草案》（第 1 卷），高圣平等译，法律出版社，2014，第 942 页。

[④] 王利明：《论"存疑推定为保证"——以债务加入与保证的区分为中心》，《华东政法大学学报》2021 年第 3 期；肖俊：《〈合同法〉第 84 条（债务承担规则）评注》，《法学家》2018 年第 2 期；朱奕奕：《并存的债务承担之认定——以其与保证之区分为讨论核心》，《东方法学》2016 年第 3 期；夏昊晗：《债务加入法律适用的体系化思考》，《法律科学》（西北政法大学学报）2021 年第 3 期。

上的债务承担，只是在广义上属于其中一种。①

应当看到，债务加入与免责的债务承担间的异质性大于其同质性。免责的债务承担是"债务之特定的承受"，② 发生债务人的更迭；而债务加入并没有发生债务人的替代，第三人加入债之关系应视为新债务之负担行为，③ 并增大了债务实现的责任担保范围。第一，从现实需求来看，众多裁判文书中采用了"债务加入实质为一种担保"④ 或"在法律性质上，债务加入最为接近连带责任保证"⑤ 等类似表述，体现了实务中认可其担保功能的司法态度。不少法官认为，债务加入在提供了与保证担保类似的担保和增信功能的同时，还为债务加入人提供了不同于保证人的约束力，民事主体选择债务加入这一方式，是私法自治原则的体现，该意志应被尊重和认可。⑥ 2021 年 1 月生效的《最高人民法院关于适用〈中华人民共和国民法典〉有关担保制度的解释》（简称《民法典担保制度解释》）第 12 条参照适用公司担保效力规则来认定公司债务加入的效力，进一步体现了最高实务部门对债务加入之担保属性的认可。第二，从理论的视角观察，我国《民法典》的实质担保观也为债务加入之担保功能的承认预留了解释空间。⑦ 第三，比较法的上越来越多的国家和地区承认债务加入的人保属性，凸显债务加入担保功能的国际化立法趋势。⑧

职是之故，《民法典》第 552 条的债务加入规则兼具债务承担和债务担保的双重功能。从双重功能性的视角出发，对于债务加入制度涉及的各

---

① 〔日〕我妻荣：《新订债权总论》，王燚译，中国法制出版社，2008，第 505 页；韩世远：《合同法总论》（第 4 版），法律出版社，2018，第 626 页。

② 史尚宽：《债法总论》，中国政法大学出版社，2000，第 742 页。

③ 史尚宽：《债法总论》，中国政法大学出版社，2000，第 751 页。

④ 参见山东省高级人民法院（2013）鲁商终字第 117 号民事判决书；江苏省无锡市梁溪区人民法院（2017）苏 0213 民初 944 号民事判决书。

⑤ 参见最高人民法院（2016）民再 322 号民事判决书。

⑥ 刘刚、季二超：《债务加入类推适用的对象、范围和限度》，《人民司法》2020 年第 13 期。

⑦ 谢鸿飞：《〈民法典〉实质担保观的规则适用与冲突化解》，《法学》2020 年第 9 期。

⑧ 例如，奥地利普通民法将债务加入与保证一并置于"权利和义务的强化"一章中，即着眼于债务加入的担保功能；《欧洲民法典草案》（DCFR）第 IV.G.-1：102 条第 1 款将具有担保作用的债务加入规定为从属性人保和独立人保之外的第三种人保类型。参见夏昊晗《债务加入法律适用的体系化思考》，《法律科学》（西北政法大学学报）2021 年第 3 期。

个要素，包括其构成要件、法律效果、区分认定规则等，均需要进行法释义学阐释，以期有利于该项规则的实践适用。

二　债务加入的成立

（一）债务加入的设立方式

1. 第三人与债务人签订债务加入合同

作为《民法典》第 552 条明确规定的两种债务加入设立方式之一，债务人与第三人签订债务加入合同并通知债权人的，债权人未在合理期限内明确表示拒绝即可成立债务加入。在该种情形下，债权人无须表达同意之意，盖因债务加入未变更债权人和债务人原有的债之关系，且使责任担保财产有所扩张，对债权人有利无害。①

此外，学界也存在对该种合同不经过债权人同意而对债权人保护不周的担忧，认为此类合同亦应取得债权人的明确同意，② 以避免可能给债权人带来的不利影响。笔者认为，如若所有的债务加入均须债权人同意，必将严重影响交易的效率。相较之下，《民法典》第 552 条的规定更为合理。即债权人接到第三人债务加入的通知后，如果认为债务加入的行为有侵害自己合法权益之虞，可以在合理期限内明确拒绝。但这种"拒绝"也并不导致债务加入合同失去效力，仅使债务加入合同转化为对内的履行承担，债权人无权向第三人请求债务的履行。

需要注意的是，债权人"拒绝"第三人加入债务的意思表示必须明确向债务人或第三人做出，口头或书面形式均可。合理的期限内表达拒绝是行权的基础。至于怎样的期限方属"合理"，则应从双方当事人约定、允

---

① 孙森焱：《民法债编总论》（下册），法律出版社，2006，第 815 页；林诚二：《民法债编总论——体系化解说》，中国人民大学出版社，2003，第 513 页。

② 如王利明教授认为："债权人或债务人与第三人达成的债务承担协议，须经对方的同意，否则不生效。"参见王利明《合同法研究》（第 2 卷），中国人民大学出版社，2003，第 254 页。

诺载明、个案具体情形综合加以确定。①

2. 第三人与债权人签订债务加入合同

第三人与债权人签订债务加入合同此类债务加入的方式最早出现，为司法实务所肯认。② 《民法典》第552条虽然没有明文规定这一债务加入方式，解释上并无排斥其必要。从利益衡量的角度讲，设立债务加入是为债权人利益服务，债权人应有比债务人更为优越的地位，既然债务人可以移转债务，根据"举轻以明重"原则，债权人当然可以与第三人签订债务加入合同来进行债务的移转。③

3. 第三人、债权人、债务人签订债务加入合同

第三人、债权人、债务人三方共同协商由第三人加入债之关系，司法实践亦认可成立债务加入。如在"赵某某诉戴某某等民间借贷纠纷案"④中，二审法院认为债务关系的第三人陆某某、朱某某与债权人赵某某、债务人戴某某签订三方《声明》，在《声明》中陆某某、朱某某承诺在赵某某200万元贷款到期5日前将款项归还赵某某，第三人陆某某、朱某某构成债务加入。债权人、债务人、加入人三方签订的债务加入合同，同时体现了三方明确债务加入的态度，不会因为其中一方的不知情或不同意而导致利益受损失的情况，亦不违反法律的强制性规定和公共利益，因而法律没必要予以干预和否认。

4. 第三人向债权人单方允诺加入债务

实践中大量的债务加入是通过第三人对债权人出具的欠条和承诺函来完成的，⑤ 相较于债务加入合同的方式更为普遍。作为《民法典》第552

---

① 郑毓翰：《债务加入制度的理论基础探寻——兼议民法典第552条》，载《上海法学研究》2021年第2卷。

② 《江苏省高级人民法院关于适用〈中华人民共和国合同法〉若干问题的讨论纪要（一）》（苏高法审委〔2005〕16号）第17条："债务加入是指第三人与债权人、债务人达成三方协议或第三人与债权人达成双方协议或第三人向债权人单方承诺由第三人履行债务人的债务，但同时不免除债务人履行义务的债务承担方式。"

③ 崔建远：《债法总论》，法律出版社，2013，第249页。

④ 参见江苏省苏州市中级人民法院（2012）苏中民终字第1250号民事判决书。

⑤ 肖俊：《债务加入的类型与结构——以民法典第552条为出发点》，《东方法学》2020年第6期。

条明文承认的两种债务加入方式之一，承认第三人单方向债权人允诺加入债之关系构成债务加入，能满足实践需求，具有理论与实践的正当性。该种债务加入方式可以简化债务加入的构成要件，减轻一方当事人的举证难度，实质上方便法院保护债权人的债权。《民法典》顺应时代的发展与现实需求，在承认通过合同加入债务的同时，首次以法律条文的形式认可了这一债务加入方式，极具合理性。

应当注意的是，第三人愿意加入债务的意思表示仅限于对债权人做出，对债务人所为的该类单方允诺不会发生债务加入的效果。此外，第三人必须明确向债权人表达愿意加入债务的意思，意思表达的模糊或不确定将可能构成第三人不负履行义务的第三人（代为）履行。第三人在很多情况下含有戏谑的意思承诺履行债务人的债务，或者以情谊行为的姿态允诺，其本意是一种不受债务拘束的代为履行。情谊行为只有在给付者有法律上受约束的意思时，才具有债之效力。① 因此，实务中在认定第三人向债权人的允诺是否构成债务加入时，应重点判断第三人是否具有"法律上受约束的意思"。

（二）债务加入的构成要件

1. 原债务有效存在

原债务的有效存在是债务加入的客体与前提要件。被加入的债务应满足下列要求：（1）债务是可能、确定以及合法的；（2）债务具有可转让性；（3）在债务加入过程中要保持债之内容的同一性，并非消灭原有之债而另生新债。② 如果产生债务的基础合同被撤销或解除，债务加入合同亦因失去标的物而失效。③ 将来产生的债务也可以进行债务加入，只不过只有在该债务实际产生时，才能发生债务加入的效果。④

对于已过诉讼时效的债务及破产程序终结后免责的债务，理论界与实务界多从保障债权人利益的角度出发，认为这些自然债务不应成为债务承

① 〔德〕迪特尔·梅迪库斯：《德国民法总论》，邵建东译，法律出版社，2001，第 153 页。

② 参见耿林《债务承担与相关概念之间区别的再整理》，载崔建远主编《民法九人行》（第 2 卷），金桥文化出版（香港）有限公司，2004，第 87 页。

③ 崔建远：《债法总论》，法律出版社，2013，第 246 页。

④ 崔建远：《债法总论》，法律出版社，2013，第 249 页。

担的标的，不能成立债务承担或债务加入。在"郭某某案"中，法院便持这一观点，认为"根据有关法律规定，破产财产分配完毕后，未得到清偿的债权不再清偿，即债权人失去了获得清偿的权利，该债权归于消灭。因此，即使原泗洪县广播电视文化局作出明确约定由其承担该债务，因该债务缺乏存在基础，该约定不发生法律效力"。[①]

笔者不赞同上述见解。自然之债仍然是债，除了在债务人履行或者承诺履行前无强制执行力外，仍然具备债的一切因素和特质，[②] 其被限制的也只不过是对债务人强制履行的效力，而其他债的效力仍存。自然债务只是说明对债权人没有必须履行的"责任"，而绝非债务的不存在。从大陆法系的主要国家来看，自然之债都是被允许转让的。[③] 已过诉讼时效的债务等自然债务可以进行债务加入，但债权人不能强制要求债务加入人履行自然债务，因为债务加入合同不能使自然债务回复其原本的拘束力。[④]

2. 被转移的债务具有可转移性

债务加入对于客体方面的另一个要求是被加入债务应具有可转移性。一般而言，只有在义务具有可转移性的情况下由第三人履行债务才不会损及债权人的债权，故各国在立法和学说上都对何种债务不具有可转移性、不允许第三人履行的债务作了规定。在英美法系国家，一般认为债务人本人的履行对债权人至关重要时，债务人的义务履行被视为是不可转让的。[⑤]

大陆法系国家一般禁止下列三类债务的转移：（1）依债务性质不能移转的债务；（2）依照法律规定不得移转的债务；（3）依当事人特别约定不得转移的债务。笔者认为，第一，依债务性质不能移转的债务如不作为债

---

① 参见江苏省宿迁市中级人民法院（2014）宿中商申字第0001号民事裁定书。

② 李永军：《自然之债源流考评》，《中国法学》2011年第6期。

③ 参见〔德〕迪特尔·梅迪库斯《德国债法总论》，杜景林、卢谌译，法律出版社，2004，第209页；〔法〕雅克·盖斯旦、吉勒·古博《法国民法总论》，陈鹏等译，法律出版社，2004，第698页；〔日〕我妻荣《新订债法总论》，王燚译，中国法制出版社，2008，第63页。

④ Cfr. Dario Farace, Commentario del Codice Civile, Artt. 1218 - 1276, Torino: Unione Tipografico-Editrice Torinese, 2013, p. 923. 肖俊：《〈合同法〉第84条（债务承担规则）评注》，《法学家》2018年第2期。

⑤ 杨明刚：《合同转让论》，中国人民大学出版社，2006，第242页。

务，如若允许债务移转或加入，则属于债之更新，使债的同一性发生了变化，故为保障债权人利益，不得允许第三人加入该类债务。第二，依照法律规定不得移转的债务，如以此作为债务加入的客体，则使债务加入合同或第三人单方允诺构成自始客观不能，无法产生债务加入的法律效果。第三，对于依当事人特别约定不得转移的债务，当事人对债务加入的合意或允诺、同意可使约定不可转移的义务转化为可转移性的义务，[①] 符合民法意思自治的理念，故对这样的约定或变更应当予以尊重，使其成为可移转的债务。

3. 存在合法有效的债务加入合同或第三人对债权人的单方承诺

该要件是债务加入的法律要件、手段要件。不论是债务加入合同，还是第三人向债权人单方承诺，均需要遵循民事法律行为与意思表示的法律规定，行为人应具有民事行为能力，意思表示真实，合同或允诺的内容不违反法律的强制性规定和公序良俗。

《民法典》第 552 条没有对债务加入合同或允诺的要式性问题作出规范，有学者基于类推适用的出发点，主张参照保证合同要式性的规定，债务加入合同或允诺应以要式性为必需。[②] 实务中兼有要式性[③]和不要式性[④]的不同主张。笔者认为，虽然债务加入与保证的功能类似，《民法典担保制度解释》第 12 条也规定公司债务加入可参照适用公司担保的规定。但"参照适用"并非"直接适用"，裁判者需要在被参照适用的规范中继续寻找裁判依据，其有权判断法律关系是否具有相似性，哪些规范可以参照适用、哪些规范不可以参照适用。[⑤] 笔者赞同通说观点，以债务加入不要式为已足，无论是口头形式还是书面形式均不影响债务加入的成立。衡诸立法目的和规范意旨，法律之所以规定保证合同以书面为必须，乃"为了督促当事人自觉履行合同，便于当事人发生纠纷时举证和司法机关对当事

---

① 参见史尚宽《债法总论》，中国政法大学出版社，2000，第 706 页。
② 夏昊晗：《债务加入法律适用的体系化思考》，《法律科学》（西北政法大学学报）2021年第 3 期；参见刘保玉、梁远高《民法典中债务加入与保证的区分及其规则适用》，《山东大学学报》（哲学社会科学版）2021 年第 4 期。
③ 参见广东省深圳市中级人民法院（2016）粤 03 民终 8718 号民事判决书。
④ 参见北京市第二中级人民法院（2016）京 02 民终 9191 号民事判决书；广东省高级人民法院（2018）粤民再 1 号民事判决书。
⑤ 王利明：《民法典中参照适用条款的适用》，《政法论坛》2022 年第 1 期。

人责任的认定"，① 并通过书面的形式来避免保证人在未经深思熟虑的情况下仓促行事。② 债务加入不存在上述规制的必要性。第三人承担债务往往系追求自身的经济利益，不同于第三人为他人提供保证担保的利他性，因此不必通过要式之强制要求以避免第三人草率做出债务加入之决定。故以德国为代表的大陆法系通说认为债务加入以不要式为已足。③

4. 他方当事人不反对债务加入

（1）债权人的拒绝阻断债务加入

若债权人没有参与债务加入合同的缔结，则其对第三人债务加入的事实的拒绝与否直接关系到第三人是否加入债之关系。《民法典》第 552 条赋予了债权人表达拒绝或不同意的权利。若债权人在合理期限内明确做出拒绝或不同意第三人加入债之关系的意思表示，则第三人不能作为债务加入人加入债权人与债务人的债之关系。此时债务人与第三人间的债务加入契约便转化为履行承担，仅在债务人与第三人间产生约束效力。第三人向债权人的履行行为便构成第三人（代为）履行。如果合同义务不涉及个人的特别技术、资格或者其他条件，债权人不得对第三人履行提出异议。④

（2）债务人有理由的拒绝阻断债务加入

没有债务人参与的债务加入合同和第三人对债权人的单方允诺，债务人可否拒绝第三人加入债之关系？《民法典》第 552 条对此没有规范，属于法律漏洞。学说上有肯定说⑤、否定说⑥、折中说⑦等观点，比较法上亦有不同的立法例。应当认为，折中说的观点比较符合当前我国的社会实

---

① 全国人大常委会法制工作委员会民法室编著《中华人民共和国担保法释义》，法律出版社，1995，第 18 页。

② 程啸：《保证合同研究》，法律出版社，2006，第 77 页。

③ Vgl. MüKoBGB/Heinemeyer, Vor §414, Rn. 15.

④ 肖俊：《〈合同法〉第 84 条（债务承担规则）评注》，《法学家》2018 年第 2 期。

⑤ 肯定说认为从充分保护债务人的角度出发，转让协议应当由债务人同意才能生效。参见王全弟主编《债法概论》，复旦大学出版社，2001，第 125 页。

⑥ 否定说认为债务承担合同是为第三人利益的合同，无须通知原债务人，即使债务人反对也不影响合同的效力。参见王家福《民法债权》，法律出版社，1991，第 78 页。

⑦ 折中说认为在实务中，有的第三人为了自己的利益常常有意坑害债务人，主动地替债务人偿还债务，应当赋予债务人反对的权利。参见崔建远《债法总论》，法律出版社，2013，第 249 页。

际，较为可取。

在大多数的情况下，第三人作为债务人加入他人债之关系，可减轻债务人的债务履行压力，有利于债务人。若允许债务人随意反对，则会使得本已确定的法律关系出现反复，损害债权人的利益，影响债权人与第三人的交易安全。[①] 但若绝对不允许债务人反对，亦可能置债务人于不利境地。如某地区某产品的市场状况在一段时间内出现滞销的情况，而第三人替债务人履行债务正好可以出售其积压的产品，而债务人的产品则因第三人承担了自己的债务而不得已无法出手，造成自己权益的损害。应遵循实质正义的理念，仅有债务加入发生损害债务人利益的事由，才可例外允许债务人拒绝债务加入效果的发生。债务人应负第三人加入债务关系将损害自己利益的举证义务。

5. 债务加入人具有加入他人债务的主体资格

（1）自然人作为债务加入人的条件

第三人作为债务人加入债务，为自己设定了义务与不利益，必须以其具有识别能力与判断能力为前提，故作为自然人的债务加入只能是完全民事行为人。

在有的立法例中，对保证人的资格要求，除要求其具有完全民事行为能力之外，还要求保证人有清偿能力。[②] 同具担保功能的债务加入是否也需要对加入人课以该限制条件？笔者持否定说，即不需要对债务加入人作这样的限制性规定。一方面，债务加入中原债务人承担债务的数量、履行期限、担保等都没有发生变化，即使债务加入人没有履行债务的能力，债权人仍可向原债务人请求债务之履行，不会损及债权人利益。从另一个方面讲，每个人是自己利益的最佳判断者。债权人肯定会充分考虑债务加入人的资力状况、信誉状况，是否对己身利益产生不利，全凭债权人判断和选择，并承受自己的选择法律后果。基于上述考虑，原《担保法》关于保证人清偿债务能力的要求也现已为《民法典》所摒弃，解释上同具担保功能的债务加入制度亦无须对债务加入人的清偿能力方面做出限制和要求。

---

① 杨明刚：《合同转让论》，中国人民大学出版社，2006，第 252 页。

② 如 1995 年《担保法》第 7 条规定："具有代为清偿债务能力的法人、其他组织或者公民，可以作保证人。"

（2）法人、非法人组织作为债务加入人的限制：公共利益

《民法典》对于哪些法人、非法人组织不能作为债务加入人没有作规定，但并不代表所有的法人、非法人组织均可作为债务加入人加入他人债之关系。民法是意思自治与国家强制的二元治理结构，债务加入人没有清偿能力，不会影响其作为债务加入人的资格。因为各方当事人都意欲设立债务加入，仍在私法自治的范围内，法律没有必要进行干预。但如涉及公共利益则不同了。

哪些法人、非法人组织不能作为债务加入人呢？实证法没有规定的前提下，我们就可以考虑类推适用。《民法典》和《民法典担保制度解释》对于保证人的主体资格要件作出了规定，除法律允许的情形[①]外，机关法人、以公益为目的的非营利法人、居民委员会以及村民委员会三类主体原则上不得为保证人。立法禁止国家机关担任保证人主要是考虑到国家机关的主要职责是依法行使职权进行公务活动，一旦承担保证责任势必影响其履行职责。[②] 禁止以公益为目的的非营利法人、非法人组织担任保证人，是因为提供保证与其设立的公益目的相违背，一旦承担保证责任将影响其公益目的的实现。[③]《民法典担保制度解释》第5条之所以否定居民委员会、村民委员会的担保资格，是因为上述主体作为基层性的群众自治组织，只有办公经费而无收入来源，应参照同样作为特别法人的机关法人处理。[④] 如若允许上列主体担任担保人，虽然保护了特定债权人的利益，却影响了社会公共利益，造成社会秩序的混乱。[⑤] 因而有论者认为，第三人加入他人债务，客观上也发挥着担保的作用，故此应通过目的性扩张解释

---

① 例外情形主要包括：（1）机关法人提供保证是经国务院批准为使用外国政府或者国际经济组织贷款进行转贷的法人机关；（2）依法代行村集体经济组织职能的村民委员会；（3）以公益为目的的非营利法人具有《民法典担保制度解释》第6条规定的情形（为融资需求提供担保、以非公益性使用的财产提供担保）。
② 全国人大常委会法制工作委员会民法室编著《中华人民共和国担保法释义》，法律出版社，1995，第11页。
③ 全国人大常委会法制工作委员会民法室编著《中华人民共和国担保法释义》，法律出版社，1995，第13页。
④ 林文学、杨永清、麻锦亮、吴光荣：《〈关于适用民法典有关担保制度的解释〉的理解和适用》，《人民司法》2021年第4期。
⑤ 全国人大常委会法制工作委员会民法室编著《中华人民共和国担保法释义》，法律出版社，1995，第13页。

的方法，将债务加入人作为"非典型保证人"来认识，法律上关于保证人主体资格的限制规定应类推适用于债务加入人。[1]

实证法对法人、非法人组织主体资格的限制是为避免承担公共职能的民事主体承担了保证责任后影响公共利益的实现。债务加入的功能在于担保，且债务加入人的责任更重于保证责任，上述立法考量自然也完全适用于债务加入。[2] 因而《民法典》及其司法解释关于保证人资格的限制性规定应类推适用于债务加入。

（3）法人分支机构、职能部门的债务加入人资格

原《担保法》第 10 条曾规定："企业法人分支机构、职能部门不得为保证人。企业法人的分支机构有法人书面授权的，可以在授权范围内提供保证。"《民法典》没有延续上述规定，民法典时代法人分支机构、职能部门的保证资格、债务加入资格存在解释的空间。笔者依然持否定态度。法人的分支机构，是法人依法设立的，但不具有法人资格的组织，没有独立的责任能力，不能独立承担责任。法人的职能部门也是一样，它是法人的内部机构，是法人的下属单位。由于法人的分支机构、职能部门都没有独立的责任能力，故它们不可为债务加入人。但是，如果其事先取得了法人的授权，则构成职务代理，可构成债务加入。在未取得法人授权的情况下，如果这些机构、部门使合同相对人善意相信其为独立的法人，则相对人可以表见代理主张发生债务加入的效力，债务由设立这些机构、部门的法人承担，这是维护交易安全的必要之举。

三 债务加入的原因

（一）债务加入的三组法律关系

债务加入涉及三方主体、三组法律关系。三组法律关系包括：（1）债权

---

[1] 刘保玉、梁远高：《民法典中债务加入与保证的区分及其规则适用》，《山东大学学报》（哲学社会科学版）2021 年第 4 期。

[2] 夏昊晗：《债务加入法律适用的体系化思考》，《法律科学》（西北政法大学学报）2021年第 3 期。

人与原债务人间存在原债关系，即产生原债权债务的法律关系，是债务加入的前提与基础；（2）第三人与债权人间的债务加入的法律关系，通过三种债务加入协议或第三人对债权人的单方允诺，在债务加入人与债权人间产生债权债务，这是引发债务加入的基础行为，德国民法学界称之为"原因行为";[1]（3）第三人与原债务人间债务加入的原因关系，即"债务承担的原因"，它是对第三人为何要作为新债务人加入债之关系这一问题的回答，体现的是第三人为债权人设定利益的正当性与德性。三者关系具体对应如图1所示。

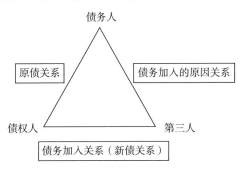

图1　债务加入涉及的三组法律关系

（二）解读债务加入的原因关系

1. 何为"债务加入的原因"

罗马法上的"原因"为具有客观性的"交换物"。经过中世纪教会法学派和经院法学派的改造，"原因"被赋予道德德性，这种"德性"是合同（法律行为）效力的根源，意思表示从本质上说是对德性的践行。一项允诺被法律赋予拘束力，必须是允诺人具有充分的理由；未详查这种理由和目的，则不应认为允诺具有约束力。[2]当事人义务不能简单地取决于当事人的内在意思或外在表示，而应该以交易的实质，并由它的目的来界定。[3]正

---

① 我国学界有学者把产生债务的合同称为原因行为的观点，这是一种误解。参见崔建远《债法总论》，法律出版社，2013，第245页。

② 〔法〕勒内·达维：《英国法与法国法：一种实质性比较》，高鸿钧等译，清华大学出版社，2002，第128页。

③ 陈融：《探寻契约效力的哲理源泉——以民法法系"原因"理论为视角》，《华东师范大学学报》（哲学社会科学版）2011年第1期；陈融：《合同效力基础的伦理解释——以托马斯·阿奎那的道德法哲学为核心》，《政法论丛》2012年第3期。

义的财货变动要求必须包含一种产生债的意图（目的），要么是为了践行正义德性（有偿行为），要么是为了实现慷慨德性（无偿行为）。通过原因理论，道德意志（voluntas moralis）被附加于当事人的意志（voluntas）之上，在伦理上解释了赋予契约以效力的理由。①

德国法上，温德沙伊德（Windscheid）就曾使用"基础"（Grund）或"权利基础"（Rechtgrund）来表述"原因"；恩斯特·伊曼纽尔·贝克尔（Ernst Immanuel Bekker）在其著作《当代潘德克吞法学体系》中为财产法构建了给与行为的概念，通过"原因"将给与行为区分为要因行为和抽象行为。给付行为，作为一种有目的的法律行为，且起支配作用的是心理上的目的律（psychologische Zweckgesetz）。② 给与行为是事实因素（das reale Element）、意识因素（das kognitive Element）、意愿因素（das volitive）、法律上的目的因素（das finale Element）的四者结合。③ 其中"目的因素"是当事人为何给付、给付目标的反映，其载体即为给与行为之"原因"。尽管德国民法没有正面规定法律行为的原因，但通过学说发展出来的清偿原因、赠与原因、信用原因等类型也被内化为给付行为的原因而反置于不当得利制度中去加以考察。每一类合同只有一种原因，也只能有一种原因，即取得债权的原因、清偿原因或者赠与原因。④

债务加入是一种债务承担行为，是通过法律行为发生作用的。第三人与原债务人间债务加入的原因关系（"债务承担的原因"）的重要性同样

① 〔美〕哈罗德·J. 伯尔曼：《法律与革命》，贺卫方等译，中国大百科全书出版社，1993，第 298 页。

② V. Jhering, Der Zweck im Recht, 4. Auflage, 1904, S. 1f. 李永军、李伟平：《论不法原因给付的制度构造》，《政治与法律》2016 年第 10 期。

③ 所谓事实因素就是通过某种行为产生获得权益的客观过程。包括在积极方面获得某项权利或者法律保护的利益，或者在消极方面消灭债务、负担性物权等；意识因素，即认识到给予的所有外部有关情况；意愿因素即变动财产的意愿；法律上的目的因素即确定给付行为的目的。转引自赵文杰《给付概念和不当得利返还》，《政治与法律》2012 年第 6 期。

④ 参见沈达明、梁仁洁编著《德意志法上的法律行为》，对外贸易教育出版社，1992，第 67 页。王泽鉴先生亦将"法律行为之原因"界定为"基于给付所追求之典型通常之交易目的"。参见王泽鉴《民法学说与判例研究》（第 1 册），中国政法大学出版社，1998，第 259 页。

不可忽视。每个人是自己利益的最佳判断者，第三人不会无缘无故地替他人承担债务。第三人之所以会主动加入债权人与原债务人的债之关系，往往是为给债务人减轻负担、为债权人设定利益。虽债权人直接取得债权利益，但第三人本质上是为债务人"服务"。所有第三人设定的担保制度均是如此。第三人主动加入原债关系，乃因第三人与债务人之间有原因关系存在。此项原因关系，或为供给信用于债务人，或为清偿自己对于债务人所负债务，或因对于债务人为赠与等法律关系，[①] 分别对应民法原因理论中的与信、清偿、赠与三类原因。

（1）信用原因/取得原因（Causa credendi）

信用原因是一种与信目的，是给付人以某种财产的牺牲以换得对方某一权利或利益之目的。[②] 如买卖合同，出卖人将标的物的所有权让与买受人，其目的在于取得对方的对待给付——价金给付请求权。[③] 一方之所以承担给付义务，是因为他要因此使另一方承担对价给付的义务。[④] 第三人加入或承担债务也时常基于此种原因，如第三人替债务人承担（或加入）债务，常常是为了从债务人那里获得某种信用或者某些利益，如第三人替债务人履行对债权人的给付可同时处理自己的积压产品，[⑤] 又如第三人与债务人约定，其替债务人履行债务会从债务人处得到一个项目工程。第三人与债权人约定，若其替债务人归还债务人欠款的部分利息，则其可以将债务人归还的本金拿去使用几个月。[⑥]

（2）清偿原因（Causa solendi）

清偿原因，是给与人履行自己或第三人的债务，以使债务约束获

---

① 孙森焱：《民法债编总论》（下册），法律出版社，2006，第809页。

② 徐涤宇：《原因理论研究——关于合同（法律行为）效力正当性的一种说明模式》，中国政法大学出版社，2005，第210页。

③ 田士永：《物权行为理论研究——以中国法和德国法中所有权变动的比较为中心》，中国政法大学出版社，2002，第291页。

④ 〔德〕卡尔·拉伦茨：《德国民法通论》（下册），王晓晔等译，法律出版社，2003，第443页。

⑤ 参见"慈溪市新亚管件有限公司诉宁波东浣管业有限公司买卖合同债务承担案"，最高人民法院中国应用法学研究所编《人民法院案例选（2004年商事·知识产权专辑）》（总第49辑），人民法院出版社，2005，第35页。

⑥ 参见江苏省苏州市中级人民法院（2012）苏中民终字第1250号民事判决书。

得满足。清偿原因不过是联系给与和被清偿的负担的目的：通过给与，消除负担。实践中常见"三角债关系"的债务承担或加入即属其列。某建筑工程合同纠纷中 A 建筑公司欠 B 材料方原材料款，是建设方 C 不付工程款造成的，此时建设方 C 与 B 材料提供方达成债务承担（或加入）协议或允诺，由 C 公司加入 A 与 B 的债之关系，偿还了该材料款，同时消灭 C 所欠 A 的工程款债务，即是基于清偿原因的债务承担（或加入）。

（3）赠与原因（Causa donandi）

给与人使受领人增加财产而不必使对方予以补偿，为基于赠与目的之给与行为。基于赠与原因的受领人无偿获得给与人的给与，并且不因受领给与而应为对待给付，也不基于受领该给与而消灭其所负债务。债务承担或债务加入也会存在该种原因。第三人基于友情、亲情等方面的考量，以赠与的意思或目的替债务人承担或加入债务，并使自己在承担了债务后，不享有对债务人的任何追偿权，即为基于赠与原因的债务承担（或加入）。

2. "债务加入的原因"不同于"债务加入的原因行为"

"债务加入的原因"不同于"债务加入的原因行为"，两者是截然不同的法律概念，应予明确区分。两者的区别是显而易见的（见表 1）。

表 1　"债务加入的原因"与"债务加入的原因行为"之区分

	债务加入的原因	债务加入的原因行为
内涵不同	与信、清偿、赠与必居其一。是对第三人为何加入债之关系这一问题的回答	债务加入合同或第三人对债权人的债务加入允诺，是引发债务加入的基础行为
法律性质不同	原债务人与第三人间的内部事实关系	引发第三人与债权人间的外部法律关系[1]的法律行为
功能定位不同	第三人加入原债关系的出发点与动机[2]	债务加入结果发生的直接根据

注：①内部关系与外部关系为相对的概念，我们将第三人与原债务人间的关系视为内部法律关系，在这关系之外，第三人与债权人间的法律关系自然为外部法律关系。

②如果不具有以上三种原因，则第三人的法律地位仅为第三人履行或者履行承担。参见李伟平《第三人在他人债之关系中的地位判定研究——兼论保证与债务承担在实践中的区分认定》，载梁慧星主编《民商法论丛》（第 62 卷），法律出版社，2016，第 274～275 页。

（三）无因性构造的债务加入

1. 债务加入合同的法律性质

债务加入合同，我国通说认为系负担行为，第三人加入债之关系是合同履行的结果。[①] 亦有论者认为此乃处分行为（准物权行为），债务移转是处分权行使的结果。免责的债务承担未得到债权人同意之前，属于无权处分，[②] 德国民法采此说。

针对这一理论区分，有学者指出对债务承担合同的定性取决于本国是否采纳物权行为理论。在不奉行物权行为主义的国家，债务承担是债务承担合同成立生效后产生的债务转移的法律后果，其效力与债务承担合同的效力并非一定同时产生。[③] 我国《民法典》未采物权行为理论，第215条确立的"区分原则"强调债权合同与物权变动结果的分离。应当认为，债务承担（或加入）合同是负担行为，债的移转不需要公示，债务移转或加入是债务承担合同的当然结果。未参与债务加入合同签订的债权人或债务人一方对债务加入合同的不拒绝只是对其产生拘束力的要件。

2. 债务加入的无因性

正如史尚宽先生所言，吾人为权利处分或负担债务等之财产给付，必有一定之原因。[④] 每一个给与行为必定有其给与的原因，即承担义务的法律目的，这个法律目的同时也表明负担契约所追求的经济目的。债务加入的原因体现的是第三人加入债之关系为债务人减轻负担之目的。与信目的最为常见，承担人愿意加入原债之关系旨在获得债权人对价之给付，此对

---

① 崔建远：《关于债务承担的再思考》，载王利明、奚晓明主编《合同法评论》，人民法院出版社，2004，第89页。

② 史尚宽：《债法总论》，中国政法大学出版社，2000，第745页。

③ 岳业鹏：《中国法语境下的并存债务承担制度》，《北京科技大学学报》（社会科学版）2011年第1期。

④ 参见史尚宽《民法总论》，中国政法大学出版社，2000，第317页。需要说明的是，史尚宽先生认为以原因为财产给付行为之要素者，为要因行为，"因债务承担契约作为负担契约，其具要因属性"（史尚宽先生语）。同样采要因行为的，如崔建远教授，参见崔建远《合同法》（第3版），法律出版社，2003，第180页。

价给付利益构成承担人承担债务之原因。①

债务加入合同有其原因，但是否债务承担合同就是一个有因性的负担行为呢？笔者认为，债务加入尽管有其原因，但债务加入合同应采无因性构造较为合理。首先，合同的有因性与无因性与一个国家的物债二分体例特别是物权变动模式相关。合同的无因性是立法者的价值判断。有论者研究发现，物权行为并非自产生之初就与无因性是捆绑在一起的，物权行为之无因，是立法者基于政策之考虑，有意将原因从特定的法律行为中抽离的结果。②"无因"主要是指其法律行为效力不受"原因"的影响，但可以引发不当得利请求权。③ 德国物权行为理论将"原因"逸出处分行为的构成要件，成为处分行为意思表示之外的用以说明给与正当性的制度。不当得利的返还，是对给与行为本身缺乏原因的反面说明或者救济，不当得利实际上也起着证明缺乏客观原因的作用。

其次，将债务加入合同构造为无因性的负担行为理论上是可行的。债务加入合同作为债务移转的合同，本身也是一种给与行为（债也是一种财产），其本身也有"原因"，这种原因就是第三人与债务人间债务承担的目的，必为与信、清偿、赠与三大原因的其中之一。在法技术上也可以像无因性的物权行为一样将"原因"从债务承担合同中抽离，使其不必作为债务加入合同的成立和生效要件，以实现其无因性之构造。

最后，将债务加入合同构造为无因性的负担行为可维护交易安全，满足实践的需要。我国台湾地区"民法"第 303 条第 2 项规定："承担人因其承担债务之法律关系所得对抗债务人之事由，不得以之对抗债权人。"

---

① 德国学者梅迪库斯（Medicus）先生认为，在双务契约中，当事人之一方所以愿意为给付之交换的原因认识即为法律行为原因。Vgl. Medicus, Allgemeiner Teildes BGB, 6. Aufl., 1994, Rn. 212. 同时，拉伦茨（Larenz）先生亦认为，负担契约包含一个原因，亦即包含其所以负义务之法律上的目的，该目的同时使该契约所追求的经济目的表现出来。Vgl. Larenz, Allgemeiner Teil des deutschen Bürgerlichen Rechts, 7. Aufl., 1989, S. 328, 转引自黄茂荣《债法通则之一：债之概念与债务契约》，厦门大学出版社，2014，第 20 页。

② 参见吴一鸣《物权行为无因性：逻辑的必然还是价值的衡量》，《政治与法律》2009 年第 4 期。娄爱华副教授亦指出，"物权行为发展至今，物权行为的抽象性已经不具备必然性"。参见娄爱华《大陆法系民法中原因理论的应用模式研究》，中国政法大学出版社，2012，第 156 页。

③ 陈自强：《无因债权契约论》，中国政法大学出版社，2002，第 2 页。

债务承担契约效力不受第三人与债务人间原因法律关系存在与否的影响。[①]即使原债务人与第三人间的债务加入的原因不成立或被撤销，第三人不得以该内部原因关系对抗外部关系的债权人。法律保护债权人的合理信赖，倘若第三人可以其承担债务的法律关系所得对抗债务人的事由来对抗债权人，那么将使得债权人蒙受不测之损害。[②] 债务加入的原因类型不影响债务加入的成立，但可影响承担了履行义务的第三人是否可对原债务人享有追偿权，关于这一点将在本文的第五部分探讨。

四　债务加入的区分认定

（一）债务加入与近似制度辨析

1. 债务加入与免责的债务承担

免责的债务承担（Schuldübernahme）是指第三人取代原债务人之地位而承担全部债务，债务人脱离债之关系的债务承担方式。免责的债务承担与债务加入同属债务承担，均具有债务转移的功能。两种债务承担在成立要件、法律后果、原债务人的义务负担方面均不相同。有论者认为，两者重要的差别还在于制度价值。免责的债务承担是用来简化清算关系，[③] 实现债务作为一种财产利益的移转；债务加入则具有担保债权实现的功能，在原债务人的责任财产作为债务一般担保的基础上，增添了债务加入人的责任财产担保，债务加入本身的首要功能在于担保（Sicherungsfunktion）。[④]

---

① 林诚二：《民法债编总论：体系化解说》（下），中国人民大学出版社，2003，第352页。
② 林诚二：《民法债编总论：体系化解说》（下），中国人民大学出版社，2003，第510页；孙森焱：《民法债编总论》（下册），法律出版社，2006，第809页。
③ 肖俊：《〈合同法〉第84条（债务承担规则）评注》，《法学家》2018年第2期。
④ 王利明：《论"存疑推定为保证"——以债务加入与保证的区分为中心》，《华东政法大学学报》2021年第3期；肖俊：《〈合同法〉第84条（债务承担规则）评注》，《法学家》2018年第2期；朱奕奕：《并存的债务承担之认定——以其与保证之区分为讨论核心》，《东方法学》2016年第3期。

2. 债务加入与履行承担

履行承担，又称"第三人清偿承担"，是一种第三人与债务人之间达成的代替履行债务的合同。依据该合同，债务人取得请求第三人履行债务人对债权人之债务的权利，但债权人不享有对第三人的请求权，因而被称为"对内的债务承担"。[①] 履行承担与债务加入在订立方式上具有外观相似性（形式上都是第三人与债务人订立合同），法律效果上亦可因第三人的履行消灭债权人对债务人的债权。

两者的区别亦十分明显。第一，从性质上讲，债务加入属于债的转移的范畴，而履行承担属于债的履行的范畴。第二，从形式上讲，债务加入可以经由三种债务加入合同或第三人对债权人的单方允诺而成立；而履行承担仅能通过债务人与第三人签订履行承担合同一种方式设立。履行承担既可能直接通过第三人与债务人的履行承担合同设立，也可能因债权人拒绝债务加入转化而来。第三，从履行标的上讲，债务加入中债务加入人履行的是自己的债务，而履行承担中履行承担人履行的债务非属于其自身。第四，从效力上讲，债务加入中债权人取得对债务加入人的履行请求权，而履行承担不产生债权人对第三人的请求权。履行承担，从效果上对于债权人来讲，只不过是一种第三人清偿。[②]

3. 债务加入与第三人履行

关于"第三人履行"的内涵存在不同的认识。有论者认为系指《民法典》第 523 条的规定，有论者认为等同于履行承担，甚至有的法院判决也表明了这样的观点。[③] 当代各国立法已普遍规定第三人清偿，大陆法系国家如法国、德国、日本、韩国的民法典也用各自的方式承认第三人代为清偿，英美法系国家如美国称之为"义务代行"（Delegation of Duties）、英国民法称之为"代替履行"（Vicarious Performance）。[④] 笔者认为，第三

---

① 郑玉波：《民法债编总论》，中国政法大学出版社，2004，第 459 页。
② 史尚宽：《债法总论》，荣泰印书馆，1978，第 704 页。
③ 如在"赵××等诉汤××民间借贷纠纷案"中，法院在判决中明确指出"合同法上的履行承担又称第三人履行"，参见上海市虹口区人民法院（2011）虹民一（民）初字第6527 号民事判决书。
④ 肖燕主编《债权法》，浙江大学出版社，2004，第 77 页。

人履行应为一个集合概念，应包括所有在债务未转移给第三人的情况下第三人履行他人债务的现象，即应包括由债务人与第三人成立的履行承担、债权人与债务人达成的"由第三人履行"（《民法典》第523条）、"第三人代为履行"（《民法典》第524条）以及第三人单方承诺履行情况下不能认定为债务承担的部分。申言之，"第三人履行"涵盖第三人在不负有法律义务的前提下，以自己的名义履行他人债务的诸多情形。"第三人履行"更多是客观陈述债务由第三人履行（清偿）的事实，并没有任何的限制性条件，只要是债务非具有人身性的都可以由债务人之外的第三人履行，以消灭债务的情况。

第三人履行可被看作合同履行主体形式上替代的总称，与之相对，债务加入则为合同主体实质的变更。第三人履行属于债的履行范畴，债务加入则属于债之移转范畴。第三人履行中的第三人并无承担债务的意思表示，但可因实际履行债务在履行范围内取得代位求偿权。债务加入人是作为债务人的身份履行债务，不履行债务将构成违约；债务加入人履行了债务之后，能否享有对债务人的求偿权，取决于第三人与债务人的原因关系。

4. 债务加入与保证

债务加入与连带责任保证有着极大的相似性，两者都可增强债权实现的机会，实现对债权的保障，因而实践中很多法院认为没有区分两者的必要。[1] 学说上普遍认为，功能的相似不能成为不区分两者的理由。从逻辑结构上看，两者在债务属性、债务存续期间、抗辩事由援引及债务移转等具体法律效果上都存在差异，[2] 特别是债务加入人不可通过援引保证期间而免责，并且债务加入人在履行了债务之后是否享有对原债务人的追偿权取决于债务加入人与原债务人间的原因关系，故一般认为债务加入人的义务要重于保证人的保证责任。[3] 因而两者的司法认定对于案件的处理甚为

---

[1] 如在"远策公司与华纪公司、赵某某合资、合作开发房地产合同纠纷上诉案"中，法院就认为债务加入就是一种保证。参见上海市第一中级人民法院（2010）沪一中民二（民）终字第416号民事判决书。

[2] 黄立：《民法债编总论》，中国政法大学出版社，2002，第638页。

[3] 刘保玉、梁远高：《民法典中债务加入与保证的区分及其规则适用》，《山东大学学报》（哲学社会科学版）2021年第4期。

重要。实务中应明确区分认定第三人究竟负有何种法律义务，是作为债务人对自己的债务还是作为保证人的保证义务。

（二）债务加入与其他制度实务区分规则

现有文献多集中于对债务加入与保证的区分研究，鲜有构建区分全部涉债务履行第三人的第三人法律地位的清晰认定规则。在当事人约定不明、允诺不清时，对第三人法律地位的不同定性对第三人利益影响甚大，第三人是否负义务、所负义务的性质、义务的轻重均不同，[1] 亟须一套行之有效的认定标准，来对第三人的法律地位进行区分认定，以准确识别当事人特别是第三人的真实意愿，实现对债权人、债务人、第三人三方当事人利益的均衡保护。

1. 第三人是否对债权人负有义务的判定

首先需要判断第三人是否负有法律义务。这里的义务是一种对外的义务，即第三人是否对债权人负有义务（包括保证和两种债务承担），不包括第三人履行（第三人不负履行义务）和履行承担（对内的义务）。应综合形式标准与实质标准审视之。

（1）形式标准

第一，根据当事人采用的文字措辞。言辞的明确性、具体性直接影响对第三人行为的定性。语言是人们意志的反映，第三人措辞的使用直接影响到对其内心真意的判断。具体来说有以下几种情况。①如果当事人间的约定或单方允诺采用的是诸如"×××（×××指代第三人，下同）代为履行""具体履行情况依照×××的意思""×××根据其情况（或意愿）履行"此类，表明当事人没有使第三人负有履行的法律义务，则可按

---

[1] 第三人所负义务的类型、轻重差异如下：（1）第三人对债权人负有履行义务的，如两种债务承担、保证；（2）第三人仅对债务人负有履行义务的，如履行承担；（3）第三人对债权人、债务人均不负有义务的，如第三人履行。可以看到，对第三人的拘束程度是依次降低的，即（1）＞（2）＞（3），并且在债务承担和保证中第三人所负义务也有轻重差异，普遍认为债务承担重于保证义务。在第三人履行中，第三人可以说仅对债权人、债务人负有一种道德义务，其是否会替债务人履行债务，全倚仗第三人的自愿，任何人都不得强迫其履行。

第三人履行对待。如在"颜某某诉南京市鼓楼区至乐书社等著作权许可使用合同案"中，对于至乐书社在债务人与债权人的图书出版合同中盖章的行为，二审法院认为约定中没有体现至乐书社必须承担债务的意思，故应认为其仅负先行代为垫付稿酬的义务，是一种代为履行的行为。[①] ②如果当事人采用的是"XXX 代替 XX（XX 指代债务人，下同）履行债务""XXX 代替 XX 承担债务"此类表述，第三人的法律地位则要结合其他情事进行判断。正如最高人民法院的判决指出："'代替'的含义至少包括第三人代为履行、债务加入或者债务转移等情形，'代替'这一用语相对于债务转移并不具有充分性。"[②] ③如果当事人采用的文件中含有"保证""保证期间""担保""债务加入""免责的债务承担""承担连带责任"等表述，则可以明确推定第三人欲为自己设定法律义务，不应按照第三人履行加以对待。但亦需注意，生活中当事人所使用的"保证"一词也可能非意指作为担保措施的保证担保，而是一种广泛意义上的"保障"。如第三人承诺"加入……债务，以保证……债务的履行"，该承诺或约定尽管使用了"保证"字眼，但不可将其视为保证担保。[③]

第二，根据当事人签章的位置。签章，是签名、盖章的简称。签章是民事主体法律人格的化身，有着极强的人格性质。第三人签章的有无及得当与否，将直接影响合同或单方允诺行为的效力与法律效果。签章本身即可证明当事人认可或确认民事法律性文件所记载的内容。[④] 第三人在债权人与债务人缔结的协议上签章亦可在一定程度上作为证明其为自己设立的在他人债之关系中地位的证据。作为具有完全民事行为能力的民事主体，第三人应对自己的签字、盖章行为负责，从而保护他人（尤其是债权人）的信赖利益。第三人为避免"莫名"地成为债务主体，应对自己的签名行为起

---

① 参见江苏省高级人民法院（2004）苏民三终字第 72 号民事判决书。
② 杜军：《并存债务承担的认定及各债务人的责任承担依据——中实投资有限责任公司、杭州欣融金属材料有限公司与北京隆瑞投资发展有限公司、北京京华都房地产开发有限公司、嘉成企业发展有限公司股权转让纠纷申请再审案》，最高人民法院民事审判第二庭编《商事审判指导》（2010 年第 2 辑），人民法院出版社，2010，第 94 页。
③ 刘保玉、梁远高：《民法典中债务加入与保证的区分及其规则适用》，《山东大学学报》（哲学社会科学版）2021 年第 4 期。
④ 汪传才：《论自然人签章的民法意义》，《现代法学》1999 年第 6 期。

到一定的谨慎与注意义务。因其自己的过失与疏忽造成他人善意相信第三人将自己置于义务人地位，那么第三人应当对自己的过失负责。

一般来说，如果第三人仅欲为自己设定一种第三人履行的道德义务，那么其不会在应由债务人签名的位置签名，至少应在协议上明确表明其是见证人等。反之，法院一般倾向于认定第三人是意欲为自己设定义务。如在"应某某诉杨某某、王某某买卖合同纠纷案"中，第三人王某某把自己的名字签署在债务人杨某某出具的欠条中"欠款人杨某某"后面，法院认为在对该签名没有做特别约定的情况下，按照一般的理解应是王某某同意以欠款人的身份，加入杨某某与应某某的债务关系，与债务人杨某某共同承担债务。① 在发生该争议情形时，第三人往往以其为见证人身份进行抗辩，但一般会被法院以"该抗辩不能推翻书面承诺上所体现的意思表示"② 的说理驳回。实务中常见的第三人以欠款人名义在还款协议等书面文件中签字的，应视为第三人承认该笔欠款的还款义务及于自身，但究为债务加入还是免责的债务承担，还需考虑其他影响因素做出认定。③

第三，第三人与债务人间的亲友关系。第三人常出于一些情感上的原因为债务人履行债务。从判决结果来看，在第三人与债务人有亲属关系的案件中，法院倾向于判决第三人构成债务承担，且以债务加入居多。如在"顾某 1 与徐某某买卖合同纠纷上诉案"中，二审法院根据第三人顾某 1 系顺泰公司法定代表人顾某 2 的儿子的事实，认为顾某 1 应与顺泰公司承担连带责任。④ "李某某诉顾某等民间借贷纠纷案"中，第三人顾某作为债务人的丈夫，在债务人出具的欠条上签字，法院亦判决构成债务加入。⑤

---

① 参见浙江省宁波市中级人民法院（2011）浙甬商终字第 569 号民事判决书。
② 参见江苏省南京市鼓楼区人民法院（2013）鼓民初字第 746 号民事判决书。
③ 如在"战某与何某某合同纠纷上诉案"中，第三人战某以欠款人的名义在还款协议上签字，法院认为"其行为表示战某当时是愿意偿还上述款项的"，并且"在人民法院已立案审理何某某起诉李某某要求偿还借款 190000 元并支付利息的民事案件的审理过程中，战某依然向何某某出具上述借据、还款计划及保证书"，故认定第三人战某与债务人李某某承担构成并存的债务承担。参见江苏省徐州市中级人民法院（2013）徐民终字第 2199 号民事判决书。
④ 参见江苏省盐城市中级人民法院（2012）盐商终字第 0315 号民事判决书。
⑤ 参见江苏省江阴市人民法院（2014）澄滨民初字第 0058 号民事判决书。

笔者认为，在中国传统观念里，父母子女之间、夫妻之间基于债务人或保证人身份代替还债多符合常理与现实，而其他亲属、朋友关系的第三人替他人偿债，多是基于一种代为履行的意思，一般不可仅依据他们之间的亲属的事实关系而轻易地认定第三人负有义务，无故加重第三人的责任。如"厦门市翔安区马巷镇五星社区居民委员会第九居民小组诉陈某1债权转让案"中，在债务人陈某2下落不明的情况下，第三人陈某1与村委会达成"与陈某1就征地问题与原借款问题商谈解决办法"并签字，承诺代兄偿还债务，二审判决纠正了一审免责的债务承担的判决结果，认为虽然第三人与债务人系兄弟关系，但由于陈某2与陈某1之间不存在债务转移的事实，陈某1在"解决办法"上签字的行为，应认定为第三人代为履行。[①] 该裁判观点可资赞同。

（2）实质标准

在社会关系日趋复杂的市场经济条件下，每个人都是自身利益的最佳判断者和实践者，[②] 民事交易的展开都以追求自身利益为目的。任何理性人都不会无缘无故代人受过，代人偿债。[③] 合同之任何一方当事人的允诺一般是为了得到某种回报，一个人允诺去做某事而根本不图回报是不正常的。[④] 为他人利益给自己设定义务必定有法律上的原因。保证人在提供保证时，其往往也具有一定的利益，且多是基于和债务人之间的特殊关系而提供保证。[⑤] 故在形式标准无法分辨第三人是否负有义务时，可参考实质标准，即第三人是否有某种为自己或他人之利益，来识别第三人是否负有法律上履行或担保之义务。

如在"戴某某与赵某某债权债务纠纷案"中，法院认定由于债权人允许第三人陆某某、朱某某支付原债务人利息，第三人有权继续使用债务人

---

① 参见福建省厦门市中级人民法院（2005）厦民终字第1272号民事判决书。

② 石佑启：《论私有财产权的私权属性及公、私法保护》，《江汉大学学报》（社会科学版）2007年第3期。

③ 杨明刚：《合同转让论》，中国人民大学出版社，2006，第255页。

④ 〔德〕海因·克茨：《欧洲合同法》，周忠海等译，法律出版社，2001，第81页。

⑤ 王利明：《论"存疑推定为保证"——以债务加入与保证的区分为中心》，《华东政法大学学报》2021年第3期。

归还的 200 万元借款 3 个月，第三人正是在这样的利益激励下才与债权人、债务人签署三方《声明》，愿意承担原债务人的债务及利息。[1] 与此类似，在"胡某 1 诉胡某 2、杨某担保追偿权纠纷案"中，法院亦认为第三人"杨某之所以做出该承诺，原因即在于其与被告胡某 2 不但有亲戚关系，而且为同一工程的合伙人，且涉案款项也用于杨某承建的工程，与其存在密切的利益关系，杨某出具该承诺正是出于自身利益的考虑"，因此，让其对该笔债务承担连带责任完全符合法律公平原则。[2]

具体来说，第三人一般在下面情况下履行他人债务的同时自己也享有利益，根据权利与义务一致原则可以认定第三人对债权人负有法律上的义务：①第三人对债务人的物有他物权，当债权人欲对债务人的财产强制执行而危及第三人对物的占有使用时，第三人为保留占有而主动履行债务人的债务；②第三人替债务人履行对债权人的给付可同时处理自己的积压产品时；③第三人与债权人约定，其替债务人履行债务会从债权人那里得到一个项目工程；④若第三人向债权人出具单方还款承诺，且该款项实际用于第三人与债务人的合伙经营，则亦可认定第三人承诺替债务人还款是出于自身利益的考虑，因为其这么做可以延缓债权人对债权的追索，对自己的经营有利。[3] 以上几种情形只是例举，即在类似情况下一般可以认定第三人对债权人负有义务，但具体是承担何种义务（履行债务的义务抑或保证义务），还需要结合其他情势认定。

需要注意的是，在公司之间承担债务的认定中，对于公司作为第三人对其存在设立或隶属关系的其他公司清偿债务的，法院很少考虑这种公司间的利害关系。如在"郭某某案"[4] 与"老董牛肉细粉面案"[5] 中，尽管两案中第三人与债务人作为两家公司，分别存在隶属和设立与被设立关系，但法院丝毫不受这种关系的影响，仅认为作为第三人的泗洪县广播电

---

[1]　参见江苏省苏州市中级人民法院（2012）苏中民终字第 1250 号民事判决书。

[2]　参见江苏省大丰市人民法院（2009）大民二初字第 41 号民事判决书。

[3]　李伟平：《第三人在他人债权之关系中的地位判定研究——兼论保证与债务承担在实践中的区分认定》，载梁慧星主编《民商法论丛》（第 62 卷），法律出版社，2016，第 285 页。

[4]　参见江苏省宿迁市中级人民法院（2014）宿中商申字第 0001 号民事裁定书。

[5]　参见上海市第一中级人民法院（2013）沪一中民四（商）终字第 S2111 号民事裁定书。

视文化局、上海老董公司构成第三人代为履行。

2. 债务加入与保证、免责的债务承担的区分

（1）免责的债务承担的认定

在排除了第三人履行之后，可确定的是第三人对债务人的债务负有法律义务。但究竟是何种义务，则需要进一步区分，即需要区分第三人究竟构成债务加入、免责的债务承担抑或保证。免责的债务承担没有债权人的意思是不能实现的。[1] 免责的债务承担需要债权人明确表达同意第三人接替债务人承担债务、免除债务人债务的意思表示，构成要件比较特殊，故可先将其区分出来。

构成免责的债务承担，需要债权人以明示的方式，明确做出同意第三人接替债务人履行义务，免除债务人的债务的意思表示。债权人默示不会成立免责的债务承担，债权人向第三人催收欠款、债权人接受第三人履行、债权人参与付款和审计等事实都不能成为认定债权人已经同意的理由。[2] 在前述"远策公司案"中，二审法院认为"没有证据证明原告同意被告华纪公司将债务转移给赵某某，而赵某某承诺向原告履行债务的行为并不产生债务转移的法律效力，被告华纪公司仍应承担履行返还投资款的义务"，[3] 应值赞同。

实务中往往对于债权人同意的意思表示课以书面性、明确性要求。那些简单、笼统的通知，即使可以通过意思表示的解释规则得出债权人同意的答案，也会因不符合明确性要求而被法院判定不发生免责的债务承担效力。如"苏州职工国际旅行社有限公司诉吴某1、吴某2运输合同纠纷案"中，债务人吴某1将自己负责的运输工作转交给第三人吴某2，口头通报了原告（债权人），并将吴某2的联系方式、车牌号码告知原告，原告未表示反对，事后与吴某2取得联系，约定了发车时间。法院认定虽然原告接受运输合同一方吴某1指派给第三人吴某2的承运服务，该事实表

---

① 〔德〕迪特尔·梅迪库斯：《请求权基础》，陈卫佐、田士永、王洪亮、张双根译，法律出版社，2012，第107页。

② 参见陕西省西安市中级人民法院（2005）西民四终字第286号民事判决书。

③ 参见上海市第一中级人民法院（2010）沪一中民二（民）终字第416号民事判决书。

明原告同意由吴某 2 承运，但并不能以此得出原告同意将运输合同中吴某 2 的权利和义务一并转让给第三人吴某 2，吴某 2 作为债务人仅采用口头的方式通知债权人由第三人履行债务，不符合形式严谨性的要求，纵使债权人同意亦不构成免责的债务承担。①

（2）债务加入与保证的区分认定

对于债务加入与保证的区分认定，较为清晰的裁判规则是"信达公司石家庄办事处与中阿公司等借款担保合同纠纷"这一公报案例确立的裁判规则。该案确认了两项裁判标准：（1）从第三人许诺或表达的真意进行区分，来判断其是提供保证担保的意思，还是表达将自己置于债务人地位的意思表示；（2）在不能判断时，推定为债务加入。② 有批评观点指出这一裁判标准过于模糊，缺乏详细的阐释与论证，甚至对于两者之不同运作机理恝置不顾，③ 并且上述最高人民法院判例中确定的"存疑推定为债务加入"裁判规则也被 2021 年 1 月 1 日生效的《民法典担保制度解释》第 36 条第 3 款"存疑推定为保证"规则所推翻。学理上，亦有不少学者对两种判别标准给出自己的见解，主要有主观说与客观说两者学说。主观说主张应从第三人的内心意愿判别，即要看其究竟是欲为自己还是他人的债务负责。④ 客观说以崔建远教授为代表，主张从第三人对自身利益的角度出发，认为"具偏为原债务人之利益而为承担行为者，可认为保证，承担人有直接及实际之利益而为之者，可认为并存的债务承担"。⑤ 笔者认为，单一标准难以对现实中形形色色的约定或允诺进行很好的区分，仅靠某一规则对当事人内心真意的认定难免有失偏颇。综合既有的研究，通过形式与实质双重标准来对债务加入与保证进行区分认定更为适宜。

1）形式标准：当事人的约定

形式标准即通过文义对个案中当事人的具体法律地位进行判断。应根

---

① 参见江苏省苏州市吴中区人民法院（2005）吴民二初字第 0659 号民事判决书。
② 参见最高人民法院（2005）民二终字第 200 号民事判决书。
③ 朱奕奕：《并存的债务承担之认定——以其与保证之区分为讨论核心》，《东方法学》2016 年第 3 期。
④ 黄立：《民法债编总论》，中国政法大学出版社，2002，第 626 页。
⑤ 崔建远主编《新合同法原理与案例评释》，吉林大学出版社，1999，第 421 页。

据意思表示的解释方法对意思表示进行客观阐释。当"第三人的行为特别地引起信赖，并因此而显著地影响合同的磋商或者订约……应被置于请求权的效力之下"。[1]

第一，根据当事人采用的文字措辞。一旦当事人在合同或书面当中承诺采用了"债务加入""并存的债务承担""一般保证""连带责任保证"等法律专有词语，代表其认可该词语的法律内涵，即可径行认定具体的义务类型。保证的约定应予明示，在约定之时需在措辞上体现第三人为保证之意，即要求出现保证、保证人或担保人等字样，符合保证的形式要求。但如果当事人仅约定"A（第三人）与B（债务人）对C（债权人）承担连带责任/共同承担责任"或约定"A（第三人）对B（债权人）负有履行义务"的，则不能通过形式标准予以查明第三人的义务类型。在"信达公司石家庄办事处与中阿公司等借款担保合同纠纷"中，第三人河北中意公司在《承诺书》中注明："我公司对归还该笔贷款本息承担连带还款责任，并放弃一切抗辩权。"最高人民法院将第三人的义务定性为保证，笔者认为是不妥的，因为当事人承诺的连带责任与抗辩的放弃均可适用债务加入和连带责任保证，故本案仅依据此点就判断第三人为保证人未免武断。

有论者认为，如果当事人选用的词语兼有债务加入和保证，则应结合语境考察当事人的真意。起决定性作用的不是用语如何，而是当事人真实的意思。[2] 如第三人承诺"加入……债务，以保证……债务的清偿"或"为保证……债务的清偿，第三人加入该债务……"之类的表述，其中"保证"应当理解为"保障"，而非担保意义上的保证，该种情形应认定第三人构成债务加入为宜。

第二，根据当事人对履行顺序的约定。保证具有从属性和补充性，[3]

---

[1] Vgl. BGHZ 126, 181, 182.

[2] Vgl. MünchKommBGB/Müschel, Vor § 414, Rn. 21.

[3] 一般认为，一般保证与连带责任保证均具有补充属性，只是强度不同。一般保证因其先诉抗辩权的存在，其补充性特点明显；连带责任保证人也仅在债务人不履行债务时才承担保证责任，也具有一定的补充性。参见刘刚、季二超《债务加入类推适用的对象、范围和限度》，《人民司法》2020年第13期。

仅在债务人不能履行或不履行债务时保证人才需要承担保证责任。债务加入不具有这种特性。因而当事人对履行顺序的约定亦可用来识别债务加入与保证。具体以言，如果第三人在承诺函或者约定中将第三人履行债务的前提限定为债务人债务履行期限届满"不履行""不能履行""无法履行"或"无能力履行"，体现第三人履行债务的补充性，可径行认定为保证。如在"北京住六宁夏分公司、北京住六公司与科进公司、利贞公司买卖合同纠纷案"中，科进公司在《证明》中提到"宁夏利贞商贸有限公司不能偿还由北京住总第六开发建设有限公司宁夏分公司施工项目（包括后续）且使用你公司货物的货款，为确保供应，由我公司来还款"，该类约定明显具有先诉抗辩权的特点，二审法院将其认定为一般保证是准确的。

2）实质标准：第三人的履行利益

第一，审查第三人对债务的履行有无履行上的利益。有学者认为，保证是偏重于原债务人的利益而设的承担行为，而债务承担则为承担人有直接利益而为的行为。[①] 德国通说也认为债务加入人应当以具有自己的、直接的经济利益为要件，而保证人不具有此种利益。[②] 第三人为债务人利益设定义务还是为自己利益设定义务，可成为区分债务加入与保证的考量因素。如转租人愿意为承租人承担债务、汽车所有权人愿意承担借用人对于承揽人的债务，此时可将之看作主债务人。[③] 在"远策公司诉华纪公司、赵某某合资、合作开发房地产合同纠纷案"中，法院认为赵某某与华纪公司、远策公司之间存在重大经济利益关系，所以赵某某才会愿意加入华纪公司对远策公司的债务中来。[④] 第三人与债务人间既存的债之关系，也常被法院视为债务加入之原因。如在"沛县住房和城乡建设局与胡某某民间借贷纠纷一案"中，法院认为构成债务加入的理由之一就是"上诉人沛县

---

① 史尚宽：《债法总论》，中国政法大学出版社，2000，第 751 页。
② 〔德〕迪特尔·梅迪库斯：《德国债法总论》，杜景林、卢谌译，法律出版社，2004，第622 页。
③ 〔德〕迪尔克·罗歇尔德斯：《德国债法总论》，沈小军、张金海译，中国人民大学出版社，2014，第 414 页。
④ 本案赵某某是华纪公司的股东，同时又是远策公司出资人。参见李玉林《合同纠纷前沿问题审判实务》，中国法制出版社，2014，第 47 页。

住建局与顾某某之间即存在工程款债权债务关系"。① 上述观点可资赞同。

笔者认为，第三人利益应不限于经济利益，诸如父母子女关系等人身利益亦可作为参考标准。前文已述，如果债务人与第三人为父母子女关系，并无其他情势明确表明第三人无债务加入之意，则一般可认为第三人构成债务加入。如在"顾某 1 与徐某某买卖合同纠纷上诉案"中，二审法院便根据第三人顾某 1 系顺泰公司法定代表人顾某 2 的儿子的事实，认为系顾某 1 自愿加入顺泰公司欠徐某某的债务。② 除了父母子女关系外，第三人与债务人具有夫妻关系也常被用来论证第三人构成债务加入。例如在"李某某诉顾某等民间借贷纠纷案"中，法院便认为第三人与债务人为夫妻关系，由于夫妻共同财产制的存在，作为债务人的丈夫，顾某在债务人出具的欠条上签字，法院据此判决夫妻两人成为并存的债务承担人。③

有的法院对以第三人履行利益标准作为债务加入的认定考量因素表达了担忧，认为债务加入人与债务人有无利益关系，只宜作为综合考量的因素，而非必要的或独立支撑的要素。④ 笔者赞同这样的观点，第三人是否具有实际履行利益只是一个重要的判断因素，非绝对标准。在现实中，也有很多情况下第三人对债务人债务的履行并无实际利益，但第三人仍表明要加入债权人与债务人的债之关系，故不可将该判断要素绝对化。⑤ 第三人是否具有履行利益，只是判断因素之一，而非必要因素，不能完全按照该标准区分债务加入与保证。⑥

第二，审查第三人与债务人间替代履行的原因关系类型。第三人基于与信、清偿、赠与之一目的加入债务，而保证仅有提供担保的目的。可通过判断第三人与债务人间替代履行的原因关系类型来认定第三人的具体义务类型。一般而言，应通过合同的目的条款、一般条款中体现订约目的的

---

① 参见江苏省高级人民法院（2015）苏民终字第 00153 号民事判决书。
② 参见江苏省盐城市中级人民法院（2012）盐商终字第 0315 号民事判决书。
③ 参见江苏省江阴市人民法院（2014）澄滨民初字第 0058 号民事判决书。除此之外，本案还有另一个认定债务加入的考量因素，即本案第三人顾某在债务人处签字。综合以上两个因素，认定本案构成债务加入是没有任何问题的。
④ 参见最高人民法院（2019）最高法民终 341 号民事判决书。
⑤ 王利明主编《中国民法典释评：合同编通则》，中国人民大学出版社，2020，第 421 页。
⑥ 刘贵祥：《民法典关于担保的几个重大问题》，《法律适用》2021 年第 1 期。

条款、当事人的交易过程、交易习惯等外部信息推知第三人的给与原因。正如江平先生所言，从合同以及当事人订立合同时具体情况以及合同成立后当事人对合同的履行情况往往能辨认出当事人的目的来。[①] 在"厦门市展航货运代理有限公司与厦门市金英实业开发有限公司、厦门市佳昱进出口有限公司海上货运代理合同纠纷案"中，第三人向债权人具函"保证"债务人还清欠款，如债务人在约定的履行期内无力偿还欠款，则由自己代替还款。从形式上看似乎是一般保证。但是最终法院认定为债务加入，理由是在债务人的履行期届至之前，第三人实际履行了部分债务，可推断第三人并非在于设立具有补充性的保证担保，而系将自己视为债务人的债务加入。[②]

　　3）"存疑推定为保证"

　　前文已述，最高人民法院在"信达公司石家庄办事处与中阿公司等借款担保合同纠纷案"中确立的"存疑推定为债务加入"裁判规则已被《民法典担保制度解释》第 36 条第 3 款确立的"存疑推定为保证"规则所推翻。"存疑推定为保证"规则体现了《民法典》的体系性与价值的一致性。根据比较法的经验，在认定当事人可能构成两项不同义务时，在无明确正当理由的前提下，应当认为义务人仅同意负担较轻的义务。[③]《民法典》第 686 条第 2 款一改原《担保法》第 19 条（对于保证的类型无约定或约定不明时推定连带责任保证）的做法，在处理对于保证的类型无约定或约定不明时，做推定一般保证处理。这体现了立法者在发生约定不明时，倾向于采取减轻意思表示做出者责任和负担的立法目的。[④] 债务加入人的履行债务义务要重于保证人的保证责任，此番《民法典担保制度解

---

① 江平：《中华人民共和国合同法精解》，中国政法大学出版社，1999，第 103 页。

② 参见厦门海事法院（2015）厦海法商初字第 963 号民事判决书。

③ 《奥地利民法典》第 915 条："契约中仅一方当事人负有义务者，在有疑义时，应认为义务人仅同意负较轻的义务，而非较重的义务。"德国司法实践一般认为，当债务加入与保证发生冲突时，只有在很少的场合将第三人的意思解释为债务加入，即将第三人的意思解释为债务加入、要求第三人承担过高的责任风险，需要正当的理由。如果难以查明第三人对债的履行是否具有经济上的利益，为了保护第三人、避免第三人承担过重的风险，一般应当将其认定为保证。参见 Müko/Heinemeyer, Vorbemerkung（Vor § 414），2019，Rn. 22。

④ 王利明：《论"存疑推定为保证"——以债务加入与保证的区分为中心》，《华东政法大学学报》2021 年第 3 期。

释》第36条第3款确立的"存疑推定为保证"规则，正是这一理念的再一次反映，在存疑时让第三人承担较轻的保证责任，更能保护第三人的利益，不违背其合理的责任预期。

需要注意的是，《民法典担保制度解释》第36条第3款"存疑推定为保证"应是一个兜底认定规则，其目的在于弥补对法律行为解释无力的极端情形。即在穷尽意思表示的解释规则无法得出妥适、令人信服的认定结果时，才可适用这一兜底认定规则，将第三人推定为保证人。推定规则的适用，以前述兼具形式标准与实质标准的"区分认定规则"在特定案件中"失灵"为前提。

五　债务加入的法律效果

（一）第三人作为债务人加入债之关系

1. 债务加入的时间点

对于第三人加入债务的时间以及与债务加入合同之间关系的问题，我国学界多认为债务加入合同一旦有效成立，则债务立即转移，无须另有移转行为，[①] 债务承担合同的效力和第三人加入债务的后果是同时发生的。[②] 也有学者认为债务承担作为债务承担合同履行的结果，是债务由债务人处转移给承担人的过程，依据的是一种事实行为。[③]

笔者认为，我国没有承认物权行为理论，不存在独立的处分行为或物权行为，我们将债务承担合同也只能构造成负担行为，不能以德国法的准物权行为理论来构建我国的债务承担规则。债务加入中原债务人并未脱离债之关系，债务并未真正发生移转，只是第三人为自己增设了义务，债务加入行为直接导致第三人债务的加入，一般并不减损债权人、债务人的信赖利益，故

---

① 郑玉波：《民法债编总论》，中国政法大学出版社，2004，第447页。
② 崔建远主编《债法总论》，法律出版社，2013，第243页。
③ 崔建远：《关于债务承担的再思考》，载王利明、奚晓明主编《合同法评论》2004年第1辑。

可以认为在债务加入合同生效时或第三人向债权人所做的允诺发生时第三人便加入了债权人与债务人间的债之关系,遵循的也是同时发生主义。

2. 债务加入的义务类型

关于债务加入人与债务人的义务类型,《民法典》第 552 条采用了"连带债务"的字眼。学界对此有不同的理论主张。有论者认为两者间成立真正连带债务,为我国学界通说;① 还有部分学者认为债务加入人与债务人基于个别之原因负担同一内容之债务,应理解为不真正连带债务,② 此为如今日本、我国台湾地区之通说。③

笔者认为在债务加入中,第三人与债务人间的法律关系应为不真正连带债务,理由如下。第一,从债务的产生原因来看,不真正连带债务强调多个债务人基于不同的原因负担同一债务,债务加入符合此点。原债务人因其与债权人间的基础法律关系(如买卖、借贷等)对债权人负债,而第三人基于债务加入协议或允诺以及其与债务人间的原因关系(与信、赠与、清偿)为自己设立对债权人所负之债。原债务人与第三人是基于不同的原因或事由,分别对债权人承担债务。第二,从追偿权的角度来看,真正连带债务要求各债务人在自己应负责任范围内不得向其他连带责任人追偿。而债务加入人能否向原债务人追偿,取决于其与原债务人间的原因关系:若基于赠与原因加入债务,不可追偿;若基于清偿的原因,且第三人与债务人无委托合同,根据交易习惯,此时不可否认第三人对债务人的追偿权,因为此种原因下第三人一般是怀揣着将来向债务人追偿的想法去履行债务;若基于与信原因,如其从债务人处本应获得的对待给付目的落空,则应允许第三人向债务人追偿其已向债权人的给付。申言之,本条所

---

① 王家福主编《中国民法学·民法债权》,法律出版社,1991,第 87 页;张广兴:《债法总论》,法律出版社,1997,第 249 页;王利明:《合同法研究》(第 2 卷),中国人民大学出版社,2003,第 254 页。

② 孙森焱:《民法债编总论》(下册),法律出版社,2006,第 816 页。

③ 邱聪智:《新订民法债法通则》(下),中国人民大学出版社,2003,第 435 页;林诚二:《民法债编总论》(下),中国政法大学出版社,2003,第 342~343 页;日本通说认为,只要当事人没有表示出发生连带债务关系的意思,便解释为不真正连带债务关系。参见〔日〕本城成雄、宫本健藏编著《债权法总论》(第 2 版),嵯峨野书院,2001,第 228 页;韩世远:《合同法总论》,法律出版社,2004,第 581 页。

指的"连带债务"不同于真正连带债务，"连带债务"侧重的是债权人对债务加入人和原债务人的外部请求权关系，而对于债务加入人和原债务人的内部关系，则应以不真正连带债务关系审视之，通过审查债务加入的原因关系识别债务加入人是否对原债务人享有追偿权。

3. 从义务的移转规则

《民法典》第554条对债务承担从债务的移转规则沿用了原《合同法》第86条的表述，即"债务人转移债务的，新债务人应当承担与主债务有关的从债务，但是该从债务专属于原债务人自身的除外"。但该条没有明确"主债务有关的从债务"的范围；此外，该条是否一并适用于债务加入亦存在解释空间。

根据《民法典》第554条之规定，可一并移转的从债务必须满足两个要件：（1）与主债务有关；（2）不属于专属于债务人自身的债务。与主债务无关的债务主要包括债务承担前已经产生的迟延利息债务或违约金债务。在第三人承担债务之前，债务人的债务已届履行期，债务人超期未履行债务，该迟延是由于债务人的原因导致的，因其已与原本债务分离而具有独立性，而非从属于原本债的债务，故债务加入人并不当然承担此项违约债务。此外，如果第三人向债权人承诺就债务人逾期履行债务给付迟延利息债务，属于第三人给自己设立的债务，不属于主债务的从债，第三人自愿做出的逾期利息的约定或承诺，应由其自己承担。这在司法实务中也得到了确认，如在"恒盛炜达（南通）房地产开发有限公司与江苏沪港装饰有限公司建设工程施工合同纠纷上诉案"中，第三人恒盛炜达公司在向债权人沪港公司做出的承诺书中承诺按照年利率18%计算逾期利息，两审法院均认定第三人恒盛炜达公司的此一承诺超出了债务承担约定的内容，非主债务的从债。[①]

专属于原债务人自身的从债务，不可移转给债务承担人。这类债务的履行依赖债务人的技能、品格、专业背景等因素，如交由他人履行将使得

---

① 杜军：《并存债务承担的认定及各债务人的责任承担依据——中实投资有限责任公司、杭州欣融金属材料有限公司与北京隆瑞投资发展有限公司、北京京华都房地产开发有限公司、嘉成企业发展有限公司股权转让纠纷申请再审案》，最高人民法院民事审判第二庭编《商事审判指导》（2010年第2辑），人民法院出版社，2010，第92页。

债务的同一性发生变化。例如合同约定，债务人在提供专利产品的同时还应当提交专利产品证书，提交专利产品证书为从义务，只能由原债务人履行。再如，债务人的从义务为提供某项服务（用以抵销主债务利息），在主债务已经移转给第三人的情况下，第三人不必承担该项从义务，因为提供服务的从义务具有专属性。

关于《民法典》第 554 条从债务移转规则是否适用债务加入这一问题，从《民法典合同编（草案）》一审稿与二审稿来看，立法者倾向于不适用债务加入。[①] 笔者认为，该条仅适用于免责的债务承担。从利益衡量角度，法律规定免责的债务承担人承担从债务，是确保不因债务人的更迭减损债权人的利益。而债务加入中原债务人的债务人身份、地位均没有改变，从债务继续由其单独负担不损及债权人利益。另一方面，比如利息债务、违约金债务等从债务在债务加入时还没有产生，这些因原债务人违反自己所负义务产生的债务如让债务加入人负担，则会额外加重债务加入人的负担，不利于对其信赖利益的保护。债务加入未使债务发生移转，因此债务加入人是否一并承担从债务，应当取决于当事人的约定，如果没有约定，则债务加入人并不当然承担从债务。[②]

（二）债务加入人的抗辩权

1. 基于债权人和原债务人间债权债务关系的抗辩权

《民法典》第 553 条前半句延续了原《合同法》第 85 条之规定，规定新债务人可以主张原债务人对债权人的抗辩，然法条之规定十分简单，没有明确该规则是否一体适用于债务加入，可援引抗辩权的类型亦存在解释的空间。

债务承担人可援引的抗辩权，应满足以下几方面要求。第一，该抗辩

---

① 以《民法典合同编（草案）》（二审稿）为例，草案第 342 条是对于从债务移转的规定，该规定在表述上与现在《民法典》第 554 条规定完全一致。但是在法条编排上，该规定规定在债务加入（第 344 条）之前、免责的债务承担（第 341 条）之后，可见《民法典合同编（草案）》（二审稿）是将第 342 条对于从债务移转的规定的适用范围局限于免责的债务承担，不适用债务加入。

② 史尚宽：《债法总论》，中国政法大学出版社，2000，第 753 页。

权在债务移转发生时既已存在。正如"泰州市江太粉末涂料有限公司诉浙江星星家电股份有限公司买卖合同纠纷案"判决书提到的那样，"新债务人对债权人的抗辩必须是原债务人享有的、现实存在的抗辩权"。① 第二，《民法典》第553条没有采用"抗辩权"的表述，而是使用"抗辩"一语，意在使其涵盖实体法上的抗辩（权）和程序法上的抗辩（权）（如仲裁管辖的抗辩、约定管辖法院的抗辩等）。第三，本条应一体适用于免责的债务承担和债务加入。抗辩权因债务而生，应与债务共进退。② 债务加入人是为自己设定了义务，在负有义务的同时也应享有对抗债权人的抗辩权，此乃权利义务相统一原则的应有之义。

有论者认为，自债务加入之时起，债务加入人之债务即可独立于原债务而发展。③ 债务加入人与原债务人一并承担的"同一内容的债务"应以债务加入时的债务内容为限。换言之，债务加入人可以援引债务加入发生时原债务人既已对债权人享有的抗辩权；债务加入后原债务人取得的抗辩，债务加入人不可援引，除非该抗辩事由属于《民法典》第520条规定的绝对效力事项。④ 正如前文分析，债务加入人与原债务人间共负不真正连带债务，债的发生原因不具有同一性，只是偶然地服务于满足同一利益的"连带"，部分债务人有履行、抵销或者提存等债务清偿行为的，在满足不真正连带责任客观单一目的时，才产生涉他效力。⑤

债务加入人可以援引的基于债权人和原债务人间债权债务关系的抗辩权主要包括被承担债务不存在或已消灭的抗辩权、债务诉讼时效届满的抗辩权、双务合同履行抗辩权等。亦有论者认为，双务合同三大履行抗辩权

---

① 参见浙江省高级人民法院（2015）浙商提字第26号民事判决书。
② 岳业鹏：《中国法语境下的并存债务承担制度》，《北京科技大学学报》（社会科学版）2011年第1期。
③ 〔德〕迪特尔·梅迪库斯：《德国民法总论》，杜景林、卢谌译，法律出版社，2004，第623页；韩世远：《合同法总论》（第4版），法律出版社，2018，第636页；王洪亮：《债法总论》，北京大学出版社，2016，第471页。
④ 夏昊晗：《债务加入法律适用的体系化思考》，《法律科学》（西北政法大学学报）2021年第3期。
⑤ 赵童：《论连带债务的涉他效力——〈民法典〉第520条的解释论展开》，《湖南社会科学》2022年第2期。

产生自对待给付义务间履行上的牵连性，在债务承担后，双务合同这种"广义债之关系"已经转化为两个狭义债之关系，且两个狭义债之关系在主体上各不相同，两个义务不具有履行上的牵连性，履行抗辩失去了基础。① 笔者认为，应区分双务合同履行抗辩权的发生时间。如果产生在债务加入之前，则应由债务加入人与原债务人均享有之，以维护债务加入人的信赖利益；如果产生在债务加入之后，因原债务人而产生的新的双务履行抗辩权，仅与原债务人有关，与债务加入人无关，债务加入人无权享有。这样做的目的还是维护当事人间的利益均衡，不使债权人或第三人一方额外获益或遭受不可预见的利益减损。

2. 基于债务加入合同产生的抗辩权

债务加入合同赋予第三人以债务人地位，连接了第三人与债权人。债务加入人基于债务加入合同产生的抗辩权，可对抗债权人。该抗辩权包括债务加入合同无效、可撤销、效力待定等。

需要说明的是，因受欺诈而订立的债务加入合同，第三人可否主张撤销，应区分情形：（1）如果第三人受到了债务加入合同相对方（如第三人与债务人间债务加入合同的债务人；第三人与债权人间债务加入合同的债权人；三方协议的债务人或债权人）的欺诈，则第三人可以直接行使撤销权；（2）如果第三人受到了非债务加入合同相对方的欺诈（如第三人与债务人间债务加入合同的债权人；第三人与债权人间债务加入合同的债务人），则第三人只有在合同相对人知道或应当知道该欺诈事由仍订立合同的情况下，该债务加入合同才可以被撤销，请求权基础即《民法典》第 149 条的第三人欺诈，这也是为周全保护善意相对人信赖利益的妥适之举。

3. 基于第三人与债务人间承担债务原因关系的抗辩权

第三人加入债务常基于其与债务人间的原因关系，或清偿，或赠与，或与信。第三人可否基于其与债务人间加入债务的原因关系对抗债权人？有论者认为债权人一般知道第三人加入债务的原因，应当允许第三人加入

---

① 戴孟勇：《免责债务承担的若干歧见》，载崔建远主编《民法九人行》（第 2 卷），金桥文化出版（香港）有限公司，2004，第 79 页。

债务的原因关系瑕疵对抗债权人；① 反对观点认为债务承担是不要因行为，承担人因其承担债务之法律关系所得对抗债务人之事由，不得以之对抗债权人。② 德国民法典和我国台湾地区"民法"，均采反对说。③

笔者认为，不论债权人是否知悉债务人与第三人间的原因关系，第三人均不可依据其与债务人承担债务的原因关系对抗债权人。债务人与第三人间的原因关系为两者间的内部关系，不应使其波及合同之外的债权人。实践中债权人往往信赖债务加入人的履债能力和信誉，从而没有及时采取诉讼、保全等措施，若允许债务加入人以其与债务人间的原因关系的消灭或不存在对抗债权人，导致债权人只能向经济状况不好的原债务人主张权利，显然对债权人的债权保护不力。因此，在立法及司法适用中，选择原债务人与债务加入人之间原因关系不能对抗债权人的模式，更有利于对债权人利益的保护，也符合债务人、债权人、债务加入人合同自由、意思自治的本旨，确保债权人与债务加入人之间的利益平衡。④ 如在前面多次提到的"安家宝公司案"中，二审法院认为"至于第三人资合公司基于何种原因向安家宝公司承诺履行霍风购房所欠债务，在本案诉讼中则无须予以考究"，⑤ 第三人不得以其与原债务人的原因关系对抗债权人，无疑是理性的。

（三）债务加入人的追偿权

债务加入人在实际清偿了债务后，对原债务人是否享有追偿权，《民法典》第552条未作规定。论者多认为《民法典》并没有承认债务加入人可以向其他债务人追偿。⑥ 笔者认为，债务加入人向债权人清偿了债权后，可否向原债务人追偿应取决于债务加入人与原债务人之间的原因关系

---

① 杨明刚：《合同转让论》，中国人民大学出版社，2006，第271页。
② 梅仲协：《民法要义》，中国政法大学出版社，1998，第296页。
③ 如《德国民法典》第417条第2款规定，承担人因其承担债务所生的与原债务人之间的法律关系，不得对抗债权人。我国台湾地区"民法"第303条第2项规定，承担人因其承担债务之法律关系，所得对抗债务人之事由，不得以之对抗债权人。
④ 杨明刚：《合同转让论》，中国人民大学出版社，2006，第273页。
⑤ 参见北京市第二中级人民法院（2004）二中终民字第11983号民事判决书。
⑥ 黄薇主编《中华人民共和国民法典合同编解读》（上册），中国法制出版社，2020，第287页。

或约定。无约定时，原则上债务加入人可以向原债务人追偿，这是由不真正连带责任的特性决定的。原债务人要想对抗债务加入人的追偿权主张，则应当举证下列情况之一：一是债务加入人是基于赠与债务人利益的原因加入债之关系；二是债务加入人基于清偿的原因加入债之关系，并且其向债权人的履行同时消灭了债务加入人对债务人所负之义务。

（四）债务加入人的形成权

1. 对主债权的抵销权

《民法典》第 553 条后半句规定："原债务人对债权人享有债权的，新债务人不得向债权人主张抵销。"该规范是否一体适用于债务加入，即债务加入人可否援引原债务人对债权人的抵销权，亦需要分析。

关于这一问题，比较法上有两种立法例：一种为允许抵销主义，代表性立法如我国台湾地区"民法"第 277 条；[①] 另一种为禁止抵销主义，如《德国民法典》第 422 条第 2 款，[②] 该学说认为若允许承担人以属于债务人的债权与债权人享有的债权为抵销，则无异于承认债务承担人可以处分债务人的权利。[③] 相较之下，禁止抵销主义更为合理。《民法典》第 553 条后半句规定亦适用债务加入，债务加入人不可援引原债务人对债权人的抵销权，但是，债务加入人以其自身对债权人已届清偿期的债权为抵销，在符合法定抵销要件的情况下，自无禁止之必要。

2. 终止主债权合同的形成权

原合同关系中债务人对债权人享有的终止合同关系的形成权，主要包括合同撤销权、解除权，可否由债务加入人享有？通说认为，债务承担人不得援用该形成权对抗债权人。[④] 无论是免责的债务承担，还是债务加入，

---

① 我国台湾地区"民法"第 277 条规定："连带债务人中之一人，对于债权人有债权者，他债务人以该债务人应分担之部分为限，得主张抵销。"

② 《德国民法典》第 422 条第 2 款规定："一个连带债务人享有的债权，不得由其他债务人用作抵销。"

③ 孙森焱：《民法债编总论》（下册），法律出版社，2006，第 808 ~ 809 页。

④ 韩世远：《合同法总论》（第 2 版），法律出版社，2008，第 438 页；史尚宽：《债法总论》，中国政法大学出版社，2000，第 748 页。

债务承担人均不享有这类终止合同关系的形成权。首先，形成权的典型特征是其赋予权利主体以单方面干预他人之法律关系的法律权力。[①] 法律以维护稳定状态为原则，维护不稳定状态为例外。如果第三人有上述形成权，将使债权人的债权实现处于一种不确定的状态，违背债务承担制度设立的初衷。[②] 其次，第三人加入债务后，原债务人仍然存在于债之关系中，其仍享有这些形成权，原债务人可以自行决定是否行使此类形成权以消灭其对于债权人的债务。若允许债务加入人行使针对主债权合同的形成权，则难免使债务加入人有越俎代庖之嫌。再者，主债权合同往往涉及债务人对债权人的对价利益，债务人基于对价利益获得之考虑常选择不行使该类形成权。但若允许债务加入人行使终止主债权合同的形成权，债权人的债权落空，债权人往往会行使履行抗辩权拒绝自己债务的履行，使原债务人的对价利益有不能实现之虞。相当于让原债务人面临他人行使权利而造成己方的损失，违背原债务人的主观意志，客观上也损及原债务人的合法权益。

（五）债权人担保权的存续

1. 意定担保权的存续

意定担保权包括保证担保、物上担保（抵押、质押）。《民法典》第391条一般性地规定债务移转中意定担保权的存续规则；第697条具体规定了债务移转保证担保的存续问题，并在第2款规定债务加入不影响保证人的保证责任。问题是，《民法典》第391条所指的"转移债务"是否包括债务加入？《民法典》第697条第2款对债务加入中保证担保存续问题作了规范，那么同属意定担保的物上担保的存续是否可做相同解释？需要解释予以明确。

（1）如何理解"保证人的保证责任不受影响"

《民法典》第697条第2款"保证人的保证责任不受影响"一般认为

---

① 〔德〕迪特尔·梅迪库斯：《德国债法总论》，法律出版社，2006，第79页。

② 曹万里、殷湘洋、许友刚：《审视与探索：债务加入之法眼透视》，载贺荣主编《司法体制改革与民商事法律适用问题研究》（下），人民法院出版社，2015，第984页。

应当包括三个方面：（1）保证人对原债务人的债务仍负保证之责，对债务加入人所负债务不负担保义务；（2）保证的方式不受影响；（3）保证担保的份额不受影响。[①] 第三人加入债之关系，并没有额外增加保证人的负担或造成不利影响，因而不需要降低或免除保证人的保证责任。保证人仍仅对原债务人的债务履行继续提供保证担保，保证人对于债务加入人承担的债务原则上是不负担保义务的。如欲使保证人对债务加入人所负债务承担保证担保义务，则需要经过保证人的同意，[②] 实际上是保证人为自己新设了一项保证担保义务。

如果该保证人恰好就是债务承担人，那么又将出现细微差别。（1）在免责的债务承担中，保证人承担了原债务人的债务，此时债务人与保证人为同一人，与保证的制度目的相违背，因而保证义务消灭，债务变为无担保之债务，保证人不需要再承担担保责任。保证义务的免除非基于《民法典》第 391 条或第 697 条第 2 款的"未经其同意"，而是"债务人不得作为自己债务的保证人"之一般法理。（2）在债务加入中，保证人作为债务加入人加入其所担保的债之关系，对为自己新设的债务无须负担保之责，但不影响其对原债务人债务履行的担保责任（适用《民法典》第 697 条第 2 款）。此时，该第三人既是独立承担债务的债务加入人，同时也是原债务人债务的保证人。

（2）第三人提供物上担保的存续

对于第三人提供的物上担保，免责的债务承担将引起债务人的更迭，为保障物保人的追偿权等利益，债务移转应征得物保人的同意，否则物保人将不再承担担保义务。此点与《民法典》第 697 条第 1 款关于保证担保存续规则的意旨相同，请求权基础应为作为一般性规则的《民法典》第 391 条。唯应注意的是，不同于保证人作为免责的债务承担人致使保证义务失去存续基础而消灭，当物上担保人作为免责的债务承担人时，应当认为其对于主债务之上的物上担保义务仍然存续，债务承担人既是债务人，

---

① 王利明：《我国〈民法典〉保证合同新规则释评及适用要旨》，《政治与法律》2020 年第 12 期。

② 林诚二：《民法债编总论——体系化解说》，中国人民大学出版社，2003，第 515 页。

同时也是物上担保人，债权人对其同时享有担保物权和债权。

在债务加入中，与债务加入人加入债之关系不影响保证人的保证责任同理，债务加入不影响物上担保义务的存续，但是关于此点没有明确的实证法请求权基础，解释上应可根据担保制度的一般原理类推适用《民法典》第 697 条第 2 款。

（3）债务人提供的物上担保的存续

债务人为债务提供物上担保，第三人进行债务承担的，该物上担保是否存续，法律、司法解释没有规定，值得讨论。通说主张债务人以抵押物或质物所有人之资格，就债权所为的担保，不因债务承担而消灭。但其例外是，若债务承担契约为承担人与债权人之间做成，未经物上担保人（原债务人）同意的，物上担保人（原债务人）的担保责任也因债务承担而消灭。①

在债务加入的原债务人同时也是物上担保人的情况下，由于原债务人没有退出债之关系，其为担保自己债务的履行为债权人设立的物上担保仍应存在，原债务人仍应负担保义务。但是，其担保义务仅是对原债务人自己的债务的担保，对于债务加入人所负的债务是不负担保责任的。在免责的债务承担中情况又有所不同。由于债务人发生了替换，径行认定物上担保的存在或消灭，难免损及债权人或原债务人的利益。② 笔者认为折中说的观点较为可取。从各方当事人利益均衡保护的角度出发，应当赋予原债务人（物上担保人）在债务移转时对自己先前提供担保的处置能力。具体而言：（1）如果原债务人与第三人订立免责的债务承担合同或三方债务承担合同，只要原债务人没有在合同中明确自己将在债务移转后不再承担担保责任，那么就视为其对于继续承担担保责任的这一事实的同意和认可，物上担保人（原债务人）还应在原担保范围内继续承担担保责任；（2）如果是债权人与第三人签订的债务承担合同或者第三人向债权人单方允诺进

---

① 参见梅仲协《民法要义》，中国政法大学出版社，1998，第 295 页。

② 在免责的债务承担的情况下，由于债务承担人的更替，债务人本已免除主债的负担，如径行认定担保义务不再存在，则可能会使债权人的利益遭受损害，而若径行认定担保义务存在，则对债务人明显不利，相当于其没有真正脱离债之关系，难免使免责的债务承担制度的功能落空，故前两种学说过于绝对，均不可取。

行债务移转的，如未经物上担保人（原债务人）同意，则视为债权人放弃了物上担保人（原债务人）的担保责任，物上担保人（原债务人）的担保义务消灭。

2. 法定担保权的存续

关于两种债务承担中法定担保权的存续问题，立法付之阙如。留置权为法定担保物权，法律为了保障债权人在修理、行纪、承揽、保管等合同关系中付出劳动的对价利益得以实现，特设该法定担保物权保障债权人的利益。该权利与特定债权人不可分离。当发生免责的债务承担时，债权人所占有的留置物与被移转的债务仍然保持"同一性"，因而该法定担保物权仍有必要维持其存续状态。在债务加入时，该法定担保物权亦应使其存续，但解释上该留置权应仅存在于原债务人的债务上为宜。

与法定担保权类似的还有优先权。优先权可分为一般优先权和特定优先权，前者是指由法律直接规定债权人就债务人的一般财产优先受偿的担保物权，如劳动报酬优先权和税收优先权等。[1] 特定优先权是指债权只能在债务人特定的动产或不动产上优先地行使，其实现的办法是将与债权有直接联系的某些动产或不动产特定下来，使债权的清偿有具体的保障，[2] 如船舶优先权和民用航空器优先权。在债务承担的情况下，一般优先权由于与特定的主体身份相关而得到社会政策的保护，不能随债务移转；而在特定优先权中，担保关系存在于特定的物上，故债务加入不影响该优先权的存续。[3]

---

[1]　郭明瑞、仲相、司艳丽：《优先权制度研究》，北京大学出版社，2004，第 44 页。
[2]　郭明瑞、仲相、司艳丽：《优先权制度研究》，北京大学出版社，2004，第 59 页。
[3]　肖俊：《〈合同法〉第 84 条（债务承担规则）评注》，《法学家》2018 年第 2 期。

论遗产管理人注意标准的调整[*]

胡巧莉[**]

内容提要：《民法典》第1148条规定的遗产管理人责任应当限缩适用，合理的规范模式应以遗产管理人的选任方式作为区分基础，考虑意定要素的影响，确定遗产管理人的注意标准。遗产管理人的地位虽以采"法定任务说"为当，但被继承人的遗嘱指示、继承人或受遗赠人等主体与遗产管理人之间的约定也可构成其义务来源，是否支付报酬及支付来源亦对其注意标准产生影响，但内外效力有别。在对遗产管理人注意标准予以提高的场合，需区分是否存在被继承人的遗嘱指示。其特殊之处在于，遗嘱指示可融入法定任务产生对外效力。在无遗嘱指示的情形下，继承人或受遗赠人可与遗产管理人通过约定提高遗产管理中的注意标准，但该约定并不当然产生对外效力。在对遗产管理人的注意标准予以降低的场合，需考虑《民法典》第506条的体系限制，无论是遗嘱指示还是合同约定均不可事前将其注意义务降低至"故意或重大过失"标准之下，亦不可直接免除其责任。

关键词：遗产管理人　注意标准　限缩适用　类型调整

引　言

在《中华人民共和国民法典》（以下简称《民法典》）颁行前，我国

---

* 本文系2021年度中南财经政法大学中央高校基本科研业务费专项资金（研究生科研创新平台）资助项目"遗产管理人损害赔偿责任类型化研究"（编号：202110637）的成果。感谢中南财经政法大学法学院张家勇教授、刘征峰副教授对本文修改与完善提供的宝贵意见。
** 胡巧莉，中南财经政法大学法学院民商法硕士研究生。

尚不存在完整的遗产管理人制度，替代性的主体为"遗嘱执行人"，[①] 但《中华人民共和国继承法》（现已失效）未对遗嘱执行人的注意标准及损害赔偿责任予以规范，以致司法实务中遗嘱执行人的过错认定及损害赔偿责任承担全然落入侵权责任法的领域，[②] 未对法定责任与意定责任进行细致的类型区分。《民法典》第 1145 条至第 1149 条将遗产管理人制度引入规范体系，以第 1148 条规定的归责模式为核心，辅以对遗产管理人的产生方式、职责等内容的规定。但第 1148 条并未实现与遗产管理人的产生方式、职责内容、注意标准对应的区分模式，仅以"故意或者重大过失"单项归责标准作为判断所有案型的规则；且该条未明确遗产管理人赔偿责任的性质，其为债务不履行责任抑或侵权责任，需在明确遗产管理人的法律地位、义务来源以及是否存在有效的意定调整后确定。

对于遗产管理人注意标准的区分，我国鲜有学者予以剖析，学界仅就报酬作为区分注意标准的重要因素存在争论。有观点认为，遗产管理人负担的注意义务因其是否享有报酬而异，享有报酬者须负善良管理人的注意义务，未享有报酬者仅需负担与处理自己事务相同的注意义务即可。[③] 相反观点则认为，遗产管理人的注意标准不因是否受有报酬而有别。[④] 遗憾的是，两种观点均未将遗产管理人的选任方式纳入考虑，且没有注意到报酬支付来源的不同亦会对注意标准调整的对外效力产生影响。遗产管理人的注意标准并非基于单项因素即可判定，而是需要考虑多重因素，并进行

---

① 需要注意的是，遗产管理人、遗嘱执行人、遗产保管人三者在适用范围、产生方式、职务权限、法律效果等方面均存在区别，不可予以混淆。在现行《民法典》的体系下，遗产管理人中包含遗嘱执行人这一类型，亦包含遗产保管人的保管职责。参见何俊萍等《亲属法与继承法》，高等教育出版社，2013，第 432～434 页；刘耀东《论我国遗产管理人制度之立法构建——兼论与遗嘱执行人的关系》，《广西大学学报》（哲学社会科学版）2014 年第 4 期。

② 参见墙某某与闫某 1、闫某 2 一般人格权纠纷案，云南省贵阳市云岩区人民法院（2015）云民一初字第 1569 号民事判决书；孙某 1 与孙某 2 财产损害赔偿纠纷案，浙江省杭州市中级人民法院（2014）浙杭民终字第 3321 号民事判决书；王某某与李某某等财产损害赔偿纠纷案，上海市第一中级人民法院（2015）沪一中民六（商）终字第 163 号民事判决书。

③ 参见林秀雄《继承法讲义》，元照出版公司，2018，第 292～293 页；陈棋炎、黄宗乐、郭振恭《民法继承新论》（修订十版），三民书局，2016，第 340～341 页。

④ 参见史尚宽《继承法论》，中国政法大学出版社，2000，第 380 页；林秀雄《继承法讲义》，元照出版公司，2018，第 209～210 页。

类型化构造，即遗产管理人的注意标准可通过被继承人遗嘱指示、被继承人或继承人共同体与遗产管理人的约定予以调整。

因此，应当对《民法典》第 1148 条的适用范围进行限缩解释，其规定的遗产管理人因"故意或重大过失"导致的损害赔偿责任，仅适用于未对注意标准进行意定调整的一般化情形，即不存在其他基础关系且未约定报酬。其他的具体情形需以遗产管理人的选任方式作为区分标准，并结合基础关系的性质、注意标准的内容、报酬等因素讨论。由此，可在类型化的基础上，合理地确定不同案型中遗产管理人所须承担的注意标准与责任性质，同时也须具体考量受该责任所约束的主体范围。

一 遗产管理人地位对注意义务来源的影响

（一） 遗产管理人的地位与选任

对于遗产管理人注意标准的探讨离不开对遗产管理人的法律地位、选任方式及其对过错区分的影响等前提性问题的分析。遗产管理人的法律地位存在代理说、法定任务说、信托说①的观点。代理说中最为明显的解释冲突在于，代理制度中代理人以被代理人的名义执行事务，而遗产管理人作为独立的法律主体，以自己名义进行遗产管理。代理说内部又细分三种立场，但均未切中肯綮，无法与遗产管理人的选任和职责体系相融洽。

第一种观点认为遗产管理人系被继承人的代理人，遗产管理人依被继承人的意愿对遗产进行管理、清算、分配可以看作对被继承人意志的延续。尤其在被继承人立有遗嘱的情况下，遗产管理人的权利来源于被继承人的授权。若采此种观点，被继承人死亡后遗产管理人之代理权即告终

---

① 英美法上有观点采纳了信托受托人说，遗产管理人的地位类似于以遗嘱继承人或受遗赠人为受益人的信托关系受托人。See Roger Kerridge, *The Law of Succession*, London: Sweet & Maxwell, 2016, pp. 525 – 528; Gerry W. Beyer, *Wills, Trusts, and Estates*, New York: Wolter Kluwer, 2012, pp. 253 – 256.

止。可能解释的空间在于是否符合《民法典》第 174 条第 1 款第 2 项至第 3 项的情形。但问题在于，即便因此肯认代理权的效力，仍无法在被继承人未指示遗嘱执行人的其他情形中适用。

另有观点认为遗产管理人系继承人的代理人，被继承人死亡后，被继承人的权利能力已经因死亡而消灭，不能委托代理人，其遗产归属于继承人，对遗产的管理实际上是对继承人利益的维护。此种观点所面临的解释困境有三。首先，代理权一般可被撤回，而在遗产管理人的确定中继承人仅享有推选人选的权利。遗产管理人的职责内容系依《民法典》第 1147 条规定，继承人并不享有调整的权利。如此，若仅因"推选"具有授权性质而肯认继承人代理说，实质上欠缺代理制度的诸多内涵，颇为牵强。其次，若仅存在遗嘱，而无继承人存在，遗产管理人为继承人之代理人则自相矛盾。最后，继承人丧失继承权或者遗嘱对法定继承人不利的情形下，继承人作为遗产管理人仍需依照遗嘱执行遗产管理的事务，此时将产生代理结构中的身份重合与利益冲突。

还有观点认为遗产管理人系遗产的代理人，遗产的地位等同于一个独立的无权利能力的财团法人，该观点对于无主遗产尤为贴切。① 但遗产管理并非局限于遗产本身，此观点无法涵括附义务的遗嘱继承和遗赠中义务的履行等其他事项的执行。②

易言之，无论采上述哪种代理说，面临的共同问题在于：无法对《民法典》第 1145 条所规定的选任情形予以完满地回应。若需依照不同的选任情形确定遗产管理人的法律地位，则会造成遗产管理人制度体系的混乱，亦是对第 1147 条及第 1148 条的忽视。此外，信托说主张将遗产视为一项信托财产，遗产管理人作为受托人，为受益人的利益或特定目的而对遗产实施管理或处分。③ 该说亦存在弊端：遗产并不能与信托财产同质，

---

① 参见薛宁兰、邓丽《中国大陆遗产管理制度构建之探讨——兼论无条件限定继承原则的修正》，《月旦民商法杂志》2012 年第 37 期；陈苇主编《中国继承法修改热点难点问题研究》，群众出版社，2013，第 439~440 页。

② 陈苇主编《中国继承法修改热点难点问题研究》，群众出版社，2013，第 440 页。

③ 参见薛宁兰、邓丽《中国大陆遗产管理制度构建之探讨——兼论无条件限定继承原则的修正》，《月旦民商法杂志》2012 年第 37 期。

委托人的问题与代理说所面临的矛盾并无二致。

而法定任务说将遗产管理人视为基于固有任务，为维护遗产管理之公允性而对遗产享有管理和清算职能的独立主体，并非被继承人或继承人之代理人。① 法定任务说与代理说的关键区别在于，法定任务说更为强调职责面向的"多重性"，目的在于维护被继承人、继承人、债权人、受遗赠人等多方主体的利益，代理说则更强调单向保护被继承人或继承人的利益。这一点区别亦可从《民法典》第1148条的规范文义察之，即遗产管理人应当依法履行职责，若因违反注意义务而致债权人、受遗赠人损害，需要承担相应的民事责任。

赋予债权人、受遗赠人直接向遗产管理人主张损害赔偿请求的权利与遗产管理人的法定任务地位是密切相关的。继承开始后，继承人共同体实为债务人，与债权人、受遗赠人之间具有法定的债权债务关系，债权人、受遗赠人本应直接向继承人主张损害赔偿责任且责任效果最终均归属于继承人共同体。《民法典》第1148条将债权人、受遗赠人因遗产处理事项所引发的损害赔偿请求权直接指向遗产管理人，其背后的考量可能在于肯认遗产管理人独立于继承人的法定地位，强调其必须依照第1147条的法定职责执行事务，若违反注意义务则形成法定的多方债权债务关系。这是由其法定任务所面向的"多重性"所决定的。因此，采法定任务说较为合理②：遗产管理人具有独立的法律地位，类似于清算机构、破产管理人等主体，③ 有利于保证其不受被继承人或继承人单向影响，中立而公允地履

---

① 参见刘耀东《论我国遗产管理人制度之立法构建——兼论与遗嘱执行人的关系》，《广西大学学报》（哲学社会科学版）2014年第4期；汪洋《遗产债务的类型与清偿顺序》，《法学》2018年第12期。

② 德国继承法上对"遗嘱执行人"的法律地位存在职位说（Amtstheorie）和代理说（Ver-tretertheorie）的争议。参见〔德〕雷纳·弗兰克、托比亚斯·海尔姆斯《德国继承法》（第6版），王葆莳、林佳业译，中国政法大学出版社，2015，第101页。日本继承法则将遗嘱执行人视为继承人的代理人。参见《日本民法典》，刘士国等译，中国法制出版社，2018，第254页。

③ 亦有德国学者指出，遗产管理人与破产管理人并无二致，既不是继承人的法定代理人，亦不是遗产或者遗产债权人的法定代理人，而是自己具有当事人地位的官方机构。参见〔德〕马蒂亚斯·施默克尔《德国继承法》（第5版），吴逸越译，中国人民大学出版社，2020，第203页。

行职责，以协调各方利益冲突。①

（二）遗产管理人的义务来源与责任性质

法定任务说并非旨在将遗产管理人的义务来源限定于法定职责，而是在于确认遗产管理人独立公正的法律地位和规范价值。遗产管理人并非单一地作为被继承人、继承人或遗产的代理人。法定任务说所构设的是遗产管理人与被继承人、继承人、债权人、受遗赠人等遗产利害关系人之间的法定债权债务关系。

《民法典》第1147条仅对遗产管理人的法定职责予以明确，但忽视了由遗嘱执行人担任遗产管理人时，被继承人的遗嘱指示亦可构成义务来源。② 被继承人的内心真意系遗产处理之核心，遗嘱指示为典型表现。第1147条所规定的法定职责实质上与被继承人之内心真意具有密切联系。若被继承人在遗嘱指示中做出对遗产管理人注意标准的调整，则需尊重意思自治的效果。遗嘱指示虽作为单方法律行为，亦可构成债之关系的形成原因，但其特殊之处在于，遗嘱行为旨在体现被继承人之终意处分，其并非形成意定之债，而是形成被继承人与继承人共同体之间的法定之债。意即，被继承人通过遗嘱确定遗产管理与处分等事项，遗嘱指示亦可融入遗产管理的法定任务中，所涉债权债务关系对遗嘱执行人、遗嘱继承人、受遗赠人等主体产生拘束力的基础源于法律规定。指定遗嘱执行人及其注意标准是遗嘱指示的重要内容，遗嘱执行人需受该指示的拘束。因此，基于遗嘱指示对遗产管理人注意标准进行调整的效力及于全部遗产利害关系人。

此外，继承人与受遗赠人等主体对遗产管理人的注意标准或存在意定调整的空间，但其不可通过单方法律行为做出调整。若要调整需与遗产管

---

① 采"法定任务说"的观点可参见房绍坤等编著《婚姻家庭与继承法》（第5版），中国人民大学出版社，2018，第241～242页；何俊萍等《亲属法与继承法》，高等教育出版社，2013，第437页；林秀雄《继承法讲义》，元照出版公司，2018，第210～212页；史尚宽《继承法论》，中国政法大学出版社，2000，第566～568页。需注意的是，《民法典》颁行之前尚未对遗产管理人制度予以明确规定，多以"遗嘱执行人"这一类型作为讨论对象。

② Vgl. Staudinger/Reimann（2016）BGB § 2219 Rn. 5.

理人协商，调整可区分为提高型与降低型（包括免除），调整的效力需结合约定内容判断。但与前述遗嘱指示不同的是，继承人与受遗赠人等主体的意思自治并非遗产处理的考量核心。因此，该意定调整无法产生面向约定当事人之外所有主体的效力。

明确遗产管理人的注意义务来源，可为判断《民法典》第 1148 条所规定的遗产管理人的赔偿责任性质提供基础。对于遗产管理人的赔偿责任性质，存在侵权责任①，受托责任、代理责任与侵权责任混合②两种观点。前文已述，遗产管理人所需遵循的义务不仅包括《民法典》第 1147 条所列举的法定职责，亦包括被继承人所做出的遗嘱指示以及继承人等主体与遗产管理人进行的意定调整。由此可明确，遗产管理人赔偿责任的性质并非代理责任，而是债务不履行之责任与侵权责任的聚合。遗产管理人的责任为过错责任，在债务不履行之责任中表现为对"未履行约定义务"存在注意义务的违反，在侵权责任中则表现为因未达到注意标准而违反管理职责造成相应损害。

二 法定任务说下注意义务的层次及调整空间

（一）与其他管理人注意义务层次的差异

遗产管理人的法律地位采"法定任务说"，则会引发与"管理人"这类主体注意义务层次的体系关联。《民法典》第 43 条第 3 款对"失踪人财产代管人"的责任所设定的标准亦为"故意或者重大过失"，但本文并不将该主体纳入类比讨论，原因在于失踪人财产代管人所管理的财产并非终局确定，可因失踪人重新出现而回转，且选任方式亦存在差异。"法定任务说"视角下的遗产管理人与破产管理人虽存在法律地位③与职能性质等

---

① 参见最高人民法院民法典贯彻实施工作领导小组主编《中华人民共和国民法典婚姻家庭编继承编理解与适用》，人民法院出版社，2020，第 637 页。

② 参见陈甦、谢鸿飞主编《民法典评注：继承编》，中国法制出版社，2020，第 240～241 页。

③ 破产管理人的法律地位亦存在与遗产管理人的法律地位类似的争论，可参见〔德〕莱因哈德·波克《德国破产法导论》（第 6 版），王艳柯译，北京大学出版社，2014，第 28～31 页；李永军等《破产法》，中国政法大学出版社，2017，第 41～43 页。

共性，但在过错认定方面并不完全一致。

细观破产管理人的注意义务可以发现，大陆法系国家大多将其责任的规范标准设置为"善良管理人的注意义务"。① 该种义务实质上是决定行为过失程度的客观标准，与"一般人之注意义务""处理自己事务相同之注意义务"构成过错责任判断的三种标准。三者的区别在于，违反"一般人之注意程度"构成重大过失，违反"处理自己事务相同之注意义务"构成具体的轻过失，而违反善管义务则构成抽象的轻过失。违反善管义务是对管理人主体要求最为严格的注意标准。② 英美法系则采不同的判断标准，将破产管理人定位为受托人，注意标准为"谨慎义务"与"忠实义务"的结合。破产管理人的谨慎义务以善管义务为底线，若其拥有更为专业的技能，则需以更高的注意标准行事。

显然，二者在注意义务的层次上存在差异。破产管理人承担的注意义务系忠实义务与勤勉义务的结合，两种义务违反下的行为类型有所不同。而遗产管理人的选任方式存在不同情形，且存在对注意标准进行意定调整的空间，应结合选任方式和约定要素予以区分考量。而过错的类型，一般分为五种。其中，一般人所不能注意（或称之为不可抗力）、一般人所能注意之极限（情势变迁）与起点均以客观情事作为评判之标准，而善良管理人之注意义务、与处理自己事务相同之注意义务可于主观标准或客观标准予以择选。③ 但《民法典》第 1148 条所提供之标准限于"故意或者重大过失"，未予以类型化区分。

上述区别存在的主要原因是两种主体对于资质的要求并不相同。遗产管理人并非公共职务，原则上仅要求具有相应民事行为能力即可适格，无须要求高标准的专业资质，④ 是否享有报酬需个案确定。而破产管理人则

---

① 参见德国《支付不能法》第 60 条、日本新《破产法》第 85 条、韩国《破产法》第 154 条。
② 参见陈俊《破产管理人注意义务的比较法考察》，《中国注册会计师》2012 年第 4 期。
③ 参见曾世雄《损害赔偿法原理》，中国政法大学出版社，2001，第 82~83 页。
④ 参见何俊萍等《亲属法与继承法》，高等教育出版社，2013，第 435 页；房绍坤等编著《婚姻家庭与继承法》（第 5 版），中国人民大学出版社，2018，第 241 页；林秀雄《继承法讲义》，元照出版公司，2018，第 280~281 页。

基于破产领域的高度专业性需具备一定的专业资质和职业技能才可胜任,[①]相较于遗产管理人,其对主体适格性的要求颇高,且依据法律规定当然享有相应报酬。此亦造成了两者在注意义务程度上的区隔,即破产管理人之过错认定一般需遵循"专家责任"的高度注意义务标准,而遗产管理人则需区分情况对法定标准与约定标准进行类型化判断,在《民法典》第1148条之外,需结合遗产处理中不同主体对遗产管理人注意标准的意定调整具体确定。

(二) 与义务来源相对应的归责模式

殊值关注的是,德国法上规定遗嘱执行人因过错而违反义务需承担相应的损害赔偿责任。其中,遗嘱执行人所负担的义务由法定或遗嘱指示决定,该损害赔偿责任系基于被继承人与继承人之间的法定债务关系。[②]《意大利民法典》对继承人与遗嘱执行人进行区分性规范,继承人在遗产管理中仅对特定的重过失承担责任,而遗嘱执行人在存在过失的情形下需向继承人与受遗赠人承担损害赔偿责任。[③]《越南民法典》则是采取"义务违反型"的规范模式,若遗产管理人违反其义务且造成损害的则需赔偿相应损失。[④]

由此可知,对于遗嘱执行人过错标准的判断需基于其所负担的义务类型,并非完全基于法定职责,亦可由遗嘱或者继承人通过协议对遗嘱执行人注意标准予以调整,但立遗嘱人不可通过指示免除遗嘱执行人的责任。[⑤]对遗产管理人注意标准的调整,除遗嘱指示外尚存在其他合同责任,如由税务咨询等专业人员担任遗嘱执行人的情形下,该合同责任并非完全基于遗产管理人的独立地位,而是该管理人的专业身份所引起的对法定责任的

---

① 参见李永军等《破产法》,中国政法大学出版社,2017,第44~45页;宋辉《破产管理人民事责任:现状、问题与完善》,《人民论坛·学术前沿》2020年第22期;〔德〕乌尔里希·福尔斯特《德国破产法》,张宇晖译,中国法制出版社,2020,第31页。

② 参见杜景林、卢谌《德国民法典——全条文注释》(下册),中国政法大学出版社,2015,第1246页。

③ 参见《意大利民法典》,费安玲、丁玫译,中国政法大学出版社,1997,第141、199页。

④ 参见《越南民法典》,伍光红、黄氏惠译,商务印书馆,2018,第181页。

⑤ Vgl. MüKoBGB/Zimmermann, 8. Aufl. 2020, BGB § 2219 Rn. 1 – 22.

调整。① 典型如针对资产管理所签订的投资协议、税务管理协议等约定的注意标准，此时需考虑合同责任所设定的注意标准。

值得注意的是，选任方式可能是对义务来源产生影响的重要因素。《民法典》第 1145 条规定了遗产管理人的四种选任方式，其中第四种是无人继承遗产时由特定基层组织予以遗产管理，此类基层组织是具有社区服务职能性质的兜底型遗产管理人，此时一般不存在被继承人或继承人与其设定类似委托协议的基础关系、约定更高注意标准或者报酬的可能性，适用第 1148 条即可解决此种案型下遗产管理人过错归责的认定问题。因此，本文对于遗产管理人注意标准的判断置于存在继承人共同体且均未放弃继承的前提下，不包含仅存在单个继承人或无继承人的情形，即在遗嘱指示、继承人共同体推选情形下展开细致的区分讨论，确定提高或降低注意标准的调整效力。

《民法典》第 1148 条将所有案型的过错判断标准设定为"故意或者重大过失"，未对相关主体的意定调整给予法律上之关注，至于将"故意或者重大过失"责任予以降低或免除是否有效尚待后文细致讨论。"法律文义所涵盖之案型，有时衡诸该规定之立法意旨显然过广，以致将不同之案型置于一个法律规定之下，造成规定应对'不同之案型，为相同之处理'的情形。"② 据此，有必要对遗产管理人的义务违反责任进行类型化处理，以达至不同案型不同处理的效果，第 1148 条的适用应限定于不存在有效的注意标准调整的一般情形。

（三）　注意标准的调整方式

遗产管理人注意标准的调整方式无非为提高或降低（包括免除）两种，由于注意标准的降低会造成规范体系的价值冲突，亦会引发对债权人、受遗赠人等主体的不利益，如后文所述应予以禁止。对遗产管理人注意标准的提高，多以被继承人遗嘱指示、相关主体对注意标准的约定或赋

---

① Vgl. Bengel/Reimann, Handbuch der Testamentsvollstreckung, 7. Aufl., C. H. Beck, 2020, § 11, Rn. 41 – 53.

② 黄茂荣：《法学方法与现代民法》（第 5 版），法律出版社，2007，第 495 页。

予其报酬的方式实现。遗嘱执行人担任遗产管理人的情形下，被继承人可通过遗嘱指示或约定对遗嘱执行人的注意标准进行调整。而在其他情形下，继承人或受遗赠人作为利害关系人，可与遗产管理人通过约定提高遗产管理中的注意标准。该指示或约定系对遗产管理人执行事务标准的提高，若遗产管理人已基于自愿或合意接受该高标准的义务约束，则不可严格适用《民法典》第1148条所设置的"故意或者重大过失"这一法定标准，遗产管理人亦需对轻过失负责。此时无论是被继承人、继承人还是受遗赠人与遗产管理人约定提高注意标准，均系为保护遗产管理利益所为之调整，具有一定的利他性，无须上述主体均表示同意。①

需要注意的是，被继承人做出提高型的调整与继承人等主体做出调整的对外效力存在区别。被继承人之终意处分是遗产管理的核心遵循，其所做出的提高型调整直接约束继承人、债权人、受遗赠人等主体，对外效力自无疑问。但继承人、受遗赠人等主体与遗产管理人之意思自治并非遗产管理中所重点考量的要素，虽考虑到利他性和尚未违反法律之强制性而承认其内部效力，但不可产生对外效力。

当事人之间不存在提高注意标准的约定时，则需考虑有偿性的影响。将有偿性作为区分法律行为的重要意义之一在于当事人所负担的注意义务程度存在区别，即在无偿法律行为中，单纯给予利益方仅需承担与处理自己事务相同的注意义务，而在有偿法律行为中则需承担重于无偿性情形的注意义务即善良管理人之注意义务。② 就遗产的处理而言，《民法典》第1149条规定遗产管理人的报酬可通过约定方式取得，在此前提下对遗产管理人的主观过错仍采"故意或者重大过失"这一标准，其规范意旨可能在于遗产管理人的受托系概括性受托，且遗产管理的内容复杂，若设定较重的注意义务恐不利于其高效处理事务。③

但上述规范或引发下列问题：遗产管理多为处理财产性事项，若遗产

---

① 参见葛云松《意思自治原则的理论限度——评〈论利他法律行为涉他效力的制度建构〉》，《北大法律评论》2011年第12卷第2辑。

② 参见王利明等《民法学》（上册）（第6版），法律出版社，2020，第191页。

③ 参见陈甦、谢鸿飞主编《民法典评注：继承编》，中国法制出版社，2020，第243～244页。

管理人基于约定取得高额报酬，仅需对故意或重大过失负责，并不符合权责一致的原则。出于对继承人、受遗赠人等利害关系人的权益保护，需在遗产管理人获得报酬时课以更高的注意义务。因此，无论在何种选任情形下，有偿性均可作为提高注意标准的影响因素。此外，报酬支付的来源不同，如从遗产中支付、由被继承人生前财产支付、继承人自行支付等，注意标准的对外效力亦将有别，后文将详述。

三　被继承人对注意标准的提高

遗嘱指示[①]所产生的遗产管理人即遗嘱执行人，[②] 具体包括两种形式：其一，被继承人直接通过遗嘱指示的方式指定遗嘱执行人；其二，被继承人可委托第三人指定以确定遗嘱执行人。[③] 该遗嘱指示行为无论直接指定或指示委托均系单方法律行为，仅需遗嘱人做出明确指示，当遗嘱生效时，该指示即具有其约束力，被指定的主体是否愿意接受该指定、受委托人是否愿意接受被继承人之委托并指定遗嘱执行人，则属其自由。在不同情形下，注意标准又会因有偿性等要素的影响被调整。

（一）遗嘱指示明确遗嘱执行人并提高注意标准

被继承人在遗嘱指示中确定遗嘱执行人，其对注意标准的提高可直接通过遗嘱明示高于"故意或者重大过失"，例如要求遗嘱执行人需对轻过

---

① 需要注意的是，此处遗嘱指示原则上不包括共同遗嘱的形式，共同遗嘱在我国并未明文规定，比较法上尚存在承认夫妻所订之共同遗嘱的立法例，但其诟病在于对遗嘱自由之限制，我国对此在立法上未予以承认。参见陈棋炎、黄宗乐、郭振恭《民法继承新论》（修订十版），三民书局，2016，第 256～257 页；〔德〕雷纳·弗兰克、托比亚斯·海尔姆斯《德国继承法》（第 6 版），王葆莳、林佳业译，中国政法大学出版社，2015，第 108～115 页。

② 被继承人可通过遗嘱或其他约定另以口头或书面形式指定遗嘱执行人。若遗嘱人在遗嘱中指定执行人的，则构成遗嘱内容之一部分；遗嘱人在遗嘱之外另行指定执行人的，可将其视为对遗嘱内容的有效补充。参见马忆南《婚姻家庭继承法学》（第 3 版），北京大学出版社，2014，第 309～310 页。

③ 参见巫昌祯主编《婚姻与继承法学》（第 6 版），中国政法大学出版社，2017，第 327 页；蒋月主编《婚姻家庭与继承法》（第 3 版），厦门大学出版社，2018，第 340 页；林秀雄《继承法讲义》，元照出版公司，2018，第 276～277 页。

失负责。特别之处在于遗嘱系单方法律行为，单方法律行为分为两种：其一为行为的后果仅使相对人取得权利而不承担相应义务，典型如遗嘱；其二为使得行为人享有单方权利，典型如追认行为。[①] 若通过遗嘱对注意标准进行拔高，符合相应法律要件即可生效，遗嘱执行人并无异议空间。但结合前文对遗嘱指示效力的分析，遗嘱指示系被继承人依其终意处分而做出的单方法律行为，基于遗产利益保护原则，可被融入遗嘱执行人的法定任务中。因此，遗嘱执行人若接受该职务，则视为其一并接受该职务所附加的注意标准。

被继承人亦可通过遗嘱明示为遗嘱执行人赋予高额报酬，以提高其注意标准，典型如指示专业人员作为遗嘱执行人时，赋予高额报酬与其履行专家责任的注意标准相符合。需要说明的是，根据《民法典》第1149条的规定，遗产管理人取得报酬的方式限于法律规定或者约定两种方式。对于约定取得报酬的方式，可由被继承人或继承人通过合同协商确定。遗嘱指示显然非属于约定方式，遗产管理人的报酬一般认为取自遗产，[②] 亦体现被继承人对遗产的终意处分。究其本质，遗嘱指示所设之债为法定之债，虽通过其真意表露的形式，但其发生效力有赖于法律规定，自可纳入依照法律规定取得的方式。

在此种情形下，报酬支付的来源或由被继承人指定从遗产中支付，或由被继承人以自己的生前财产支付。两者均构成对注意标准的提高，但由于支付的来源并不相同，是否对债权人、受遗赠人产生效力也会有所差异。就报酬由遗产中支付而言，由于遗产管理所形成的债权债务关系面向继承人、债权人、受遗赠人等多重主体，且根据遗产债务清偿之顺序，遗产管理人报酬的清偿顺位优先于其他主体，或对其他主体的利益产生影响，因此，从遗产中支取部分财产作为报酬，其对注意标准的提高自应对全体利害关系主体产生效力。而报酬若从被继承人的生前财产中支取，该报酬赋予之效力限定于合同双方当事人，即被继承人与遗

---

① 参见许中缘《论民法中单方法律行为的体系化调整》，《法学》2014年第7期。

② 参见《德国民法典》第1978条、第1987条、第2221条；《日本民法典》第918条、第1018条、第1021条；《意大利民法典》第511条、第711条、第712条。

产管理人。被继承人死亡后，其合同地位由继承人共同体承继，对注意标准提高的效力可以延展至继承人共同体，但债权人、受遗赠人等外部第三人无法主张提高后的注意标准，其核心要义在于遵循合同责任的相对性。

（二）遗嘱指示仅提高注意标准

若被继承人在遗嘱中并未明确指定具体的遗嘱执行人，仅对注意标准的提高做出了指示，此时亦需区分为遗嘱执行人未指定亦未委托第三人指定和虽未指定但委托第三人指定两种情形讨论。

在未指定亦未委托第三人指定遗嘱执行人的场合，依照《民法典》第1145条的规定，应由继承人共同体推选，若推选未果，则由继承人共同体共同担任。需要判断的是，被继承人对遗嘱执行人注意标准的调整，可否约束继承人共同体或由其所推选的遗产管理人，即遗嘱指示的效力问题。首先，该注意标准的提高系面向遗产管理人，由继承人共同体推选或由其共同担任遗产管理人的特殊之处在于身份的重合性。其次，最终推选的人选或共同担任遗产管理人仍需受遗嘱指示中所提高的注意标准约束，一方面由于遗嘱指示系形成遗产管理人与继承人之间的法定之债，可准用委托之规定。[1] 虽被继承人未通过遗嘱明确具体人选，但依照法律规定所推选或共同担任的遗产管理人亦需受遗嘱指示之拘束，以最大限度保障其遗嘱自由，遗产分割所需首要遵循的即遗嘱。[2] 此外，被继承人可通过遗嘱指示对继承人增设负担。如《德国民法典》第1940条规定，被继承人可以通过遗嘱的方式使继承人负担给付义务，而不给予他人以给付请求权。[3] 当遗产管理人与继承人之身份重合时，遗嘱指示中对注意标准的提高自应约束继承人共同体或其所推选之人选。

《民法典》第1133条第1款仅规定被继承人可自行指定遗嘱执行人，

---

[1] Vgl. Brox/Walker, Erbrecht, 28. Aufl., Franz Vahlen, 2018, S. 254.

[2] 陈棋炎、黄宗乐、郭振恭：《民法继承新论》（修订十版），三民书局，2016，第146~147页。

[3] 〔德〕雷纳·弗兰克、托比亚斯·海尔姆斯：《德国继承法》（第6版），王葆莳、林佳业译，中国政法大学出版社，2015，第97~98、104页。

并未对其可否委托第三人代为指定表明态度。① 自被继承人意思自治的角度而言，在遵循其真意的基础上委托第三人指定遗嘱执行人并无不妥。该委托的性质系被继承人基于真意而授权第三人为指定行为，委托的内容应限于确定遗嘱执行人的人选，不应包括遗嘱及其执行的具体内容。有偿性对于该种情形下注意标准的影响与被继承人直接指定遗嘱执行人的情形相同。

可能存在的问题是，若第三人与遗嘱执行人约定提高其注意标准是否有效。首先，需明确的是，第三人的范围是否包含继承人及受遗赠人，对此存在一定争议。有观点认为，该"第三人"之称谓系指除被继承人之外的他人，因此继承人及受遗赠人可作为受托人之对象。亦有相反观点认为，受遗嘱效力所影响的法律关系当事人不得受指定之委托。较为妥当之处理方法为在尊重被继承人意思自治的基础上，除该受托人存在滥用委托权限而造成其他利害关系人不利益的情况外，可不免除继承人及受遗赠人之受托资格。② 其次，就第三人的受托事项范围而言，其仅享有确定遗嘱执行人的权限。若其与遗嘱执行人约定遗产管理中的注意义务，系受托人对权限的逾越，若无其他无效情形则认可其内部效力。最后，第三人与遗嘱执行人约定提高注意标准，系对债权人等主体利益的保护，并非对其造成不利益，可肯认对外效力。

（三）通过生前合同约定提高注意标准

被继承人在遗嘱指示中仅明确遗嘱执行人，未对其注意标准进行提高，可通过约定调整遗嘱执行人的注意标准。例如约定高额报酬作为其遗嘱执行之附加要求，与前文通过遗嘱指示指定报酬或提高注意标准的方式存在区别。此时需要审视基础关系对注意标准的调整效力，即能否对"故意或者重大过失"这一法定标准予以提高。德国法上对于遗嘱执行人责任

---

① 比较法上对于该问题的规范多认为被继承人既可直接指定遗嘱执行人，亦可委托第三人指定遗嘱执行人。参见《德国民法典》第 2198 条、《日本民法典》第 1006 条。

② 参见陈棋炎、黄宗乐、郭振恭《民法继承新论》（修订十版），三民书局，2016，第 323页；史尚宽《继承法论》，中国政法大学出版社，2000，第 575～576 页。

的规范系《德国民法典》第 2219 条，该条第 1 款所设定的过错责任系基于其与继承人之间的法定债务关系，而遗嘱执行人所负担的义务具体为何系由法律和被继承人的指示决定，并非单一的法定强制标准。[①] 此种规范为被继承人的意思自治和权利处分预留了充足的空间。

以委托关系为典型，有偿性委托合同的归责标准为过错，而无偿性委托合同仅对故意或重大过失负责。有偿性在此处的影响与前文所述相同，对外效力亦需考虑报酬支付的来源。被继承人在委托合同中对遗嘱执行人的责任予以特别约定，如通过给付较高报酬的方式要求遗嘱执行人对遗产管理之事项付诸严格的谨慎管理义务，那么遗嘱执行人之归责标准则提高至"善良管理人之注意义务"，对抽象轻过失亦需承担责任，甚至基于其专业性和职业性而承担更高标准的"专家责任"。由于该责任之严格程度高于《民法典》第 1148 条的标准，适用该注意标准既可对遗嘱执行人进行权利约束，亦可实现被继承人与遗嘱执行人之间的意思自治。

需要特别关注的是，被继承人通过约定调整遗产管理人的注意标准，与前述通过遗嘱指示调整注意标准的性质和对外效力存在根本性的差异。如前文所述，遗嘱指示与遗产管理的法定职责紧密结合，产生对外效力毋庸置疑。而被继承人与遗产管理人的合同约定，虽然也是其内心真意的显现，但其与遗嘱指示根本有别，构成被继承人与另一当事人的意定之债，仅产生相对效力。继承人可于被继承人死亡后继受其合同地位，该注意标准的提高可对继承人产生效力，但不可扩展至债权人、受遗赠人等主体。

四　继承人共同体对注意标准的提高

（一）继承人共同体的意定调整

若被继承人未指示亦未委托第三人指示遗嘱执行人，则需由继承人共同体推选遗产管理人。继承人共同体对注意标准的提高仅限于共同推选的

---

① 参见杜景林、卢谌《德国民法典——全条文注释》（下册），中国政法大学出版社，2015，第 1246 页。

情形，而不包括共同担任的情形。原因在于，共同推选后的主体为遗产管理人，与继承人共同体相独立，可进行意定调整。而继承人共同担任的情形下，继承人共同体均为遗产管理人，不可自行调整注意标准。此处所涉"推选"的性质认定或影响对遗产管理人过错责任的判定。

首先需明确的是，推选是共同行为还是决议行为。① 《民法典》第 134 条第 2 款对决议行为予以规范，决议规则原则上为多数决的形式，且无论是否赞成对全体成员均产生约束力。② 若采决议说，虽考虑到提高推选遗产管理人之效率，但此种以多数决避免争议的方式可能会直接架空第 1146 条之规定，即对遗产管理人的确定有争议的，人民法院可根据利害关系人之申请指定遗产管理人。且多数决之比例并未明确规定，易造成具体执行过程中的标准不一。或可参考的是，破产程序中债权人会议的决议方式为"双重简单多数决"，③ 且该决议的效力系债权人团体进行共同意思表示的结果，对全体债权人均具有约束力。④ 但债权人会议系由享有优先顺位的主体组成，而继承人共同体实际上处于劣后的顺位，二者在定位上存在重大区别。继承人共同体推选遗产管理人的情形并不宜借鉴该种做法。

前文已述，遗产管理人的法律地位采"法定任务说"，其类似于破产管理人等清算机构，继承人共同体的推选并非仅面向内部发生效力，亦对外部债权人产生影响。因此，应采继承人共同体对该推选一致同意的标准确定遗产管理人，以符合规范适用之逻辑。在此基础上，需将继承人共同体视为团体，从内部关系和外部关系的视角观察遗产管理人须尽之注意义务。⑤ 依内部关系视角观之，无论继承人共同体推选继承人还是继承人以

---

① 共同行为可称多方行为，其与决议行为的区别在于发生拘束力的范围。前者系构成共同同意而对全体发生效力，后者即便存在反对者亦受该意思表示拘束。参见梁慧星《民法总论》（第 5 版），法律出版社，2017，第 166～167 页；Vgl. Brox/Walker, Allgemeiner Teil des BGB, 43. Aufl., Franz Vahlen, 2019, S. 50。

② 参见王利明等《民法学》（上册）（第 6 版），法律出版社，2020，第 190 页。

③ 此处所指"双重简单多数决"即由出席会议的享有表决权的债权人过半数通过且其所代表的债权额为无财产担保债权总额的半数以上。

④ 参见《中华人民共和国企业破产法》第 22 条、第 64 条。德国破产法上亦采"债权总额多数"＋"人数多数"双重多数决的方式。参见〔德〕乌尔里希·福尔斯特《德国破产法》，张宇晖译，中国法制出版社，2020，第 33 页。

⑤ Vgl. Henssler/Strohn GesR/Gummert, 5. Aufl. 2021, HGB § 177 Rn. 12 - 15.

外的对象作为遗产管理人，该推选行为系将遗产管理事项授权至该遗产管理人，但对于其具体事项的注意标准可另行通过约定实现，如在委托合同中约定提高注意标准，应为有效。有偿性在此处的影响与上文所述情形相同。

依外部关系视角观之，遗产管理人系由继承人共同体推选而产生，自无类似遗嘱执行人担任遗产管理人情形下作为信赖外观的执行人证书或书面证明，且继承人共同体与遗产管理人提高注意标准的内部约定无法为外部第三人知悉，是否对第三人产生法律上之拘束力尚待讨论。若第三人误信遗产管理人享有处分权，低价受让遗产中的动产或不动产，满足善意取得要件则可取得相应权利，此时遗产管理人需对其违反注意义务而滥用处分权能的"表见"行为对利害关系人承担损害赔偿责任。[①] 若第三人在明知其为遗产管理人的情形下，仍低价受让或接受不适当的清偿，因其为恶意该行为不发生效力，需将相应财产返还，若利害关系人受有损害，遗产管理人需与恶意第三人就共同过错负连带责任。

（二） 意定调整的外部效力

如前述，继承人共同体对遗产管理人注意标准的调整方式为两种类型：合同约定或报酬赋予。意定调整的外部效力系指向债权人、受遗赠人，并非上文针对注意标准具体如何判断所指向的"第三人"。

就合同约定而言，此处必须遵循合同相对性原则。继承人与遗产管理人之约定系双方当事人达成的合意，继承人并非代表所有与遗产利益相关的利害关系主体。遗产管理人的事务涉及多方主体，但不可因其与继承人之间的约定而将效力扩展至债权人、受遗赠人等。在遗产管理中，继承人的内心真意并不能与被继承人之终意处分等置，即便其在一定程度上继受了被继承人的相关债权债务关系。

就报酬赋予而言，继承人与遗嘱执行人约定报酬，若无其他无效情

---

① 参见〔德〕安雅·阿门特－特劳特《德国继承法》，李大雪等译，法律出版社，2015，第 240 ~ 241 页。

形，应认可其效力。尤其在遗嘱执行人系由律师等特殊职业主体担任的情形下，需排除律师双方代理的情形以及其他导致合同无效的情形，才可认定其有效。① 报酬约定亦不得违背被继承人之终意处分，若被继承人已明确排除报酬，又或在两个相反方向上变更报酬的适当性，则需探究被继承人的真实意思或推断意思。② 基于此，遗嘱执行人受有报酬的情形下，若其因未尽到与报酬形成对等义务的注意程度而致使继承人遭受损害，在报酬尚未给付时，继承人可基于其享有的损害赔偿请求权而主张先履行抗辩权，以防止遗嘱执行人因其过错而获利。

值得关注的是，报酬赋予对注意标准调整的对外效力与其支付来源密切相关。前文已论及报酬从遗产中支付则可对债权人、受遗赠人产生效力。若报酬系继承人以个人财产自行支付，则其对注意标准的调整具有限于继承人与遗产管理人双方主体的效力，债权人与受遗赠人无权享受标准提高后的利益。

若无约定，报酬可否由遗嘱执行人自行主张存在一定争议。有观点认为若被继承人设立遗嘱时并未约定报酬，遗嘱执行人不可自行主张，但继承人或受遗赠人自愿支付的除外。相反观点则认为，遗嘱执行人之报酬请求权可自行主张，在继承人拒绝支付的情形下亦可变卖遗产予以补偿。③ 本文认为遗嘱执行人可否自行主张报酬需结合其注意标准判断，即要求给付报酬的情形下所负担的注意标准需高于未获得报酬的注意标准。

因此，无论继承人通过合同还是赋予报酬的方式提高注意标准，遗产管理人因违反注意标准而造成受遗赠人或债权人损害，受遗赠人或债权人不可依据该注意标准要求其承担损害赔偿责任。原因在于，该提高后的注意标准系由遗产管理人与继承人共同体做出的约定，并非面向受遗赠人与债权人，继承人之意思表示并非对遗产管理中的所有利害关系人产生法律

---

① 参见陕西省高级人民法院向某某等人诉张某某等人执行遗嘱代理协议纠纷案，载《中华人民共和国最高人民法院公报》2004 年第 1 期。

② 参见杜景林、卢谌《德国民法典——全条文注释》（下册），中国政法大学出版社，2015，第 1247 页。

③ 参见最高人民法院民法典贯彻实施工作领导小组主编《中华人民共和国民法典婚姻家庭编继承编理解与适用》，人民法院出版社，2020，第 641～642 页。

效果，与前文被继承人做出意定调整的情形存在本质区别。

五　遗产管理人注意标准的降低

《民法典》第 1147 条及第 1148 条并未言明遗产管理人的注意标准可否进行降低乃至免除。值得进一步探究的是，被继承人可否通过遗嘱指示或者与遗产管理人约定的方式事前降低注意标准，若遗产管理人的注意标准不可事前降低，则需探究相关权利人嗣后弃权的可能。

（一）事前降低的禁止

对遗产管理人的注意标准进行降低，实质上是探讨法定标准与意定调整产生冲突时如何衡量的问题。意定调整可通过被继承人之单方指示与合同两种方式实现。遗嘱指示系被继承人的单方法律行为，通过该种方式直接对遗产管理人的注意标准进行降低，与上文所述通过遗嘱指示提高注意标准的性质并不相同，是对遗产管理人负担的减轻，并非增设其义务。遗嘱指示虽为单方行为，亦可构成债之关系的产生原因，[1] 遗嘱执行人完成被继承人意思表示的内容，本质为一种要求对待履行的事实行为，[2] 其形成的债之内容为遗嘱执行人依终意处分中特别约定的注意标准执行遗嘱。此外，被继承人可通过与遗嘱执行人约定减轻遗产管理中的注意义务，如要求其仅对故意负责，乃至将其在管理过程中的全部责任予以免除。显然，无论通过何种方式对《民法典》第 1148 条的"故意或者重大过失"标准予以降低，均需从体系视角回应这一法定标准存在的规范意义。

1. 注意标准降低之体系限制

（1）免责条款的效力考察

德国法上对于该问题的态度为立遗嘱人不得将遗嘱执行人的责任不当地降低或免除，即便其将注意标准缓和为故意或重大过失亦不可取。

---

① 参见王泽鉴《债法原理》（第 2 版），北京大学出版社，2013，第 57～58 页。
② 参见许中缘《论民法中单方法律行为的体系化调整》，《法学》2014 年第 7 期。

但继承人或者受遗赠人可以通过协议在第 276 条的限度内放弃遗嘱执行人的责任。① 意即，在适用《德国民法典》第 2219 条时，需将第 276 条第 1 款作为遗嘱执行人的法定注意标准，遗嘱执行人必须对其故意与过失负责任，若可由法律规定或债务关系的其他内容推知则可设定以更严或更宽的责任。且该条第 3 款亦明确，因故意而发生的责任，不得预先向债务人免除。《德国民法典》第 276 条系对过错归责原则的规范，而对于该过错原则的背离一方面表现为注意标准的提高（责任的严格化），另一方面表现为注意标准的降低（责任的减轻）。此处所讨论的注意标准的降低，可以依法发生，亦可以通过合同发生，仅故意责任不得进行预先免除，亦不得部分地免除。② 因此，《德国民法典》第 2219 条的规定将遗嘱执行人的归责范围置于"因过错而违反义务"的语境之下，与第 276 条的规范形成体系勾连，但在处理对其责任进行事前减轻这一问题时，仅对故意责任的预先免除持否定态度。③

反观我国，《民法典》继承编并未对遗产管理人注意标准的调整作禁止性规定，仅在第 1148 条设置"故意或者重大过失"的标准，与《德国民法典》第 2219 条设置的"过错"标准存在差异。对遗嘱执行人的注意标准进行降低是否有效，需要考虑我国规范体系内是否存在类似《德国民法典》第 276 条的限制性规范。可以发现，我国《民法典》第 506 条第 2 项明确规定，"因故意或者重大过失造成对方财产损失"的合同免责条款无效。免责条款即合同当事人经合意达成旨在限制或者免除未来责任的条款，实质上是双方当事人对风险分配的磋商，但由于免责条款的滥用会导致风险分配失衡，因此予以限制。"因故意或者重大过失造成对方财产损失"是当事人违反诚信原则，置对方当事人之合理利益于不顾的行为，不应承认其效力。④

---

① Vgl. MüKoBGB/Zimmermann，8. Aufl. 2020，BGB § 2219 Rn. 1 – 22.
② 参见杜景林、卢谌《德国民法典——全条文注释》（上册），中国政法大学出版社，2015，第 183 页。
③ Vgl. Staudinger/Caspers（2019）BGB § 276 Rn. 114；Staudinger/Reimann（2016）BGB § 2219 Rn. 15.
④ 参见最高人民法院民法典贯彻实施工作领导小组主编《中华人民共和国民法典合同编理解与适用［一］》，人民法院出版社，2020，第 329 页。

而正如前文所述，注意义务之层次大致分为故意、重大过失、一般过失。就故意和重大过失而言，已经达到了主客观层面均具有法律上不容许之过错的程度，因此需对其进行否定性评价。一般过失所造成的后果尚不足以严重至此，可由当事人予以自由磋商分配风险。若对一般过失的评价亦予以限制，则是对契约自由的过度干涉。因此，当事人就一般过失造成的民事责任所达成的免责条款法律一般不予以干涉。①

但不同的是，《德国民法典》第 276 条与我国《民法典》第 506 条的体系地位并不相同，前者系对一切法定义务、合同义务的统一性规范，可直接适用于遗嘱指示或合意约定的范畴，后者系对合同领域的规范，被继承人与遗产管理人约定将其责任降低甚至免除，则因违反第 506 条而无效。需要注意的是，第 506 条第 2 项之表述为"因故意或者重大过失造成对方财产损失"，在被继承人与遗嘱执行人约定降低或免除注意标准时，应限定于被继承人与遗嘱执行人之间的责任免除。但遗嘱执行人进行遗产管理的时间始于被继承人死亡，且遗嘱执行人因违反注意义务造成的损害实际上面向的并非被继承人，而是继承人、受遗赠人等主体。依第 506 条第 2 项之规范意旨，对合同双方当事人的责任免除约定不能承认其效力，对于非合同双方当事人的责任免除约定亦不应承认其效力。

《民法典》第 506 条第 2 项可否适用于遗嘱指示的情形尚需讨论。判断免责条款效力的前提为双方经由磋商将其订入合同，而被继承人通过遗嘱指示的方式对遗嘱执行人的注意标准进行降低，系通过单方行为为之。依照《民法典》第 468 条的规定，非因合同所产生之债权债务关系若没有相关规定的，可适用合同编通则的有关规定，但是根据其性质不能适用的除外。被继承人通过遗嘱指示降低乃至免除遗嘱执行人之"故意或者重大过失"之责任，非为合同所产生之债权债务关系，其所形成的是对继承人、遗嘱执行人、受遗赠人等主体之间的债权债务关系的调整。而但书中所指称的"根据其性质不能适用"，主要针对的是已经通过法律目的识别

① 参见朱广新、谢鸿飞主编《民法典评注：合同编通则 1》，中国法制出版社，2020，第 345 页。

出来的"有关规定",虽然可以一般性地适用于债法领域,但是例外情况下并不适用于某种债权债务。例如故意侵权之债务不可主动抵销,赔礼道歉、消除影响等具有人身性质的债务不能由他人代为履行等。① 遗嘱指示所形成之债权债务不属于与上述例外情况等置评价的情形。

因此,被继承人通过遗嘱指示降低遗嘱执行人的注意标准并不能简单归入某一类债之关系予以规范,注意标准与遗嘱执行人依照指示具体所为之处分行为及负担行为密切关联,而继承编并未对遗嘱指示可否调整予以规范,虽遗嘱指示并非合同所产生之债,但可依《民法典》第468条准用第506条第2项之限制,即不可将其注意义务程度降低至"故意或者重大过失"这一标准之下,亦不可直接将遗嘱执行人之责任免除。准用的基础在于遗嘱指示与合同约定存在类似性,即旨在形成当事人之间的债权债务关系。在被继承人与遗嘱执行人约定降低其注意标准的情形下,被继承人对注意标准的事前降低涉及对其他利害关系主体的不利益,且事前放弃因故意或重大过失责任所产生的损害赔偿请求权实质上是对请求权主体人身及财产利益的限制,可适用第506条这一限制性条款判定该约定为无效。但对于一般过失责任的免除,如免除对轻微过失的注意义务,该指示或约定若不存在其他无效情形,法律原则上对此应不进行强制性干涉。

(2)其他类似规范的价值考量

《民法典》除第506条将"故意或者重大过失"作为不可免除之注意标准外,亦有多处规范条文使用"故意或者重大过失"作为承担责任的归责标准。与《民法典》第1148条之规范构造最为相似的是第43条第3款所规定的财产代管人的损害赔偿责任。其背后的考量主要在于,由于绝大多数失踪人的财产代管人代为管理财产是无偿的,所以财产代管人仅在因自己的故意或重大过失造成失踪人的财产损害时,才应承担赔偿责任,对于一般过失造成的损害,则予以免责。② 第897条规定的无偿保管和第

---

① 参见朱广新、谢鸿飞主编《民法典评注:合同编通则1》,中国法制出版社,2020,第52页。

② 参见最高人民法院民法典贯彻实施工作领导小组主编《中华人民共和国民法典总则编理解与适用[上]》,人民法院出版社,2020,第251~253页。

929 条第 1 款规定的无偿委托的赔偿责任亦循此理。这一点不仅辅证了上文所提出的有偿性对注意标准的影响，亦将"故意或者重大过失"作为承担损害赔偿责任的最低标准。第 316 条规定拾得人对遗失物的保管义务亦须以故意或重大过失作为承担责任之标准，系对保管行为的无偿性和无因管理性的法律评价，亦系遵循《民法典》侵权责任编有关侵害财产损害赔偿的一般规则。[①]

值得注意的是，《民法典》第 618 条直接规定当事人如果对出卖人的标的物瑕疵责任约定减轻或者免除，因出卖人故意或者重大过失不告知买受人标的物瑕疵的，出卖人无权主张减轻或者免除责任。该条规范结构与此处所讨论之问题存在类似性，即被继承人通过遗嘱指示或者约定对遗产管理人之责任予以减轻或者免除，因遗产管理人故意或者重大过失造成损害的，遗产管理人不可据此主张减轻或者免除责任。第 618 条的规范语境在于，基于契约自由原则，当事人可通过特殊约定免除瑕疵担保责任。但例外为出卖人存在故意或者重大过失的过错状态，在此种情况下，故意或重大过失的主观过错严重违背诚信和公平原则，导致交易成本的增加以及对诚信关系的破坏。[②]

类似规范的价值考量主要在于维护事务管理的对价以及保护信赖利益。对事务管理有无对价决定了当事人采何种注意义务予以执行事务，无偿保管、无偿委托之责任即为典型。而信赖利益的保护主要是置于合同领域，双方当事人进入特殊保护关系后，需对对方当事人之信赖利益给予相应程度的关注。典型如买卖合同之标的物瑕疵责任，出卖人若因故意或者重大过失对该标的物瑕疵负有责任，系对诚信原则及对方信赖利益的严重背离，此种主观过错不应作为免责情形的事由。

具体到遗产管理人之责任，将"故意或者重大过失"设置为承担损害赔偿责任的归责标准存在体系性的考量，不可对该责任进行降低或免

---

① 参见最高人民法院民法典贯彻实施工作领导小组主编《中华人民共和国民法典物权编理解与适用［上］》，人民法院出版社，2020，第 556～557 页。

② 参见最高人民法院民法典贯彻实施工作领导小组主编《中华人民共和国民法典合同编理解与适用［二］》，人民法院出版社，2020，第 967～969 页。

除。第一，无偿性这一因素是设定"故意或者重大过失"作为归责基础的重要原因，即无偿时需遵循最低标准，有偿时所需遵循之归责标准应高于此。而遗产管理人可通过法律规定或者约定获得报酬，存在无偿和有偿的情形，均不可对该注意标准予以降低。第二，合同领域中，《民法典》第 506 条免责条款的效力限制为其注意义务免责条款的效力提供了较为直接的判断依据，主要在于保护当事人的特殊信赖关系。在遗产管理领域，被继承人基于其内心真意而将遗产管理事项交由遗嘱执行人处理，此中的信赖利益并不次于合同领域。无论是通过遗嘱指示还是通过约定对注意义务进行降低或者免除，均系对私法领域中信赖关系保护价值的背离。第三，以"故意或者重大过失"为注意义务的底线标准可与侵权责任的一般归责原则接轨，形成体系上之融贯。因此，从体系视角观之，对遗产管理人注意义务的降低乃至免除，系应适用合同免责条款效力的规范予以规制。

2. 涉他性降低所致不利益

从被继承人遗嘱指示或约定的涉他性而言，对遗产管理人的注意义务进行事前降低，如降低至仅对故意负责，乃至直接对遗产管理人的责任予以免除，所影响的利益主体范围不仅包括当事人，还包括继承人、受遗赠人和债权人，这些主体作为遗嘱执行人义务违反责任的请求权人，值得法律给予合理的保护，不可简单依照贯彻被继承人意思自治的理念承认其效力。通过遗嘱指示或约定降低遗嘱执行人的注意标准时，因其处理之事务一般为财产性事项，或因较低的注意义务而致使继承人、受遗赠人等主体的财产利益受损；[①] 甚者，若被继承人直接免除其所有责任，系对遗嘱执行人权利的不当扩大，无法对其管理行为进行约束，极易造成对债权人、继承人和受遗赠人利益的损害。[②]

遗产管理事项牵涉人身、财产等多项利益客体，若将故意或重大过失

---

① 参见叶名怡《论事前弃权的效力》，《中外法学》2018 年第 2 期。

② 我国《民法典》并未对该问题予以规范，《德国民法典》第 2220 条明确被继承人不得通过指示免除遗嘱执行人之责任，违背该规范的被继承人之指示，不发生效力。Vgl. MüKoBGB/Zimmermann, 8. Aufl. 2020, BGB § 2220 Rn. 1–6.

的责任予以事前降低或免除，则会引发遗产管理人的权利滥用与不当管理行为。对遗产管理人注意义务的降低增加了遗产管理不当所致风险的可能性，或引发上述主体因遗产管理人之注意义务降低或免除而陷入不利益的状态。此外，被继承人并非享有损害赔偿请求权的主体，继承人与受遗赠人等实为遗产利益的密切关联主体。虽应在遗产管理过程中遵循立遗嘱人之终意处分，但不可据此单方剥夺请求权主体所享有的损害赔偿请求权。由此，将故意或重大过失责任减轻为仅对轻过失负责的义务降低型约定系对故意责任的不当免除，不应产生效力。

但需要注意的是，否定被继承人意定降低遗嘱执行人之注意标准并非意味着其丧失对遗嘱执行人具体权限的调整权利。例如，被继承人亦可通过明确或可推断的方式以其终意处分解除遗嘱执行人在为遗产管理承担债务这一事项上的限制，扩展至通常管理之外所必要的行为，但该扩展仍需受法定的注意标准的规范。① 禁止对遗嘱执行人之注意标准进行事前降低的意义在于对被继承人的终意处分进行适当地限制，以平衡继承人的利益。此外，还有观点认为遗产管理人一方面要执行遗嘱人的遗嘱，另一方面要保护其他利害关系人的合法权益，甚至还需要保护国家利益。② 基于公共利益的限制，遗产管理人之注意义务亦不可降低乃至免除。

（二）事前弃权与嗣后免除

对于遗产管理人因违反注意标准所负担的过错责任，请求权主体应为继承人及受遗赠人，若其与遗产管理人事前约定放弃其因"故意或者重大过失"所致损害赔偿责任，属于对其损害赔偿请求权的事前弃权。双方通过合同形式对遗产管理人的责任予以减轻甚至免除，该约定的效力判断亦应当适用《民法典》第 506 条第 2 项，"因故意或者重大过失造成对方财产损失"的合同免责条款无效。但其对于一般过失所引发的责任予以事前

---

① 参见《德国民法典》第 2205 条、第 2207 条。
② 参见陈苇主编《中国继承法修改热点难点问题研究》，群众出版社，2013，第 441 页。

弃权，若无其他无效事由则可承认其效力。比较法上亦有相同的做法，如德国法上虽对被继承人通过指示或约定降低遗产管理人之注意义务持否定态度，但继承人或者受遗赠人可以通过协议的方式在《德国民法典》第276条的限度内放弃遗嘱执行人的责任。①

究其背后的利益衡量，禁止继承人或受遗赠人事前放弃遗产管理人因违反"故意或者重大过失"所致责任的理由大抵如下。其一，事前弃权所涉及的多为对未来权利的放弃，具有一定的不确定性。依德国法之理论，若欠缺确定的指向特定财产的权利，该未来权利不可构成处分行为之客体。② 其二，在遗产管理的过错中，因"故意或者重大过失"不仅会造成财产上之损害，亦可能涉及人身利益。因人身损害所产生之损害赔偿请求权，虽为财产性权利，但因其与人身利益的密切相关性而不可事前放弃。若仅涉及财产损害，或可在法定限度内允许其事先放弃索赔。③ 其三，若对事前弃权未予限制，可能导致继承人、受遗赠人的事前弃权因双方当事人的利益交换而出现意思表示不自由或不真实的情形，④ 既不利于维护遗产管理人之独立公正的法律地位，亦不利于保障继承人等主体的相关请求权。

前述结论可资赞同，但需要区分的是，若继承人或受遗赠人于遗产管理人已违反相应义务产生损害赔偿责任后提出放弃相应请求权，则为嗣后免除遗产管理人之责任，系对自己损害赔偿请求权的嗣后放弃，与上述被继承人直接剥夺该类请求权的性质并不相同，但不得因该免除对债权人产生不利益。⑤ 嗣后弃权的行为并未对遗产管理人之过程行为产生影响，仅为自由放弃自身已经享有的请求权，在无其他导致该弃权无效的情形下，应当尊重其意思自治的选择。

---

① Vgl. MüKoBGB/Zimmermann, 8. Aufl. 2020, BGB § 2219 Rn. 1 – 22.

② Vgl. Larenz/Wolf, Allgemeiner Teil des Bürgerlichen Rechts, 9. Aufl., C. H. Beck, 2004, S. 411.

③ 参见叶名怡《论事前弃权的效力》，《中外法学》2018年第2期。

④ 参见叶名怡《论事前弃权的效力》，《中外法学》2018年第2期。

⑤ 参见陈棋炎、黄宗乐、郭振恭《民法继承新论》（修订十版），三民书局，2016，第341～342页；杜景林、卢谌《德国民法典——全条文注释》（下册），中国政法大学出版社，2015，第1246页。

结　语

《民法典》第 1145 条至第 1149 条通过对遗产管理人的选任、职责、义务违反责任的规定，明晰了遗产管理人的地位、职能和责任，对以遗产保管和遗嘱执行人为核心的遗产管理制度进行了整合与重构。但《民法典》第 1148 条所构设的遗产管理人归责标准仅限于"故意或者重大过失"，并未明确法定责任与约定责任的区别，忽视了被继承人、继承人、受遗赠人等主体在遗产管理责任划分中的意思自治维度。从体系视角观察管理人的角色可以发现，破产管理人之职能和地位与遗产管理人存在类似之处，但囿于遗产管理人之选任并不要求专业资质，其过错标准无法类推借鉴，而失踪人财产代管人之规范虽采与遗产管理人责任之相同表达，但其管理之财产具有一定的回转性，选任方式单一化，亦不可与遗产管理人等同视之。

职是之故，合理的规范模式应以遗产管理人的选任方式为标准，从被继承人遗嘱指示、继承人共同体推选的类型出发，具体讨论有偿性、基础关系对注意标准产生的影响。《民法典》第 1148 条的适用应限定在无上述要素影响的一般性情形。遗嘱指示作为被继承人的终意表示，基于遗产利益保护之考量，可融入遗产管理人的法定任务中，从而对第三人产生效力。继承人共同体的意定调整并非被继承人之终意表示，不当然具有对外效力。有偿性主要表现为遗产管理人是否取得报酬，若其享有报酬，应负善良管理人之注意义务，若未享有报酬，原则上仅负与处理自己事务相同之注意义务。报酬支付的来源对该调整的对外效力亦具有重要影响。若报酬从遗产中支付，该调整将对全体利害关系人生效，若报酬从被继承人生前财产或其他主体的个人财产中支付，则承认其仅对合同当事人具有拘束力为宜。

此外，由于注意义务的降低或免除直接影响的利害关系人为继承人、受遗赠人与债权人，因此需限定对注意标准进行降低型调整的主体，被继承人不可作为约定主体。但无论于何种情形下，故意责任均不可被预先免除，仅可嗣后放弃。值得探讨的是，遗产管理人的过错责任或存在予以豁免的空间，如行为符合遗产利益且善意而为，基于与有过失原则而减轻自身责任等。注意标准的区分，可为遗产管理人的责任性质提供基准，有偿性与合同约定显现出债务不履行责任的适用可能性，约定责任缺位时则归于侵权责任领域予以规范，亦存在债务不履行责任与侵权责任竞合的空间。如此，既可体现遗产管理人与继承人、受遗赠人、债权人等利害关系人的意思自治维度，亦可进一步厘清其注意标准与责任承担的类型。

外国法研究

论德国民法中表见代理的双重面向[*]

李炬枫[**]

内容提要：罗马法时期虽无表见代理的具体制度，但已经出现表见代理的早期形态。德国在继受罗马法基础上形成的表见代理制度具有双重面向，且展现了截然相反的特征：在立法面向表现出对早期法典之规范形态的继承与发展，最终塑造了德国民法典中表见代理制度的基本架构；在司法面向表现出对当时法典的突破与对判例传统的反动，创造了容忍代理与假象代理之新案型，形成了表见代理的法官法。在双重面向的基础上，伴随着外部事实理论与代理权表象（外观）的融合、容忍代理与默示授予代理权的厘清、假象代理独立类型的质疑与反驳，最终形成了德国民法中表见代理的制度体系。

关键词：表见代理 双重面向 代理权表象 容忍代理 假象代理

一 问题的提出

权利表见代理，乃德文"Rechtsscheinvollmacht"之翻译，又可译为表见代理、权利外观授权，[①] 在我国民事理论中，与其相对应的制度经常被称为表见代理。纵观我国学者研究之现状，于教义学层面，研究德国权利表见代理之学说，并用来解释我国表见代理制度之适用的文章不胜枚举，如类型（Typ）之区分、本人可归责性（Zurechenbarkeit）之建构、立法

---

[*] 本文系华东政法大学博士生海外访学项目资助研究成果。

[**] 李炬枫，华东政法大学民商法专业博士研究生，德国科隆大学近代私法史、德国法史和莱茵地区法史研究所访问学者。

[①] 参见朱庆育《民法总论》（第2版），北京大学出版社，2016，第364页；吴从周《不法行为不成立表见代理?》，《台湾法学杂志》2010年第158期。"Scheinvollmacht"一词也指表见代理，吴从周老师对这两个词及翻译有较为详细的分析。

资料之考察、特殊类型之探讨；[①] 然详细分析表见代理之双重面向者，寥无几人。[②] 任何一项法律制度均非凭空产生，表见代理的制度源头在何处？为何在历史进程中形成了立法与司法的双重面向？德国民法理论又是如何对其进行体系化整合的？如此详细追问之下，在国内已有的研究成果中并不能找到答案。此外，某一制度之本土化教义学构造，必离不开国外学说之养分吸收，但舶来之品唯先经追本溯源、后详来龙去脉后方能取其精华并为我所用，零散式理论继受难免缺乏整体观照。

　　故此，本文立基于"表见代理双重面向"之问题意识，从四个维度展开"线式系统关照"之考察：首先寻找表见代理产生的历史基础，然后在立法与司法两个面向展开详细考察，最后分析德国理论界对表见代理双重面向的体系化处理。希冀从德国私法史的角度描绘出表见代理演变、发展的脉络特征，以助于我国表见代理基础理论之研究。

二　早期形态：双重面向产生的历史基础

（一）尚无（表见）代理制度

　　罗马法时期没有现代意义上的代理观念，[③] 自然也不存在代理或表见代

---

① 参见迟颖《〈民法总则〉表见代理的类型化分析》，《比较法研究》2018 年第 2 期；杨代雄《表见代理的特别构成要件》，《法学》2013 年第 2 期；叶金强《表见代理构成中的本人归责性要件——方法论角度的再思考》，《法律科学》（西北政法大学学报）2010 年第 5 期；朱虎《表见代理中的被代理人可归责性》，《法学研究》2017 年第 2 期；王浩《表见代理中的本人可归责性问题研究》，《华东政法大学学报》2014 年第 3 期；杨代雄《容忍代理抑或默示授权——〈民法通则〉第 66 条第 1 款第 3 句解析》，《政治与法律》2012 年第 4 期。

② 本文中表见代理的双重面向是指德国民法中表见代理制度包含两个层面：制定法层面为德国民法典第 170 条至第 173 条，其中最具争议的是特别通知、公开公告的性质定位；司法层面为判例发展出来的容忍代理（Duldungsvollmacht）与假象代理（Anscheinsvollmacht），其中最具争议的是容忍代理与默示授权的区分、假象代理是否为表见代理。此种双重面向在教科书或论文中经常被提到，但对于其形成原因、发展特征并无详细研究（本文将"Duldungsvollmacht"翻译为容忍代理，将"Anscheinsvollmacht"翻译为假象代理，在此特别说明）。

吴从周老师对第一次表达权利外观保护思想的德国判决做了考察；迟颖老师简要介绍了德国表见代理的发展脉络与关键性判决；王浩老师考察了德国民法典历次草案中表见代理的立法资料。该部分内容见上述所引参考文献。

③ Vgl. Ludwig Mitteis, Die Lehre von der Stellvertretung nach römischem Recht mit Berücksichtigung des österreichischen Rechtes, Wien 1885, S. 9. 米泰斯（Mitteis）认为，（转下页注）

理制度。但是，当时已经存在与代理功能类似的制度，其特点为以下几点。一是对交易第三人缺乏保护。在罗马古代，家主可以让儿子或者奴隶为自己订立法律行为，但家主的财产不会因此出现任何的减少，也不会产生任何债务。① 亦即，交易第三人此时无权诉请家主履行债务。二是适用范围狭窄。到共和国末年"家主仍不能通过家外人（per extraneam personam）来订立法律行为"，② 因为当时法律坚守的原则是"任何人不得为他人缔约（Alteri stipulari nemo potest）"与"缔约行为应在要约人和受约人之间达成（inter stipulantem et promittentem negotium contrahitur）"，③ 家主通过他人代为法律行为的制度仍然没有普遍发展起来。由此可见，当时家属或者奴隶只是家主取得权利（而非负担债务）的工具，与现代意义上的代理观念相去甚远。

（二）出现（表见）代理的早期形态

在共和国末年，为了保护第三人的利益，大法官发展出了类似于代理制度的诉权，如奉命诉（actio quod jussu）、海商诉（actio exercitoria）、企业诉（actio institoria）、特有产和所得利益诉（actio de peculio er de in rem verso）、分摊诉（actio tributoiro）等。④ 这些诉权的特点有：一是在家属或奴隶代家主订立法律行为时，使家主与其负连带责任，在一定程度上强化了对第三人利益的保护；二是对交易第三人的利益保护程度有限，一方面是因为上述诉权均是适用于特殊情况的诉权，未被适用到所有交易中，

（接上页注③）"除了萨维尼之外，所有学者都认为罗马法没有承认代理"。确实，萨维尼在其著作中使用"Stellvertretung"一词来论述罗马法的相关制度。笔者认为，这正好说明了在继受罗马法的同时，萨维尼也在按照他所处时代的实际需求而改造罗马法。Vgl. Friedrich Carl von Savigny, Das Obligationenrecht als Theil des heutigen Römischen Rechts, Bd. 2, Berlin 1853, S. 21ff.

① Vgl. Friedrich Carl von Savigny, System des heutigen römischen Rechts, Bd. 3, Berlin 1840, § 113, S. 90ff. 萨维尼在该章的标题是"Freye Handlungen. -Erweiterung durch Stellvertretung"，其在论述该部分内容时也全部使用了"Stellvertretung"一词（早期德国的拼写规则与现代有细微差别，本文直接加以引用，下文亦同）。

② 周枏：《罗马法原论》，商务印书馆，1994，第619页。

③ 〔意〕彼得罗·彭梵得：《罗马法教科书》，黄风译，中国政法大学出版社，2017，第256页。

④ 参见周枏《罗马法原论》，商务印书馆，1994，第616~619页；Friedrich Carl von Savigny, Das Obligationenrecht als Theil des heutigen Römischen Rechts, Bd. 2, Berlin 1853, S. 24ff.

另一方面是因为上述诉讼均为附加诉（actiones adjeticiae qualitatis），诉讼中的主债务人仍然是家属与奴隶。[1]

以上诉权虽不是以代理思想为基础，只是创造了一种补充责任，但我们仍能从其中窥探出后世（表见）代理的早期形态。这尤其可以在奉命诉与企业诉中得到体现。[2] 在奉命诉中，家主对家属、奴隶的授权由最初的必须事前明示为之，到事后追认也可；既可概括授权又可特别授权；家主可以随时撤回授权但未经通知第三人对其不发生效力；其架构与后世发展出来的代理制度相差无几。尤其是家主撤回授权对第三人的效力，更是与当今表见代理中撤回内部授权的规定相同。企业诉中也明显地表现了表见代理的特征，该诉权规定，家主任命其家属、奴隶担任经理经营作坊、商店等，家主对其家属、奴隶职权所加的限制，非预先向第三人声明或者在店铺等前布告周知外，不得推卸责任。其情形如同当今代理中对代理人的权限限制未经通知（公告）不得对抗第三人。

综上，罗马法时期虽然没有（表见）代理制度，但为了保护交易第三人的利益，通过司法裁判对原有规则的突破，逐渐发展出了一系列类似于（表见）代理的制度，这些制度可以被看成（表见）代理的早期形态，为德国继受罗马法及建构现代（表见）代理制度提供了历史基础。而且，由司法裁判突破原有规则、创建新规则的历史基因也与表见代理制度深深地融合在一起。

三　立法面向：形态的延续与内涵的解构

（一）规范形态的继承与发展

1. 表见代理规范形态的早期尝试

德意志继受罗马法是一个漫长而全面的过程，在这过程中，无论是在

---

[1]　Vgl. Friedrich Carl von Savigny, Das Obligationenrecht als Theil des heutigen Römischen Rechts, Bd. 2, Berlin 1853, S. 33.

[2]　参见周枏《罗马法原论》，商务印书馆，1994，第 617 页；Friedrich Carl von Savigny, Das Obligationenrecht als Theil des heutigen Römischen Rechts, Bd. 2, Berlin 1853, S. 26。

"实践性继受"阶段还是在"现代运用"阶段，均未出现统一适用的法律，德意志各个地区适用的法律混杂着城市法（邦法）、习惯法与罗马法，这一现象直到"理性法时代"才出现改观，因为《普鲁士一般邦法典》（Allgemeines Landrecht für die Preussischen Sttaten）诞生了。① 因此，将《普鲁士一般邦法典》作为考察对象可以更清晰看到表见代理的形态发展。

在《普鲁士一般邦法典》第1部分第13章详细规定了一个人通过第三人取得权利的方法——授权委托（Vollmachtsaufträgen）。② 从今日表见代理制度的视角分析该法律，有以下几点特征。

第一，在当时虽然委托（Auftrag）与代理权（Vollmacht）作为两个独立的法律概念使用，但代理尚未从委托中分离出来，所以该法中委托与代理两个概念处于同义混用的状态。③ 按此逻辑，表见代理在当时也可被称为表见委托。

第二，当时已经区分了委托人的内部授权（委托）与外部声明（Erklärung）。在内部授权的情形，依据该法第13章第7条，④ 委托人可与被委托人以书面（schriftlich）或者口头（mündlich）形式订立代理权合同（Vollmachtsvertrag）；在外部声明的情形，依据该法第13章第147条、第148条，委托人可以向第三人做出书面或者口头声明（Erklärung），声明已经将某项事务委托给某人。⑤

第三，无论是内部授权还是外部声明，若某人无代理权，委托人只有在可归责于自己时负授权人责任。在内部授权，只有知悉被授权人超越代理权行事且未采取任何行动时，委托人才负授权人责任。⑥ 在外部声明的情形，委托人对第三人做出声明但实际上并未授予代理权，这本身就可归责于委托人。

---

① 参见〔德〕弗朗茨·维亚克尔《近代私法史——以德意志的发展为观察重点》（下册），陈爱娥、黄建辉译，上海三联书店，2006，第79页以下。
② 该法典又可写作"Preußisches Allgemeines Landrecht"，以下简称"PrALR"。
③ PrALR, Erster Theil, Dreyzehnter Titel, § 5.
④ PrALR, Erster Theil, Dreyzehnter Titel, § 7.
⑤ PrALR, Erster Theil, Dreyzehnter Titel, § 147, § 148.
⑥ PrALR, Erster Theil, Dreyzehnter Titel, § 145, § 146.

第四，无论是内部授权还是外部声明，都区分书面方式与口头方式进而影响责任承担。在内部授权时，依据该法第 13 章第 8 条的规定，[①] 若委托人与被授权人（被委托人）之间的委托不是书面的，与被授权人（被委托人）达成协议的第三人无权要求委托人承担前述协议的履行责任。[②] 在外部声明时，该法第 147 条与第 148 条规定，若委托人以书面形式向第三人声明已将某项事务委托给某人，即使委托人实际上并没有对该人授予代理权，委托人也必须批准（muss genehmigen）该人依照书面声明与第三人所为之法律行为；若声明是以口头方式做出的，则委托人没有义务批准该人的法律行为，必须在具备其他要件时才负授权人责任，如第三人已经实际履行。[③]

以现在的视角来看，该法典既有对罗马法的继承，如对第三人通知的效力规定、对代理权限制的效力规定；同时该法典也有其自身特点，如将授权区分为内部授权与外部声明、以口头还是书面形式规定不同的效力。这些规定提供了后来德国民法典中表见代理制度的基本框架。

2. 表见代理规范形态的再度发展

《萨克森王国民法典》（Sächsisches BGB）在继承历史素材的基础上，更为明显地体现了今日表见代理的架构。该法典的特征有以下几点。第一，该法典主要继承了《普鲁士一般邦法典》的原则，将代理与委托合一处理，仍然认为委托、代理是一种合同。[④] 同时，该法对于委托的设立同样规定了内部委托（授权）与外部公告两种方式，但对于委托人公开宣布的委托，其形式未像《普鲁士一般邦法典》那样区分书面与口头。第二，该法继承了罗马法中（表见）代理的历史素材，塑造了对第三人撤回委托（代理）时效力规定的制度模式，并影响了以后德国民法典的规定。例如，在委托（代理权）已经消灭时，只有以同样的公开方式撤回已公开宣布的委托、将委托的终止告知第三人，或将签发的授权书从被委托人手中收回

---

① PrALR, Erster Theil, Dreyzehnter Titel, § 8.
② Vgl. Heinrich Dernburg, Lehrbuch des preussischen Privatrechts und der Privatrechtsnormen des Reichs, Bd. 1, 2. Aufl., Halle 1879, S. 238.
③ PrALR, Erster Theil, Dreyzehnter Titel, § 149.
④ Sächsisches BGB § 1295.

时，委托人才不负任何责任。① 在被代理人撤回授权对第三人的效力方面，这不仅是对罗马法奉命诉与企业诉的继承与发展，更为德国民法典第171条、第172条的规定提供了模板。

（二）德国民法典的规范表达与内涵结构

1. 表见代理在德国民法典中的规范表达

由上可知，（表见）代理制度在漫长的历史发展中早就已经具备了"血肉"，经由前述法典的立法尝试不断淬炼其"骨骼"，而德国民法典的两次草案正好生动地展现了其最终形态的塑造过程。

首先，德国民法典第一草案继承了前述法典的授权方式——内部与外部之分。第一草案对于内部授权并无特殊规定，只是在第120条第1款对第三人授权、在第121条第1款对内部授权书向第三人出示进行了规定。② 很明显，这样的规定与《普鲁士一般邦法典》中的内部授权（委托）与外部声明（Erklärung）是一脉相承的。其次，撤回授权的效力模式同样继承了前述法典的基本内容。在效力规定上，第一草案第120条第2款仍是规定：只有在被代理人以同样的方式（特别通知、公开公告）通知第三人、第三人知道或应当知道代理权终止时，代理权的撤回才对第三人有效。③ 这不仅是对《萨克森王国民法典》中表见代理规定的直接继受，还是对罗马法以来形成的表见代理规范形态的再次确认。

需要特别注意的是，对第120条第1款中的特别通知和公开公告，第一委员会将其"视为独立的授权（selbständige Bevollmächtigung）"。第一委员会认为特别通知或者公开公告的效力与被代理人将授权书交付代理人效力相同，④ 都具有授予代理权的功能。原因包含：第一，"根据生活的

---

① Sächsisches BGB § 1327.
② Entwurf eines bürgerlichen Gesetzbuches für das Deutsche Reich，Erste Lesung，Berlin und Leipzig 1888，S. 28.
③ Entwurf eines bürgerlichen Gesetzbuches für das Deutsche Reich，Erste Lesung，Berlin und Leipzig 1888，S. 28.
④ Motive zu dem Entwurfe eines Bürgerlichen Gesetzbuches für das Deutsche Reich，Bd. I，Allgemeiner Theil，Berlin und Leipzig 1888，S. 238.

经验，以合理方法推断的委托人之目的来看，特别通知或者公开公告不仅仅是授权事实的提示，而且是一项表示——第三人可以信赖与之进行交易的人具有代理权"；第二，"交易也需要这样的法律状态：已经存在的代理权授予的意义包含在上述通知之内"；第三，《普鲁士一般邦法典》第1部分第13章第147条的规定也能支持这样的观点。① 总之，第一委员会明确地将通知视为独立的授权（selbständige Bevollmächtigung）。

2. 第二委员会的内涵解构

第二委员会在审议的过程中敏锐地注意到了"独立授权"（selbständige Bevollmächtigung）的问题，对通知性质的分析更加审慎与精细。其对特别通知与公开公告的观点转向，促成了表见代理规范在德国民法典中的最终形成。

一方面，第二委员会认为以下两种情形存在着明显的区别：某人向第三人表示（erkläre）他授予特定的人代理权与某人向第三人通知（kundgebe）他已经向特定的人授予了代理权。在第一种情况，关于意思表示的规则完全适用；而在第二种情况，只是对过去事实的通知（Mittheilung），尽管此处也适用意思瑕疵的规则，但在一些情况下，无论是否有效授予代理权，或代理权被限制，或根本没有授予代理权，都必须视为已经授予了代理权。② 最终，第二委员会特意在第二草案中增加了第139条，以对应前述第一种情况；将第二种情况中的通知在第140条第1款中予以保留，以此明确区分了对第三人之授权与内部授权后对第三人之通知。这两个条文就是后来德国民法典的第170条与第171条。

另一方面，第二委员会对第一草案第120条中的措辞也提出了意见。第二委员会认为"Vollmachtgeber"与"Bevollmächtigung"会产生误导，因为代理权可能根本没有被授予或者代理权授予行为是无效的，这个时候使用"Vollmachtgeber"与"Bevollmächtigung"这两个概念是不妥当的。

---

① Motive zu dem Entwurfe eines Bürgerlichen Gesetzbuches für das Deutsche Reich, Bd. I, Allgemeiner Theil, Berlin und Leipzig 1888, S. 237.

② Protokolle der Kommission für die zweite Lesung des Entwurfs des Bürgerlichen Gesetzbuchs, Bd. 1, Allgemeiner Theil, Berlin 1897, S. 146.

而且，为了避免误解，并使解释问题更加开放，最好也不要说该通知是"独立授权"（selbständige Bevollmächtigung）。① 因此，在德国民法典第二草案第 140 条第 1 款中就删去了这样的措辞。②

特别通知、公开公告与代理权证书出示行为的性质争论也自此产生：第一委员会明确将上述通知视为"独立授权"（selbständige Bevollmächtigung），其逻辑上无法推导出代理权表象（外观）的结论，之后弗卢梅（Flume）的理论可以说是遵循了这条路线；第二委员会对于"独立授权"（selbständige Bevo-llmächti-gung）进行了解构，认为"第 170 条中的表示是代理权授予，而第 171 条中的特别通知与公开公告仅仅是对已经授予代理权的通知"，不仅奠定了后世的通说基础，③ 还为后来代理权表象（外观）理论的发展创造了制度空间。

四　司法面向：判例的突破与法官法形成

在制定法对表见代理制度进行塑造过程中，表见代理也在司法实践的历史进程中突破、扩展，最终形成了表见代理的"法官法"。不同的是，制定法是对规范传统的继受与遵循，而司法是对当时法典的突破与判例传统的反动。

（一）默示授权作为判例传统

1. 帝国高等商事法院时期

沃尔夫冈·菲肯切尔（Wolfgang Fikentscher）教授将涉及权利表见代

---

① Protokolle der Kommission für die zweite Lesung des Entwurfs des Bürgerlichen Gesetzbuchs, Bd. 1, Allgemeiner Theil, Berlin 1897, S. 147.

② Entwurf eines bürgerlichen Gesetzbuches für das Deutsche Reich, Zweite Lesung, Buch I. Allgemeiner Theil, Berlin 1892, S. 37.

③ 两个权威的评注及一些专著都采取了第二委员会的观点。Vgl. Planck's Kommentar zum bürgerlichen Gesetzbuch: nebst Einführungsgesetz, Bd. 1, Allgemeiner Teil, 4. Aufl., Berlin 1913, S. 458; J. von Staudingers Kommentar zum Bürgerlichen Gesetzbuch und Einführungs-gesetz, Bd. 1, Allgemeiner Teil, 7./8. neubearbeitete Aufl., München und Berlin 1912, S. 646; Josef Hupka, Die Vollmacht eine civilistische Untersuchung mit besonderer Berücksichtigung des deutschen bürgerlichen Gesetzbuchs, Leipzig 1900, S. 108; Siegmund Schlossmann, Die Lehre von der Stellvertretung bei obligatorischen Verträgen, Erster Teil: Kritik der herrschenden Lehren, Leipzig 1900, S. 376.

理的判决追溯到 1874 年 2 月 14 日帝国高等商事法院（Reichsoberhandels-gericht）作出的一份判决。① 该判决后来作为论证材料之一，在创造表见代理新案型的判决中被引用。该判决中涉及的问题是"在商业交易中能否向雇员默示授予代理权（die stillschweigende Erteilung der Vollmacht）"，在该案中，被告任命他的儿子作为自己企业的代办商（Handlungsbevoll-mächtigte）开展业务，② 在 1872 年 1 月 30 日被告向原告写信要求为他儿子的上述业务提供公开信贷，最高金额为 300 塔勒（Thaler），这一信贷通过货物交易的形式来实现。最终原告将总价 425 塔勒（Thaler）的货物交付于被告的儿子，将货物清单及账单交付于被告。被告在收到账单后并没有提出异议，后分别支付了 200 塔勒（Thaler）与 100 塔勒（Thaler）给原告。原告向法院提起诉讼，要求被告支付剩余的货款。③

　　鉴于该案时间较为久远、法律规定较为陌生，特做出如下分析。第一，根据《德国一般商法典》第 47 条第 2 款的规定，该儿子作为代办商要想从事借贷业务需要其父亲的特别授权。④ 第二，因为该商法典没有规

---

① Wolfgang Fikentscher, Scheinvollmacht und Vertreterbegriff, AcP 154. Bd., H. 1 1955, S. 2. 实际上，"德意志帝国高等商事法院（Reichsoberhandelsgericht）于 1870 年作出一则被看作首例表见代理案件的判决。判决是 ROHGE 1, 149 (152)；德国《Staudiger 民法典评注》将这份判决作为德国现行表见代理制度的基础"。参见黄卉《论法学通说（又名：法条主义者宣言）》，《北大法律评论》2011 年第 2 辑。经笔者查阅，该判决应当更精确地写为 BOHGE 1, 149 (152)。因为该判例集由两部分组成，其中第 1 卷与第 2 卷是联邦高等商事法院（Bundeso-berhandelsgericht，BOHG）的判例，其判例集简写为 BOHGE；第 3 卷至第 25 卷是帝国高等商事法院（Reichsoberhandelsgericht，ROHG）的判例，其判例集简写为 ROHGE，只是判例集的两种简写经常混用（黄卉老师对此参考文献的引用有详细的说明）。因该首例涉及表见代理的判决在之后创设表见代理新案型的判决中并未被引用，本文不再详细介绍。

② 对于"Prokura"（亦写作"Procura"）与"Handlungsbevollmächtigte"的翻译，刘幸义老师将前者翻译为"经理权"，将后者翻译为"代办商"；周恒祥老师将前者翻译为"全权代理权"，没有后者的翻译；杜景林、卢谌老师将前者翻译为"经理权、经理人的代理权、经理的代理权"，将后者翻译为"代办商、有代办权的人"；参见刘幸义《德华法律经济词典》，贝克图书出版社，1984，第 265、164 页；周恒祥《德汉法律词典》，东克尔·洪布洛特出版社，2017，第 205 页；杜景林、卢谌《德汉法律经济词典》，对外经济贸易大学出版社，2011，第 641 页、第 383 页。

③ ROHG 12, 277 (280).

④ Vgl. Heinrich Dernburg, Lehrbuch des preussischen Privatrechts und der Privatrechtsnormen des Reichs, Bd. 1, 2. Aufl., Halle 1879, S. 243. 《德意志一般商法典》（Allgemeine Deutsche Handelsgesetzbuch）是德国商法典（HGB）的前身。在代理方面，该法在第 1 部分第 5 章规定了商事中的经理权（Procura）与代办商（Handlungsbevollmächtigte）。

定如何进行特别授权，依据该商法典第 1 条，此时应当适用《普鲁士一般邦法典》第 1 部分第 13 章有关委托（代理）的规定。① 第三，虽然该父亲是向第三人口头声明将借贷事务交由其儿子处理，最高金额为 300 塔勒（Thaler），但因该第三人已经履行了 425 塔勒（Thaler）的货物交付义务，按照第 13 章第 147 条、第 148 条与第 149 条的规定，该父亲对 300 塔勒（Thaler）应当承担授权人责任。第四，对于超出的 125 塔勒（Thaler），帝国高等法院认为，该父亲依据货物账单对原告进行付款时已经知道了其儿子超出了委托（代理），对此既没有提出异议，且将部分货物用于自己的经营，这意味着该父亲对超出代理权范围交易的认可，正如该判决的标题所表明的，被告的行为构成默示的同意（Stillschweigende Genehmigung）。② 沃尔夫冈·菲肯切尔教授对此认为，"当时至少在商业交易中向雇员授予默示代理权（die stillschweigende Erteilung der Vollmacht）是被允许的"。③

2. 帝国最高法院时期

帝国高等商事法院（ROHG）随后被帝国最高法院（Reichsgericht）所取代，帝国最高法院的判决 RGZ 1, 8 在默示授权类型案件中又迈出了重要一步。该判决共涉及两项内容，其中第一项涉及的就是代办商的默示委任（Stillschweigende Bestellung eines Handlungsbevollmächtigten），其案情如下。④ T 是被告的一名会计师，被告指示 T 向原告询问某种产品的价格。随后，T 给原告写了一封信，他在信上签了被告的名字，前面加了一个 P，并加上了自己名字的首字母。原告写信回答了这一询问，在 T 将这一回答告知被告后，被告指示他接受这封信中的报价。载有这封接受书的信是由 T 签署的，并得到了被告的同意，信上有被告的名字，前缀为 P，并附有 T 的全名 A. T.。后来被告以 T 对自己的指示内容理解有误为由否认其与原告达成的协议。帝国最高法院认为，被告允许 T 为自己处理商业中信件的

---

① Vgl. Richard Schröder, Das Allgemeine deutsche Handelsgesetzbuch und die Allgemeine deutsche Wechselordnung, 7. Aufl., Bonn 1891, S. 1.

② ROHG 12, 279.

③ Wolfgang Fikentscher, Scheinvollmacht und Vertreterbegriff, AcP 154. Bd., H. 1 1955, S. 2.

④ RGZ 1, 8 (9).

行为以及 T 在被告眼皮底下行事（unter den Augen des Beklagten），应当认为是被告将 T 作为自己代办商的默示的任命。

到现在，我们可以看到以上两个案例的共同之处。一是全部都发生在商业交易领域。二是被认为授予代办权（代理权）的人均与被委托人存在雇员关系。三是均认定被委托人的行为构成默示的意思表示，考量的因素不仅包括委托人的容忍行为（知道且未反对），而且还包括一定的积极的行为：第一个案件中是实际利用货物的行为，第二个案件中是积极的指示行为。

（二）对德国民法典与判例传统的双重突破

随着德国民法典与德国商法典的生效，司法实践也出现了新的变化。在 1907 年帝国最高法院作出了一份标志性的判决，拉开了表象（外观）与代理权结合的序幕。[①] 在该案中，W 作为被告合作社（Genossenschaft）的会计经领导机构的同意经常为合作社收款并出具收据。1903 年 6 月 18 日 W 给原告的代理人写了一封信，询问在近期内该合作社是否可以从原告那里获得 10000 马克，以及在什么条件下获得。原告在没有先与该合作社的领导机构联系的情况下，于 1903 年 6 月 19 日通过使者将所要求的 10000 马克交给了 W，并收到了 W 以被告合作社名义签发的收据。之后该笔钱被偿还了一半，原告要求被告合作社偿还另外一半及利息。被告虽然在审理中承认接收到了 10000 马克，但是辩称，合作社章程并没有赋予 W 对外借钱的权利，合作社领导机构也没有对 W 借钱进行特别授权。[②]

帝国最高法院认为，对于 W 的行为，首先，要看作为被告的领导机构是否对他有授权，或者至少从外部看（wenigstens nach außen）他是否已经被授权。其次，依据当时的《合作社法》第 17 条第 2 款，该案件应当按照商人的交易原则来进行认定，但商人是否授予了其职员实施法律行为

[①] 1906 年维斯帕赫（Wellspacher）提出对外部事实的信赖理论，同时期的 W. v. Seeler 也表达了同样的思想。之后众多学者参与到了权利外观理论的研究。司法上的转向与突破可以说是对该理论的追随。详细请见下文。

[②] RGZ 65，292（299）.

的代理权及该代理权范围的确定，必须根据该商人在外部表现出来的行为来认定（Nach diesen muß aber die Frage, ob ein Kaufmann einem seiner Angestellen Vollmacht zur Vornahme von Rechtsgeschäften erteilt hat, und der Umfang der Vollmacht nach dem in die äußere Erscheinung getretenen Verhalten des Kaufmannes beurteilt werden）。① 帝国最高法院在这里还引用了包括前述ROHG 12, 277与RGZ 1, 8在内的四个判决作为理由支撑。最后，该合作社的领导机构是否知道 W 的借钱行为不具有决定性，重要的是与合作社发生交易关系的人根据诚信与善意（nach Treu und Glauben）来理解 W的行为。

　　该判决的特征在于：第一，从法律概念上讲，在司法判决中将"Erscheinung"与"Vollmacht"联系了起来，为以后"Rechtsscheinvollmachet""Anscheinsvollmacht"概念的产生奠定了基础；第二，从法律思想上讲，在司法判决中"代理权的外观的思想第一次被表达了出来（Der Gedanke des Rechtsscheins der Vollmacht wird nun zum erstenmal formuliert）"，② 推动了代理权表象（外观）思潮的发展；第三，该判决在认定是否具备代理权时，并没有在已经生效的德国民法典中寻找依据，而是直接在判例法中寻找支持；第四，即使从判例法的角度来看，该判决在要件与结论两方面也突破了原有的判例传统。在要件层面，ROHG 12, 277与RGZ 1, 8两项判决所涉及的案型中委托人不仅容忍（知道且未反对）其雇员的行为，而且还有一定的积极的行为；本案中合作社的领导机构是否知道W 的借钱行为虽然存在疑问，但帝国最高法院认为"合作社领导机关是否知情已经不再重要，更加注重外部善意的信赖"；③ 在结论方面，该判

---

①　RGZ 65, 293 ff.

②　Wolfgang Fikentscher, Scheinvollmacht und Vertreterbegriff, AcP 154. Bd. , H. 1 1955, S. 4.

③　以现在的理论来看，合作社领导机构是否知情会影响表见代理类型的判断。如果知情，则成立容忍代理（Duldungsvollmacht）；如果合作社领导机关不知情但在尽到必要注意义务时可以避免，则成立假象代理（Anscheinsvollmacht）。沃尔夫冈·菲肯切尔教授认为合作社领导机关是容忍（Duldung），而弗卢梅教授则认为本案是假象代理的标志性判决。笔者在原判决中也未找到确凿证据加以证明。Vgl. Wolfgang Fikentscher, Scheinvollmacht und Vertreterbegriff, AcP 154. Bd. , H. 1 1955, S. 4; Werner Flume, Allgemeiner Teil des bürgerlichen Rechts, Bd. 2. Das Rechtsgeschäft, 2. Aufl. , Berlin 1975. § 49, S. 833.

决不再适用前述默示授予代理权的判例传统，而是从代理权外观的角度判断是否具有代理权。

无论如何，这项既没有适用当时已经生效的民法典，又突破原有判例传统的判决都标志着一个新案型的产生，以致帝国最高法院在以后创造出特定的概念来指称此种不断出现的案型。综合以上四点，可以说该判决打开了日后容忍代理与假象代理的大门。

（三）法官法的最终形成

帝国最高法院在作出 RGZ 65，292 的判决之后，继续扩大新案型的适用范围，之后的联邦最高法院也继承了帝国最高法院的理念。通过两个法院的努力，最终促成了表见代理法官法（案例法）体系的形成。这一阶段的特征有以下几点。

一是形成了一系列表见代理的判决。例如，经营者不在时，其雇员在营业场所通过电话收到有瑕疵的意思表示，是否与经营者亲自收到的具有相同的效力；[①] 空白委托书；[②] 雇员从事商业汇票业务；[③] 合伙合同中因一个合伙人为精神病人无效，其他合伙人是否要对以该合伙名义签订的合同负责；[④] 等等。表见代理被不断地适用到新的案型中。

二是在司法判决中确立了权利外观（Rechtsschein）的固定用法，并一直被沿用下来。有学者认为"表见代理（Rechtsscheinvollmacht）的概念首次出现在帝国法院 1930 年 11 月 28 日作出的判决中"，实则不然。[⑤] 在帝国最高法院民事判例集中，"Rechtsschein"早在 1930 年 3 月 4 日作出的

---

① RGZ 102，295（297）.

② RGZ 81，257（260）；RGZ 138，265（270）.

③ RGZ 117，164（167）.

④ RGZ 145，155（161）.

⑤ 迟颖：《〈民法总则〉表见代理的类型化分析》，《比较法研究》2018 年第 2 期。迟颖老师在文章第 127 页所引文献为"HRR 1931，Nr. 529"。经笔者查阅，作为特定法律用语的"表见代理"（Rechtsscheinvollmacht）并没有出现在该判决中。该判决分别使用了"Rechtsschein der Vollm.""der Schein der Vollm.""RScheins einer Bevollm."，表达的仍是代理权的权利外观、代理权的外观、授权的权利外观，并没有出现"Rechtsscheinvollmacht"一词。

判决中就已经出现，① 之后帝国法院一直沿用这个概念。② 联邦最高法院也继承了这个概念，但是它更喜欢使用类似于"Rechtsschein der Vollmacht"的词组。③

三是将表见代理的适用范围不再局限于商业关系（kaufmannische Betriebe），扩展到非商人（der Nichtkaufmann）之间。④ 这源自帝国最高法院在 1927 年作出的一项判决，在该案中被告不是商人，一位林区主任出售了来自被告森林的木材，被告容忍了该未经授权的林区主任的行为。帝国法院认为，只要满足商业形式的业务存在，不必再看企业主是否具有商人资格。⑤ 二战之后，德国联邦最高法院也继承了这种思潮。在 1951 年 2 月9 日作出的一份判决中，德国联邦最高法院指出，代理权之权利外观的原则不能被限制于商业交易中，而应基于民法典第 242 条诚实信用原则得到普遍认可（Die Grundsätze über den Rechtsschein der Vollmacht sind nicht auf den kaufmännischen Verkehr zu beschränken，sondern wegen §242 BGB allgemein anzuerkennen）。⑥

四是联邦最高法院进一步提出了"Anscheinsvollmacht"与"Duldungsvollmacht"的类型区分。在联邦最高法院 1953 年 3 月 10 日的判决中，出现

---

① RGZ 128，172（183）. 法院在判决第 181 页的原文是"die Folgen der Hervormfung eines Rechtsscheins"。

② 其他判决是：RGZ 138，265（270）；RGZ 143，394（401）；RGZ 145，155（162）；RGZ 157，369（379）；RGZ 162，129（171）；RGZ 163，51（57）；RGZ 165，193（207）；RGZ 169，133（140）；RGZ 170，276（281）；RGZ 170，281（285）。

③ NJW 1951，309 = BGH，Urteil vom 9. 2. 1951 – V ZR 29/50（Hamm）；NJW 1952，217 = BGH，Urteil vom 18. 10. 1951 – III ZR 138/50（Köln）；NJW 1952，657 = BGH，Urteil vom 12. 2. 1952 – I ZR 96/51（Koblenz）. 因为一份判决可能被收录在不同的期刊、著作中，所以看似引用不同的文献但有可能指向同一内容。学校在购买德文法学资料库时可能只购买了其中的一种而非全部，本文特意将平行文献列出，以便于快捷、准确地找到相关文献。

④ Vgl. Wolfgang Fikentscher，Scheinvollmacht und Vertreterbegriff，AcP 154. Bd.，H. 1 1955，S. 5.

⑤ RG JW 27 S. 1089.

⑥ NJW 1951，309 = BGH，Urteil vom 9. 2. 1951 – V ZR 29/50（Hamm）. 需要注意的是，迟颖老师文中在第 128 页所列参考文献"NJW 1952，217"系 1951 年 10 月 18 日做出的；其翻译的内容是"表象代理的基本原则……"，该文已经将"Anscheinsvollmacht"翻译为表象代理。参见迟颖《〈民法总则〉表见代理的类型化分析》，《比较法研究》2018 年第 2 期。

以下特点。① 首先，判决中称以下情况为"Anscheinsvollmacht"："如果被代理人不知道所谓代理人的行为，但是被代理人尽到应有的注意义务就可以知道并阻止该行为，那么被代理人就不能主张所谓的代理人没有被授权，而法律行为相对人依据善意理解该行为意味着，如果被代理人尽了符合交易的注意义务，上述代理行为就不可能继续保持隐蔽并且被代理人继续容忍上述代理行为。"② 其次，该判决也认为，"Anscheinsvollmacht"是由德国民法典第 177 条以下结合第 242 条的法律思想所发展出来的，它应该适用于所有的交易关系中，而不是被限制在商业领域。最后，在该判决中已经出现了"Duldungsvollmacht"的概念，③ 并非"联邦最高法院在 1961 年 3 月 8 日作出的判决中提出了容忍代理（Duldungsvollmacht）的概念"。④ 只不过在该判决中，似乎并未对默示授予代理权与容忍代理进行区分，而是认为两者指的是同一种情况，因为该判决认为，"stillschweigende Vollmachtserteilung"是指被代理人容忍他所知道的代理人的行为，并且这种容忍被法律行为相对人依据善意理解为该代理人已经从被代理人处获得代理他行事的代理权。⑤ 依据现在的理论来看，该判决所描述的"stillschweigende Vollmachtserteilung"的情况，称之为容忍代理更为准确。⑥

　　在之后的判决中容忍代理与假象代理的适用不断增多，两者所适用的案型也慢慢固定下来，⑦ 最具标志性的就是在一则判决中同时详细分析了

---

① Vgl. LM § 167 BGB Nr. 4. = BGH：Urteil vom 10. 03. 1953 – I ZR 76/52.
② 此理由在联邦最高法院 1952 年 2 月 12 日作出的判决中就已经出现，所以本判决只是用特殊概念来指称判决理由所描述的案型。较早的判决理由参见 NJW 1952，657 = BGH，Urteil vom 12. 2. 1952 – I ZR 96/51（Koblenz）。
③ 判决中的原文是："die Grundsätze über die Duldungsvollmacht seien nur für den Verkehr mit Kaufleuten oder jedenfalls mit wirtschaftlichen Betrieben aufgestellt worden."
④ 迟颖：《〈民法总则〉表见代理的类型化分析》，《比较法研究》2018 年第 2 期。
⑤ 正如前文所言，表见代理缘起于默示授予代理权，在权利表见代理发展中，自身根本无法摆脱与默示授予代理权的纠葛关系。下面所引判决也能证明这一点。
⑥ 参见杨代雄《法律行为论》，北京大学出版社，2021，第 600 页。杨代雄老师对容忍代理、默示授予代理权的关系进行了详细的论述。
⑦ NJW 1956，460 = BGH，Urteil vom 15. 12. 1955 – II ZR 181/54（Stuttgart）；NJW 1956，1673 = BGH，Urteil vom 27. 9. 1956 – II ZR 178/55（Köln）；WM IV B 57，926 = BGH：Urteil vom 04. 04. 1957 – VII ZR 283/56.

容忍代理、假象代理及默示授予代理权三者的适用条件。[①] 至此，可以说联邦最高法院已经形成了权利表见代理的法官法（案例法）体系。

五 理论发展：对两个面向的体系化处理

德国的表见代理制度在双重面向中表现了完全不同的特征：在立法面向是对历史素材、规范形态的继承与发展，在司法面向是对德国民法典的突破、对原有判例传统的反动，这两个不同面向的表见代理是如何被整合的呢？

（一）对立法面向表见代理的整合

1. 代理权权利表象（外观）思想的发展

第二委员会否定了第一委员会的"独立授权"（selbständige Bevollmächtigung）说，对特别通知与公开公告的性质进行了重构，并在第 170 条、第 171 条审议中明确表达了对第三人善意信赖的保护思想，这不仅影响了后世通说的观点，还为将上述通知进一步解释为代理权表象（外观）开辟了制度空间。

在第二委员会创造的制度空间基础上，代理权外观理论自 1906 年之后进入高速发展阶段。先是泽勒（Seeler）将外部事实与表见代理结合起来，主张表见代理权来源于这样的思想："如果代理人通过他的行为造成或促成了一个外部事实（einen äußeren Tatbestand），使第三方相信代理人是被授权的，那么对第三方而言代理人视为是被授权的，即发生了代理权实际存在的法律效果。"[②] 之后维斯帕赫（Wellspacher）提出对外部事实的信赖理论，主张德国民法典第 170 条、第 171 条中的特别通知、公开公告、代理权证书只是授权关系中的外部事实，而信赖该外部事实实施法律

---

① LM § 167 BGB Nr. 10. = BGH：Urteil vom 08. 03. 1961 – VIII ZR 49/60.

② Seeler, Vollmacht und Scheinvollmacht, Archiv für bürgerliches Recht, 28. Bd. , 1906, S. 36.

行为的第三人，其信赖应当受到保护。① 这样，特别通知、公开公告、出示代理权证书的性质争议就被回避了，有利于表见代理的论证。

代理权外观理论的强力发展，② 一方面承接第二委员会的基本态度，实现了特别通知、公开公告与代理权外观理论的深度融合；另一方面引发了司法实践对于代理权外观理论的高度认同，前述判决中涉及的代理权外观思想之表达、容忍代理与假象代理新案型之创造是最好例证。

2. 通知的性质争议及问题延伸

对于特别通知与公开公告的性质定位，大多数学者坚持了第二委员会的立场，弗卢梅却坚持了第一委员会的路线，甚至他的观点更为激进。因为第一委员仅是将特别通知与公开公告"视为独立授权（als eine selbständige Bevollmächtigung zu gelten）"。③ 由此推断，第一委员也并不认为特别通知与公开公告原本就是代理权授予，只是采用立法技术将其拟制为"独立授权"。弗卢梅未采此种拟制的观点，径行认为"法律将按照第171条、第172条的规定发出的意定代理权授予通知作为独立的、基于法律行为形成代理权的行为，等同于按照第167条规定做出的意定代理权授予的表示"，④ 其观点可谓更进一步。

除了以上性质定位争议外，特别通知、公开公告与外观事实理论之结合也带来了负面效应：通知或代理权证书出示行为能否以意思瑕疵为由而撤销？由此形成的代理权表象（外观）能够通过撤销来消除？在第一个问题中，不论上述通知的性质定位是法律行为还是准法律行为，能否撤销的问题完全可以适用（准用）意思表示规则解决。但结合外观事实理论之后，在代理权表象（外观）的撤销问题上就变得非常棘手。总的来说，德

---

① Vgl. Wellspacher, Das Vertrauen auf äußere Tatbestände im bürgerlichen Recht, Wien 1906, S. 90.

② 在 Seeler、Wellspacher 二人之后，Herbert Meyer、Otto Fischer、Ernst Jacobi、Hubert Naendrup、Paul Oertmann 等人的一系列著作推动权利外观理论迅速发展，而代理权外观一直是权利外观理论研究中的重要类型之一。

③ Benno Mugdan, Die gesammten Materialien zum Bürgerlichen Gesetzbuch für das Deutsche Reich, Bd. 1, Einführungsgesetz und Allgemeiner Theil, Berlin 1899, S. 484.

④ 〔德〕维尔纳·弗卢梅：《法律行为论》，迟颖译，法律出版社，2013，第984页。

国学界对此问题形成了三种学说：可撤销说、不可撤销说、折中说。① 各种学说面临的两难境地至今亦无法破解。

（二） 对司法面向表见代理的整合

1. 容忍代理与默示授予代理权的切割

缘起于默示授权、脱胎于司法判例之容忍代理（Duldungsvollmacht），自身始终无法摆脱与默示授予代理权的纠缠关系：部分学者回归原有的判例传统，仍认为容忍代理就是默示授予代理权。尼佩代（Enneccerus-Nipperdey）认为"默示授予代理权可以在以下情形存在：当某人赋予了他人被授予了代理权的外部地位，当某人有意识地容忍另一个人持续地（fortgesetzt）作为他的代理人出现或者超出他所授予的代理权或者代理权在之前类型的情况下总是被授予"，② "因为在此情形相对人可以从外部形态或者特定交易人群的视角（der Auffassung des Verkehrskreises）中推断出一项代理权"。③ 即使否认代理权外观的弗卢梅（Flume）也强调，容忍代理就是基于法律行为授予的代理权，是默示授予代理权。④

另一部分学者试图从理论上对两者进行彻底切割。"容忍代理是在信赖保护原则的基础上发展起来的，而在默示的或可推知的代理权授予情况下，与信赖保护原则并不相关。"⑤ 此种论点尚属无力，因为默示授权经由意思表示规则必然回溯至信赖保护原则。唯有从意思表示本身出发，才能破解默示之意思表示与代理权授予之意思表示间的难题。因此，"容忍"如何解释便成为容忍代理支持者的理论突破点。一种路径认为，"容忍"根本不构成意思表示，因为"容忍者通常情况下缺乏通过法律行为授予代理权的意思，即使被代理人有授予意定代理权的意思时，从接受者的角度

---

① 参见杨代雄《法律行为论》，北京大学出版社，2021，第 605 页。

② Enneccerus/Nipperdey, Allgemeiner Teil des Bürgerlichen Rechts, 15. Aufl., Tübingen 1960, S. 1131.

③ Heinrich Lange, BGB Allgemeiner Teil, 10. Aufl., München 1968, S. 295.

④ Vgl. Werner Flume, Allgemeiner Teil des Bürgerlichen Rechts, Bd. 2, Das Rechtsgeschäft, 2. Aufl., Berlin 1975, § 49, S. 828.

⑤ Vgl. Heinz Hübner, Allgemeiner Teil des Bürgerlichen Gesetzbuches, 2. Aufl., Berlin 1996, S. 532, Rn. 1283.

看也缺乏外部的表示要件"；① 另一条路径未过多关注"容忍者"的内心意思，而是聚焦于"容忍"的客观价值。"容忍能够被解释为一项代理权的授予（通过可推断的行为）的情况，只有在被代理人的行为从要向其授予内部代理权的代理人的角度来看具有这种意义时，才会出现上述情况。也就是说，如果代理人非常清楚被代理人不愿意授予自己代理权，那么便不存在内部授权"，② 亦即不是默示授予代理权。在否认"容忍"不具默示授权功能的基础上，进一步重构"容忍"的客观价值："容忍代理与可推断的代理权授予（konkludente Bevollmächtigung）的区别是，外部行为的'表示价值'不在于授予代理权，而在于在之前已经被授予了代理权"。③ 因此，对容忍代理应等同于实际上并不存在内部授权却不正确公告进行处理。④ 显然，此处对"容忍"的解释与第二委员会对特别通知、公开公开的内涵解构异曲同工，都暗合权利外观的思想。因此，该观点也为多数学者所接纳。

2. 对假象代理独立类型的质疑

反对假象代理是表见代理的观点主要集中在两个方面。一是认为在责任承担上缔约过失责任足以应对假象代理的情形。弗卢梅直白地认为联邦最高法院错误地将涉及容忍代理的情形适用到了表象代理中并予以判决，所以表象代理理论根本没有必要存在。如果发生所谓的表象代理的情形，只需认定被代理人承担信赖利益赔偿责任，该责任当然依据缔约过失责任的原则产生。⑤ 梅迪库斯（Medicus）同样是这样的主张，并认为仅在商事领域为了更进一步保护信赖，假象代理可产生履行请求权。⑥ 二是从过错的角度对假象代理进行否认。一方面是因为假象代理把被代理人的过错因

---

① Reinhard Bork, Allgemeiner Teil des Bürgerlichen Gesetzbuchs, 4. Aufl., Tübingen 2016. S. 608, Rn. 1556.

② Larenz, Allgemeiner Teil des Bürgerlichen Rechts, 7. Aufl., München 1989, S. 639.

③ Helmut Köhler, BGB Allgemeiner Teil, 44. Aufl., München 2020, S. 172, Rn. 43.

④ Vgl. Medicus, Allgemeiner Teil des BGB, 9. Aufl., Heidelberg 2006, S. 371, Rn. 930.

⑤ Vgl. Werner Flume, Allgemeiner Teil des Bürgerlichen Rechts, Bd. 2, Das Rechtsgeschäft, 2. Aufl, Berlin 1975, § 49, S. 833.

⑥ Vgl. Medicus, Allgemeiner Teil des BGB, 9. Aufl., Heidelberg 2006, S. 386, Rn. 972.

素与相对人的善意信赖混杂在一起了;① 另一方面是因为在假象代理的情况下归责是非常困难的,无意识的"过失"造成的权利表象不足以被视为代理权授予。②

显然,在归责层面的质疑是假象代理面临的最大挑战,支持派的学者也从该层面对反对派的观点进行解构,博克(Bork)就是如此。他主张容忍代理与表象代理的区别不在于权利表象(外观)要件,而正是在于归责(Zurechnung)。假象代理的特点是被代理人虽然不知道代理人的行为,但是如果尽到应有的注意则能够认识到并且能避免。此处归责事由同样是未能避免或者未能消除权利表象事实,只是将可避免的不作为等同于故意的行为。③ 用来支持此项观点的理由,即卡纳里斯(Canaris)所倡导的风险原则(Risikoprinzip)。④ 博克将该原则表述为"自己风险范围的可控制(Beherrschbarkeit der eigenen Risikosphäre)——引起信赖的事实来自分配给被代理人并由其控制的风险范围,每一个法律交往的参与者都需要对自己的风险领域进行控制、照顾、组织,如果他没有这样做,他必须承担由权利表象事实产生的对他不利的风险"。⑤ 顺承反对派所主张的"容忍代理与假象代理主观过错内容不相同"的观点,博克转而在假象代理的归责标准上突出"风险归责",正好对沃尔夫(Wolf)、拉伦茨(Larenz)的反对观点进行了解构。

(三) 表见代理的外在体系

特别通知与公开公告的争论、容忍代理与默示授予代理权的切割、对假象代理独立类型的质疑可以说构成了德国表见代理制度内在体系的核心命题。伴随着对上述三项问题的争论,表见代理制度的外部体系也已基本

---

① Vgl. Ernst Wolf, Allgemeiner Teil des Bürgerlichen Rechts, 3. Aufl. , Köln 1982, S. 596.

② Vgl. Larenz, Allgemeiner Teil des Bürgerlichen Rechts, 7. Aufl. , München 1989, S. 640.

③ Vgl. Reinhard Bork, Allgemeiner Teil des Bürgerlichen Gesetzbuchs, 4. Aufl. , Tübingen 2016. S. 610, Rn. 1560.

④ Vgl. Canaris, Die Vertrauenshaftung im deutschen Privatrecht, München 1971, S. 473.

⑤ Reinhard Bork, Allgemeiner Teil des Bürgerlichen Gesetzbuchs, 4. Aufl. , Tübingen 2016, S. 611, Rn. 1564.

形成，这突出表现在拉伦茨教授对表见代理的类型划分上。他将代理法中的权利表见责任分成两种："代理权授予的权利表象（Der Rechtsschein der Erteilung einer Vollmacht）与代理权继续存在的权利表象（Der Rechtsschein des Fortbestehens einer Vollmacht）",[①] 这种对表见代理的类型划分不仅深刻影响了德国民法理论，也为我国学者所熟知与继受。[②]

六　结论

在继受罗马法中表见代理之早期形态的基础上，德国民法中的表见代理制度在立法与司法面向表现出不同的特征：在立法面向，德国民法典第171 条至第 172 条不仅继承了早期法典中表见代理的基本规范，更是延续了罗马法时期表见代理的早期形态，其突出的特点是对早期法典规范形态的继承与发展；在司法面向，由司法实践创造的容忍代理与假象代理体现了与制定法层面截然相反的特征——对德国民法典的突破与原有判例传统的反动，其适用范围由商人到非商人、由商事领域到一般民事领域的发展过程同样体现了突破与反动的特征。面对双重面向的表见代理，德国民法理论界在融合对外部事实的信赖理论后，针对特别通知与公开公告的性质定位、容忍代理与默示授权的切割、假象代理独立类型的质疑等问题展开深刻讨论，最终促成了表见代理内在体系与外在体系的形成。

---

① Larenz, Allgemeiner Teil des Bürgerlichen Rechts, 7. Aufl. , München 1989, S. 635ff. 拉伦茨在其第一版教科书中就做出了如此区分。由此可见，他从一开始就致力于表见代理外部体系的建构。

② 王泽鉴：《债法原理》，北京大学出版社，2009，第 245 页；朱庆育：《民法总论》（第 2 版），北京大学出版社，2016，第 369 页.

日本民法违法性学说的理论体系及意义[*]

郑　路[**]

内容提要： 日本民法理论中的"违法性学说"，起源于侵权法要件论，随后渗透到停止侵害等请求权的基础理论，最终演化成为一种关于民事权利救济体系的基础理论学说。该理论的形成及发展过程中所体现出的特点及其面临的问题，揭示出大陆法系传统民法理论的缺陷，暴露了基于权利性质的权利救济体系理论的逻辑问题。而另一方面，该理论也面临一些重大理论问题以及实体法制度上的困境。我国在构建权利救济体系的基础理论时，应当回避大陆法系的结构性问题，结合我国实体法构造及既有民法理论，讨论建立基于违法性的统一性权利救济体系解释学说的可能性。

关键词： 日本民法　违法性学说　违法性　权利救济　差止请求权

一　序言

自 1898 年公布以来，日本民法历经了两次较大的修改。第一次修改，是日本在二战战败后，因政治需要而对婚姻家庭部分进行了大幅度调整；第二次则是在 2020 年 4 月 1 日，修改内容以债权法为主，除此之外百余年来几乎没有大的变化。[①] 实体法层面的这种稳定性（当然也可说僵化），

---

[*] 本文系珠海市社科研究基地科研项目"粤港澳大湾区市场融合背景下之平台经济法治化先端研究"（项目编号：ZX‐2021‐061）的阶段性成果之一。

[**] 郑路，北京理工大学珠海学院民商法律学院副教授，法学博士。

[①] 由于日本民法原本是用古日语写成，类似我国文言文，与现代日语区别很大，2004 年日本将其翻译成了现代日语。在此次翻译中，对如第 709 条等部分条文进行了一些调整，实质上是一次非正式的修正工作。

使民法学说和判例理论在司法实践中具有重要地位。而在 120 多年的日本民法理论积累中，最为重要的理论无疑是围绕"违法性"概念展开的"违法性学说"，甚至可以说现代日本民法中的所有理论或多或少与其相关。但是，在我国对日本民法的比较研究中，对日本违法性学说进行系统性分析的著作却不太多见。这种基础理论研究的缺失，不仅造成了比较法研究的缺憾，更为重要的是，我国学者在引用、参考日本民法理论之时，往往由于不了解其源流而缺少体系性的思维，容易造成对日本个别民法理论的误解，未免有管中窥豹之憾。

事实上，日本的违法性学说起源于侵权行为的要件论，而后以公害问题为契机，向物权请求权的类推适用问题渗透，形成了新的"差止请求权"基础理论，[①] 并最终形成了一股重构日本民法中救济体系的力量。但是，该理论体系由于在日本面临着一些难以逾越的理论问题和实体法障碍，现基本处于停滞状态。

本文以违法性学说的发展演变为主要分析对象，系统性解读该理论的功能和作用，解析其在日本得以维系百年的原因，分析其理论所面临的问题和障碍。在此基础上，本文将结合我国民法理论的背景及现状，以及我国实体法的制度架构，探讨构建适宜我国的民事权利救济体系的解释学说方向。如前所述，该学说几乎涉及日本的全部民法理论学说，其理论体系极其纷繁复杂，对于与核心问题不直接相关的理论，本文不做深入探讨。

二　起源
——不法行为要件论

违法性学说起源于日本的侵权行为法（"不法行为法"）的要件论，

---

① 所谓"差止请求权"，其法律效果和物权请求权是基本一致的（无返还原物请求权）。由于将物权请求权适用于其他权利之时，不宜称之为物权请求权，因此日本学者为解决法律术语层面的问题而提出了该概念。目前我国学术上尚没有与之完全对应的概念，《民法典》第 179 条中前三项停止侵害、排除妨害、消除危险的责任方式是与之最为近似的概念。为行文方便，下文权且将我国民法中该种针对加害行为的救济方式统称为"行为性请求权"。

后来才逐步渗透到整个民法体系。因此，为准确把握其发展脉络，有必要先明确其产生的历史背景。

（一）日本侵权行为法的"一般要件"

日本侵权行为法采取的是类似于法国的"统一要件主义"的立法体例，其核心条款规定在日本民法第 709 条。如果严格按照该条文的文字表达，日本的侵权行为构成要件仅有"权利侵害"、"故意过失"以及"因果关系"。"权利侵害"代表着"被害人"一方的要素，"故意过失"代表着"加害人"一方的要素。这两个要件分别对应着侵权行为法"保护被害者的合法权利不受侵害"与"保障行为人参与社会生活的自由"的基本功能，是对侵权行为成立与否问题进行法律判断的核心要件。① 因此，日本侵权行为构成要件中包含着两个相互对应的标准：一是对被害人受到侵害的权益是否构成了"权利侵害"的客观标准；二是对加害人的行为是否具备"故意过失"的主观要素。

但是，这个看似完美的判断标准，在日本民法公布不久后，在司法审判中遭遇了一个巨大障碍。1914 年，日本当时的最高法院"大审院"在"桃中轩云右卫门"案②中，将"权利侵害"要件中的"权利"严格限定于民事法律有明确规定的"绝对权"。而在本案中，加害行为侵害的对象是原告对"浪曲"③的著作权，而这种权利在当时并没有被法律明确确认为绝对权。因此，大审院驳回了受害人的诉讼请求。毋庸赘言，这样的裁判结果显属不当，故而大审院的立场遭受了法学界的广泛批判。最终，大审院在 10 年后的"大学汤"④案件中，推翻了"桃中轩云右卫门"一案的判例理论，否定了侵权行为法的救济边际应当严格限定于绝对权的立场。

---

① 日本法務大臣官房司法法制調査部監修『法典調査会・民法議事速記録五』（商事法務研究会，1984 年）297 頁。
② 大審院 1914 年 7 月 4 日判決，大審院刑事判決録 20 輯 1360 頁。
③ 相当于我国民间曲艺小调。
④ 大審院 1925 年 11 月 28 日判決，最高裁判所民事判例集 4 卷 670 頁。

（二）违法性学说的诞生

上述判例理论的变化，也影响到了日本民法理论的发展。日本的民法理论向来遵循严格的法解释学方法，即使是社会变迁等原因造成法律条文出现了漏洞，日本学者也很少进行立法论层面的探讨，而是尽量利用法律解释学说来弥补现行法律条文的不足。因此，在日本民法第 709 条明文规定了"权利侵害"的前提下，日本学者必须发展出合理的解释学说，才能使侵权行为法的保护对象拓展到"利益"。正是在这种背景下，末川博开创了日本的违法性学说。

末川博认为，日本民法第 709 条的表述，并非意味着立法者要将侵权行为法的保护范围严格限定在"权利侵害"，其真实意图是以"权利侵害"作为"违法性"的一个象征。亦即，"违法性"本是一个广义的概念，除"权利侵害"之外，还有"违反保护法规"和"违反公序良俗"的形态，而"权利受到侵害"无疑是其中最为典型的一种。因此，立法者选取了"权利侵害"的概念，用以表征"违法性"——所谓举重以明轻。①

很明显，末川博的理论借鉴了德国民法学说。这种违法性理论可以让一些尚未被实体法确认为权利的利益，也能够通过"违反保护法规"或者"违反公序良俗"的路径获得侵权行为法的保护。这样一来，日本民法第709 条的"权利侵害"要件，实质上被替换成了"违法性"要件——这就是日本民法中著名的"从权利侵害到违法性"的理论。时至今日，该理论都是日本民法的主流学说。

（三）"违法性"的判断标准——"相关关系说"

末川博提出的"违法性"理论，虽然达到了扩大侵权行为法保护范围的目的，但是也带来了一个难题。"违法性"是一个包含多重判断标准的复合性概念，与偏重于被害人一方的"权利侵害"要件相比，其中的"违反保护法规"和"违反公序良俗"等判断标准中，显然包含着对加害

---

① 末川博『権利侵害論』（日本評論社，第 2 版，1949 年）300－301 頁。

行为本身的否定性评价。因此，在司法实践中如何界定"违法性"的成立标准，就成了最重要的问题。

为了解决这一问题，我妻荣、加藤一郎等人借鉴德国民法理论，提出了"相关关系说"。[①] 该学说在末川博的理论基础上，将加害行为性质这一要素导入了"违法性"的判断基准。简单来说，"相关关系说"的核心内容，就是将被侵害利益的种类和性质与加害行为的行为模式放在一起进行综合考虑，从而得出加害行为是否满足"违法性"要件的结论。

我妻荣的"相关关系说"，为"违法性"要件的判断提供了可操作的标准，因而在日本学术史上与末川博的"违法性"理论齐名，成为违法性学说得以统领日本民法近百年历史的重要支柱。但是，"相关关系说"的理论构造，也使得"违法性"理论的内在逻辑问题暴露无遗，成为被后期日本民法理论诟病的主要对象。

（四）违法性学说在要件论层面的问题点及影响

作为早期的违法性学说，末川博的"违法性"理论以及我妻荣的"相关关系说"被日本司法实践和理论界广为接受。对我国民法学者而言，这两个学说也是最熟悉的日本违法性学说。但是，这两个学说的理论构成实际上隐藏着严重的逻辑问题，为其后的违法性学说的发展埋下了隐患。

该理论的第一个问题点，是复合性的"违法性"判断标准与其他要件发生了重合。[②]

如前所述，立法者最初设计日本民法第709条时，将"权利侵害"要件作为被害人一方的客观要素的代表，将"故意过失"要件作为加害人一方主观要素的代表。这两个要件形成了一种近乎完美的"并行式判断标准"的均衡状态。[③] 但是，"违法性"要件的判断标准包含了被侵害利益和加害行为双方的要素，是一种复合性的判断标准。因此，当"违法性"

---

① 我妻栄『事務管理・不当利得・不法行為』（日本評論社，1989年，复刻版）125页；
加藤一郎『法律学全集22 不法行為（増补版）』（有斐閣，1989年）35页。
② 参见泽井裕「不法行为法学の混迷と展望 – 違法性と過失 –」法学セミナー296号
（1979年）77页。
③ 参见吉村良一『不法行為法』（有斐閣，2000年，第2版）27页。

取代"权利侵害"要件之后，侵权行为构成要件的内部均衡遭到了破坏。而且，"过错"要件毫无疑问是针对加害行为的法律评价；而"违法性"要件现在也包含了对加害行为的判断，这样一来，这两个要件的界限则不可避免地发生了模糊。

第二个问题点，是违法性要件判断标准与侵权行为构成要件判断标准发生了重合。如前所述，末川博所提出的"违法性"要件，是一个包含了加害行为和被侵害利益双方要素在内的复合性概念；而我妻荣提出的"相关关系说"的判断标准，更是一个将加害人与被害人双方的权益进行衡量后的综合判断模式。我们很容易发现，这样的"违法性"判断标准与侵权行为成立与否的判断标准是非常相似的。换言之，违法性要件判断标准与侵权行为构成要件之间发生了显著的重合。

但是，如果从日本民法救济体系的形成过程这一角度来讲，笔者认为，违法性学说的这种特殊理论构造，正是推动违法性学说从要件论渗透到整个民法体系的原因。①

简要来说，在违法性学说的理论框架中，"违法性"要件在侵权行为构成要件中的作用发生了重大的变化。有日本学者认为，"违法性"要件成立与否的法律判断，是一种阶段性的"不法判断"；而通过侵权行为构成要件所做出的侵权行为成立与否的法律判断，则是一种更高阶段的"不法判断"。② 这就是日本民法理论中的"违法阶段论"的理论雏形。这种理论发展到后期，恰好解决了多种民事救济手段的适用条件问题，因而对日本民法产生了极为深远的影响，而这种影响甚至在一定程度上超出了日本民法学者自身的理解。但由于这个问题涉及违法性学说对民法体系的渗透问题，笔者暂且指出问题的起源，具体细节将在第四部分再深入讨论。

违法性学说的这些问题点逐步暴露出来之后，日本民法学界普遍出现了一种对其理论的必要性的质疑。此后的违法性学说发展史，几乎可以看作该学说为应对质疑而不断自我完善的历程。

---

① 参见潮见佳男『不法行為法Ⅰ〔第 2 版〕』（信山社，2013 年）68 頁。
② 大村敦志『基本民法Ⅱ債権各論』（東京大学出版会、第 2 版、2005 年）246 頁。

三 发展
——违法性批判以及新学说的诞生

20 世纪 70 年代以后，对违法性学说的批判和修正，逐渐成为日本民法理论发展中最常见的课题。而建立在这种批判上的新学说，以及违法性学说在这种批判影响下的新发展，则构成了当下日本民法理论的基础。

（一）各种违法性批判观点

各个学者出于其关注的焦点不同，对违法性学说的批判也是各有侧重，但总体上可以大致划分为三个不同角度。

其一，是针对以"相关关系说"为代表的违法性的判断标准问题而展开的批判。这一观点的代表人物是平井宜雄、泽井裕、石田穣、柳泽弘士等学者，其批判的内容主要集中在前述违法性学说的两个重合性问题之上，不再赘述。在"过失客观化"的理论发展出现之后，[1] 这一角度的批判观点尤其引人注目。

其二，是针对"违法性"概念的存在意义而产生的疑问。从这一角度进行的批判由平井宜雄、山本敬三等人主导。此外，主张"放弃违法性、重回权利侵害"的星野英一也同属这一立场。[2] 持这种批判立场的学者更多地主张在"相关关系说"等既往的理论基础上，对侵权行为的构成要件进行重构。

其三，是针对日本民法传统理论中的"违法与有责"这种阶段式的侵权行为判断逻辑而展开的批判。这种批判立场占据了这一历史阶段的主流，并且逐步形成了各种"一元论"学说。因此，笔者将在下文着重对该等"一元论"学说进行分析。

---

[1] 所谓"过失客观化"，是指对于过错要件的理解，从对加害人的心理状态问题向其行为的客观状态转移的理论变化。参见我妻荣『事務管理・不当利得・不法行為』（日本評論社，1989 年，复刻版）103 頁。

[2] 星野英一「故意・過失、権利侵害、違法性」私法 41 号（1979）183 頁。

（二）各种"一元论"学说

上述各种批判立场，在对违法性学说展开的批判中，逐渐出现了观点的接近。各个学者的批判焦点逐渐集中到了违法性学说的"违法与有责"的二元式判断构成之上。这种观点可以简要总结如下：在违法性学说的理论架构下，发生了法律评价性要件之间的重合问题（违法性和过失），并且这种重合还引起了法律评价要件与侵权行为构成要件本身的法律评价体系的重合问题（违法性和侵权行为构成本身）。既然如此，那么如果我们放弃将法律评价要件分为"违法与有责"，将侵权行为构成要件中可能涉及的各个因素进行整合，把它们都放到一个综合平台上进行考察，把这种综合考察的结论作为侵权行为构成要件中的法律评价的唯一标准，岂不是可以解决掉全部问题？这种看上去很质朴的思路构成了各种"一元论"学说的理论基础。

不过，在各个学者的"通用理论基础"之上，围绕整合后的"综合平台"究竟应该是什么的问题，学者之间又产生了分歧，而这些分歧最终促成了各种"一元论"学说的诞生。

其中，最为引人注目的是平井宜雄所提出的"过失一元论"。平井宜雄在其巨著《损害赔偿法的理论》中，深入地探讨了德国民法与日本民法的体系差别，提出了应当将侵权行为构成要件的重心放在过失要件的观点。[1]

此外，另一派学者则提出：既然是要重构一个"综合平台"，那么违法性要件似乎比过失要件更适合担此重任（毕竟违法性的判断基准已经变成了复合性构造）。很明显，这种立场是在接受了平井宜雄的"一元论"观点之上，又试图保留违法性要件的挣扎。前田达明的"违法性一元论"，[2] 以及石田穰的"新类型论"，[3] 实质上都是这一学派的代表性观点。

最后，笔者尤其要着重介绍的，是与违法性"一元论"非常类似的另一个变体："新受忍[4]限度论"。这一理论由野村好弘和淡路刚久二人提

---

① 平井宜雄『損害賠償法の理論』（東京大学出版会、1971 年）300－301 頁。
② 前田達明『民法Ⅵ2（不法行為法）』（青林書院、1980 年）123 頁。
③ 石田穣『損害賠償法の再構成』（東京大学出版会・1977 年）34 頁。
④ 所谓"受忍"其实应译为汉语的"忍受"，但由于涉及概念问题，在此权从日文表达。

出。① 二人的观点虽有所区别，但本质上非常类似。他们都借用了"受忍限度"的概念，并意图以此作为侵权行为法律评价体系的核心。"受忍限度"的概念原本是日本判例理论为处理公害问题而创造的，其核心作用是限定受害人的诉求。日本判例理论用这个概念来要求受害人，在其没有达到"受忍限度"时不得不忍受公害。这一概念体现了日本早期判例理论面对公害问题束手无策的状态，如今在日本已经基本消失。但是，"新受忍限度论"将这一概念作为统一违法性和过错的工具，并且将其判断的结果同时适用于损害赔偿请求权和停止侵害请求权，因而被冠以"新"。

笔者之所以要着重强调"新受忍限度论"，并非由于该理论在日本民法理论中地位显著。事实上，该理论是诸多违法性学说中受到抨击最强烈的一个很小众的分支，比较激进的日本民法学者曾批评该理论完全是无限制的泛利益衡量论，是以维护资本家利益为目的的毫无学术操守的理论。② 但是，笔者认为，该理论与其他的诸多违法性学说相比，出现了一个非常特殊的变化，即该理论首次明确提出将权利救济体系的发动条件（侵权行为构成要件）与权利救济手段相联系的观点。这一观点在"新受忍限度论"提出之际并未得到日本民法学界的重视，但是，正如笔者将在后文分析的一样，该理论首次提示日本民法学者思考一个问题：侵权行为构成要件的意义究竟何在。事实上，这种思路逐渐形成了违法性学说超出侵权行为要件论而向民法体系渗透的一个突破口，构成了违法性学说后期发展的主旋律。

（三）继往开来的"新二元说"

在经受广泛的批判之后，违法性学说的另一个学派，在反省其理论问题并吸纳相关理论发展基础上，演变出了一种新的理论体系。这一学派以泽井裕、加藤雅信、藤冈康宏为代表，被称为"新二元说"。③ 这种"新

---

① 野村好弘 = 淡路剛久「民事訴訟と環境権」ジュリスト 492 号（1971 年）。

② 篠塚昭次『論争民法学 2』（成文堂、1974 年）151 頁。

③ 沢井裕「不法行為法学の混迷と展望 – 違法性と過失 –」法学セミナー 296 号（1979 年）；加藤雅信『新民法大系 V 事務管理・不当利得・不法行為』（有斐閣・2002 年）197 – 252 頁；藤冈康宏『不法行為と権利論——権利論の二元的考察に対する一考察』早稲田法学 85 巻 1 号。

二元说"将侵权行为的保护对象划分成"核心部分——权利"与"非核心部分——利益"两个领域，并且为这两个领域分别建立了不同的违法性判断基准。对于前者，违法性的判断标准更多地立足于"权利侵害"；而对于后者，则沿用了"相关关系说"的理论体系。

"新二元说"的理论构造，看起来与德国民法第 823 条和第 826 条所提出的违法性架构基本是一样的，似乎并无特别高明之处。但是，笔者认为，违法性学说之所以能够延续至今，最大的原因在于"新二元说"的出现。而"新二元说"的真正意义，在于其真正实现了让违法性学说从要件论迈向日本民法体系结构的历史任务。"新二元说"的理论构造，形成了一种统一性救济体系的基础理论，隐含着日本民法理论重新构造的可能性，对于日本民法权利救济体系的重构具有深远影响。

为了解析这一问题，我们有必要将视线暂时离开侵权行为要件论，将视野放大于民法体系来分析一个根本问题：违法性学说的真正目的和功能是什么？换句话说，违法性学说无疑诞生于侵权行为法的要件论，但是其是否止步于要件论？

四　副线的违法性学说
——民法体系的变革

（一）违法性学说的作用

在我们了解了要件论层面上的违法性学说之后，很可能会产生一个疑问：为什么日本侵权行为法理论中，围绕违法性概念会产生如此多的问题和理论？进而，这种局面不禁让我们疑惑另一个现实问题：如果日本的侵权行为理论中有如此多的观点林立，那么在司法实践中裁判者岂非无所适从？

笔者在对日本民法学说及判例理论的分析后，注意到日本侵权行为法学理论的发展轨迹中有两个事实现象。

第一个现象，是违法性学说以及与之相关的各种理论，更多地聚焦在侵权行为要件的体系化构建层面，而非违法性这一要件本身。这种现象越到后期越为明显，乃至于无论是支持还是反对违法性学说的各种学派，在要件论层面均逐渐出现了比较明显的观点接近现象。①

第二个现象，是以违法性学说为核心的学术讨论，极少与具体案例中侵权行为是否成立的问题相结合。直白点说，在这些理论学说的论述中，很少看到某个学说将其学术观点与现实相结合，论证出"如果按照我的观点，某种行为应当成立侵权行为"或者"按照我的观点操作，对侵权行为的判断会更为简便"的结论。这种现象对于非常重视实务研究和判例理论的日本民法理论而言，极为不正常。

在这种背景下，笔者不禁怀疑：违法性学说的理论价值和意义究竟何在？违法性学说以及相关的学术争论的目的以及发展方向究竟为何？

当笔者脱离侵权行为要件论，将违法性学说以及相关的学术争论放置在民法体系的语境中进行审视后，发现日本民法理论的相关争论实质上是经历了一个从局部到全局的变化过程。换言之，违法性学说及相关理论发展，在"主线"的侵权行为要件论之外，尚有一条"副线"，亦即对民事权利的救济体系进行重新解读和构建的工作。而这条"副线"，才是违法性学说在进入 21 世纪后的真正目的和作用，也是其论争的主要舞台，而要件论层面的问题已为明日黄花。

（二）起点——关于"差止请求权"理论基础的困惑

众所周知，在 20 世纪六七十年代，日本的工业污染问题非常严重。以著名的"四大公害事件"为代表的严重工业污染问题受到了日本社会的广泛关注。此时，日本民法学界发现了一个制度性问题：继受于德国的日本传统民法理论无法处理"如何判断能否制止工业污染"问题。申言之，在传统大陆法系民法理论中，能够实现"让行为人停止其侵权行为"这一法律效果的制度，仅存在于物权请求权之中——很明显，用物权请求权来处理公害问题过于牵强。因此，日本民法学界只能构建新的解释学理论来

---

① 参见沢井裕『公害差止の法理』（日本評論社、1976 年）23 頁。

处理这一问题。

日本学者首先采取的是将"权利"范畴扩大的方法，亦即"权利构成立场"。该立场的基本逻辑是：物权请求权的理论基础在于物权的支配权、绝对权性质，那么我们只要确认某些权利具有和物权相同的性质，就可以将物权请求权类推适用于该等权利。

例如，部分日本学者试图将民事主体对环境或生活景观等层面上所享有的利益确认为民事权利，并提出了名噪一时的"环境权学说"。① 此外，也有部分学者进一步将关注的重点深入民事主体，认为"环境权"这样的概念是对法律所应当保护的对象的误读，而真正应当保护的乃是作为民事主体的"人"，进而发展出了"人格权学说"。日本的知名人格权学者五十岚清、齐藤博以及泽井裕、好美清光等均是这一观点的主要支持者。②

但是，这种"权利构成立场"明显存在着三个问题。其一，物权和债权的分类，或者说绝对权和相对权的分类，是温德沙伊德以财产权的两极为对象进行的分类，而"环境权"和"人格权"乃至于其他权益很难具有如物权这样极端的性质。甚至主张"人格权学说"的学者自己也承认，这种做法本质上是先设定结论再寻找论据。③ 其二，该种立场即使可以解决部分利益的问题，但无法从根本上解决传统大陆法系民法理论的缺陷。换言之，倘若明天发现了其他应予保护的法益，又当如何？其三，日本学者发现，即使采取"物权请求权的类推适用"的理论框架，在司法实践中也很难真正基于"权利构成立场"去构建其要件体系。事实上，即使是日本的"环境权学说"或"人格权学说"，也都存在借用违法性学说来构建"差止请求权"要件体系的现象。④

在这样的局面下，日本民法理论选择的第二个发展方向，则转为重构

---

① 大阪弁護士会環境権研究会『環境権』（日本評論社、1973 年）。该书实际上是一本论文集，是"环境权学说"的典型代表。
② 持这一立场的学者近年已经比较少见了，除上面介绍的学者之外，历史比较久远的早期著名学者鸠山秀夫『増訂　日本債権法各論　下巻』（岩波書店、1936 年）844 頁；以及来栖三郎『債権各論（全）』（東京大学出版会・1953 年）276 頁，都持近似观点。
③ 五十嵐清『人格権論』（一粒社、1989 年）275 頁。
④ 参见藤岡康宏『損害賠償法の構造』（成文堂、2002 年）405 頁。

物权请求权的理论基础的做法，亦即"基础理论转换立场"。该立场的基本逻辑是：如果在物权请求权之上尚有一个"差止请求权"的上位概念，而物权请求权仅是其适用于物权时的一种具体表现形式，那么我们就可以找出其真实的理论基础和要件，从而将其类推适用于其他的民法领域。

这种理论最早可以追溯到 20 世纪 50 年代柚木馨的"不可侵性学说"。柚木馨敏锐地发现了基于权利性质构建物权请求权基础理论的局限性，提出了一个具有前瞻性的观点：物权和债权的差异，只是权利的相对人有所不同，既然二者均为法律所认可的权利，那么在"不允许第三人侵害"的意义上，各种权利也并不存在太大区别。柚木馨认为这种权利所具有的"不可侵犯"的性质，才是法律赋予物权的"物权请求权"的理论基础。[①]以今日之视角评价柚木馨之理论，可以说其观点超越了其时代背景。但也正因如此，"不可侵性"概念对于当时的日本民法而言缺少坚实的理论基础，因而也未获得学界的共鸣。

与柚木馨观点类似，末弘严太郎指出，如果将物权请求权的基础理论限定在权利性质的问题上，必然会导致无法扩大其适用范围的后果。因此，末弘严太郎提出，从根本上舍弃物权请求权的基础理论，并重新建立更为一般性的"差止请求权"基础理论的观点。[②]末弘严太郎的弟子舟桥谆一也认为，物权请求权的理论构造已经不能满足人类社会发展的需求，主张应当切断"差止请求权"的制度构造与被侵害权益的关系，重新构筑其基础理论。[③]

值得注意的是，末弘严太郎教授所提出的"差止请求权"的基础理论，与日本传统民法理论中的违法性学说发生了显著的重合。无论是其基本理念还是构成要件，均与违法性学说的理论特征非常类似。因此，违法性学说从侵权行为要件论渗透到"差止请求权"的基础理论，也几乎是必然的历史发展脚本。

---

① 柚木馨『判例債権法総論・上巻』（有斐閣・1950 年）16－21 頁。
② 末弘厳太郎『民法雑記帳・下』（日本評論社、1983 年）257－259 頁。
③ 舟橋諄一「公害差止の法理」八幡大学論集 25－3＝4－1（1975 年）15 頁。

（三）违法性学说作为"差止请求权"基础理论的再次发展

当"基础理论转换立场"逐步得到日本民法学界的重视之后，持赞同立场的学者认识到，问题真正的焦点在于通过什么样的法律制度来实现这种新的"差止请求权"基础理论。

如同前文所述，末弘严太郎教授提出的"差止请求权"的判断模式与侵权行为成立要件论中的违法性学说非常相似。因此，日本民法中"差止请求权"的一个重要理论"不法行为说"应运而生。①

以好美清光②、滨田稔③、浅野直人④等为代表的学者认为，既然在司法实践中存在将"差止请求权"适用于非物权领域的需要，那么也就没有必要再拘泥于被侵害权利的性质问题。但是，由于其他权利毕竟没有物权那样明确的绝对权性质，因此，为了避免这一救济手段的滥用，对其赋予"差止请求权"时，应当以被侵害权益与侵害行为进行综合性衡量的结果为判断标准。由于这样的判断模式与侵权行为成立要件的判断模式非常相似，因此，持该立场的学者主张以侵权行为的成立要件吸收"差止请求权"的成立要件，并以侵权行为法律制度为基础构建"差止请求权"的法律制度。

但是，"不法行为说"在日本学界很快就遭到了广泛的质疑。其中最为重要的问题是：在日本的实体法层面，侵权行为法中并没有预设对侵害行为进行事先制止的救济制度——这一现象是中日两国民法在实体法层面的巨大差异。此外，这种学说在实质上破坏了物权债权二分法的理论基础，对于尊崇潘德克顿体系的日本民法理论而言难以接受。

在这样的背景下，日本民法理论中"差止请求权"的第二个重要基础

---

① 日语中"不法行为"概念与我国"侵权行为"实质上并无不同，但此处为了将"不法行为说"区别于传统的侵权行为法律制度，笔者权且直接使用日本汉字的"不法行为"。

② 好美清光在早期面对公害、日照等问题时曾经提出过"人格权说"的构想，但后期在考虑差止请求权的体系性理论构造时，其理论更倾向于"不法行为说"。

③ 浜田稔「不法行為の効果に関する一考察」私法 15 号（1956 年）。

④ 浅野直人「不法行為に対する差止請求について」福岡大学法学論叢・22 巻 3 = 4（1978 年）。

理论——"违法阶段说",取代了"不法行为说"。

顾名思义,"违法阶段说"是起源于前文介绍的日本侵权行为法中的"违法阶段论"的一种学说。以末弘严太郎、我妻荣为代表的部分学者针对公害领域中的损害赔偿问题,提出了一种"基于合法行为的损害赔偿"的归责原理,[①] 而这种理论到后期则成为"违法阶段说"的主体内容。这一理论的核心观点是:当人类社会进入工业时代之后,工业生产一方面促进了人类生活的改善,另一方面也加剧了民事权利之间的冲突,因此,工业生产行为可以被视为一种"被容忍的危险行为"。而这一危险行为之所以可以被容忍,是因为该行为的主体背负着一种特殊的归责理念,亦即,当该行为给他人带来侵害时,行为人应承担因此而引起的损害填补责任(类似于一种"附解除条件的合法行为"的逻辑)。

非常明显,"违法阶段说"原本是一种无过错责任的归责原理。但是,当该理论与"差止请求权"的问题发生碰撞后,却产生了一种很奇妙的变化。"违法阶段说"把加害行为的违法性划分成了不同的阶段,当该行为达到"第一阶段的违法性"时,可对受害人赋予损害赔偿请求权的救济方式;而当该行为达到"第二阶段的违法性"时,可对受害人赋予"差止请求权"的救济方式——从这里开始,违法性学说从侵权行为的要件论渗透进了"差止请求权"的基础理论,逐渐向着一种涉及民法整体理论体系的学说演变。

"违法阶段说"作为"差止请求权"的一种基础理论,得到了日本民法学界的广泛关注。但是,也正是由于该理论与侵权行为法中的"违法阶段论"和"新受忍限度论"具有相似的理论基因,该理论也遭到了很强烈的批评。

首先,"违法阶段说"虽然比柚木馨的"不可侵性"理论具有更坚实的理论基础,回避了"不法行为说"将制度构建直接放在侵权行为法的弊端,但是,由于日本民法中除了物权请求权之外,并没有预设任何可以实现停止侵害等针对加害行为的"差止请求权",因此,该理论依

---

① 我妻栄『事務管理・不当利得・不法行為』(日本評論社,1989 年,复刻版) 101 頁。

然缺乏具体的法律制度支撑。其次，由于继受于德国的日本传统民法理论将物权请求权和债权请求权进行了严格地切割，造成侵权行为的法律后果被限定于损害赔偿请求权，所以，当"违法阶段说"试图将损害赔偿请求权与"差止请求权"进行联结时，缺乏一个可以同时涵盖物权请求权和"差止请求权"的上层制度设计。关于这一问题，由于我国民法中存在民事责任的制度设计，对我国民法学者而言可能体会不深。但是对于日本而言，这将会造成一种两难局面：或者让物权请求权游离于违法性学说之外，使得物权请求权变成"差止请求权"制度中的异类；或者彻底抛弃物权请求权而采用"差止请求权"的基础理论，使得物权概念彻底失去意义。

今天，我们从局外人的角度观察日本民法理论，可以比较清晰地发现这一历史阶段中违法性学说的问题。抛开实体法律制度层面的问题暂且不谈，违法性学说在这一阶段所面临的最大问题，是其理论构造更多地关注非绝对权领域的"差止请求权"，而忽略了绝对权领域既有的法学理论。这样一来，这一阶段的违法性学说就变成了与物权请求权并列的、非绝对权领域的"差止请求权"基础理论，而不是包含这二者的一般性基础理论。这种结果不仅使得上述这两个请求权的归责原理难以相容，而且还凸显了违法性学说与实体法律制度之间的冲突。而这个理论缺陷，事实上是违法性学说的批判者"权利论"帮助其解决的。

（四）"权利论"的批判以及二者的融合

在违法性学说从侵权行为要件论向"差止请求权"基础理论渗透的过程中，日本民法学界逐渐形成了一种建立综合性民事救济体系基础理论的倾向。但是，由于日本缺乏相关的实体法基础，这种倾向在面对物权请求权和"差止请求权"的关系问题时，使得日本民法理论中出现了以后者代替前者的苗头。这使得日本民法理论对物权和物权请求权的概念日渐淡薄，几乎忽视了其存在的意义。一些学者发现了这一问题，开始倡导权利概念在民法中的意义，并开始强调适用于权利领域的物权请求权（或绝对权请求权）与适用于其他领域的"差止请求权"的区别问题。这就是日本"权利论"产生的背景。

第一个系统阐述"权利论"的，是原岛重义提出的"权利论的再生"理论。[①] 原岛重义的这一理论，是建立在对传统民法理论中的"权利论"进行重新解读的基础上的。在原岛重义看来，传统民法中的权利体系是有其边界或局限的。随着社会发展而出现的很多新型权益的保护，并非传统民法的"权利论"所能够解决的问题。因此，在面对这些不属于权利论射程内的权益保护问题之时，将其强行归入权利问题而依靠传统民法的权利救济体系，会造成权利体系内部的矛盾。而另一方面，正是由于日本的权利体系以及相应的救济体系中包含了这些"异质"的权益，民法学者在不断探索如何为其配备合理的救济途径时，发生了本末倒置的现象。原岛重义教授将以上的观点总结为一句话：日本的违法性学说的根本问题，在于日本民法中的"权利论"并没有真正扎牢根基。

在经过近百年违法性学说的冲击后，原岛重义强调了已经在日本民法学界日趋忽视的"权利的违法性指向作用"。原岛重义的观点不仅对违法性学说的批判意义非常强烈，也指出了其理论真正的弱点——对于权利领域的忽视。

"权利论"的第二个知名观点，是由潮见佳男、山本敬三提出的"基本权保护的权利论"。或许是在原岛重义的影响下，潮见佳男首先发出了"回归权利论"的呼声。潮见佳男认为，虽然侵权行为法的基本功能，是通过对个人权利和行为人行动自由二者之间的平衡而实现的，但是，侵权行为法的根本意义并不在于追求实现社会秩序或社会总体利益的目标，而应当在于保护个人权利。[②]

在潮见佳男的观点之上，山本敬三进一步提出了"基本权的权利论"。山本敬三从"自己决定权"的角度来理解民事权利概念，认为民法之所以作为部门法去保护宪法所规定的个人的基本权利，是由于个人权利建立在

---

① 原岛重义围绕其观点发表了三篇论文，综合构建起其理论体系。原島重義「民法理論の古典的体系とその限界」近代法と現代法：山中康雄教授還暦記念（法律文化社、1973年）；同「権利論とその限界」法政研究 42（2－3）（1975 年）；同「わが国における権利論の推移」法の科学 4 号（1976 年）。

② 潮見佳男『民事過失の帰責構造』（信山社・1995 年）275 頁。

可以对抗行为人的行为自由的"决定自由"之上。①

虽然这种基本权保护的权利论受到了日本学界的广泛关注，但是支持者并不多见。在笔者看来，潮见佳男的观点尚可说与原岛重义的观点一脉相承，但是山本敬三的观点事实上已经偏离了权利论。山本显治曾经指出，权利概念的正当性基础必然包含着社会性利益的问题，所谓"基本权"其实和社会利益没有太大区别。② 山本敬三虽然高举权利论的旗帜，却将所谓"基本权"概念引入了违法性评价的框架之中，其理论本质上是一种披着权利论外衣的违法性学说变体。③ 当然，其观点也间接地证明了违法性学说与"权利论"并非完全水火不容，而是可以统一为一个观点。

"权利论"体系中第三个观点，乃是由广中俊雄所提出的"秩序论"。广中俊雄在对传统大陆法系民法理论的批判基础上，提出将市民社会中的各种社会关系，分为"财产秩序"、"人格秩序"和"权力秩序"，并对各个"秩序"的内部，进一步分为作为其基础的"核心秩序"和作为其外围的"外廓秩序"。④ 此处需留意的是，广中俊雄所使用的"秩序"，与我们在一般意义上所使用的法律秩序、法制度的含义是有很大区别的。广中俊雄的这一概念是从更为宏观的角度提出的，是从高于实体法的层次而进行的近乎法哲学层面的总结。

广中俊雄基于这样的概念工具，重新解读了对权利和违法性的认识。广中俊雄认为，权利，是"秩序"在法律规范的层面通过实体法的具象而表现出的部分；而所谓"权利论"，是当权利受到侵害时，"秩序"产生出的反作用力。据此推论，这种反作用力，作为维护"秩序"的法律保护体系而体现在实体法律制度中，当其发生于"核心秩序"时，就是"权利论"的具象；当其发生在非"核心秩序"领域时，则是"违法性"的

---

① 山本敬三『公序良俗論の再構成』（有斐閣、2000 年）64 頁。

② 山本顕治「現代不法行為法学における「厚生」対「権利」——不法行為法の目的論のために」民商法雑誌 133 巻 6 号（2006 年）880 頁。

③ 日本浅野有紀教授的观点与笔者类似。参见浅野有紀『権利と秩序』民商法雑誌 134－5－2（2006 年）535 頁。

④ 広中俊雄『新版民法綱要　第一巻総論』（創文社、2006 年）8、99 頁。

具象。在广中俊雄的理论中，代表个人自由的"权利"与代表社会公共利益的"违法性"概念，可以在"秩序"概念下并存。如此一来，原岛重义指出的"权利论"和适用于"权利论界限外"的违法性学说，都是"秩序"在不同形式下的具象。因此二者出现了融合的可能性。

纵观"权利论"的发展轨迹，其理论基本是作为违法性学说的对立面而展开的。该理论也经历了从要件论问题扩展到民法体系的过程。原岛重义的"权利论"还主要聚焦于侵权行为要件论层面的思考，但潮见佳男和山本敬三的"权利论"，就已经发展成了对侵权行为法乃至民法的功能和目的进行思考的"目的论"。而当广中俊雄从市民社会的"秩序"的宏观角度，解读"权利论"和违法性学说二者的关系时，"权利论"已经成为引领违法性学说从要件论的窠臼里挣脱出来的力量。

如前文所述，违法性学说的出现，本来是为了解决侵权行为要件论层面的问题。但是，当"权利论"的批判扩展至侵权行为法的目的论层面，乃至民法体系的整体构造问题之后，日本民法学者对于违法性学说的思考自然也会向民法体系延伸。因此，在经历了"权利论"的批判之后，坚持违法性学说的学者也开始思考该理论存在的意义，开始探索该理论对于解读民法的体系、构建民事救济体系的基础理论，能够发挥什么样的新作用。

（五）违法性学说的巅峰——"新二元说"对民法体系的重构

如前所述，日本民法理论为了突破"差止请求权"基础理论中"权利构成立场"的局限性，打造出了"违法阶段说"作为"差止请求权"的基础理论，但是"违法阶段论"存在无法包容物权请求权的基础理论的缺陷。正是在这样的背景下，主张"新二元说"的日本学者，开始从"权利论"的批判观点中吸取营养，尝试将违法性学说打造成可以适用于民法整体救济体系的一般性基础理论。

首先，在要件论层面，"新二元说"不仅接受了"权利论"的批评，而且将其吸收进了自己的理论框架之中。亦即，违法性学说饱受批判的一个问题，是由于其把违法性的判断标准建立在一种泛化的利益衡量学说基础上，因而忽视了"权利侵害"本身所具有的违法性指向功能。如前文所述，"新二元说"在吸收了"权利论"的观点后，将核心的权利领域划分出来，建立起区分"核心部分和非核心部分"的二元化违法性判断标准，正是为了解决这一问题。

其次，"新二元说"依据末川博的违法性理论，将判断①："权利（绝对权）侵害"；与判断②："经过相关关系判断的违法性"这两个不同的判断基准所对应的结果，都作为"违法性成立"的问题来认识。因此，判断①成立后产生的法律效力，与判断②成立产生的效力也应当相同。如此一来，在"新二元说"的理论框架下，物权请求权的发动标准并没有改变，但是其基础理论被替换成了违法性学说的标准。"新二元说"正是基于这样的逻辑将物权请求权的基础理论与违法性概念联结了起来，使得物权请求权的基础理论变成了违法性学说的一部分，从而使违法性学说成为一般性的"差止请求权"基础理论的渗透。①

最后，基于上述两个理论特点，"新二元说"一方面为不同的权利和利益构筑了不同的违法性判断基准，将不同性质的被侵害权益统一在违法性概念之下。而另一方面，"新二元说"将违法性的成立标准问题与"差止请求权"的适用条件问题联结起来，使"违法性"成立成为"差止请求权"成立的核心要件。而违法性本身也是损害赔偿请求权的成立要件之一。因此，违法性概念事实上又成为联系两种不同民事救济手段的纽带，为救济体系的发动与救济体系的手段的连接提供了理论基础。我们可以看到，"新二元说"的理论框架与我国民法通则时代的"民事责任理论"有些类似。

在这样的理论构造之下，"新二元说"完成了将违法性学说从要件论的层面推向日本民法整体体系结构层面的任务，隐含着日本民法理论重构的可能性。这也正是笔者在前文介绍"新二元说"时，认为该理论将会"对日本的民法体系整体认识产生深远影响"的原因。

---

① 参见根本尚德「差止請求権の発生根拠に関する理論的考察」私法 2010 巻 72 号 （2010年）131 頁。

五 总结与引申

（一）违法性学说的总结

通过前文对日本违法性学说百余年发展轨迹的粗略总结，我们大体可以得到以下的基本认识。

起源于侵权行为要件论的违法性学说，最初是为了解决扩大侵权行为法的保护范围的问题而诞生的。但在其发展过程中，由于日本民法理论混淆了违法性的"判断模式"与其"功能"之间的关系，因而违法性要件与其他构成要件之间的关系逐渐变得模糊，违法性成立的法律判断与侵权行为本身成立与否的法律判断之间也发生了重合。另一方面，由于违法性判断本身建立在一种泛利益衡量论的基础上，该学说也因"模糊了权利和利益之间的界限"而备受批评。

总而言之，违法性学说在要件论层面的发展日渐萎靡。虽然在日本民法理论中，违法性学说依然是通说观点，但事实上其发展已经走入了绝境，其地位的维持在很大程度上是出于学术界和实务界的"惯性"。在20世纪后期的民法理论发展中，各种新学说层出不穷，而违法性学说并没有显现出明显的理论优势。

但是，在要件论层面日渐低迷的违法性学说，却在"差止请求权"制度中，亦即物权请求权在非物权领域的适用问题中，作为一种新的基础理论而大放异彩。

20世纪六七十年代，面对日本日益严重的公害问题，基于德国潘德克顿体系所建立的"权利构成立场"，亦即将物权请求权的发动归结于物权性质所产生的效力的立场，开始显得捉襟见肘。日本民法学者曾经基于该立场创立了诸如"环境权说""人格权说""日照权说""景观权说"等诸多学说，但均没有达到预期的效果。因此，日本民法学界开始尝试建立一种新的"差止请求权"基础理论，从而割断"差止请求权"与被侵害权益性质之间的联系，将其适用于公害领域。此际，违法性学说原本为解决无过错责任的归责原理而提出的"基于适法行为的损害赔偿"理论，以及在此基础上形成的"新违法阶段说"得到了关注。该等理论渗透到"差止请求权"的基础理论后，原本物权请求权的发动与权利性质之间的联结点被违法性所取代。因此，违法性学说割断了"差止请求权"与被侵害权益的性质之间的必然联系，孕育出将其适用于其他权利或利益领域的可能性。①

如此一来，违法性学说不仅创造出了可以对应多种权益侵害的违法性概念，而且创造出了一种可以包容多种民事救济手段的体系性理论。违法性学说开始显露出构筑新型民事救济体系基础理论的趋势，并推动日本民法理论向调整民法体系的方向迈进。

但是，违法性学说在日本也存在着一些难以化解的理论障碍，同时也面临着比较坚固的实体法壁垒。

从理论角度而言，日本违法性学说在侵权行为要件论层面上，就存在混淆违法性成立与否的"判断标准"与这一判断的"意义和功能"的倾向。早期的"违法阶段论"也存在混淆违法性成立与侵权责任成立二者关系的问题。这二者原本是一个逻辑判断的必要条件与该逻辑判断的关系，结果在"违法阶段论"中却变成了一个逻辑判断的两个阶段。

在违法性学说进入"差止请求权"领域后，将违法性的成立与"差止请求权"的发动问题相联结，故而违法性的判断就具有了自己特殊的意义和效果，对于解释前述问题是颇有裨益的。但是，笔者必须指出的是，在违法性学说进入"差止请求权"乃至民事权利救济体系的基础理论层面后，该学说基于违法性概念所构建的理论架构，又会再次衍生出新的问题，即"差止请求权"与损害赔偿请求权、物权请求权之间的逻辑关系问题。

从实体法角度而言，违法性学说所面临的最大障碍是在日本民法的实体法中很难找到可以依托的法律制度。众所周知，日本的侵权行为法中只

---

① 日本反垄断法第 24 条关于差止请求权的规定，日本学术界通说认为其就是基于"违法性学说"而构建的。这可以看作该学说所创建的差止请求权的新基础理论在具体部门法中的应用。

有损害赔偿这一种法律效果，并没有设置"差止请求权"等针对加害行为的救济手段。而日本民法中更不存在一个能够实现统合各种权益救济体系和各种救济手段功能的综合民事救济制度。虽然物权请求权也没有明确规定在日本物权法之中，[①] 但是一百多年来的民法解释论所延续的"物权债权二分法"，以及在此基础上形成的物权请求权、债权请求权的体系之分，无疑是根深蒂固的。实体法上的这种缺陷，使得主张违法性学说的日本学者，不得不将其理论构想建立在"不可侵性""违法性"等学术概念上。

在笔者看来，前文所提及的违法性学说所衍生出的新问题，也正是因为违法性学说在实体法中找不到实现其理论的制度平台，所以才迟迟得不到解决。主张违法性学说的日本学者对于如何实现自己的理论构想一直遮遮掩掩，并没有坦陈想要修改日本侵权行为法律制度的意愿。主张违法性学说的学者连"该学说是否想要依托侵权行为法来实现其理论构想"这一问题都无法回答，当然也就无法进一步讨论其理论能否与侵权行为法等制度妥善结合的问题。

（二）违法性学说的启发

从末川博提出的违法性概念到近年来野心勃勃的"新二元说"，违法性学说百余年的发展轨迹，向我们展示了该学说从要件论走向民法体系解释论的历程。违法性学说的发展历程中，有些因素的出现可能是偶然的，譬如在其发展高峰期恰逢日本工矿企业蓬勃发展而造成了严重公害问题。但笔者认为，其中也存在着民法理论发展的必然规律。所谓他山之石，自当是这些与我国民法理论发展有可比性的规律，方能拿来攻我国之玉。

首先，基于权利性质构建民事权利救济体系的做法，亦即"权利构成立场"，其有用性值得探讨。

这种"权利构成立场"是德系大陆法系国家民法理论的通说。但是，这种来源于物债二分法的民事权利救济体系，在逻辑上必然受到被侵害权益

---

① 日本民法学者的通说性解释认为，立法者应当是认为物权请求权是"应有之义"，故而没有特意做出规定。参见好美清光「物権的請求権」舟橋諄一＝徳本鎮編『新版注釈民法（6）物権（1）』（有斐閣、1997 年）106 頁。

性质问题的制约。"物权和债权""绝对权和相对权"这样两极分化的分类方式，在面临权利性质不甚明朗的新的权益时，必然会产生困惑①——更不用说当下我们还面临着与财产性权利差异极大的人格权，是否属于权利范畴都尚存争议的竞争性权益等新问题。更加重要的是，由于民事权益的救济手段受到其性质的制约，如果想要用民法上的工具来保护这些新的权益，则不得不面对应该将它们分类到哪种权利的问题。

这样的逻辑构成不仅会造成对新型权益的法律保护出现障碍，而且也会影响我们对这些新型权益的认知。因为这种削足适履般的僵化立场，已经不允许人类社会中出现"绝对权和相对权"分类之外的新权益。这并非由于我们无法认知到某个新型权益可能具有不属于既有权利种类的性质，而是由于这种新型权益在"权利构成立场"的逻辑下无法得到救济。

如果我们试图解决这一问题，在逻辑上只有两条道路：一是不得不将这些新型权益强行划归到某种权利类型中，使其可以适用该种权利的既有救济方式；二是割断权利性质与救济体系之间的关系，建立一种新的救济体系基础理论，从而使这些新型权益可以在新的基础理论体系下得到救济。

日本的民法理论发展中，采取第一种道路的，就是"人格权说""环境权说""景观权说"等理论，亦即"权利构成立场"；采取第二种道路的，就是违法性学说等理论，亦即"基础理论转换立场"。"权利构成立场"所包含的前述逻辑缺陷，限制了该立场应对人类社会层出不穷的新型权益的灵活性，注定了其难以持久的命运。可想而知，即使我们基于该立场暂时解决了某个新型权益的法律保护问题，但是，当下一个新型权益出现时，我们又将不得不面对另一个"新问题"。故而在日本民法理论中，这种延续传统民法理论的"权利构成立场"的破灭，只是时间问题。

其次，我国的民法理论和实体法制度中，存在一些与传统大陆法系民法理论不同的特征，而这些特征恰巧可以解决日本违法性学说所面临的

---

① 冉昊：《论"中间型权利"与财产法二元架构——兼论分类的方法论意义》，《中国法学》2005 年第 6 期，第 70～75 页。

困境。

在笔者看来，违法性学说目前所面临的最大问题，并不在于其理论本身是否完善，而是该学说在日本民法的理论背景和实体法层面缺乏支持。如前所述，日本民法中除物权请求权外，不存在任何可以实现制止加害行为的救济制度。这种现实不仅使得违法性学说难以找到承接其理论的法律制度，而且也使得其理论构造一直处于一种"虚构"的立法论状态。因此，违法性学说有时尝试进入侵权行为法，有时又尝试停留于人格权等其他权利，有时似乎又超脱于任何现存的法律制度之外，不断地和各种法律制度发生牵连和冲突。

而与日本相比，我国的民法理论和实体法具有一些鲜明的特点，这些特点使得我国在构建民事救济体系的基础理论时，可以回避或突破日本所面临的障碍。从实体法角度而言，自原《民法通则》开始，我国实体法律制度中就一直保有"民事责任"的概念，并将其作为义务人不履行义务所产生的法律后果。该民事责任制度不仅对应着各种民事权益的救济问题，而且也包含了各种救济手段。2009 年颁布的《侵权责任法》，则延续了原《民法通则》的民事责任制度，建立了作为侵权责任法律后果的停止侵害等"行为性请求权"制度。时至今日，尽管我们可以清晰地看到《民法典》出现了回归德国传统民法理论的倾向，① 《民法典》总则编中依然保留了民事责任的章节，也依然在侵权责任部分保留了损害赔偿之外的停止侵害等多种救济手段。

因此，在这样的实体法背景下，我国的民法理论事实上并没有严格遵循德国传统民法理论中的"基于权利性质的救济体系理论"，而是倾向于将民事责任定位为"保护民事权利得以实现的救济体系"，用民事责任作为民法中的一般性救济制度。民事责任概念的存在，一方面形成了我国民法传统对于权利救济体系的开放性立场，使得我国学者对于"权利性质对救济手段的限制问题"并没有太多顾虑；而另一方面，也促使我国民法理论形成了一种构建一个统合各种权利救济手段的"统一性的民事权利救济

---

① 参见黄薇主编《中华人民共和国民法典释义》（下），法律出版社，2020，第 2237 页。

体系"的倾向。

这种实体法结构和学术理论上的特点，已经对我国的立法、司法环节产生了深远的影响。在立法层面，这种特点直接促成了我国人格权被纳入民事权利体系。我国的民法理论一方面认为"人格权是绝对权"，而另一方面则丝毫没有受到物权请求权基础理论构造的影响，完全脱离开德国传统民法理论的"权利性质立场"。我国民法学者甚至开始以英美法中的禁令制度为模型，以对加害行为的法律评价为核心，来构建所谓的"人格权请求权"要件体系。① 不仅如此，在我国的司法实践中，也在相当长的时间里，存在着依靠侵权行为法中的停止侵害等"行为性请求权"来赋予民事权利相应法律救济的做法。② 这种做法在原《物权法》出台后，虽然出现了显著的下降趋势，但是，这种"抛开权利性质"，以侵权责任法中的停止侵害等"行为性请求权"为请求权基础，依靠侵权责任构成要件的理论模型来判断"行为性请求权"成立与否的思维方式，时至今日也数见不鲜。③

因此，鉴于目前的实体法构造和民法理论的特点，我国在构建新的民事救济体系的问题上，具有日本所不可比拟的优势。

我国应当更加积极地探索民事救济的基础理论构建，厘清自身的实体法构造和理论特点，构建起具有一般适用性的综合民事救济体系和基础理论。

如前文所述，继受于德国的传统大陆法系民法理论的逻辑缺陷是显而易见的，在温德沙伊德创立物债二元体系的时候，受其所处历史阶段和历史任务的限制，这或许并不能称为一个缺陷。但是，如果我们一边放开权利体系，接受人格权、知识产权、竞争法中的各种营业利益等新型权益进入私权领域；而另一边却强求维持僵化的救济体系，试图回归德国民法的

---

① 王利明：《论侵害人格权的诉前禁令制度》，《财经法学》2019 年第 4 期；程啸：《论我国民法典中的人格权禁令制度》，《比较法研究》2021 年第 3 期。

② 参见王轶《物权保护制度的立法选择：评〈物权法草案〉第三章》，《中外法学》2006 年第 1 期，第 41 页。

③ 参见常某某诉南京秦房物业管理有限责任公司侵权责任纠纷案，载《最高人民法院公报》2021 年第 9 期。

"基于权利性质的权利救济体系理论"，则完全是一种自相矛盾的做法。这种做法不仅无益于司法实践，也会造成我国的民法理论出现重大的矛盾。

笔者无意要求我国民法理论"继承日本民法理论的传统"，但是，日本违法性学说的发展轨迹，至少向我们证明了构建综合的民事救济体系的可能性。违法性学说从侵权行为要件论到"差止请求权"基础理论的发展历程——尤其是其与权利论发生融合之后，该理论打通了不同权利的法律救济体系之间的壁垒，证明了其具有统合不同权利的法律救济体系的可能性。而当违法性学说进入"差止请求权"基础理论后，其基于"违法性"概念而构建起的"不法阶段"的分类理念，也证明了其具有涵盖各种民事救济手段的包容力。

如前文所述，我国的实体法律制度和民法理论与德日相比具有较大差异。这些特点虽然给我国的民法理论构建工作带来了很大的困扰和更高的要求，但是其同时也为我国的民法理论发展预留了较大的空间，使得我国民法理论摆脱了日本民法所不得不面对的德国传统的桎梏。事实上，无论是早年间强力推行这种观点的学者，还是主张建立"绝对权请求权"而回归德国民法理论的观点，对于这种侵权责任救济体系的依赖都是显而易见的。也正因为如此，我国民法典才得以实现宽松开放的权利体系。

既然如此，笔者认为我国民法理论完全没有必要故步自封。日本民法理论在极其困窘的实体法构造下，在民法理论深受德国传统束缚的情况下，尚且摸索出一条违法性学说的出路。与其相比，我国的实体法和理论层面均有较大的发展空间，具有日本民法理论所不可比拟的优势。如果我们合理借鉴日本百余年论战的成果，完善我国的民事责任制度，是完全有可能发展出一个具有一般适用性的新的民事权利救济体系基础理论的。

罗马－荷兰法

——从法律体系到法律传统的嬗变

邵　燕　李正则[*]

内容提要：罗马－荷兰法是 1652 年由西蒙·范·莱文所提出的概念，其是指当时尼德兰地区通过将优士丁尼罗马法、日耳曼习惯法以及尼德兰地区法院判例相结合而创制的一种独特的法律体系。罗马－荷兰法曾经作为一种独特的法律体系存在于尼德兰地区，并伴随着尼德兰的殖民活动而扩展到南非、斯里兰卡、苏里南等地。在尼德兰本土已经放弃罗马－荷兰法的今天，罗马－荷兰法依旧作为一种法律渊源影响着这些国家的法律。

关键词：罗马－荷兰法　罗马法　南非法　斯里兰卡法

罗马－荷兰法（Roman-Dutch law）是在 15 世纪成型于尼德兰[①]地区的、糅合了当地的日耳曼习惯法、罗马法以及法院判例的一种特殊的法律体系。[②]虽然在 1795 年尼德兰联省共和国被法国占领以及 1809 年《拿破仑法典》推行于尼德兰地区后，罗马－荷兰法在其诞生地已经遭到了废除，并且再也没有恢复过，但在南非、斯里兰卡等前荷属殖民地，罗马－荷兰法依然作为一种重要的法律渊源影响着当地的法律活动，并在与当地的习惯法以及其他殖民国家的法律（如英国法）进行二次混合后，形成了

---

[*] 邵燕，四川大学法学院助理研究员，南非开普敦大学访问学者，法学博士；李正则，四川大学法学院硕士研究生。

[①] 尼德兰是荷兰王国的正式名称。虽然在中文语境中一般以"荷兰"相称，但在本文中，为了与尼德兰地区的荷兰省相区分，故除"罗马－荷兰法""英荷战争"等专有名词外，均以尼德兰指代该国。

[②] Harry Rajak, *A Virile Living System of Law: An Exploration of the South African Legal System*, p. 45.

当地现存的极具特色的混合法。尤其是在南非共和国，罗马 - 荷兰法迄今为止依然是其国家法律体系的重要组成部分。了解罗马 - 荷兰法的发展历程，不仅可以加深对南非这一非洲最为发达的经济体的法律体系的理解，也必然会对理解以南非为典型的混合法国家的混合法的形成过程和方式大有裨益。

从概念上讲，混合法系（mixed legal family）是由混合法域统归相加所构成的，而关于混合法域的定义最早是由加拿大麦吉尔大学罗马法讲席教授瓦尔顿（F. P. Walton）在 1907 年提出的，当时其给出的定义是"混合法域（Mixed Jurisdictions）是指罗马 - 日耳曼法与英美法传统在某种程度上混合的法域"。[①] 在他之后的一段时间内，混合法律体系（mixed legal system）和混合法域的定义是处于混乱状态的，直至第一届混合法域国际研讨会，威廉·泰勒（William Tetley）教授对这两个概念进行了明确的介分：混合法律体系指一个现行法律来源于一个以上法律传统或法系的法律体系，而混合法域指为混合法律体系所支配的国家或行政区域。[②]

我国学者所使用的"混合法"一词一般而言接近西方学者所定义的"mixed legal system"，[③] 主要是指成文法与判例法相融合的情形。依照武树臣教授的定义，混合法有"并列式"和"循环式"两种类型，[④] 但无论依照何种类型的定义，都难以将罗马 - 荷兰法完美地嵌套其中。今天我们讲到南非法时，都会认为其属于典型的混合法系。倘若依照夏新华教授在 2007 年 10 月召开的全国外国法制史研究会第二十届年会上提出的对混合法系的狭义定义，混合法系应当是由民法法系与普通法系混合而成的法律体系，这似乎使得由罗马法、荷兰法、英国法构成的南非法在这一定义中显得进退失据。更适合南非法的混合法系概念是夏新华教授提出的广义概

---

① F. P. Walton, *The Scope and Interpretation of the Civil Code*, Wilson&LafleurLtee, Montreal, 1907, p. 1.

② William Tetley, "Nationalism in a Mixed Jurisdiction and the Importance of Language", 78 *Tul. L. Rev.* 175 (2003 - 2004), p. 182.

③ 夏新华：《混合法系发展的前沿——兼论中国法学家的理论贡献》，《湘潭大学学报》（哲学社会科学版）2008 年第 3 期。

④ 并列式混合法指在某一法律体系中部分法律部门为判例法，部分法律部门为法典法；循环式混合法则指以判例弥补成文法典之不足，在特定历史时期发挥独立作用，然后通过立法机关的加工，判例被上升为法条最后被成文法典吸收的形式。

念，即混合法系是指由两个或两个以上法律传统或法系的成份所构成的法律体系，在这个意义上，罗马－荷兰法作为南非的一种法律传统参与到构成南非混合法域的框架中。但在这之前，罗马－荷兰法本身也是具有其独立特征的一种法律体系。

国内学术界对于罗马－荷兰法本身的研究几乎是空白的，仅有的部分提及也更多的是将罗马－荷兰法作为一个既定的概念来使用：它常常被作为混合法系国家法律渊源的构成部分来加以提及，[①] 而不被作为一个单独的研究对象加以研究。当罗马－荷兰法作为一个独立的法律体系时，它具有怎样的特征？当它作为法律渊源寄身于那些殖民地国家的法律当中时，它又发生了怎样的变化？这是这篇文章所想要探讨和阐明的问题。

一　罗马－荷兰法体系的发展历程

（一）罗马－荷兰法的历史源流

尼德兰地区的法律发展可以依据其历史状况而分为四个阶段。[②]

1. 前法兰克王国时期

这一时期的尼德兰地区只分布着尚处于信史时代之前的日耳曼部落，因此相应地，关于其法律形态的记载也是缺失的。

2. 法兰克王国时期 （The Frankish period）

这一时期肇始于克洛维一世 （Clovis I） 的统治，他与后来的法兰克诸王成功地建立了集权统治，并着手在其治下的不同部落之间构建统一的法律体系。许多法律 （leges） 的出现足以证明这一点：萨利克法 （The Lex Salica）、萨克森法 （The Lex Saxonum）、弗里西亚法 （The Lex Frisionum） 以及爱之律法 （The Lex ad Amorem） 均创立于这一时期。其中爱之

---

① 参见夏新华、刘星《论南非法律体系的混合特性》，《时代法学》2010 年第 4 期；夏新华、刘星《南部非洲混合法域的形成与发展》，《环球法律评论》2010 年第 6 期。

② W., R. Bisschop, LL. D, *Modern Roman Dutch Law Sketch of its Historical Development*, Hague, Martinus Nijhoff's Pree, 1903. 10. 23, pp. 2 - 3.

律法是将国家范围内数个部落的一般性规范汇编成了王室诏令集（King's capitularia），也即王国范围内所有行为规范的总集，这开创了成文化王室诏令之先河。在这一时期，王国境内的法院分为王室法庭（King's Courts）和民众法庭（People's Courts）。其中王室法庭是专门司掌王室诏令的法院，而民众法庭则司掌部落中的民间习惯法。

这一时期随着东法兰克王国解体、法兰克王权崩溃而结束。王室法庭的法官逐渐不再以王室的名义，而是以自己的名义行使司法权力。此时尼德兰地区的法院同时适用日耳曼普通法和罗马法，虽然在这一时期罗马法只是补充性的，只有在出现了普通法所无法解决的情况时才会加以适用，但在实践中这样的补充适用促进了罗马法与地方习俗的融合。

3. 低地国家（尼德兰）法院独立发展的时期

在神圣罗马帝国统治时期，尼德兰地区原本的统一王国崩解为大大小小的公爵领和伯爵领。这些独立的封建采邑拥有同样的法律渊源，但又基于地方不同的风俗习惯而发展出了风格迥异的法律制度。在这一时期，还出现了解决特定争端或者管辖特定阶层的专门法院。除却那些对于农民和市民进行一般性管理的法院以外，其他的庄园法院、封建法院以及贵族特权法院，均可以被认为是专门法院的实例。在这一时期，上述的庄园法、封建法以及市民法被编撰为各种体例，包括各郡（郡是省的下一级单位）的宪章、城镇和其他司法管辖区的习惯法汇编、判例汇编、城镇和各郡的法学著作和法律草案以及王室法令。

值得一提的是，在勃艮第公国和西班牙王国统治尼德兰地区的时期所进行的一系列立法活动，尤其是在 16 世纪进行的立法活动，同样也对罗马－荷兰法的形成产生了至为深远的影响，这种影响力足以与日耳曼法和罗马法并列为促成罗马－荷兰法形成的决定性因素。在勃属尼德兰时期，勃艮第公爵曾试图通过梅希林（Mechlin）的大议事会建立一个全尼德兰的最高法院，[1] 但没有能够获得成功；而在西属尼德兰时期，神圣罗马帝

---

[1] W. , R. Bisschop, LL. D, *Modern Roman Dutch Law Sketch of its Historical Development*, Hague, Martinus Nijhoff's Pree, 1903. 10. 23, p. 6.

国皇帝查理五世的最高法院充任了尼德兰地区最高上诉法院的职责，但随着尼德兰独立战争爆发，这个最高法院也就随之失去了维系下去的基础。①

尼德兰在这一时期完成了对罗马法的继受。② 不同的低地区域继受罗马法的时间不尽相同：在尼德兰的北部，罗马法是在 13 世纪被部分引入，并在 15 世纪末完成了继受；而在尼德兰南部（比利时），罗马法的继受活动也是从 13 世纪开始，但要到 16 世纪才完成。③ 但从整体上来说，一般将 1495 年作为尼德兰完成继受罗马法的时间点，因为神圣罗马帝国在这一年确定了罗马法作为附属法律的地位，而尼德兰在当时也是帝国的一部分。

4. 联省共和国时期

这一时期从公元 1581 年持续到公元 1795 年。尼德兰最高法院于 1580 年 4 月在荷兰省成立，其管辖范围在 1587 年又扩展到泽兰省，在此之后，最高法院的管辖范围就没有再得到过任何扩张了。④ 尼德兰最高法院一直致力于在各个低地省份之间统一法律。最高法院成功地统一了部分省份的法律，比如弗里斯兰省。⑤ 尽管如此，各个省份彼此之间还是没有法律层面的约束能力。由于低地国家从未接纳过"遵循先例"（Stare decisis）的理论，故其最高上诉法院也不能依靠国家权力直接对各个省份的法院施加影响。尼德兰最高上诉法院施加其影响力是通过其组成人员，即那些在尼德兰声名卓著的律师自身的影响力来实现的。这些律师往往毕业于莱顿大学等教授罗马法的高等学府，并将他们所继受的罗马法理念运用到司法工作当中去。他们的逻辑和做法往往会在当地之后的审判工作中得到沿用，但由于各个省份下级司法机关相对意义上的独立性，他们可以用地方的习

---

① W., R. Bisschop, LL. D, *Modern Roman Dutch Law Sketch of its Historical Development*, Hague, Martinus Nijhoff's Pree, 1903. 10. 23, p. 6.

② 罗马法的继受（receptiom of Roman law），是指中世纪西欧各国（包括王国、诸侯国和自治城市在内）把经过注释法学派、评论法学派和人文主义法学派研究、整理、解释改造过的罗马法接受为本国实在法的现象。

③ Beat Lenel, *The History of South African Law and its Roman - Dutch Roots*, Switzerland, 2002, p. 6.

④ W., R. Bisschop, LL. D, *Modern Roman Dutch Law Sketch of its Historical Development*, Hague, Martinus Nijhoff's Pree, 1903. 10. 23, p. 6.

⑤ W., R. Bisschop, LL. D, *Modern Roman Dutch Law Sketch of its Historical Development*, Hague, Martinus Nijhoff's Pree, 1903. 10. 23, p. 7.

惯法传统来对抗这些充满罗马法色彩的上诉法院判例，也正因此，尼德兰地区的法律统一工作始终显得步履维艰。

（二）罗马 – 荷兰法的正式诞生

16～17 世纪是欧洲宗教冲突最为激烈的时期，在法国和德意志地区都发生过大规模的异端迫害运动，因此在当时对宗教相对比较宽容的尼德兰就吸引了许多在本国受到迫害的学者前去定居，这使得尼德兰逐渐成为当时欧洲北部的罗马法研究中心。这些学者组成了后世所谓的荷兰学派，与西班牙学派一同构成了 17～18 世纪罗马法研究的中坚力量，[①] 正是他们的工作直接推动了作为独立法律体系的罗马 – 荷兰法的诞生，也正是因此，罗马 – 荷兰法先天地具备了明显的学术驱动特征。

在西蒙·范·莱文（Simon van Leeuwen）发明"罗马 – 荷兰法"这一名词之前，胡果·格劳秀斯（Hugo Grotius）率先进行了将尼德兰地区庞杂无序的各式法律简化为一个法律体系的努力，也即他所编撰的于 1631 年发行的《荷兰法理学导论》（*Introduction*）。格劳秀斯的工作的价值是无法估量的，他阐述了法院在实践中发现的法律，奠定了尼德兰法律编撰方式的基础，在格劳秀斯之后，其他的学者（还有来自荷兰省的律师）通过类似的方式编撰论文集或者评论集，来阐明这些学者所处时期尼德兰的法律。比较典型的是约翰尼斯·沃特（Johannes Voet）和西蒙·范·莱文，他们的观点和著述直至今日依然为南非等国的法院所引用。[②]

罗马 – 荷兰法被正式命名是在 1652 年，这一年西蒙·范·莱文使用"*Roman-Dutch law*"一词作为其作品"*Paraitla Juris Novissimi*"的副标题。自此之后，尼德兰地区独特的法律体系便以罗马 – 荷兰法之名通行于世。[③]

1795 年，随着联省共和国被拿破仑·波拿巴占领，后来又成为法兰

---

① W. , R. Bisschop, LL. D, *Modern Roman Dutch Law Sketch of its Historical Development*, Hague, Martinus Nijhoff's Pree, 1903. 10. 23, p. 9.

② W. , R. Bisschop, LL. D, *Modern Roman Dutch Law Sketch of its Historical Development*, Hague, Martinus Nijhoff's Pree, 1903. 10. 23, pp. 14 – 15.

③ Beat Lenel, *The History of South African Law and its Roman-Dutch Roots*, Switzerland, 2002 p. 3.

西第一帝国的一部分，尼德兰本土的罗马－荷兰法体系也遭到了废除，并被《法国民法典》所取代。尽管在拿破仑战争结束后尼德兰又再次恢复独立，但新生的尼德兰联合王国并没有选择恢复罗马－荷兰法，而是沿用了《法国民法典》。在 1838 年及以后，荷兰又颁布了《荷兰民法典》《荷兰商法典》等一系列用荷兰语编写的法律，但其基本精神依然与《法国民法典》一脉相承，罗马－荷兰法在其诞生之地再也没有得到恢复。

虽然罗马－荷兰法真正意义上作为一个独立的法律体系出现是在 17 世纪，但它在尼德兰地区的历史根系却可以追溯到古罗马帝国时期。虽然同为日耳曼民族，尼德兰地区与德意志地区存在着千丝万缕的联系，但尼德兰地区又因为其独特的地理位置和历史际遇而形成了区别于德意志地区的、极富地方特色的法律传统，这也为罗马－荷兰法成为一个区别于大陆法系中的法国法和德国法的一个决定性的因素。

二　作为独立法律体系的罗马－荷兰法

（一）罗马－荷兰法的罗马法基础

罗马－荷兰法是由罗马法、日耳曼普通法、尼德兰地区法院的判例和尼德兰法学家的论著共同构成的法律体系。这种法律体系主要是罗马法式的，但包含了尼德兰的地方性特点。故在探讨其特征时，首先应当明确的是作为其基础的罗马法的特点。罗马法源起于公元 6 世纪编撰的《优士丁尼法典》，并在东罗马帝国的政治影响力退出西欧之后，依然以教会法作为依托，存在于法兰西、德意志和尼德兰地区，并成为这些地方法律体系的基础。相比于繁芜复杂的地方习惯法，罗马法最大的优势在于其严密的逻辑架构带来的稳定性，使得其能够很好地担负起作为法律体系基石的作用。罗马公教的教会法即是以罗马法为基础的，也正是通过教会法，罗马法的原则和精神得以在欧洲的各个大学中流传，许多接受过大学教育的人都会成为罗马法终生的忠实信徒。

在尼德兰地区，罗马法的影响力主要来源于司法实践，而非其法典文本，并且也并非罗马法的所有内容都在尼德兰地区获得了这种程度的影响力。这种对罗马法的选择性继受一方面的原因是位于西北欧洲的尼德兰地区的民族并不能够完全适应充满南欧风格的罗马法理念；而另一方面的原因是，在许多领域，尤其是商事领域，尼德兰的法官们面临的情况相较于6世纪已经发生了巨大的变化，也需要与之相适应的法理念加以支撑。这就是为什么当尼德兰地区的法官进行审判活动时，并不以《优士丁尼法典》的文本，而是以大学中的罗马法法学家的理论来作为依据，因为后者在罗马法的框架和基础上，又以尼德兰——这个当时最为发达的商业国家的法律习俗和法院判例对罗马法进行了丰富和发展。一言以蔽之，罗马法并没有成为尼德兰地区通行的实体法，却是尼德兰法官们进行审判的理论渊源和应对特殊情形的重要手段。①

罗马法在尼德兰地区扩大影响力的另一个重要途径是法学教育。对于尼德兰地区各个大学的法科学生而言，掌握那些纷繁复杂、风格迥异的地方习惯法是一项艰深而又困难的工作。相反地，用罗马法的原则去改造这些地方习惯法则是一件相比之下轻而易举的事。因此，随着这些学生成为尼德兰地区的司法者，罗马法的原则也随之渗透到尼德兰的各个地方，地方习惯法的原则则有意无意地被这些司法者所忽视。而地方习惯法对罗马法无意识的抵抗虽然不能限制罗马法的扩张，却在客观上起到了遏制罗马法僵化为刻板的教条的可能。② 罗马－荷兰法正是在这样的互动中诞生的。

（二）罗马－荷兰法的其他渊源

罗马法是罗马－荷兰法的基础，也是最重要的法律渊源之一。罗马－荷兰法的法律渊源还包括罗马－荷兰法（荷兰学派）学者的作品，如胡果·格劳秀斯、西蒙·范·莱文和约翰尼斯·沃特的著作；尼德兰地区法院，特

---

① W. , R. Bisschop, LL. D, *Modern Roman Dutch Law Sketch of its Historical Development*, *Hague*, Martinus Nijhoff's Pree, 1903. 10. 23, p. 13.

② W. , R. Bisschop, LL. D, *Modern Roman Dutch Law Sketch of its Historical Development*, *Hague*, Martinus Nijhoff's Pree, 1903. 10. 23, p. 13.

别是荷兰省法院作出的判决；尼德兰法学家对汇编中所载的实际法律问题的法律意见，如 *Hollandsche Consultatien*（汇编了 1645～1666 年的判例）和 *Adverrlandsijsboek*（汇编了 1693～1698 年的判例）以及其他适用于尼德兰本土和尼德兰海外省份的法规。①

（三）罗马－荷兰法的独立特征

从罗马－荷兰法的法律渊源可以看出其作为一个独立的法律体系的特征。

未经编撰是罗马－荷兰法的第一个特征。罗马－荷兰法并没有编撰任何成文法典，而是通过判例和学者的著述来进行表达的，这使得罗马－荷兰法在形式上兼具普通法系和大陆法系的特点。其中学者的著述并不能够完全起到代替法典的作用，但在某种程度上说，这些著述在罗马－荷兰法体系当中起到了成文法的作用。

学术驱动是罗马－荷兰法的第二个特征。得益于当时尼德兰作为北部欧洲罗马法研究中心的地位，尼德兰聚集了许多当时最为杰出的罗马法学者，也正是因为这些学者的学术工作，罗马－荷兰法才能够清晰地被表述为一个系统的法律体系，而非仅仅是一些零散的判例和地方法规。

法官立法（Judge-made）是罗马－荷兰法的第三个特征。在承认判例效力这一层面上，罗马－荷兰法具备与普通法系相同的特点。这种判例对罗马－荷兰法产生影响可以分为两种途径：判例本身是罗马－荷兰法的直接渊源，同时也是罗马－荷兰法学者们进行著述的重要基础，并通过学者们的著述对罗马－荷兰法律体系产生间接性的影响。

作为欧陆的一部分，尼德兰地方的法律传统在欧陆对罗马法的继受活动中受到了巨大的影响，并最终使得罗马法成为近代尼德兰地方法律体系的底色。同时，近代尼德兰地区商业活动繁荣、司法活动频仍、学术人物云集等独特历史因素，又使得尼德兰得以区别于欧陆其他继受了罗马法的地区，而形成了基于自己独特的地方特色的罗马－荷兰法律体系。今时今

---

① https://arsaequi.nl/maandblad/AA20140278, p. 279.

日，虽然罗马－荷兰法在尼德兰已经消亡，但在许多前荷属殖民地，我们依然可以在其地方法律体系中发现罗马－荷兰法影响的痕迹，并从中窥见罗马－荷兰法的独特风格。

三 现存的罗马－荷兰法

（一）锡兰（斯里兰卡）的罗马－荷兰法

1602 年，荷兰人开辟了由欧洲前往东印度群岛的航线，并建立了荷属东印度公司。1652 年，荷兰人从葡萄牙人手中夺取了东印度群岛（夺取锡兰岛是在 1656 年），并开始了其在锡兰岛将近 150 年的统治，直至 1798 年锡兰岛被英国殖民者夺取。

荷属东印度公司对东印度群岛和锡兰岛[①]的统治主要通过巴达维亚议会来实现。巴达维亚议会由东印度公司总督以及各个殖民地（包括东印度群岛、锡兰岛和开普殖民地）选出的议员组成，他们通过巴达维亚议会，司掌着锡兰殖民地的立法、行政、司法权力，而东印度公司总督的法令也通过这些议员传达到各个殖民地。议员们在自己的辖区内对巴达维亚议会所指定的法令具备一定的变通执行权，但不能背离巴达维亚议会的最高领导权。[②]

为了解决东印度群岛法令混乱的状况，1619 年巴达维亚议会通过决议开始汇编东印度地区的法令，这一汇编在 1650 年被巴达维亚议会决议通过，也就是后世所称的《巴达维亚律例》（Statutes of Batavia）。《巴达维亚律例》包括一些巴达维亚议会所制定的规则和条例，以及被认为适合东印度殖民地的荷兰母国法和帝国成文法。从这个角度来看，《巴达维亚律例》是罗马－荷兰法体系在东印度群岛的延伸。在《巴达维亚律例》没有规定的领域，也都适用尼德兰地区的法令和律例。1666 年 3 月，《巴

---

① 为叙事简便，以下所称的东印度群岛均包括锡兰岛。

② W. , R. Bisschop, LL. D, *Modern Roman Dutch Law Sketch of its Historical Development*, *Hague*, Martinus Nijhoff's Pree, 1903. 10. 23, pp. 15 – 17.

达维亚律例》开始在锡兰岛生效实施。①

虽然《巴达维亚律例》是在锡兰岛通行的成文法，但荷兰殖民者并未废弃锡兰原住民的地方习俗和习惯法。当发生法纠纷时，法律适用的顺序是以地方习俗为优先，而《巴达维亚律例》则用于填补地方习俗和习惯法的空白。当地方习俗和《巴达维亚律例》都无法有效规制的时候，则会适用罗马法。因此，要明确《巴达维亚律例》和罗马－荷兰法在锡兰的地位，就需要了解锡兰的司法机构设置。

锡兰的司法机关由以下机构组成。②

（1）科伦坡司法委员会（The Council of Justice at Colombo）。这一理事会由东印度公司总督主持到 1738 年，之后由总督的副手来主持。科伦坡司法委员会对锡兰的住民行使一审案件的原始管辖权，以及涉及科伦坡以外的欧洲人的民事、刑事案件的上诉管辖权。它可以决定向巴达维亚司法委员会提出上诉。

（2）贾夫纳和加勒的司法委员会。它在其辖区之内拥有和科伦坡司法委员会类似的原始管辖权，并可以向上诉机构提出上诉。

（3）亭可马里（Trincomalee）的一个下级法院。该法院隶属于贾夫纳法院，由总督直接管理。该法院的主要作用是监督委员会以及贾夫纳法院和加勒法院的司法活动。

（4）市民法庭（Civiele Raad），管理城镇事务的小法庭，分布于以上提到的三座城市——科伦坡、贾夫纳和加勒。

（5）自治法院（Dessave）。这是土著酋长管理土著民的自治法院，它的上诉机构是市民法庭（Civiele Raad）。

（6）土地法院。这是一种特殊的法院，创立于 18 世纪中叶，由土著酋长统辖，可以向其管辖范围内的理事会或者其他上诉机构提出上诉。在英国人占领锡兰岛之前不久这些法院就停止运作了。

---

① W., R. Bisschop, LL. D, *Modern Roman Dutch Law Sketch of its Historical Development*, *Hague*, Martinus Nijhoff's Pree, 1903. 10. 23, pp. 15 – 17.

② A. Wood Renton, "The Roman-Dutch Law in Ceylon under the British Regime", 49 *S. African L. J.* 161 (1932), p. 163.

（7）"锡兰国家会议"（Landvergadering），这也是一个每年在内地开庭两次的法院，其成员由土地法院的成员以及当地的酋长组成。对其决定的上诉仅能向政府提出。

可以看出，在锡兰的基层司法领域，原住民的地方习俗和习惯法占据了绝对的优势地位。以《巴达维亚律例》为代表的罗马－荷兰法则只局限在部分城镇、行政机关和上诉机构当中，其在锡兰的影响力很大程度上依托于尼德兰殖民政府的影响力，其与锡兰本土的地方习俗和习惯法缺乏沟通和融合，也并未被广泛接纳。

随着尼德兰在英荷战争中战败，1798 年锡兰殖民地也被英国政府所接管，但英国殖民者并没有改变殖民地的习俗、法令，而是选择了沿用罗马－荷兰法和《巴达维亚律例》。尽管如此，各地的罗马－荷兰法也在渐渐地发生变化。在锡兰和西印度地区，荷兰语很快就被弃之不用，英国殖民政府用英文发布法令，虽然《巴达维亚律例》没有被英国殖民政府明确地废除，但其效力很快就被这些英文法令所取代。罗马－荷兰法的影响力逐渐退缩到了用荷兰语授课的学校当中。即便是这些残余的部分，也因为罗马－荷兰法律原则的废除和当地法院的判例而深受打击，只有财产法和无遗嘱继承方面保留着罗马－荷兰法的内容。[①]

在今天的斯里兰卡法中，罗马－荷兰法的保存状况属于那些曾受过罗马－荷兰法影响的殖民地国家中比较适中的——它既没有像南非那样，稳定地将罗马－荷兰法作为国家法律体系的一大组成部分，但也没有像圭亚那那样，使罗马－荷兰法在国家法律体系中几乎绝灭。罗马－荷兰法在斯里兰卡更多的是作为一种原则和精神存在着，而其作为实体法的部分则大部分已经遭到了抛弃或者替代。1915 年时曾有人预言，"锡兰的罗马－荷兰法更有可能的一种未来是被窒息——被锡兰的立法活动所窒息。但至少，它的原则和精神会或多或少地得到保留"。[②]

---

① W. ，R. Bisschop，LL. D，*Modern Roman Dutch Law Sketch of its Historical Development*，*Hague*，Martinus Nijhoff's Pree，1903. 10. 23，p. 21.

② A. Wood Renton，"The Roman-Dutch Law in Ceylon under the British Regime"，49 *S. African L. J.* 161（1932），p. 162.

斯里兰卡现今的罗马－荷兰法的境况能够代表大多数前荷属殖民地、后又被英国殖民占领的国家中罗马－荷兰法的境况，即被英国殖民当局所发布的英国法令所影响和替代，并逐渐与其混合。这种混合后的产物也被称为"英荷法"（Anglo-Dutch law）[①]。在这种体系当中，英国的程序法、商事法等都占据了绝对的优势，几乎完全代替了罗马－荷兰法的要素；而在继承法、合同法和财产法等罗马－荷兰法具备相对优越性的法律部门，则更多地保留了罗马－荷兰法的特征。

（二）南非的罗马－荷兰法

1652年，荷属东印度公司首次在开普敦地区建立了殖民据点，并将罗马－荷兰法带到了开普殖民地。随着开普殖民地不断地发展和扩张，罗马－荷兰法的适用也逐渐扩大。1806年英国殖民者占领开普殖民地后，并没有立即废除开普殖民地的罗马－荷兰法，而是依据坎贝尔诉哈尔一案（Campbell v. Hell 1774）所确立的，被征服领土的法律在被其新的主权者变更之前继续有效的原则，[②] 继续在开普殖民地适用罗马－荷兰法。但与此同时，英国殖民政府也积极地将英国法引入开普殖民地。1828年，英国殖民政府在开普敦设立了开普敦最高法院，并强制适用英国民法、刑事诉讼法和证据法的基本原则。[③] 这导致了开普殖民地的程序法被深深地英国化了。由于这一时期在开普殖民地只有那些在剑桥大学、牛津大学和都柏林大学毕业的律师才可以执业，因此这种诉讼法上的英国化得以不断地巩固和加深。

英国法对开普殖民地的影响还表现在设计船运、保险、破产、票据、知识产权等领域的法规范，这些行业在荷属时期并没有在开普殖民地发展起来，是英属时期才新兴的行业，且这一时期开普殖民地的主要贸易伙伴也是英国，因此也理所当然地是由英国殖民者来构建相应的法律体系。与

---

① 摘自维基百科条目"The Roman-Dutch Law"。
② 参见科尼利厄斯·G. 凡·德尔·马尔维《大陆法系与普通法系在南非与苏格兰的融合》，翟寅生译，《清华法律评论》2009年第4卷第1辑，第84页。
③ Beat Lenel, *The History of South African Law and its Roman-Dutch Roots*, Switzerland, 2002, p. 7.

之相反，罗马－荷兰法中的财产法部分以其简单而富有效率的特征得以抵制住英国法的影响并成为开普殖民地通行的财产法。同样在开普殖民地保存了影响力的罗马－荷兰法还囊括了人格、继承和债务等领域。①

1852 年和 1854 年时，不满英国殖民政府统治的荷裔布尔殖民者分别建立了奥兰治自由邦和德兰士瓦共和国，并将罗马－荷兰法适用于他们的新生国家。但随着时间的推移，它们也逐渐受到开普敦法的影响，尤其是在程序法领域，奥兰治自由邦和德兰士瓦共和国逐渐与开普殖民地趋同。这两个由布尔人建立的共和国最终在 1902 年被英国征服，并与开普殖民地和纳塔尔一起组建了南非联邦。

1909 年南非法规定，当南非联邦成立时，各个加盟国的旧法都会继续生效，直到被联邦议会或者被联邦议会授权的省议会所废除。但在这之后，由于南非联邦议会和最高法院积极地进行南非的法律修订和解释工作，许多原加盟国旧的法规范被宣布废弃。

1910 年南非联邦从英帝国取得自治权之后，南非境内，尤其是南非大学（Afrikaans Universities）中的荷裔学者热切地希望排除英国法对南非法的影响，为此他们掀起了纯粹主义（purists）运动，与当时南非希望保留甚至扩大英国法影响力的污染主义者（pollutionists）展开了长期的论战。1948 年，随着南非民族主义党在选战中胜出，荷裔南非人的影响力也大大增强，许多在南非大学接受法学教育的荷裔南非人掌控了南非的司法领域，并使得南非的法律再次向罗马－荷兰法所代表的大陆法系的特征靠拢，即所谓的"二次民法化"（re-civilianisation）。不过这种靠拢仅仅局限于私法领域，南非的公法领域则长期保持着英国模式，并没有受到纯粹主义运动的影响。②

现代南非国家的制定法是罗马－荷兰法与英国普通法的混合体。南非的宪法和行政法均按照英国普通法的模式在发展，程序法和证据法也几乎是英式的。大部分的商事法律诸如商标、专利、版权、保险和海事亦是如

---

① Beat Lenel, *The History of South African Law and its Roman-Dutch Roots*, Switzerland, 2002, p. 7.

② https://arsaequi.nl/maandblad/, pp. 280 – 281.

此。在刑法领域，南非的刑法在 1806 年和 1828 年依据英国刑法进行了一定程度的改革，最终形成了一种罗马－荷兰法与英国法的结合体；在继承法领域，关于遗嘱订立部分的规则是英国式的，而关于遗嘱继承和法定继承的实体法律则主要是罗马－荷兰式的。合同法和犯罪法则几乎完全是罗马－荷兰式的，其受到的普通法影响微乎其微。南非的财产法也是以罗马－荷兰法为基础的，而关于人身和婚姻的法律也同样是罗马－荷兰法，其中关于夫妻关系的规定甚至依然和格劳秀斯时代相同。①

除却对南非国家制定法的影响，罗马－荷兰法还作为普通法通行于南非。南非长期将罗马－荷兰法而非英国法作为普通法来使用。从特征上来讲，前者比后者的原则性更强，也更加教条（dogmatic）化。当然，这种适用也是主要局限在私法领域的。这种作为普通法的罗马－荷兰法常常是以"旧权威们"（Old authorities）的著作为载体的，主要包括约翰尼斯·沃特所著的 *Commentarius ad Pandectas*、胡果·格劳秀斯所著的 *Inleydinge tot de Hollandsche Rechtsgelertheid*、西蒙·范·莱文所著的 *Het Roomsch-Hollandsch Recht* 以及约翰尼斯·范·德·林登（Johannes van cler Linden）所著的 *Rechtsgeleerd Practicaal en Koopmans Handboek*。在此之外还有一些不太出名的法学家的著作，但以上四位法学家的著作的影响力占了绝大部分比重。②

南非是目前前荷属殖民地国家乃至整个世界当中保存罗马－荷兰法最多、罗马－荷兰法要素占本国法律比重最大的国家，似乎也将是未来罗马－荷兰法发展的希望所在。在南非，虽然程度不及斯里兰卡等国那么深，但罗马－荷兰法也不可避免地表现出与英国法相混合的态势。换言之，南非的罗马－荷兰法也是所谓的英荷法的一种，虽然在私法领域得到了较大程度的保留，但在公法领域，罗马－荷兰法的痕迹已经被磨灭殆尽。

（三）对罗马－荷兰法属性的界定及现状的分析

以拿破仑对尼德兰联省共和国的征服为界，可以将对罗马－荷兰法的

---

① Beat Lenel, *The History of South African Law and its Roman-Dutch Roots*, Switzerland, 2002, p. 7.

② Beat Lenel, *The History of South African Law and its Roman-Dutch Roots*, Switzerland, 2002, p. 10.

评价分为两个时期。在拿破仑征服以前，罗马－荷兰法是与法国法、日耳曼法同位的概念，是作为一个独立的法律体系（legal system）而存在的。但随着罗马－荷兰法在尼德兰本土的失落，它已经不再单独作为任何一个国家的法律体系而存在了。在许多前荷属殖民地，罗马－荷兰法的原则和精神得到了保留，但仅仅是作为这些国家的国家法的一个构成要素或者法律渊源、法律传统而存在着。

在作为独立法律体系的时期，从内容层面上讲，罗马－荷兰法可以被视作大陆法系的一部分。罗马－荷兰法与欧陆其他大陆法系国家的法律体系相同，是以罗马法作为基础发展起来的。在受到罗马－荷兰法影响的所谓的"混合法系国家"，罗马－荷兰法在内容上常常作为其中大陆法系的因素（比如前文提到的南非将复兴罗马－荷兰法的运动称为"二次民法化"）。而要在形式上对罗马－荷兰法进行界分就要困难得多——基于前文所述的关于罗马－荷兰法的特征，其虽然没有编撰成文法典，却以起到相似作用的学者著作作为法律渊源；同时，罗马－荷兰法虽然同样承认判例的效力，却不完全像普通法系国家那样建立了严格的遵循先例制度。因为在罗马－荷兰法体系当中，起到基础性作用的仍是罗马法和学者们的著作，并非如真正的普通法系那样，将整个法律体系都建立在法院判例之上。因此，从形式上讲，罗马－荷兰法是一种"混合法"（hybrid law），具备自己独立于两大法系之外的特点。

在今天的许多受到罗马－荷兰法影响的国家和地区（不仅包括南部非洲、东印度群岛和苏里南等前荷属殖民地，也包括苏格兰和美国某些州），罗马－荷兰法的影响力都比较明显地集中在私法领域。造成这种现象的原因可能有三：其一，18时期后期及之后尼德兰在全球范围内的衰落，导致其殖民地的管理权大多落入英国之手，而公法领域的权威需要国家权力的支撑，故殖民地地区的公法领域就被英国法所占据；其二，是罗马－荷兰法自身的特点，因为在罗马－荷兰法诞生的时期，尼德兰地区正是欧洲商业最为发达、贸易最为兴盛的地区，故而其财产法（物权法）、合同法、继承法等私法更加发达，更加难以被他国同质的法律所取代；其三，是罗马－荷兰法独特的学术驱动模式，其向本土之外地区扩张影响力不是靠类似法国拿破仑战争时期直接推行《法国民法典》那样直接推行成文法，而是通过吸引他国人到尼德兰的大学进行学习，再通过这些学生将罗马－荷兰法的理念带出尼德兰。故罗马－荷兰法在海外并没有能够作为一个独立的法律体系得到完整的推行和保留，而更多的是作为法律渊源或者法律传统存在着。

四　结语

虽然罗马－荷兰法已经不再作为一种独立的法律体系留存于世，但对于其历史和特征的了解依旧是必须和必要的。这并不仅仅是对其历史的回顾和梳理，也是了解那些曾经深受罗马－荷兰法影响的国家今时今日现存的法律的必要基础。尤其是在南非这样的、罗马－荷兰法已经保持着活跃生命力和巨大影响力的国家，可以说了解罗马－荷兰法是理解其法律文化的必由之路。随着我国与非洲国家、印度洋国家的交流日趋密切，相互了解的需求逐渐增大，对罗马－荷兰法的了解必然会在对外交往中显现越来越重要的作用。

《民商法论丛》稿约

《民商法论丛》是中国社会科学院法学研究所民法研究室主办、中国社会科学院学部委员梁慧星研究员担任主编的学术集刊，是我国创办最早（1994 年）的法学类学术集刊，亦是中文社会科学引文索引（CSSCI）来源集刊。《民商法论丛》每年出版两辑，上、下半年各一辑，由社会科学文献出版社负责出版发行。

一、本论丛以提升我国民商法理论水准、培养民商法理论人才为办刊宗旨，以论文本身的理论性、学术性、创新性为标准筛选稿件。由专家匿名审稿。

二、本论丛不收取任何形式的费用。

三、本论丛采取电子邮件投稿方式，投稿邮箱为：cclr2018 @ 163. com。稿件联系人：朱广新。

四、投稿请以"作者姓名 + 论文标题"为邮件名称。

五、投稿论文采取"论文标题 – 作者姓名 – 内容提要 – 关键词 – 正文"的书写格式。论文标题应简短明确。

作者姓名右上角以"＊"注释号，引注作者如下个人信息：工作或学习单位、职称或职务、联系电话、电子信箱、详细通信地址等。

内容提要应以简洁明快的语言概括论文的主题思想或创新之处，具有独立性、自洽性，不能采用自我评价的表达方式，300 字左右。

关键词是表达论文主题思想的专业语词，3 ~ 5 个为宜。

六、论文注释采每页连续的脚注形式，编号样式为：①②③⋯⋯

七、非直接整句引用原文的，注释前加"参见"；非直接引用原始文献出处的，注释前加"转引自"。

八、具体注释规范要求例示如下:

（一） 中文著作

①谢怀栻:《民法总则讲要》,北京大学出版社,2007,第 78 页。

②魏振瀛主编《民法》(第七版),北京大学出版社,2017,第 241 页。

（二） 译著

① 〔德〕卡尔·拉伦茨:《法学方法论》,陈爱娥译,商务印书馆,2005,第 366 ~ 367 页。

② 〔美〕拉里·哈里斯主编《监管下的交易所:经济增长的强劲助推器》,上海证券交易所译,中信出版社,2010,第 14 页。

（三） 中文期刊、报纸

①谢怀栻:《论民事权利体系》,《法学研究》1996 年第 2 期。

②尹田:《法国合同责任的理论与实践》,梁慧星主编《民商法论丛》(第 3 卷),法律出版社,1995,第 151 ~ 152 页。

③庚向荣:《说理是司法裁判文书的生命》,《法制日报》2013 年 2 月 19 日第 7 版。

（四） 学位论文

刘杰敏:《论违约损害赔偿的范围及计算》,武汉大学 2004 年博士学位论文,第 7 页。

（五） 网络文献

苏力:《中国现代化进程中的法制问题》,载北大法律信息网文献库:http://chinalawinfo. com/fzdt/xwdt. asp? id11223. ,最后访问日期:2004 年 1 月 5 日。

（六） 古代文献

(清) 姚际恒:《古今伪书考》卷三,光绪三年苏州文学山房活字本。

（七） 英文文献

①A. Jayier Trevino, *The Sociology of Law*: *Classical and Contemporary Perspectives*, New York, St. Martin's Pree, 1990, pp. 6 – 7.

②See James D. Cox, Thomas Lee Hazen, *Corporations*, 2nd edition, New York, Aspen Publishers, 2003, pp. 123 – 128.

③See Attila Harmathy, "*Codification in a Period of Transition*", 31 U. C. Davis L. Rev. 783, 788 – 789 （1998）.

（八） 其他外文文献

依照该文种常用注释体例。

图书在版编目（CIP）数据

民商法论丛. 第 74 卷／梁慧星主编；朱广新副主编
. -- 北京：社会科学文献出版社，2023.2
ISBN 978 - 7 - 5228 - 1400 - 1

Ⅰ. ①民… Ⅱ. ①梁… ②朱… Ⅲ. ①民商法 - 研究
- 文集 Ⅳ. ①D913.04 - 53

中国国家版本馆 CIP 数据核字（2023）第 018271 号

民商法论丛 第 74 卷

主　　　编／梁慧星
副 主 编／朱广新

出 版 人／王利民
组稿编辑／刘骁军
责任编辑／易　卉
文稿编辑／张　娇
责任印制／王京美

出　　　版／社会科学文献出版社·集刊分社（010）59367161
　　　　　　地址：北京市北三环中路甲29号院华龙大厦　邮编：100029
　　　　　　网址：www. ssap. com. cn
发　　　行／社会科学文献出版社（010）59367028
印　　　装／三河市龙林印务有限公司

规　　　格／开 本：787mm×1092mm　1/16
　　　　　　印 张：23.5　字 数：355 千字
版　　　次／2023 年 2 月第 1 版　2023 年 2 月第 1 次印刷
书　　　号／ISBN 978 - 7 - 5228 - 1400 - 1
定　　　价／158.00 元

读者服务电话：4008918866